당송 예악지 역주 총서 03

구당서
예의지
3

이 책은 2018년 대한민국 교육부와 한국연구재단의 지원을 받아 수행된 연구임
(NRF-2018S1A5B8070200)

당송 예악지 역주 총서 03

구당서
예의지

3

연세대학교 중국연구원
당송 예악지 연구회 편

學古房

　연세대학교 중국연구원은 부상하는 중국에 대한 전문적인 연구의 필요성에 부응하고자 설립되었다. 본 연구원은 학술 방면뿐만 아니라 세미나, 공개강좌 등 대중과의 소통으로 연구 성과를 사회적으로 확산하는 데 노력해왔다. 그 일환으로 현재의 중국뿐만 아니라 오늘을 만든 과거의 중국도 중요하다고 판단하고 학술연구의 토대가 되는 방대한 중국의 고적古籍에 관심을 기울였다. 중국 고적을 번역하여 우리의 것으로 자기화하고 현재화하려는 중장기적 목표를 세우고, 이를 단계적으로 추진하고자 '중국 예악禮樂문화 프로젝트'를 기획하였다. 그 결과 '당송 예악지 연구회'는 2018년 한국연구재단의 중점연구소 지원 사업에 선정되어 출범하였다.

　중국 전통문화의 중요한 특성을 대변하는 것이 바로 예악이다. 예악은 전통시대 중국을 포함한 동아시아 국가 체제, 사회 질서, 개인 간의 관계를 설명할 수 있는 중요한 개념이다. 국가는 제사를 비롯한 의례를 통해 정통성을 확보하였고, 사회는 예악의 실천적 확인을 통해 신분제 사회의 위계질서를 확인하였다. 개개인이 일정한 규범 속에서 행위를 절제할 수 있었던 것 역시 법률과 형벌에 우선하여 인간관계의 바탕에 예악이 작동했기 때문이다.

　이렇게 예악으로 작동되는 전통사회의 양상이 정사 예악지에 반영되어 있다. 본 연구원이 '중국 예악문화 프로젝트'로 정사 예악지에 주목한 이유도 이것이다. '당송 예악지 역주 총서'는 당송시대 정사 예악지를 번역 주해한 것이다. 구체적으로 『구당서』(예의지·음악지·여복지), 『신당서』(예악지·의위지·거복지), 『구오대사』(예지·악지), 『송사』(예지·악지·의위지·여복지)가 그 대상이다. 여복지(거복지)와 의위지를 포함한 이유는 수레와 의복 및 의장 행렬에 관한 내용 역시 예악의 중요한 부분이기 때문이다.

　'당송 예악지 역주 총서'는 옛 자료에 생명력을 부여하는 작업이다. 인류가 자연을 개조하고 문명을 건설한 이래 그 성과를 보존하고 전승하는 중요한 수단 중의 하나는 문자였다. 문자는 기억과 전문傳聞에 의한 문명 전승의 한계를 극복해준다. 예악 관련 한자 자료는 그동안 접근하기 어려워서 생명력이 없는 박물관의 박제물과 같았다. 이번에 이를 우리말로 풀어냄으로써 동아시아 전통문화를 보다 정확히 이해하는 데 토대가 되길 기대한다. 이 총서가 우리 학계를 포함하여 사회 전반에 중요한 자산이 되길 바란다.

연세대학교 중국연구원 원장 김현철

일러두기

1. 본 총서는 『구당서』『신당서』『구오대사』『송사』의 예악禮樂, 거복車服, 의위儀衛 관련 지志에 대한 역주이다.

2. 중화서국中華書局 표점교감본標點校勘本을 저본으로 사용하였다.

3. 각주에 [교감기]라고 표시된 것은 중화서국 표점교감본의 교감기를 번역한 것이다.

4. 『구당서』[교감기]에서 약칭한 판본은 구체적으로 다음과 같다.

　　　殘宋本(南宋 小興 越州刻本)

　　　閩本(明 嘉靖 閩人詮刻本)

　　　殿本(淸 乾隆 武英殿刻本)

　　　局本(淸 同治 浙江書局刻本)

　　　廣本(淸 同治 廣東 陳氏 葄古堂刻本)

5. 번역문의 문단과 표점은 저본을 따르는 것을 원칙으로 하되, 원문이 너무 긴 경우에는 가독성을 위해 문단을 적절히 나누어 번역하였다.

6. 인명·지명·국명·서명 등 고유명사는 한자를 병기하되, 주석문은 국한문을 혼용하였다.

7. 번역문에서 서명은 『　』, 편명은 「　」, 악무명은 〈　〉로 표기하였다.

8. 원문의 주는 【　】 안에 내용을 넣고 글자 크기를 작게 표기하였다.

9. 인물의 생졸년, 재위 기간, 연호 등은 (　)에 표기하였다.

舊唐書卷二十五
『구당서』 권25

禮儀五
예의 5

김정신 역주

唐禮：四時各以孟月享太廟, 每室用太牢. 季冬蜡祭之後, 以辰日臘享於太廟, 用牲如時祭. 三年一祫, 以孟冬. 五年一禘, 以孟夏. 又時享之日, 修七祀於太廟西門內之道南：司命·戶以春, 竈以夏, 門·厲以秋, 行以冬, 中霤則於季夏, 迎氣日祀之. 若品物時新堪進御者, 所司先送太常, 與尚食相知, 簡擇精好者, 以滋味與新物相宜者配之. 太常卿奉薦於太廟, 不出神主. 仲春薦冰, 亦如之.

『당례唐禮』에 이르기를, "사시四時마다 맹월孟月1)에 태묘太廟에서 제를 지내며 각 실室에는 태뢰太牢2)를 쓴다. 12월에 사제蜡祭3)를 지낸 후, 진일辰日에 태묘에서 납제臘祭4)를 지내며 바치는 희생은 사시제四時祭와 같게 한다. 3년마다 한 차례 맹동孟冬에 협제祫祭5)를 지내고, 5년마다 한 차례 맹하孟夏에 체제禘祭6)를 지낸다. 또 사시제를 지내는 날, 태묘의 서문 안쪽 길의 남쪽에서 칠사七祀7)를 지

----

1) 맹월孟月 : 봄, 여름, 가을, 겨울의 각 첫 달인 음력의 정월, 사월, 칠월, 시월을 통틀어 이르는 말이다.

2) 태뢰太牢 : 제사의 규모를 지칭하는 용어로, 희생으로 소·양·돼지를 사용하는 경우를 태뢰라 하고, 양과 돼지만 사용하는 경우를 소뢰라고 한다.

3) 사제蜡祭 : 농사와 관련된 여덟 종류의 神에게 제사하는 것을 말한다. 八蜡라고도 한다.

4) 납제臘祭 : 12월에 모든 신에게 지내는 合祭이다.

5) 협제祫祭 : 毀廟·未毀廟의 신주들을 모두 태조묘에 모아 합동으로 제사를 올리는 合祭를 이른다.

6) 체제禘祭 : 천자가 종묘에 지내는 時祭 중 여름제사가 殷祭로 격상한 것으로, 5년에 한번 지내는 종묘 대제를 이른다. 종묘에서 昭穆尊卑의 의리를 살펴 종법적 次序를 분명히 하는 정치적 목적을 가지고 시행되었다.

7) 칠사七祀 : 『禮記』「祭法」에 따르면, 司命, 中霤, 國門, 國行, 泰厲, 戶, 竈의 小神으로 사람의 일상생활을 독찰하는 역할을 하는데, 사명은 三命

낸다. 즉 사명司命·사호司戶는 봄에, 조竈는 여름에, 문門·려厲는 가을에, 행行은 겨울에, 중류中霤는 계하季夏에 제를 지내되 영기일迎氣日에 거행한다. 계절에 새로 나온 물품을 진어할 경우 담당 관서에서 먼저 태상시太常寺에 보내 상식국尙食局과 함께 살피게 하고 좋은 것을 정선하여, 맛 좋고 신선한 물품으로 적절하게 배합한다. 태상경이 태묘에서 봉헌할 때 신주는 내오지 않는다. 중춘仲春에 얼음을 봉헌할 때도 이와 같이 한다."라고 하였다.

武德元年五月, 備法駕迎宣簡公·懿王·景皇帝·元皇帝神主, 祔
於太廟, 始享四室. 貞觀九年, 高祖崩, 將行遷祔之禮, 太宗命有
司詳議廟制. 諫議大夫朱子奢建議曰:

무덕武德8) 원년(617) 5월, 법가法駕9)를 갖추어 선간공宣簡公10)·
의왕懿王11)·경황제景皇帝12)·원황제元皇帝13)의 신주를 맞이해 태묘

의 감찰을, 중류는 堂室의 거처를, 문과 호는 출입을, 행은 도로의 行作을, 厲는 죽임과 벌을, 조는 음식에 관한 일을 주관한다. 삼명은 受命, 遭命, 隨命으로 앞의 수명은 長壽를 말하고, 조명은 착한 일을 했으나 흉한 일을 만난 것을 말하고, 뒤의 수명은 선악에 따라 보응 받는 것을 말한다.
8) 무덕武德 : 당나라 초대 황제인 高祖의 연호로, 연도는 618~626년이다.
9) 법가法駕 : 천자가 거동할 때에 타는 車駕를 이른다. 金根車라고도 하며, 여섯 마리의 말이 끌었다. 본문에서 법가는 단순히 거마 하나만을 지칭하는 데 그치지 않고 전체 의장대 규모를 가리키는 용어로 쓰였다.
10) 선간공宣簡公 : 唐 高祖의 高祖를 追諡한 것이다.
11) 의왕懿王 : 唐 高祖의 曾祖를 追諡한 것이다.
12) 경황제景皇帝 : 唐 高祖의 祖 李虎를 追諡한 것으로, 廟號는 太祖이다.

에 부묘祔廟하고, 처음으로 4실에 제를 지냈다.

　정관貞觀[14] 9년(635), 고조高祖가 붕어하여 부묘의 예를 거행하려 할 때, 태종이 유사有司에게 명하여 묘제를 상세히 논의하게 하였다. 간의대부諫議大夫 주자사朱子奢가 건의하여 말하였다.

　按漢丞相韋玄成奏立五廟, 諸侯亦同五. 劉子駿議開七祖, 邦君降二. 鄭司農踵玄成之轍, 王子雍揚國師之波, 分塗並驅, 各相師祖. 咸翫其所習, 好同惡異. 遂令歷代祧祀, 多少參差, 優劣去取, 曾無畫一. 傳稱「名位不同, 禮亦異數」. 易云「卑高以陳, 貴賤位矣」. 豈非別嫌疑, 愼微遠, 防陵僭, 尊君卑佐, 升降無舛? 所貴禮者, 義在玆乎! 若使天子諸侯, 俱立五廟, 便是賤可以同貴, 臣可以濫主, 名器無準, 冠屨同歸, 禮亦異數, 義將安設? 戴記又稱「禮有以多爲貴者, 天子七廟, 諸侯五廟.」 若天子五廟, 纔與子·男相埒, 以多爲貴, 何所表乎? 愚以爲諸侯立高祖以下, 幷太祖五廟, 一國之貴也 ; 天子立高祖以上, 幷太祖七廟, 四海之尊也. 降殺以兩, 禮之正焉. 前史所謂「德厚者流光, 德薄者流卑」, 此其義也. 伏惟聖祖在天, 山陵有日, 祔祖嚴配, 大事在斯. 宜依七廟, 用崇大禮. 若親盡之外, 有王業之所基者, 如殷之玄王, 周

---

13) 원황제元皇帝 : 唐 高祖 李淵의 父 李昞을 追諡한 것으로, 廟號는 世祖이다. 이병은 北周의 柱國大將軍, 唐國仁公이었다. 고조는 그의 첫째 아들이며, 당을 창건한 뒤에 이병을 元皇帝로 추승하였다. 『舊唐書』 권1 「本紀」1 "皇考諱昞, 周安州總管, 柱國大將軍, 襲唐國公, 諡曰仁. 武德初, 追尊元皇帝, 廟號世祖, 陵曰興寧."

14) 정관貞觀 : 唐 太宗(재위 627~649)의 연호이다.

之后稷, 尊爲始祖. 倘無其例, 請三昭三穆, 各置神主, 太祖
一室, 考而虛位. 將待七百之祚, 遞遷方處, 庶上依晉 · 宋,
傍愜人情.

　　살펴보건대 한나라 승상 위현성韋玄成[15]이 5묘를 건립하자
고 상주하였는데, 제후 또한 똑같이 5묘였습니다. 유자준劉子
駿[16]은 7대 조종祖宗의 묘를 세우고 봉건한 제후에게는 2묘를
감소하자 건의하였습니다. 정사농鄭司農[17]은 위현성의 주장을
따르고, 왕자옹王子雍[18]은 국사國師 유자준의 주장을 따르며

---

15) 위현성韋玄成 : 漢 元帝 때의 승상을 지낸 관료로, 자는 少翁이고 노국
　　추현鄒縣 사람이다. 아버지 韋賢과 할아버지 韋孟까지 삼대가 경학에
　　밝았다.

16) 유자준劉子駿 : 유흠劉歆(?~23)을 이른다. 서한 沛人으로, 子駿은 자인
　　데, 후에 劉秀로 개명하고 자를 穎叔이라고 하였다. 劉向의 아들로, 어려
　　서 詩書에 통달하여 부친과 함께 校書를 맡았다. 금문학이 권한을 잡고
　　있던 때에 고문경을 학관에 세울 것을 강력히 주장하였으며, 중국 최초의
　　도서분류 목록인 『七略』을 저술하였다.

17) 정사농鄭司農 : 정중鄭衆(?~83)을 이른다. 鄭興의 아들로, 자는 仲師이
　　며, 河南省 開封 사람이다. 後漢 말기 고문경학가로, 中郎將 · 大司農을
　　지냈기 때문에 정 사농이라 불렸다. 부친의 춘추좌씨학을 계승하였고,
　　『주역』 · 『시경』 · 『주례』 · 『국어』 및 曆算에 밝았다. 현존하는 저술로는
　　『玉函山房輯佚書』에 수록된 『周禮鄭司農解詁』 · 『鄭衆春秋牒例章句』 ·
　　『鄭氏婚禮』 · 『國語章句』와 『옥함산방집일서』 속편에 수록된 『周易鄭司
　　農注』 · 『毛詩先鄭義』가 있다. 鄭玄보다 前代의 사람으로, 경학가에서는
　　정중을 先鄭, 정현을 後鄭이라 일컬었다.

18) 왕자옹王子雍 : 왕숙王肅(195~256)을 이른다. 자는 子雍, 시호는 景侯이
　　다. 삼국 시대 魏 나라의 경학가로 議郎, 侍中, 太常 등의 벼슬을 지냈다.
　　賈逵, 馬融의 고문 경학을 존숭하였으며, 鄭玄에 대해서는 고문을 세운

서로 다른 의견으로 양립하는 가운데 각기 선인先人의 주장을
계승하였습니다. 모두 익숙히 학습한 주장을 옳게 여기며 자기
와 의견이 같은 자는 좋아하고 자기와 의견이 다른 자는 미워
하였습니다. 그리하여 역대 조사祧祀에 대한 다소多少의 차이
와 우열의 거취去取를 일찍이 하나로 통일하지 못하였습니다.

『좌전左傳』에 이르기를, "명호名號와 지위가 같지 않으면 예
또한 등급을 달리한다.名位不同, 禮亦異數."[19] 하였고, 『역易』에
이르기를, "낮고 높은 것이 펼쳐지면 귀하고 천한 것이 제 자
리를 잡게 된다.卑高以陳, 貴賤位矣."[20] 하였습니다. 이 어찌 혐
의를 분별하고, 미세한 곳까지 삼가며, 참람함을 방지하고, 군
주를 높이고 신하를 낮추며, 올리고 내림에 어긋남이 없게 하
는 것이 아니겠습니까? 예를 존귀하게 한다는 뜻이 여기에 있
습니다.

만약 천자와 제후가 모두 5묘를 세우면 이는 곧 비천한 이가
존귀한 이와 동렬에 설 수 있고 신하가 군주를 참람해도 괜찮
다는 것으로, 명호와 기물器物에 기준이 없는 것이요 상하에 구
분이 없는 것이니, "예 또한 등급을 달리한다"는 뜻을 어디에

점은 인정했지만 今文說을 채용하였다 하여 『聖證論』을 지어 논박하였
다. 저서로는 『尙書駁議』·『毛詩義駁』·『尙書王氏注』·『毛詩王氏注』·
『王子正論』 등이 있다.

[19] 『左傳』 「莊公 18年」 春. "王命諸侯, 名位不同, 禮亦異數, 不以禮假人."

[20] 『周易』 「繫辭傳」上에 "하늘은 높고 땅은 낮으니 건괘와 곤괘가 정해지고,
낮고 높은 것이 펼쳐지면 귀하고 천한 것이 제 자리를 잡게 된다.天尊地
卑, 乾坤定矣, 卑高以陳, 貴賤位矣."라고 하였다.

펼치겠습니까? 『예기禮記』에서 또 이르기를, "예에는 많은 것을 귀하게 여기는 것이 있으니, 천자는 7묘이고 제후는 5묘이다."[21]라고 하였습니다. 만약 천자가 5묘로서 자작이나 남작과도 차이가 없다면 "예는 많음을 귀하게 여긴다"는 뜻이 어디에 드러나겠습니까?

제가 생각하기에 제후는 고조 이하를 세워 태조와 함께 5묘로 하니, 이는 일국의 존귀함이요, 천자는 고조 이상을 세워 태조와 함께 7묘로 하니, 이는 사해의 지존입니다. 둘씩 강쇄[22]하는 것은 예의 올바름입니다. 전사前史에서 이른 바, "덕이 두터운 자는 은택이 멀리까지 미치고 덕이 얕은 자는 은택이 가까운 데서 그친다."[23] 하였으니, 이것이 곧 그 뜻입니다. 성조聖祖께서 붕어하시고 산릉의 조성이 진행 중입니다. 조묘祖廟에 부묘하여 배향을 지엄하게 하는 것, 바로 여기에 대사大事가 있으니, 마땅히 7묘에 의거하여 대례를 존숭해야 합니다. 친진親盡[24]의 범위 밖이라 해도 은나라 현왕玄王[25], 주나라 후직

---

21) 『禮記』「禮器」에 "禮에는 많은 것을 귀하게 여기는 것이 있다. 천자는 7묘이고, 제후는 5묘이고, 대부는 4묘이고, 사는 1묘이다.禮有以多爲貴者, 天子七廟, 諸侯五, 大夫三, 士一."라고 하였다.

22) 한대 이후 봉건체제의 정비에 따라 천자로부터 서민에 이르기까지 신분에 따른 차등적 예제가 시행되었고, 廟數를 비롯한 묘제에 있어서도 名과 位에 따라 위에서 아래로 둘씩 강쇄하는 '降殺以兩'의 원칙이 적용되게 되었다. 『漢書』 권73 「韋玄成傳」 "喪事尊卑之序也, 與廟數相應."

23) 『穀梁傳』「僖公 15年」.

24) 친진親盡 : 親緣이 다함을 이른다. 제사 지내는 대수를 벗어나면 친연이 다한 것으로 간주하여 사당에서 해당 신주를 毁遷하였다.

后稷[26]처럼 왕업의 기틀을 닦은 사람이 있으면 시조로 높이십시오. 그러한 예가 없다면 청컨대 3소3목에 각각 신주를 두고, 태조 1실을 세우되 일단 그 신위를 비워놓으십시오. 그리하여 장차 700년 왕업[27]이 이루어지길 기다렸다가 위로 진晉·송宋의 예에 따라 체천 후에 다시 안치하면, 두루 인정人情에 흡족할 것입니다.

於是八座奏曰:

이에 8좌八座[28]가 다음과 같이 상주하였다.

　　臣聞揖讓受終之后, 革命創制之君, 何嘗不崇親親之義、篤尊尊之道, 虔奉祖宗, 致敬郊廟. 自義乖闕里, 學滅秦庭, 儒雅旣喪, 經籍湮殄. 雖兩漢纂修絶業, 魏·晉敦尚斯文, 而宗廟制度典章散逸, 習所傳而競偏說, 執淺見而起異端. 自昔迄玆, 多歷年代, 語其大略, 兩家而已. 祖鄭玄者則陳四廟之制, 述王肅者則引七廟之文, 貴賤混而莫辯, 是非紛而不定.

---

25) 현왕玄王 : 은의 시조 契을 가리킨다. 『시경』「商頌·長發」의 疏에, "玄은 黑色이니, 黑帝를 이어서 일어났다 하여 설을 현왕이라 하였다."고 하였다.
26) 후직后稷 : 周 나라의 시조 棄를 가리킨다. 堯 임금의 農官이 되어 백성들에게 농사를 가르치고 보급하였다고 한다.
27) 700년 왕업 : 『左傳』「宣公 3年」조에 "成王이 鼎을 郟鄏에 안치할 적에 占辭에 代數는 30대, 햇수는 7백 년이니, 하늘이 명한 것이다.成王定鼎於郟鄏, 卜世三十, 卜年七百, 天所命也."라고 한 구절을 인용한 것이다.
28) 8좌八座 : 좌·우 복야, 6부 상서를 이른다.

신들이 듣건대, 선양禪讓으로 제위를 이어받은 제왕이든 혁
명으로 제업을 창제한 군주이든, 모두 친친의 의리를 높이고
존존의 도를 돈독하게 하며 경건하게 조종을 받들어 교郊·묘
廟29)에서 공경을 다하였습니다. 의리가 공자의 학문[闕里]30)에
위배되고 학문이 진秦 나라 조정에서 멸절된 이후로 유학의 고
아함이 이미 사라졌고 경전은 말살되었습니다. 비록 단절된 유
업儒業을 양한兩漢 때 수집·편찬하였고 유학[斯文]을 위魏·진
晉에서 힘써 숭상하였으나, 종묘의 제도 전장은 산실되었고 학
자들은 전해 받은 학문만을 답습하며 편협한 주장으로 다툼을
벌이고 얕은 소견을 고집하며 이단異端을 일으키고 있습니다.
예부터 지금까지 많은 세월이 지났지만 그 대략을 말하자면 다
만 두 주장이 있을 뿐입니다. 정현鄭玄31)을 계승하는 자들은
4묘의 제도32)를 주장하고, 왕숙王肅을 계승하는 자들은 7묘에

---

29) 교郊·묘廟의 제사 : 郊祀와 종묘 제사를 이른다.

30) 공자의 학문[闕里] : 궐리는 山東省 曲阜縣에 있는 공자의 고향으로, 공
　　자가 이곳에서 제자들을 가르쳤다. 본문에서 궐리는 공자의 학문, 즉 유학
　　을 가리키는 말로 쓰였다.

31) 정현鄭玄(127~200) : 고문경설을 위주로 삼고 금문경설도 받아들여 여러
　　경서에 주석을 달아 한대 경학을 집대성했으며, 고대의 역사문헌을 정리하
　　는 데도 크게 공헌했다. 일찍이 태학에 들어가 금문 『주역』과 공양학을
　　공부했으며, 장공조로부터 『고문상서』 『주례』 『좌전』 등을 배웠다. 마지막
　　으로 마융에게서 고문경을 배웠다. 정현은 유학을 마치고 고향으로 돌아온
　　뒤 연구와 교육에 진력했는데, 제자가 수천 명에 이르렀다. 44세 때 '黨錮의
　　禍'로 인해 금고 14년에 처해지자 저술에 전념했다.

32) 정현鄭玄은 천자의 묘제에 4친묘를 주장한 대표적인 논자이다. 그는 親盡
　　의 기준을 4世로 하여 「상복소기」의 '立四廟'를 묘제의 보편적인 기준으

관한 문헌들을 인용33)하는 것이 그것으로, 귀천이 혼용되어 분변할 수 없고 시비가 분분하여 정해지지 않고 있습니다.

陛下至德自然, 孝思罔極, 孺慕踰匹夫之志, 制作窮聖人之道, 誠宜定一代之宏規, 爲萬世之彝則. 臣奉述睿旨, 討論往載, 紀七廟者實多, 稱四祖者蓋寡, 校其得失, 昭然可見. 春秋穀梁傳及禮記王制祭法禮器·孔子家語, 並云:「天子七廟, 諸侯五廟, 大夫三廟, 士二廟.」尙書曰:「七世之廟, 可以觀德.」至於孫卿·孔安國·劉歆·班彪父子·孔晁·虞憙·干寶之徒[一]34), 或學推碩儒, 或才稱博物, 商較今古, 咸以爲然. 故其文曰:「天子三昭三穆, 與太祖之廟而七.」晉·宋·齊·梁, 皆依斯義, 立親廟六, 豈非有國之茂典,

---

로 보는 가운데 시조묘와 4친묘, 그리고 不遷의 2조로서 7묘를 구성하는 묘제의 전형을 제시하였다.

33) 묘수와 관련한 주된 내용은 『禮記』의 「王制」, 「祭法」, 「喪服小記」 등에서 찾아볼 수 있다. 표면상 『예기』에서 볼 수 있는 천자의 묘수는 4묘과 7묘이다. 「왕제」·「제법」은 7묘설을, 「상복소기」는 4묘설을 주장한다. 같은 7묘설이라 하더라도 「왕제」와 「제법」의 내용은 다르다. 즉 「왕제」의 7묘가 태조묘와 3소·3목의 6묘로 구성된 것에 반해 「제법」의 7묘는 5묘와 二祧로 구성되어 있다. 「왕제」·「제법」·「상복소기」의 서로 다른 기술은 천자 묘제에 관한 동차원의 異說이라 할 수 있는데, 바로 이들 經文에 대한 해석을 놓고 한대 이래 많은 의론이 분분하게 제기되었고 경학자 간 廟制 논쟁이 일어나게 되었다.

34) [교감기 1] "虞憙"의 '憙'자는 『通典』 권47·『唐會要』 권12·『冊府元龜』 권585에는 '喜'로 되어 있다. 『晉書』 권91 「儒林傳」에 「虞喜傳」이 있는 것을 보아, 이곳의 '憙'자는 오류인 듯하다.

不刊之休烈乎? 若使違群經之明文, 從累代之疑議, 背子雍
之篤論, 尊康成之舊學, 則天子之禮, 下偪於人臣, 諸侯之
制, 上僭於王者, 非所謂尊卑有序, 名位不同者也. 況復禮
由人情, 自非天墜, 大孝莫重於尊親, 厚本莫先於嚴配. 數
盡四廟, 非貴多之道 ; 祀逮七世, 得加隆之心. 是知德厚者
流光, 乃可久之高義 ; 德薄者流卑, 實不易之令範. 臣等參
議, 請依晉 · 宋故事, 立親廟六, 其祖宗之制, 式遵舊典. 庶
承宗之道, 興於理定之辰 ; 尊祖之義, 成於孝治之日.

　폐하께서는 타고난 지덕至德과 무한한 효심을 갖추시고, 경
모의 마음은 보통 사람의 뜻을 뛰어넘으며 제도는 성인의 도를
궁구하고 계시니, 진실로 일대의 광대한 규칙을 정하여 만대에
전할 떳떳한 준칙으로 삼아야 할 것입니다. 신들이 성지를 받
들어 기왕의 전제典制에 대해 토론해보니, 실로 7묘를 기술한
것이 많았고 4묘를 일컬은 것은 적었는데, 그 득실을 비교해보
면 명백하게 알 수 있습니다. 『춘추곡량전春秋穀梁傳』과 『예기
禮記』의 「왕제王制」·「제법祭法」·「예기禮器」, 『공자가어孔子家
語』에서 모두 이르기를, "천자는 7묘, 제후는 5묘, 대부는 3묘,
사는 2묘를 둔다." 하였고, 『상서尙書』에서 이르기를, "7대의
묘에서 그 덕을 볼 수 있다."35)고 하였습니다. 또한 손경孫卿
·공안국孔安國·유흠劉歆·반표班彪 부자·공조孔晁·우희虞憙·
간보干寶 등에 이르기까지 석학이라 추대된 유자나 재주가 박

---

35) 『尙書』 「咸有一德」에 "아, 7世의 祠堂에서 그 덕을 관찰할 수 있으며,
萬夫의 우두머리에게서 정사를 관찰할 수 있습니다.嗚呼, 七世之廟, 可
以觀德, 萬夫之長, 可以觀政."라고 하였다.

식하다 일컬어지는 이들도 모두 고금을 헤아려 비교해보고 옳다고 여겨, 그 글에서 이르기를, "천자는 3소3목에 태조의 묘를 더하여 7묘로 한다."36)고 하였습니다. 진晉·송宋·제齊·양梁 나라도 모두 이 뜻에 따라 6친묘를 세웠으니, 어찌 국가의 성전盛典이자 마멸될 수 없는 공적이 아니겠습니까?

만약 여러 경전의 명백한 내용을 제쳐둔 채 누대의 의심스러운 의론을 따르고, 자옹子雍37)의 깊이 있는 논설을 뒤로 한 채 강성康成38)의 구 학설을 높인다면, 천자의 예는 아래로 인신에게 핍박받게 될 것이고 제후의 제도는 위로 제왕을 참람하게 될 것이니, 이는 이른바 존비에 차례가 없는 것이며 명호와 지위가 같지 않은 것입니다. 하물며 예를 회복함은 인정人情을 따르는 것이지 하늘에서 내려오는 것이 아니니,39) 대효大孝는 존친尊親보다 중요한 것이 없고 근본에 지극한 것은 지엄한 배향보다 앞서는 것이 없습니다. 묘수가 4묘에서 그치면 예는 많음을 귀하게 여긴다는 도가 아니게 되고, 제사지내는 묘수가 7대에 이르면 융숭한 예를 더하는 마음을 이루게 될 것입니다. 이로써 덕이 두터운 자는 은택이 멀리까지 미친다는 말이 곧 장구히 전해질만한 높은 뜻임을 알 수 있고, 덕이 얄은 자는

---

36) 『禮記』 권12 「王制」 "天子七廟, 三昭三穆,與太祖之廟而七".
37) 자옹子雍 : 王肅(195~256)의 자이다.
38) 강성康成 : 鄭玄(127~200)의 자이다.
39) 『禮記』 「問喪」의 "이는 자식의 마음이고, 인정의 실제이고, 예의의 근간이다. 하늘에서 내려오는 것도 아니고, 땅에서 솟아오르는 것도 아닌 인정일 뿐이다.此孝子之志也, 人情之實也, 禮義之經也. 非從天降也, 非從地出也, 人情而已矣."라고 한 구절을 인용한 것이다.

은택이 가까운 데서 그친다는 말이 실로 변치 않은 훌륭한 전범임을 알 수 있습니다. 신들은 논의에 참여하여 진·송의 구례를 따라 6친묘를 세움으로써 조종의 제도는 옛 전장을 법식으로 삼아야 한다고 청하였습니다. 이로써 종통을 잇는 도리가 다스림이 안정되는 때에 흥기하고, 선조를 높이는 의리가 효치孝治의 날에 이루어지기를 바라옵니다.

制從之. 於是增修太廟, 始崇祔弘農府君及高祖神主, 幷舊四室爲六室.

태종이 제서를 내려 이에 따랐다. 이에 태묘를 증수하여 비로소 홍농부군弘農府君[40]을 고조의 신주와 함께 부묘하였고, 기존의 4실에 더하여 6실을 이루었다.

二十三年, 太宗崩, 將行崇祔之禮, 禮部尚書許敬宗奏言:「弘農府君廟應迭毀. 謹按舊儀, 漢丞相韋玄成以爲毀主瘞埋, 但萬國宗饗, 有所從來, 一旦瘞埋, 事不允愜. 晉博士范宣意欲別立廟宇, 奉征西等主安置其中. 方之瘞埋, 頗協情理, 事無典故, 亦未足依. 又議者或言毀主藏於天府, 祥瑞所藏, 本非斯意. 今謹準量, 去祧之外, 猶有壇墠, 祈禱所及, 竊謂合宜. 今時廟制, 與古不同, 共基

---

40) 홍농부군弘農府君 : 당 高祖의 5대조 宣簡公 李重耳를 이른다. 西涼의 황족으로 서량의 후주 이흠의 아들이다. 아들은 李熙, 손자는 李天錫이고, 李虎의 증조부이며 李昞의 고조부이다. 서량이 망한 후, 북조 北魏에 귀순, 북위에서 弘農太守를 지냈다.

別室, 西方爲首. 若在西夾之中, 仍處尊位, 祈禱則祭未絕祇享, 方諸舊儀, 情實可安[二][41]. 弘農府君廟遠親殺, 詳據舊章, 禮合迭毀. 臣等參議, 遷奉神主, 藏於夾室, 本情篤敎, 在理爲弘.」從之. 其年八月庚子, 太宗文皇帝神主祔於太廟.

23년, 태종이 붕어하여 장차 태묘에 부묘하는 예를 거행하려는데 예부 상서 허경종許敬宗이 상주하여 말하였다.

홍농부군의 묘는 응당 체천해야 합니다. 옛 의례를 살펴보니 한나라의 승상 위현성은 체천한 신주는 묻어야 한다고 하였으나, 만국의 종향宗饗에 지내 온 내력이 있으니 하루아침에 신주를 묻는 것은 사리에 맞지 않을 듯싶습니다. 진晉 나라 박사博士 범선范宣은 별도로 묘우廟宇를 건립하고 정서征西 등의 신주[42]를 그 안에 봉안하려 하였습니다. 이 방안은 신주를 묻는 것에 비하면 자못 정리情理에 부합하기는 하나 전고典故가 없는 일이므로 그대로 따르기는 어렵습니다.

또 의논하는 이들 가운데에는 체천한 신주를 천부天府에 보관하자고도 하는데, 천부는 본디 상서祥瑞를 보관하는 곳이지

---

41) [교감기 2] "情實可安"의 '安'자가 각 본본에는 원래 '知'로 되어 있다. 『通典』권48 , 『唐會要』권12, 『冊府元龜』권585에 의거하여 수정하였다.

42) 정서征西 등의 신주: 정서는 晉 무제 司馬炎의 6대조 征西將軍을 이른다. 진 나라는 정서 장군과 함께 무제의 5대조 豫章府君, 고조 潁川府君, 증조 京兆府君, 조 宣帝, 부 景帝·文帝 등 모두 7위의 신주를 7개 室에 봉안하도록 하였다. 신주는 모두 7위이지만 혈연적인 世次의 수로 따지면 景帝와 文帝가 형제간이므로 3昭(征西將軍, 潁川府君, 宣帝)와 3穆(豫章府君, 京兆府君, 景帝·文帝)을 합하여 모두 6世였다.

신주를 수장하는 곳이 아닙니다. 지금 일의 기준을 살펴보면, 태묘에서 모셔 내와 다른 곳으로 옮기는 방법 외에도 단壇, 선墠에서 기도를 드리는 방법43)이 있으니, 생각건대 이 방법이 더 적합할 듯합니다. 그런데 지금의 묘제는 옛날과 다르게 하나의 태묘 건물에 실室을 달리하고 서쪽을 상위上位로 삼고 있습니다.44) 만약 홍농부군의 신주를 서쪽 협실 안에 모셔 그대로 존위尊位에 두고 기도를 올리면, 제사에 흠향이 끊이지 않을 것이며 옛 의식에 비추어 보아도 정실情實이 편안할 것입니다. 홍농부군은 세대가 멀어져 친연親緣이 이미 다하였으니 옛 전장典章을 상세히 살펴 체천하는 것이 예에 합당합니다. 신등의 의론은, 신주를 체천하여 협실에 모셔 두면 인정에도 맞고 가르침도 돈독해져 이치에 가장 합당하리라는 것입니다.

그대로 이에 따랐다.

그 해 8월 경자庚子에 태종문황제太宗文皇帝의 신주를 태묘에 부묘하였다.

---

43) 『禮記』「祭法」에 "사당을 떠나면 단을 만들고 단을 떠나면 선을 만든다. 去祧爲壇 去壇爲墠."라고 하였다. 사당에서 제사를 받을 수 없는 먼 조상의 경우 단에서 제사 지내고, 더 먼 조상의 경우에는 선에서 제사 지냄을 말한 것이다.

44) 同堂異室은 하나의 사당에 서쪽을 上位로 하여 室을 달리하는 제도이다. 원래 종묘의 제도는 昭穆의 제도로 태조의 묘를 중앙에 놓은 다음 2세, 4세, 6세를 왼쪽에 놓아 소묘라 하고, 1세, 3세, 5세를 오른쪽에 놓아 목묘라 하였는데, 이때 묘는 각각 독립된 건물로 되어 있었다. 그러나 後漢에 이르러 明帝가 자신의 사당을 따로 세우지 말고 光武帝의 사당에 안치하도록 유지를 남김으로써 동당이실의 제도가 시작되었다.

文明元年八月, 奉高宗神主祔於太廟中, 始遷宣皇帝神主於夾室. 垂拱四年正月, 又於東都立高祖·太宗·高宗三廟, 四時享祀, 如京廟之儀. 別立崇先廟以享武氏祖考. 則天尋又令所司議立崇先廟室數, 司禮博士·崇文館學士周悰希旨, 請立崇先廟爲七室, 其皇室太廟, 減爲五室. 春官侍郎賈大隱奏曰:「臣竊準秦·漢皇太后臨朝稱制, 幷據禮經正文, 天子七廟, 諸侯五廟. 蓋百王不易之義, 萬代常行之法, 未有越禮違古而擅裁儀注者也. 今周悰別引浮議, 廣述異文, 直崇臨朝權儀, 不依國家常度, 升崇先之廟而七, 降國家之廟而五. 臣聞皇圖廣闢, 實崇宗社之尊；帝業弘基, 實等山河之固. 伏以天步多艱, 時逢遏密, 代天理物, 自古有之. 伏惟皇太后親承顧託, 憂勤黎庶, 納孝慈之請, 垂矜撫之懷, 實所謂光顯大猷, 恢崇聖載. 其崇先廟室, 合同諸侯之數, 國家宗廟, 不合輒有移變. 臣之愚直, 並依正禮, 周悰之請, 實乖古儀.」則天由是且止.

문명文明[45] 원년 8월, 고종高宗의 신주를 태묘에 부묘하면서, 비로소 선황제宣皇帝[46]의 신주를 협실로 체천하였다. 수공垂拱[47] 4년 정월, 동도東都[48]에 고조高祖·태종太宗·고종高宗의 3묘를 세우고 서경西京[49] 태묘의 의식과 같은 예로 사시四時에 향사하였다. 또 숭선묘崇先廟를 별도로 건립하여 무씨武氏의 조祖·고考를 제사하였다. 얼마 후 측천則天이 또 담당 관서에 명하여 숭선묘의 실수室數를 논

---

45) 문명文明 : 唐 睿宗의 연호로, 연도는 684년 2월~684년 9월이다.

46) 선황제宣皇帝 : 당 高祖의 4대조 이희李熙를 追諡한 것으로, 廟號는 獻祖이다.

47) 수공垂拱 : 측천무후則天武后의 연호로, 연도는 685~688년이다.

48) 동도東都 : 낙양洛陽을 이른다.

49) 서경西京 : 장안長安을 이른다.

의하게 하자, 사례박사司禮博士·숭문관학사崇文館學士 주종이 그 뜻에 따라 숭선묘를 7실로 건립하고 황실의 태묘는 5실로 감축할 것을 청하였다.

춘관시랑春官侍郎 가대은賈大隱이 상주하였다.

　신이 진秦·한漢 황태후의 임조칭제臨朝稱制[50]에 의거해 보건대, 모두 예경의 정문正文에 근거하여 천자 7묘, 제후 5묘의 제도를 따랐습니다. 이는 대개 영원히 변치 않는 의리이자 만대에 걸쳐 거행할 예법이니, 일찍이 예를 뛰어넘고 옛 법도를 위배하며 의례를 마음대로 독단한 일은 없었습니다. 그런데 지금 주종이 근거 없는 의론을 끌어들이며 정문이 아닌 이문異文을 널리 펴고 황태후의 권도權道에 의한 의례만을 숭상할 뿐 국가의 상도常度를 따르지 않으면서 숭선묘를 7실로 올리고 국가의 태묘를 5실로 내리자고 합니다.

　신이 듣건대 황제가 통치하는 판도를 널리 여는 것은 실로 종묘사직의 존엄을 높이는 것이요, 제업帝業의 기반을 드넓게 하는 것은 실로 강토를 영구히 지키는 것과 같습니다. 생각건대 다사다난한 국사에, 황제가 붕어하면 태후께서 황제를 대신해 만물을 다스리는 일은 옛날에도 간혹 있었던 일입니다. 황태후께서는 친히 후사를 부탁하는 선제의 유언을 받들고 백성을 염려하시어 황제의 요청을 가납함으로써 긍휼히 어루만지는 마음을 드리웠으니 이는 원대한 계책을 밝게 드러내는 것이

---

50) 임조칭제臨朝稱制 : 황태후가 황제를 대신하여 권력을 행사하는 정치적 행위를 말한다.

요 제왕의 공업을 널리 숭상한 것입니다. 숭선묘의 실수室數는 제후의 실수와 동일하게 하는 것이 합당하오며, 국가의 종묘에 대해 번번이 이변移變을 가하는 것은 옳지 않습니다. 우직한 신은 한결같이 정례正禮에 의거할 뿐이니, 주종의 주청은 실로 고의古儀에 어긋납니다.

측천이 이로 인해 숭선묘에 대한 의사를 철회하였다.

天授二年, 則天旣革命稱帝. 於東都改制太廟爲七廟室, 奉武氏七代神主, 祔於太廟. 改西京太廟爲享德廟, 四時唯享高祖已下三室, 餘四室令所司閉其門, 廢其享祀之禮. 又改西京崇先廟爲崇尊廟, 其享祀如太廟之儀. 萬歲登封元年臘月, 封嵩山迥, 親謁太廟. 明年七月, 又改京崇尊廟爲太廟, 仍改太廟署爲淸廟臺, 加官員, 崇其班秩. 聖曆二年四月, 又親祀太廟, 曲赦東都城內.

천수天授 2년, 측천이 혁명革命을 단행해 황제라 칭하였다. 또한 동도東都의 태묘를 개제改制하여 7실로 만들고 무씨武氏의 7대 신주를 태묘에 부묘하였다. 서경의 태묘를 고쳐 향덕묘享德廟라 이름하고, 고조 이하 3실에는 사시의 제사를 올리되 나머지 4실은 담당 관서로 하여금 문을 폐쇄하고 향사의 예를 폐지하게 하였다. 또 서경의 숭선묘崇先廟를 숭존묘崇尊廟로 고치고, 그 향사를 태묘의 의례와 같게 하였다. 만세등봉萬歲登封[51] 원년 납월臘月, 숭산嵩山에서

---

51) 만세등봉萬歲登封 : 則天武后 때의 연호로, 연도는 695년 12월~696년 3월이다.

봉선封禪의 의식을 올리고 돌아와 친히 태묘를 배알하였다. 다음 해 7월, 서경의 숭존묘를 고쳐 태묘로 삼고, 이어 태묘서太廟署를 청묘대淸廟臺로 고쳐 관원을 늘리고 그 품계를 올렸다. 성력聖曆[52] 2년 4월, 태묘에 또 친히 제를 지내고 동도 성 내에 특별히 곡사曲赦[53] 하였다.

中宗卽位, 神龍元年正月, 改享德廟依舊爲京太廟. 五月, 遷武氏七廟神主於西京之崇尊廟, 東都創置太廟. 太常博士張齊賢建議曰:

중종이 즉위하여 신룡神龍[54] 원년 정월에 향덕묘享德廟를 이전대로 서경의 태묘로 삼았다. 5월, 무씨 7묘의 신주를 서경의 숭존묘崇尊廟로 체천하고 동도에는 태묘를 새롭게 세웠다.

태상박사太常博士 장제현張齊賢이 건의하였다.

昔孫卿子云:「有天下者事七代, 有一國者事五代.」則天子七廟, 古今達禮. 故尙書稱「七代之廟, 可以觀德」. 祭法稱「王立七廟, 一壇一墠」. 王制云:「天子七廟, 三昭三穆與太祖之廟而七[三][55].」莫不尊始封之君, 謂之太祖, 太祖之

---

52) 성력聖曆: 則天武后 때의 연호로, 연도는 697년 음력 11월~700년 음력 5월이다.

53) 곡사曲赦: 일정 지방에 한정하여 特赦를 베푸는 것을 이른다.

54) 신룡神龍: 則天武后와 中宗 때의 연호로, 연도는 705년 음력 1월~707년 음력 9월이다.

55) [교감기 3] "一壇一墠. 王制云: 天子七廟三昭三穆與太祖之廟而七"에

廟, 百代不遷. 祫祭之禮, 毀廟之主, 陳於太祖, 未毀廟之
主, 皆升合食於太祖之室. 太祖東向, 昭南向, 穆北向. 太祖
者[四]56), 商之玄王·周之后稷是也, 太祖之外, 更無始祖.
但商自玄王以後, 十有四代, 至湯而有天下, 周自后稷已後,
十有七代, 至武王而有天下. 其間代數旣遠, 遷廟親廟, 皆
出太祖之後, 故得合食有序, 尊卑不差. 其後漢高祖受命, 無
始封祖, 卽以高皇帝爲太祖. 太上皇高帝之父[五]57), 立廟享
祀, 不在昭穆合食之列, 爲尊於太祖故也. 魏武創業, 文帝受命,
亦卽以武帝爲太祖. 其高皇·太皇·處士君等並爲屬尊[六]58),
不在昭穆合食之列. 晉宣創業, 武帝受命, 亦卽以宣帝爲太
祖. 其征西·豫章·潁川·京兆府君等並爲屬尊, 不在昭穆合
食之列. 歷玆已降, 至於有隋, 宗廟之制, 斯禮不改. 故宇文
氏以文皇帝爲太祖, 隋室以武元皇帝爲太祖. 國家誕受天命,
累葉重光. 景皇帝始封唐公, 實爲太祖. 中間代數旣近, 列

서 '一墠'으로부터 '太祖'에 이르기까지 16자가 각 본에는 없다. 『唐會要』
권12, 『文苑英華』 권763, 『冊府元龜』 권587에 의거하여 보충하였다. 『文
苑英華』에서는 '一墠'이 '二墠'으로 잘못 기재되어 있다.

56) [교감기 4] '太祖者' 3자는 각 본에 원래 없다. 『唐會要』 권12, 『文苑英華』
권763에 의거하여 보충하였다.

57) [교감기 5] "太上皇高帝之父"의 '高'자가 각 본에는 없다. 『唐會要』 권
12, 『文苑英華』 권763에 의거하여 보충하였다.

58) [교감기 6] "其高皇太皇處士君"의 '高皇'은 각 본에는 '高祖'라고 되어
있다. 『舊唐書』 권26 「禮儀志」, 『通典』 권50, 『唐會要』 권13에 의거하여
수정하였다. 『通典』 권47에는, 魏文帝高祖處士(曹萌)·曾祖高皇(曹騰)
·祖太皇帝(曹嵩)를 함께 1묘로 하였다 하였는데 여기에서 '高祖'와 '處
士君'은 한 사람이 되므로, 이때의 '高祖'는 오류이다.

在三昭三穆之內, 故皇家太廟, 唯有六室. 其弘農府君·宣·
光二帝, 尊於太祖, 親盡則遷, 不在昭穆合食之數.

　　옛날 손경자孫卿子[59]가 말하기를, "천하를 다스린 자는 7대
를 섬기고, 일국一國을 다스린 자는 5대를 섬긴다." 하였으니,
천자 7묘는 고금의 통례입니다. 『상서』에서 "7대를 모신 묘廟
에서 그 덕을 볼 수 있다."[60] 한 것은 이 때문입니다. 『예기』
「제법祭法」에서는 "천자는 7묘와 1단壇·1선墠을 세운다."[61]
하였고, 『예기』 「왕제王制」에서는 "천자 7묘는 3소3목과 태조
묘를 합해 7묘가 된다."[62]고 하였습니다. 처음 봉지를 받은 임
금[始封君]은 높이지 않음이 없으니 그를 일러 태조太祖라 하
고, 태조묘太祖廟는 영원히 체천하지 않습니다. 협제祫祭를 지

---

59) 손경자孫卿子 : 荀子를 이른다. 순자의 이름은 孫況이며, 경칭으로 孫卿
　　子 또는 荀卿으로 불린다.

60) 『尙書』 「咸有一德」조 참조.

61) 『禮記』 「祭法」 "天下有王, 分地建國, 置都立邑, 設廟祧壇墠而祭之, 乃爲親
　　疏多少之數. 是故王立七廟, 一壇一墠, 曰考廟, 曰王考廟, 曰皇考廟, 曰顯考
　　廟, 曰祖考廟, 皆月祭之. 遠廟爲祧, 有二祧, 享嘗乃止. 去祧爲壇, 去壇爲墠,
　　壇墠有禱焉祭之, 無禱乃止. 去墠曰鬼. 諸侯立五廟, 一壇一墠, 曰考廟, 曰王
　　考廟, 曰皇考廟, 皆月祭之, 顯考廟祖考廟享嘗乃止. 去祧爲壇, 去壇爲墠, 壇
　　墠有禱焉祭之, 無禱乃止. 去墠爲鬼".

62) 『禮記』 「王制」에 "천자는 7묘를 두니, 3소·3목과 태조의 묘를 합하여
　　7묘이다. 제후는 5묘를 두니, 2소·2목과 태조의 묘를 합하여 5묘이다.
　　대부는 3묘를 두니, 1소·1목과 태조의 묘를 합하여 3묘이다. 사는 1묘이
　　며, 서인은 正寢에서 제사 지낸다.天子七廟, 三昭三穆與太祖之廟而七.
　　諸侯五廟, 二昭二穆與太祖之廟而五. 大夫三廟, 一昭一穆與太祖之廟
　　而三. 士一廟, 庶人祭於寢."라고 하였다.

낼 때는 훼묘毀廟된 신주를 太祖廟에 진열하고, 아직 훼묘되지
않은 신주도 모두 함께 태조의 묘실에 올려 제사지냅니다. 태
조는 동향하고 소위昭位의 신주는 남향하며 목위穆位의 신주는
북향합니다. 태조는 상나라의 현왕玄王·주나라의 후직后稷과
같은 분으로, 태조 외에 따로 시조始祖가 있는 것이 아닙니다.
상나라는 현왕 이후로 14대가 지나 탕湯에 이르러 천하를 차지
하였고, 주나라는 후직 이후로 17대가 지나 무왕에 이르러 천하
를 차지하였습니다. 그 사이 대수가 이미 멀어져 체천한 묘와
부묘되어 있는 친묘親廟가 모두 태조 후에 나왔으므로 합식에
차례가 있게 되었고 존비가 어긋나지 않을 수 있었습니다.

그 후 한나라 고조高祖[63])가 천명을 받았는데 시봉조始封祖
가 없었던 까닭에 고황제高皇帝를 태조로 삼았습니다. 태상황
太上皇은 고제高帝의 아버지인데, 묘를 세워 향사하였으나 소
목에 따라 합식하는 배열에는 두지 않았으니 이는 태조보다 존
위尊位이기 때문입니다. 위魏 나라는 무제武帝[64])가 창업을 하
였고 문제文帝가 천명을 받았는데, 역시 무제를 태조로 삼았습
니다. 고황高皇·태황太皇·처사군處士君 등은 모두 친속親屬상
존위였으므로 소목에 따라 합식하는 배열에는 두지 않았습니
다. 진晉 나라는 선제宣帝가 창업하였고 무제武帝가 천명을 받
았는데, 또한 선제를 태조로 삼았습니다. 정서征西·예장豫章·

---

63) 고조高祖 : 漢 나라의 고조 劉邦(기원전 247?~기원전 195)을 이른다.
64) 무제武帝 : 曹操(155~220)를 이른다. 후한 獻帝(재위 189~220) 때에 丞相
  을 지냈으며, 魏王으로 봉해졌다. 아들인 曹丕가 위나라 황제의 지위에
  오른 뒤에는 武皇帝로 추존되었다.

영천穎川·경조부군京兆府君 등은 모두 친속상 존위였으므로 소목에 따라 합식하는 배열에 두지 않았습니다. 그 이래로 수隋 나라에 이르기까지, 종묘의 제도에서 이 예는 변하지 않았습니다. 때문에 우문씨宇文氏[65]는 문황제文皇帝를 태조로 삼았고, 수나라 황실은 무원황제武元皇帝[66]를 태조로 삼았습니다. 우리나라는 천명을 받고 여러 대에 걸쳐 성명聖明이 이어졌습니다. 경황제景皇帝[67]가 처음 당공唐公에 봉해졌으니 실로 태조가 됩니다. 그 사이 대수가 가까웠을 때는 3소3목 안에 배열되어 있었으므로, 황가의 태묘에는 단지 6실만 있었습니다. 홍농부군과 선제宣帝·광제光帝[68] 두 황제는 태조보다 존위이므로 친진하여 체천하였고, 소목에 따라 합식하는 수에 포함시키지 않았습니다.

今皇極再造, 孝思匪寧. 奉二月二十九日敕:「七室已下, 依舊號尊崇.」又奉三月一日敕:「旣立七廟, 須尊崇始祖, 速令詳定」者. 伏尋禮經, 始祖卽是太祖, 太祖之外, 更無始祖. 周朝太祖之外[七][69], 以周文王爲始祖, 不合禮經. 或有引

---

65) 우문씨宇文氏 : 南北朝 때 北周를 통치한 황실의 성씨이다. 이에 북주를 宇文周라고도 한다.
66) 무원황제武元皇帝 : 중국 남북조시대 北朝인 西魏와 北周의 대신이자 12대 장군 중 한 사람인 楊忠(507~568)을 이른다. 아들인 楊堅이 隋 나라를 건국하자, 太祖 武元皇帝로 추존되었다.
67) 경황제景皇帝 : 당 高祖의 조부 李虎를 追諡한 것으로, 廟號는 太祖이다.
68) 광제光帝 : 당 高祖의 3대조 李天錫을 追諡한 것으로, 廟號는 懿祖이다.

白虎通義云「后稷爲始祖·文王爲太祖·武王爲太宗」, 及鄭
玄註詩雍序云「太祖謂文王」以爲說者. 其義不然. 何者? 彼
以禮「王者祖有功, 宗有德, 周人祖文王而宗武王」, 故謂文
王爲太祖耳, 非祫祭群主合食之太祖.

　　지금 황극皇極을 재조再造하는 때를 맞아 성상의 효심이 편
안하지 못하십니다. 2월 29일의 칙명을 받들어 보니, "7실 이
하는 옛 명호名號에 따라 존숭한다." 하였고, 또 3월 1일 칙명
에서는 "이미 7묘를 세웠으므로 모름지기 시조를 존숭해야 하
니 속히 상세히 살펴 정하라." 하였습니다. 예경禮經을 살펴보
니 시조는 곧 태조로서 태조 외에 또 시조가 있는 것이 아닙니
다. 주나라는 태조 외에 주 문왕을 시조로 하였는데 이는 예경
에 부합하지 않는 것입니다. 어떤 이는 『백호통의白虎通義』에
서 "후직은 시조, 문왕은 태조, 무왕은 태종이다."라고 한 것과
정현이 『시경詩經』 「옹雍」을 주해한 서설에서 "태조는 문왕을
이른다."라고 한 구절을 인용하여 자기 주장의 근거로 삼고 있
습니다. 그러나 그 뜻은 그러한 것이 아니니, 어째서이겠습니
까? 그들은 『예기』에서 "군주는 공功이 있는 이를 조祖로 삼고
덕德이 있는 이를 종宗으로 삼는데, 주나라 사람들은 문왕을
조로, 무왕을 종으로 하였다."[70]라고 하였기 때문에 문왕을 태

---

69) [교감기 7] "周朝太祖之外"의 '周朝'는 『通典』 권47에는 '後周'라고 되
어 있다.

70) 『禮記』「祭法」에 "祖는 功이 있는 이이고 宗은 德이 있는 이로서, 영구히
조천하지 않는 廟이다.祖其有功者, 宗其有德者, 百世不遷之廟也."라
하였고, 『예기』「明堂位」에 "주나라는 문왕을 祖로 하여 훼천하지 않는

조라고 하였을 뿐, 이때의 태조는 협제 때 뭇 신주들을 합식하는 태조를 이른 것이 아닙니다.

今之議者, 或有欲立涼武昭王爲始祖者, 殊爲不可. 何者? 昔在商·周, 稷·离始封, 湯·武之興, 祚由稷·离, 故以稷·离爲太祖, 卽皇家之景帝是也. 涼武昭王勳業未廣, 後主失國, 土宇不傳. 景皇始封, 實基明命. 今乃捨封唐之盛烈, 崇西涼之遠構, 考之前古, 實乖典禮. 魏氏不以曹參爲太祖, 晉氏不以殷王卬爲太祖, 宋氏不以楚元王爲太祖, 齊·梁不以蕭何爲太祖, 陳·隋不以胡公·楊震爲太祖, 則皇家安可以涼武昭王爲太祖乎? 漢之東京, 大議郊祀, 多以周郊后稷, 漢當郊堯. 制下公卿議, 議者多同, 帝亦然之. 杜林正議, 獨以爲「周室之興, 祚由后稷. 漢業特起, 功不緣堯, 祖宗故事, 所宜因循」. 竟從林議. 又傳稱, 「欲知天上, 事問長人」, 以其近之. 武德·貞觀之時, 主聖臣賢, 其去涼武昭王, 蓋亦近於今矣. 當時不立者, 必不可立故也. 今旣年代寖遠, 方復立之, 是非三祖二宗之意. 實恐景皇失職而震怒, 武昭虛位而不答, 非社稷之福也.

묘[不毁之廟]로 삼았는데, 노나라에서는 백금의 묘를 거기에 견주었다. 그러므로 文世室이라 한 것이다. 무왕을 宗으로 하여 훼천하지 않는 묘로 삼았는데, 노나라에서는 무공의 묘를 거기에 견주었다. 그러므로 武世室이라 한 것이다.周以祖文王爲不毁之廟, 而魯以伯禽之廟比之, 故曰文世室. 宗武王爲不毁之廟, 而魯以武公之廟比之, 故曰武世室."라고 하였다.

지금 의논하는 이들 가운데에는 양무소왕凉武昭王71)을 시조로 세우고자 하는 이들이 있는데 매우 불가합니다. 어째서이겠습니까? 옛날 상나라와 주나라에서는 후직后稷과 설卨이 처음 봉지를 받았고, 탕왕·무왕의 흥기와 나라의 홍복이 후직·설로 말미암은 것이었으므로 후직과 설을 태조로 삼았으니, 황가皇家에서는 경제景帝72)가 이에 해당합니다. 양무소왕은 훈업勳業이 크지 않았고, 뒤를 이은 사람도 나라를 잃고 토지 및 가옥을 전하지 못하였습니다. 그러나 경황제는 처음 봉지를 받아 사실상 밝은 천명의 기반을 닦았습니다. 당에 봉해진 경황제의 성대한 공렬을 제쳐두고 서량西涼73)의 먼 유래를 숭상하는 것은 전고前古를 살펴볼 때 전례典禮에 어긋납니다. 위씨魏氏는 조참曹參74)을 태조로 삼지 않았고, 진씨晉氏는 은왕殷王 앙卬을 태조로 삼지 않았으며, 송씨宋氏는 초원왕楚元王75)을 태조로 삼지 않았고, 제齊·양梁은 소하蕭何76)를 태조로 삼지 않았으며 진陳

---

71) 양무소왕凉武昭王 : 당 고조의 7대조로, 서량의 武昭王 李暠(351~417)를 이른다. 자는 玄成, 양무소왕은 시호이다. 『新唐書』 권70 「宗室世系表上」, 『晉書』 권87, 「涼武昭王李玄盛列傳」.

72) 경제景帝 : 당 고조 李淵의 조부인 李虎(491~551)를 이른다. 손자인 고조에 의해 태조라는 묘호와 景皇帝라는 시호가 추존되었다.

73) 서량西涼 : 北涼의 敦皇太守 李暠가 酒泉에 도읍하여 세운 나라로서, 五胡16國의 하나이다. 여기에서는 이고를 가리킨다.

74) 조참曹參(?~기원전 190) : 前漢의 개국 공신으로, 자는 敬伯이다. 魏 나라는 조참을 선조로 하였다.

75) 초원왕楚元王 : 漢 高祖 劉邦의 동생 劉交(?~기원전 179)를 이른다. 유방이 한나라를 건국한 후 楚王에 봉해졌다.

·수隋는 각각 호공胡公[77])과 양진楊震[78])을 태조로 삼지 않았으니, 황가에서 어찌 양무소왕을 태조로 삼을 수 있겠습니까?

한나라가 낙양에 도읍하고 교사郊祀[79])에 대해 대대적으로 논의하였을 때, 대부분의 논의는 주나라가 교사에서 후직에게 제사하였으니 한나라도 마땅히 교사에서 요堯에게 제사를 올려야 한다는 것이었습니다. 황제가 공경에게 논의할 것을 명하자 의논하는 자들이 대부분 같은 의견을 개진하였고 황제 또한 옳다고 여겼습니다. 그런데 두림杜林이 뭇 의론을 바로 잡으며 홀로 주장하기를, "주 왕실의 흥기와 주나라의 홍복은 후직으로 말미암은 것이었습니다. 그러나 한나라의 제업帝業은 돌연 흥기한 것[80])으로 그 공업이 요에게서 연유한 것이 아니므로, 조종祖宗을 제사지내는 고사故事는 마땅히 기존의 제도를 따

---

76) 소하蕭何 : 漢 高祖 劉邦의 재상이다. 유방과 항우의 싸움에서 관중에 머물며 양식과 군병의 보급에 전력을 기울였다. 고조가 즉위할 때 논공행상에서 으뜸가는 공신이라 하여 찬후로 봉해지고 식읍 7,000호를 하사받았다.

77) 호공胡公 : 주나라의 제후국 陳 나라의 시조 嬀滿이다. 舜 임금의 후손이며 閼父의 아들이라고 전한다.

78) 양진楊震(?~124) : 후한 弘農 華陰 사람으로, 자는 伯起이다. 그의 고조부 楊敞은 한나라 8대 황제 昭帝 때 승상을 지냈고 安平侯로 봉해졌다. 경전에 해박하고 학문을 좋아하여, 당시의 유생들이 그를 "關西의 공자 楊伯起"라고 불렀다. 직언으로 정치의 폐단을 바로잡고자 노력하였으나 환관의 모함을 받고 賜死되었다.

79) 교사郊祀 : 제왕이 교외에 나아가 하늘과 땅에 올리는 제사이다. 冬至에는 南郊에서 하늘에 제사하고, 夏至에는 北郊에서 땅에 제사하였다.

80) 漢 고조 劉邦이 서민 출신으로 秦末의 혼란을 틈타 일어난 까닭에, 그 帝業에 역사적 기반이 전무하였음을 이른다.

라야 합니다." 하였으므로 마침내 두림의 의론을 따랐습니다. 또 전傳에 이르기를, "천상天上에 대해 알고 싶으면 장자長者에게 물어라." 하였으니 이 말이 사리에 가깝습니다. 무덕武德·정관貞觀의 때에 황제는 성명聖明하고 신하는 어질었는데도 양무소왕의 신주를 훼천하였으니, 이는 또한 오늘날의 일과 비슷합니다. 당시 신주를 세우지 않은 것은 반드시 세울 수 없는 연유가 있기 때문이었습니다. 지금 이미 연대가 점차 멀어졌는데, 바야흐로 다시 신주를 세운다면 이는 삼조이종三祖二宗의 뜻이 아닙니다. 경황제가 직위를 잃으면 진노할까 두려워하고 양무소왕의 자리를 비우면 응답이 없을까 두려워하는 것은 사직의 복이 아닙니다.

宗廟事重, 禘祫禮崇, 先王以之觀德. 或者不知其說, 旣灌而往, 孔子不欲觀之. 今朝命惟新, 宜應愼禮, 祭如神在, 理不可誣. 請準敕加太廟爲七室, 享宣皇帝以備七代, 其始祖不合別有尊崇.

종묘의 일은 지엄하고 체제禘祭·협제祫祭의 예는 숭고하니 선왕의 덕을 이로써 볼 수 있습니다. 간혹 이러한 도리를 알지 못하는 이가 있어, 공자는 강신降神 이후의 의식을 보려 하지 않았습니다.[81] 지금 조정이 새롭게 천명을 받았으므로 예를 신중히 거행함이 마땅하니, 제를 지낼 때는 신이 강림해 있는 듯

---

81) 공자가 "큰 제사를 지낼 때 降神 이후의 의식은 내가 보고자 하지 않는다.禘自旣灌而往者, 吾不欲觀也."라고 한 말을 인용한 것이다.(『論語』「八佾」)

해야 하고 도리를 왜곡해서는 안 됩니다. 칙명에 의거하여 태묘를 7실로 늘리고 선황제를 향사하여 7대를 갖추시되 시조에 대해 별도로 존숭함은 합당하지 않습니다.

太常博士劉承慶·尹知章又議云:

태상박사 유승경劉承慶·윤지장尹知章이 또 의론하여 말하였다.

　謹按王制:「天子七廟, 三昭三穆, 與太祖之廟而七.」此載籍之明文, 古今之通制. 皇唐稽考前範, 詳採列辟, 崇建宗靈, 式遵斯典. 但以開基之主, 受命之君, 王跡有淺深, 太祖有遠近. 湯·文祚基稷·离, 太祖代遠, 出乎昭穆之上, 故七廟可全. 若夏繼唐虞, 功非由鯀; 漢除秦·項, 力不因堯. 及魏·晉經圖, 周·隋撥亂, 皆勛隆近代, 祖業非遠, 受命始封之主, 不離昭穆之親, 故肇立宗祊, 罕聞全制. 夫太祖以功建, 昭穆以親崇, 有功百代而不遷, 親盡七葉而當毀. 或以太祖代淺, 廟數非備, 更於昭穆之上, 遠立合遷之君, 曲從七廟之文, 深乖迭毀之制.

　『예기』의 「왕제」를 살펴보니, "천자는 7묘로서, 3소3목과 태조의 묘를 합해 7묘가 된다."[82]라고 하였습니다. 이는 전적典籍의 명문明文이자 고금의 통제通制입니다. 황당皇唐은 이전의 전범典範을 상고하여 각 제왕을 상세히 살폈고 종묘를 높이 세우면서 이 예전禮典을 준수하였습니다. 다만 개국開國한 군주,

---

82) 『禮記』「王制」.

수명受命한 군주는 제왕으로서의 공적이 같지 않고 태조는 대수의 멀고 가까움이 있습니다. 탕왕과 문왕의 국운은 후직과 설에 근간한 것이고, 태조는 대수가 멀어 소목 차서를 벗어난 윗대에서 나왔으므로 7묘가 온전히 갖추어질 수 있었습니다. 하나라는 요堯·순舜을 계승했으니 그 공업功業은 곤鯀[83])으로부터 말미암은 것이 아니었고, 한나라는 진秦 나라와 항우項羽를 물리쳤으니 그 힘이 요에게서 기인한 것이 아니었습니다. 또한 위魏·진晉의 경략經略, 주周·수隋의 치란治亂도 모두 융성한 공훈이 가까운 대수에 있어 조업祖業이 멀지 않았으며 수명受命·시봉始封의 군주가 모두 소목의 친수 안에 있었으므로, 종묘를 세울 때 처음부터 온전히 제도를 갖추었다는 말은 들어보지 못하였습니다. 무릇 태조는 공으로써 세우고 소목은 친으로써 숭상하니, 길이 남을 공훈을 세운 태조는 체천하지 않고, 7대에 이르러 친연이 다한 소목친은 훼천함이 마땅합니다. 어떤 사람은 태조의 대수가 현재 황제와 가까워 묘수가 다 갖추어지지 않으면, 대수가 멀어 체천해야 할 조상의 신주를 현재 소목친 위에 더하여 묘실을 채워야 한다고 하는데, 이는 7묘의 명문에만 얽매여, 순차적으로 훼천하는 제도에 크게 어긋나는 일입니다.

---

83) 곤鯀 : 하나라 禹 임금의 아버지이다. 堯 임금이 중국을 다스릴 때 황하 유역에서 큰 홍수가 자주 발생하자, 요 임금이 鯀에게 명하여 물을 다스리게 하였다. 그러나 9년 동안의 제방 작업에도 불구하고 황하를 다스리지 못했고, 오히려 수해의 피해가 더 커졌다. 이에 舜 임금이 그 책임을 물어 곤을 羽山에 가두고, 곤의 아들인 우에게 명하여 수재를 방지하게 하였다.

皇家千齡啓旦, 百葉重光. 景皇帝濬德基唐, 代數猶近. 號
雖崇於太祖, 親尚列於昭穆, 且臨六室之位, 未申七代之尊.
是知太廟當六, 未合有七. 故先朝惟有宣・光・景・元・神堯・
文武六代親廟. 大帝登遐, 神主升祔於廟室, 以宣皇帝代數當
滿, 準禮復遷. 今止有光皇帝已下六代親廟, 非是天子之廟數
不當有七, 本由太祖有遠近之異, 故初建有多少之殊. 敬惟三
后臨朝, 代多儒雅, 神祊事重, 禮豈虛存, 規模可沿, 理難變
革. 宣皇旣非始祖, 又廟無祖宗之號, 親盡旣遷, 其廟不合重
立. 若禮終運往, 建議復崇, 實違王制之文, 不合先朝之旨. 請
依貞觀之故事, 無改三聖之宏規, 光崇六室, 不虧古議.

황가皇家는 천년동안 이어질 제업을 열었으니 영구히 공덕
이 이어질 것입니다. 경황제는 심대한 덕으로 당의 근간을 세
웠으나 대수가 여전히 가깝습니다. 명호名號는 비록 태조보다
높으나 친연이 아직 다하지 않아 소목의 차수 안에 포함되어
6실의 자리에 있는 관계로 아직 7대의 존엄함이 갖추어지지
못하고 있습니다. 이에 지금 태묘가 6실인 것은 지당한 것이요
7실이 되면 부당한 것입니다. 이것이 선조先朝로서 선제宣帝・
광제光帝・경제景帝・원제元帝・신요神堯84)・문무文武85)가 6대
의 친묘가 되는 까닭입니다. 대제大帝86)가 붕어하신 후 신주를
태묘에 부묘하니, 선황제宣皇帝의 대수代數가 다 되어 예에 의
거해 훼천하였습니다. 그리하여 지금은 광황제光皇帝 이하 6친

---

84) 신요神堯 : 당 高祖의 시호로, 정식 시호는 神堯大聖大光孝皇帝이다.
85) 문무文武 : 당 太宗의 시호로, 정식 시호는 文武大聖大廣孝皇帝이다.
86) 대제大帝 : 당 高宗을 이른다.

묘에 그치고 있는데, 이는 천자의 묘수가 7이 되면 안 되어서
가 아니라 태조와의 대수에 원근이 같지 않기 때문으로, 처음
종묘를 세울 때는 다소의 차이가 있기 마련입니다. 삼가 세 분
의 선제先帝[87])가 나라를 다스리셨을 때를 떠올려보면 조정에
현능한 이들이 많았으니, 중대한 종묘의 일을 두고 어찌 헛된
예를 남겨두었겠습니까? 그 규모를 따름이 가하고 도리 상으
로도 급격한 변화는 어렵습니다. 선황제는 시조가 아니고, 또
종묘에 조종祖宗의 명호가 없으니 친연이 다하면 체천함이 마
땅하지 체천할 신위를 위해 묘를 중건함은 부당합니다. 만약
친연의 예를 다하고 운조運祚도 이미 다 했는데 다시 새롭게
선황제를 존숭할 것을 건의한다면 이는 실로 「왕제」의 예문에
어긋나는 일이 되고 선조先朝의 종지에도 부합하지 않게 될 것
입니다. 청컨대 정관貞觀의 고사에 의거하여 성스러운 세 분
선제先帝의 대법을 변치 마시고, 6실에 대한 존숭을 광대하게
하시어 고인古人의 의론에 어긋나지 마소서.

時有制令宰相更加詳定, 禮部尙書祝欽明等奏言:「博士三人, 自
分兩議 : 張齊賢以始同太祖[八][88]), 不合更祖昭王 ; 劉承慶以王
制三昭三穆, 不合重崇宣帝. 臣等商量, 請依張齊賢以景皇帝爲太
祖, 依劉承慶尊崇六室.」制從之. 尋有制以孝敬皇帝爲義宗, 升祔

---

87) 세 분의 선제先帝 : 고조·태종·고종을 이른다.
88) [교감기 8] "張齊賢以始同太祖"은 『通典』 권47·『唐會要』 권12와 같다.
    殘宋本 『冊府元龜』 권587에는 "張齊賢以景帝始封爲唐太祖"라고 하였
    다. 『合鈔』 권29 「禮志」에는 '始'자 아래에 '祖'자가 있다.

於太廟. 其年八月, 崇祔光皇帝·太祖景皇帝·代祖元皇帝·高祖神
堯皇帝·太宗文武聖皇帝·皇考高宗天皇大帝·皇兄義宗孝敬皇帝
於東都之太廟, 躬行享獻之禮.

이때 황제가 재상에게 영을 내려 다시 상세히 논의한 후 정하게
하니, 예부상서禮部尙書 축흠명祝欽明 등이 상주하여 말하였다.

> 박사博士 세 사람의 의론이 두 가지로 나뉘었습니다. 장제현
> 張齊賢은 시조는 태조와 같으니[89), 양무소왕을 다시 시조로 삼
> 음은 부당하다 하였고, 유승경劉承慶은 「왕제」의 3소3목에 의
> 거하여, 선제宣帝를 존숭함은 부당하다고 하였습니다. 신 등은
> 양자의 의론을 헤아려, 장제현의 의론을 따라 경황제를 태조로
> 하고, 유승경의 의론을 따라 6실을 존숭하기를 청합니다.

제서를 내려 이에 따랐다.

얼마 후 효경황제孝敬皇帝를 의종義宗으로 하여 태묘에 부묘하라
는 제서를 내렸다. 그 해 8월, 광황제光皇帝·태조太祖 경황제景皇帝
·대조代祖 원황제元皇帝·고조高祖 신요황제神堯皇帝·태종太宗 문
무성황제文武聖皇帝·황고皇考 고종高宗 천황대제天皇大帝·황형皇兄
의종義宗 효경황제孝敬皇帝를 동도東都의 태묘에 부묘하고 친히 향
헌享獻의 예를 행하였다.

---

89) 원문은 "以始同太祖"이다. 이에 대해 殘宋本『冊府元龜』권587에서는
"장제현은 경제가 처음 봉지를 받았으므로 당의 태조가 된다.張齊賢以景
帝始封, 爲唐太祖."라고 하였고,『合鈔』권29 「禮志」에는 '始'자 아래
'祖'자가 있다고 하였다. 본문은『合鈔』에 의거하여 번역하였다.

二年, 駕還京師. 太廟自是亦崇享七室, 仍改武氏崇尊廟爲崇恩廟[九]90). 明年二月, 復令崇恩廟一依天授時享祭. 時武三思用事, 密令安樂公主諷中宗, 故有此制. 尋又特令武氏崇恩廟齋郎取五品子充. 太常博士楊孚奏言:「太廟齋郎, 承前只七品已下子. 今崇恩廟齋郎旣取五品子, 卽太廟齋郎作何等級?」上曰:「太廟齋郎亦準崇恩廟置.」孚奏曰:「崇恩廟爲太廟之臣, 太廟爲崇恩廟之君, 以臣準君, 猶爲僭逆, 以君準臣, 天下疑懼. 孔子曰:『名不正則言不順, 言不順則事不成, 事不成則禮樂不興, 禮樂不興則刑罰不中, 刑罰不中則人無所措手足. 故君子名之必可言也.』伏願無惑邪言, 以爲亂始.」其事乃寢. 崇恩廟至睿宗踐祚, 乃廢毀之.

2년, 황제가 경사京師로 돌아왔다. 이로부터 태묘에서는 7실에 향사하였고, 이어 무씨武氏의 숭존묘崇尊廟를 숭은묘崇恩廟로 개정하였다. 다음 해 2월, 다시 영을 내려 숭은묘의 향사를 일체 천수天授 연간의 제향을 따르도록 하였다. 당시 무삼사武三思91)가 권력을 장악하고 은밀히 안락공주安樂公主92)를 시켜 중종에게 아뢰게 하였으

---

90) [교감기 9] "仍改武氏崇尊廟爲崇恩廟"의 '爲崇恩廟'가 각 본에는 원래 없다. 『通典』 권47에 의거하여 보충하였다.

91) 무삼사武三思(?~707) : 則天武后의 이복 오빠 武元慶의 아들이다. 무후가 周 나라를 세우자 梁王으로 책봉되어 요직을 역임하였으며, 697년 재상이 되었다. 이듬해 황태자가 되려고 책동하였으나, 狄仁傑의 直諫으로 실패하였다. 둘째아들 崇訓이 中宗의 딸 安樂公主와 결혼하자, 위황후및 上官昭容과 사통하여 은밀한 세력을 쌓았다. 안락공주 등과 함께 황태자 李重俊을 제거하려다가, 태자의 거병으로 아들과 함께 참형되었다.

92) 안락공주安樂公主(684~710) : 唐 中宗의 막내딸로서 성은 李, 이름은 裹兒이다. 則天武后(624~705)의 조카인 武三思(?~707)의 둘째아들 武崇

므로 이 제도가 있게 되었다. 얼마 후 다시 특명을 내려 무씨의 숭은
묘 재랑齋郎에 5품관의 아들을 발탁하여 충임하였다.

태상박사太常博士 양부楊孚가 상주上奏하였다.

　　태묘의 재랑은 전례를 받들어 7품 이하 관의 자손을 임명하고
있습니다. 그런데 지금 숭은묘의 재랑에 5품관의 아들을 임명하
였으니 태묘의 재랑은 몇 등급으로 해야겠습니까?

황제가 말하기를, "태묘의 재랑 또한 숭은묘의 예를 따르라."하자,
양부가 상주하였다.

　　숭은묘는 태묘의 신하이고 태묘는 숭은묘의 군주입니다. 신
하로서 군주를 따라 해도 오히려 참역僭逆이 되는데 군주로서
신하를 따라 하면 천하의 의구심을 살 것입니다. 공자가 말하
기를, "명분이 바르지 못하면 말이 순조롭지 못하고, 말이 순조
롭지 못하면 일이 이루어지지 않으며, 일이 이루어지지 않으면
예악이 흥성하지 않고 예악이 흥성하지 않으면 형벌이 중도에
맞지 않으며, 형벌이 중도에 맞지 않으면 사람이 수족을 둘 데
가 없다. 그러므로 군자는 명분을 바르게 해야 반드시 말할 수
있는 것이다."93) 하였습니다. 바라옵건대 사특한 말에 미혹되

訓과 결혼했다. 705년 宰相 張柬之(625~706)의 정변으로 중종이 다시
황위에 오른 후에도, 중종과 위황후의 총애를 배경으로 권세를 누렸다.
무삼사, 上官婉兒(664~710) 등과 공모하여 황태자인 李重俊(?~707)을
폐위시키고 자신이 직접 皇太女가 되려고 하였으나, 魏元忠의 諫言으로
실현되지 않았다. 玄宗이 군사를 일으켜 주벌하여 庶人으로 만들었다.
93) 『論語』「子路」의 내용을 인용한 것이다.

어 화란의 단초를 만들지 마소서.

이에 그 일이 중지되었다. 숭은묘는 예종이 즉위한 후 곧 철폐되었다.

景雲元年冬, 將葬中宗孝和皇帝於定陵, 中書令姚元之·吏部尚書宋璟奏言:「準禮, 大行皇帝山陵事終, 卽合祔廟. 其太廟第七室, 先祔皇兄義宗孝敬皇帝·哀皇后裴氏神主. 伏以義宗未登大位, 崩後追尊, 神龍之初, 乃特令遷祔. 春秋之義, 國君卽位未踰年者, 不合列敍昭穆. 又古者祖宗各別立廟, 孝敬皇帝恭陵旣在洛州, 望於東都別立義宗之廟, 遷祔孝敬皇帝·哀皇后神主, 命有司以時享祭, 則不違先旨, 又協古訓, 人神允穆, 進退得宜. 在此神主, 望入夾室安置. 伏願陛下以禮斷恩.」制從之. 及旣葬, 祔中宗孝和皇帝·和思皇后趙氏神主於太廟. 其義宗卽於東都從善里建廟享祀. 時又追尊昭成·肅明二皇后, 於親仁里別置儀坤廟, 四時享祭.

경운景雲[94] 원년 겨울, 중종효화황제中宗孝和皇帝를 정릉定陵에 장사지낼 때, 중서령中書令 요원지姚元之·이부상서吏部尙書 송경宋璟이 상주하여 말하였다.

　　예에 따르면, 대행황제의 산릉 일이 끝나면 곧 태묘에 부묘해야 합니다. 태묘의 제7실에는 앞서 황형 의종효경황제義宗孝敬皇帝와 애황후哀皇后 배씨裴氏의 신주를 부묘하였습니다. 의

---

94) 경운景雲 : 당 睿宗 때의 年號이다.

종은 제위에 오르지 못하고 붕어하시어 추존되었고, 신룡神
龍95) 초에 특명으로 부묘하였습니다. 춘추의 의리에 따르면,
국군國君이 즉위하여 해를 넘기지 못하면 소목의 차서에 배열
될 수 없습니다. 또 옛날에는 조종의 묘를 각각 별도로 세웠는
데 효경황제의 공릉恭陵이 이미 낙주洛州에 조성되어 있으니,
바라건대 동도에 의종의 묘를 별도로 건립하시어 효경황제·애
황후의 신주를 옮겨 부묘하시고, 유사有司에서 계절마다 제사
지내게 명하십시오. 그리하면 선제先帝의 뜻에도 어긋나지 않
고 고례에도 부합하여 인신이 모두 조화를 이루고 진퇴에도 마
땅함을 얻게 될 것입니다. 이곳의 신주는 협실에 들여 안치하
시기 바랍니다. 원컨대 폐하께서는 예禮로써 은恩을 끊으소서.

조서를 내려 이에 따랐다. 장사를 마친 후 중종효화황제中宗孝和
皇帝와 화사황후和思皇后 조씨趙氏의 신주를 태묘에 부묘하였다. 의
종은 동도 종선리從善里에 묘를 세워 제사지냈다. 이때 또 소성昭成
·숙명肅明 두 황후96)를 추존하고 친인리親仁里에 별도로 의곤묘儀
坤廟를 세워 사시四時에 제사 지냈다.

開元四年, 睿宗崩, 及行祔廟之禮, 太常博士陳貞節·蘇獻等奏
議曰:「謹按孝和皇帝在廟, 七室已滿. 今睿宗大聖眞皇帝是孝和

---

95) 신룡神龍 : 측천무후와 중종 때의 연호로, 연도는 705년 음력 1월~707년
음력 9월이다.
96) 두 황후 : 肅明皇后 劉氏와 昭成皇后 杜氏는 예종의 비로서, 이 중 두씨
는 현종의 생모이다.

之弟, 甫及仲冬, 禮當祔遷. 但兄弟入廟, 古則有焉, 遞遷之禮, 昭
穆須正. 謹按禮論, 太常賀循議云:『兄弟不相爲後也. 故殷之盤
庚, 不序於陽甲, 而上繼於先君; 漢之光武, 不嗣於孝成, 而上承
於元帝.』又曰:『晉惠帝無後, 懷帝承統, 懷帝自繼於世祖, 而不
繼於惠帝. 其惠帝當同陽甲·孝成, 別出爲廟.』又曰:『若兄弟相
代, 則共是一代, 昭穆位同. 至其當遷, 不可兼毀二廟.』此蓋禮之
常例也. 荀卿子曰,『有天下者事七代』, 謂從禰已上也. 尊者統廣,
故恩及遠祖. 若傍容兄弟, 上毀祖考, 此則天子有不得全事於七代
之義矣. 孝和皇帝有中興之功, 而無後嗣, 請同殷之陽甲·漢之成
帝, 出爲別廟, 時祭不虧, 大祫之辰, 合食太祖. 奉睿宗神主升祔
太廟, 上繼高宗, 則昭穆永貞, 獻祼長序.』制從之. 初令以儀坤廟
爲中宗廟, 尋又改造中宗廟於太廟之西.

개원開元[97] 4년, 예종睿宗이 붕어하여 부묘의 예를 행하려 할 때,
태상박사太常博士 진정절陳貞節·소헌蘇獻 등이 의론을 상주하였다.

삼가 살펴보건대 (중종)효화황제가 부묘되어 있으므로 7실
이 모두 찼습니다. 지금 예종대성진황제睿宗大聖眞皇帝는 효화
황제의 형제로, 중동仲冬에 이르러서야 부묘의 예를 거행하게
되었습니다. 다만 형제를 입묘入廟하는 일이 옛날에 있기는 하
였으나, 모름지기 체천遞遷의 예를 행해야만 소목의 차서가 바
르게 됩니다. 예론을 살피건대 태상太常 하순賀循이 의론하기
를, "형제는 서로 뒤를 잇지 못한다. 때문에 은나라의 반경盤庚
은 양갑陽甲의 후사가 아니라 위로 선군先君을 계승하였고,[98]

97) 개원開元 : 唐 玄宗의 연호로, 연도는 713~741년이다.

한나라의 광무光武는 효성孝成의 후사가 되지 않고 위로 원제元帝를 계승하였다."[99] 하였고, 또 말하기를, "진晉 나라의 혜제惠帝는 후사가 없었으므로 회제懷帝가 종통을 이었는데, 회제는 스스로 세조世祖를 계승하였지 혜제를 계승한 것이 아니라 하였다. 혜제는 양갑·효성의 경우에 해당하므로 체천하여 별도로 묘를 세워야 한다."[100] 하였고, 또 말하기를, "형제가 서로 대를 이을 경우, 함께 1대가 되고 소목의 자리 또한 같게 하는 것은 체천할 때 2대의 묘를 한꺼번에 훼천함이 불가하기

---

98) 은나라의 陽甲과 盤庚은 형제간으로, 반경은 양갑의 뒤를 이어 왕위에 올랐다. 이 경우 소목 차서의 기준을 位次에 두느냐, 世次에 두느냐에 따라 형제는 부자 관계가 될 수도, 형제 관계가 될 수도 있다. 晉 나라 武帝 때, 高祖宣皇帝 司馬懿의 첫째 아들인 世宗景皇帝 司馬師와 둘째 아들인 太祖文皇帝 司馬昭에 대한 소목 차서의 기준을 세차에 두자 刁協이 위차에 따라 사마사·사마소 형제를 각각 1대로 해야 한다고 주장하였으나, 太常 賀循이 은나라의 양갑과 반경의 예를 들어 예법 상 형제는 서로 후사가 될 수 없다고 주장하였다.

99) 光武帝는 한나라의 12대 황제이지만 成帝와 함께 모두 高祖의 9세손이 된다. 이에 元帝를 8세, 성제와 광무제를 9세, 哀帝와 平帝·明帝를 10세로 하였는데, 이는 昭穆 차서의 기준을 位次가 아닌 世次에 둔 것이다.

100) 晉 나라는 武帝의 뒤를 아들인 惠帝가 잇고 그 뒤를 혜제의 아우인 懷帝가 이었으며 그 뒤를 조카인 愍帝가 이었다. 민제 때 宗廟를 세웠는데, 位次에 따라 혜제와 회제를 각각 1代로 하면 7대를 온전히 섬길 수 없다 하여 의논에 부쳤다. 이때 賀循이 혜제와 회제는 형제로서 왕위를 계승하였으니 각기 1대로 삼아서는 안 된다고 주장하며, 그 典據로서 殷 나라의 盤庚이 형인 陽甲의 뒤를 이어 왕위에 올랐으나, 양갑을 계승하지 않고 위로 부왕인 祖丁을 이었던 일을 제시하였다. 『晉書』 권86 「賀循傳」.

때문이다."[101] 하였으니, 이것이 곧 예의 상례常例입니다. 순자가 말하기를, "천하를 다스리는 사람은 7대를 섬긴다." 하였으니, 이는 아버지로부터 그 이상을 말합니다. 존귀한 자는 황통皇統이 광범하여 은혜가 먼 조상에게까지 미칩니다. 만약 옆으로 형제의 계통을 용납하면 위로 조고祖考에게 해를 끼치게 되니, 이는 7대를 섬기는 천자의 의리를 온전하게 시행하지 못하는 것입니다. 효화황제에게는 중흥의 공이 있으나 후사가 없으니, 청컨대 은나라 양갑, 한나라 성제成帝의 예와 같이 별묘를 세워 시제時祭를 때에 맞추어 지내시되 대협제大祫祭를 지낼 때에는 태조에게 합식合食하소서. 삼가 예종의 신주를 태묘에 부묘하여 위로 고종을 계승하게 하시면 소목의 차서가 영원히 정해지고 제를 올림에 길이 차례가 있게 될 것입니다.

제서를 내려 이에 따랐다. 처음에 영을 내려 의곤묘儀坤廟를 중종묘로 하였다가 곧 다시 고쳐 중종묘를 태묘의 서쪽에 조성하였다.

---

101) 형제 항렬의 군주를 世次에 따라 같은 소목으로 간주하지 않고 位次에 따라 별도의 소목으로 간주하여 부묘할 경우, 아래에서 1世가 죽었을 뿐이나 종묘에서 親盡을 이유로 체천해야 하는 신위는 2世가 됨을 이른다. 이에 대한 하순의 구체적 논의는 다음과 같다. " … 혜제가 아직 태묘에 있는데 회제가 다시 들어와 신주의 수가 여덟이 되었습니다. 혜제·회제 2제는 모두 세조(무제)를 계승하고 형제간으로 함께 1世가 되니 위로 체천하는 것도 1世가 되어야 합니다. 지금 혜제가 죽고 이미 예장부군을 훼천하였는데 회제의 신주를 들이면서 다시 영천부군을 훼천하게 되면 아래에서 1世를 부묘하며 위에서는 2세를 훼천하는 셈이니 古義에서 찾아보아도 이런 예는 본 적이 없습니다."

貞節等又以肅明皇后不合與昭成皇后配祔睿宗, 奏議曰:「禮, 宗廟父昭子穆, 皆有配座, 每室一帝一后, 禮之正儀. 自夏·殷而來, 無易茲典[一〇]102). 伏惟昭成皇后, 有太姒之德, 已配食於睿宗, 則肅明皇后, 無啓母之尊, 自應別立一廟. 謹按周禮云『奏夷則, 歌小呂, 以享先妣』者, 姜嫄是也. 姜嫄是帝嚳之妃, 后稷之母, 特爲立廟, 名曰閟宮. 又禮論云, 晉伏系之議云:『晉簡文鄭宣后旣不配食, 乃築宮於外, 歲時就廟享祭而已.』今肅明皇后無祔配之位, 請同姜嫄·宣后, 別廟而處, 四時享祭如舊儀.」制從之. 於是遷昭成皇后神主祔於睿宗之室, 惟留肅明神主於儀坤廟.

진정절 등이 또 숙명황후를 소성황후와 함께 예종에게 배향하여 부묘함은 합당하지 않다 하며 의론을 상주하였다.

예에 이르기를 종묘의 부소자목父昭子穆 배열에는 모두 배향하는 자리가 있어, 실마다 황제와 황후 한 분씩을 모시는 것이 예의 올바른 법식입니다. 하나라와 은나라 이래로 이러한 전례를 변경함이 없었습니다. 바라옵건대 소성황후는 태사太姒103)의 덕을 갖추었고 또 이미 예종에게 배향하였으나, 숙명황후의 경우 모후의 존귀함을 펼침이 없었으니 마땅히 별묘를 세워 모셔야 할 것입니다.104) 살펴보건대『주례周禮』에서 "이

---

102) [교감기 10] "無易茲典"의 '茲典' 두 자가 각 본에는 원래 없다.『唐會要』권19,『文苑英華』권763,『冊府元龜』권588에 의거하여 보충하였다.
103) 태사太姒 : 문왕의 妃이자 武王의 어머니이다. 흔히 婦德을 갖춘 王母로서 일컬어진다.
104) 예종의 황후는 숙명황후, 소성황후 두 사람이다. 현종은 소성황후 소생으로서, 어머니인 소성황후를 예종의 묘에 배향하였다. 이에 예종의 첫

칙夷則을 연주하고 소려小呂를 노래함으로써 선비先妣에게 제향한다.奏夷則, 歌小呂, 以享先妣."[105]라고 하였는데, 여기에서 선비는 강원姜嫄[106]입니다. 강원은 제곡帝嚳의 비妃이자 후직后稷의 어머니로서, 특별히 묘를 세우고 묘의 이름을 비궁閟宮이라 하였습니다. 또 예를 논함에 진晉 나라 복계지伏系之의 의론에 이르기를, "진晉 나라 간문제簡文帝의 비 정선후鄭宣后는 종묘에 배향하여 제를 지낼 것이 아니라, 밖에 별묘를 두고 때마다 묘에 나아가 제를 올리는 데 그쳐야 합니다."라고 하였습니다. 지금 숙명황후는 종묘에 배향할 자리가 없으니 청컨대 강원과 선후의 예처럼 별묘에 모셔두고 옛 의례에 따라 사시四時에 제를 올리소서.

제서를 내려 이에 따랐다. 이에 소성황후의 신주를 옮겨와 예종의 묘실에 부묘하고, 숙명황후의 신주는 의곤묘儀坤廟에 그대로 두었다.

時太常卿姜皎復與禮官上表曰：「臣聞敬宗尊祖, 享德崇恩, 必也正名, 用光時憲, 禮也. 伏見太廟中則天皇后配高宗天皇大帝, 題云『天后聖帝武氏』. 伏尋昔居寵秩, 親承顧託, 因攝大政, 事乃從權. 神龍之初, 已去帝號. 岑羲等不閑政體, 復題帝名. 若又使帝

째 공식 황후인 숙명황후의 배향 여부가 문제되었는데, 진정절 등은 숙명황후를 소성황후와 함께 예종에게 배향할 것이 아니라 별묘를 세워 부묘함이 마땅하다고 주장하였다.

105) 출전은 『周禮』「春官·大司樂」이다.
106) 강원姜嫄 : 周 나라 시조 后稷의 어머니이자 帝嚳의 元妃이다.

號長存, 恐非聖朝通典. 夫七廟者, 高祖神堯皇帝之廟也. 父昭子穆, 祖德宗功, 非夫帝子天孫, 乘乾出震者, 不得升祔於斯矣. 但皇后祔廟, 配食高宗, 位號舊章, 無宜稱帝. 今山陵日近, 升祔非遙, 請申陳告之儀, 因除『聖帝』之字, 直題云『則天皇后武氏』.」詔從之.

이때 태상경太常卿 강교복姜皎復이 예관과 함께 표表를 올려 말하였다.

　　신이 듣기에, 종宗을 공경하고 조祖를 높이며 덕을 누리고 은혜를 숭상하는 것은 반드시 이름을 바르게 함으로써 당대의 정치를 빛나게 하는 것이 그 예라 하였습니다. 살펴보건대 태묘 중의 측천황후則天皇后는 고종천황대제高宗天皇大帝의 배위配位인데, 제명題名에는 '천후성제天后聖帝 무씨武氏'라 되어 있습니다. 측천황후는 처음에 성상의 특별한 총애를 받다가 친히 후사를 부탁하는 선제의 유언을 받들고 정사를 대행하였으니, 이 일은 곧 권도權道를 따른 것이었습니다. 신룡神龍 초에 이미 제호帝號를 제거하였는데 잠희岑羲 등이 정사의 체모를 모르고 다시 제명帝名을 썼습니다. 만약 다시 제호를 길이 남긴다면 아마도 성조聖朝의 통전通典이 아닐 듯싶습니다.

　　무릇 7묘는 고조신효황제高祖神堯皇帝의 묘묘廟로서, 부소자목父昭子穆과, 조덕종공祖德宗功의 원칙이 지켜지는 곳이니 황제의 자손으로서 천명을 받은 사람이 아니면 이곳에 승부升祔할 수 없습니다. 따라서 다만 황후로서 부묘하여 고종에게 배향하고 위호位號는 구장舊章에 따라야지 황제라 칭하는 것은 불가합니다. 지금 산릉을 조성할 날이 가까워지고 태묘에 승부할 날도 멀지 않으니, 청컨대 진열고제陳列告祭의 예의를 엄히 밝히실 때 '성제聖帝'자를 지우시고 바로 '측천황후 무씨'라 쓰소서.

조서를 내려 이에 따랐다.

時旣別造義宗廟, 將作大匠韋湊上疏曰:「臣聞王者制禮, 是曰規模 ; 規模之興, 實資師古 ; 師古之道, 必也正名 ; 惟名與實, 固當相副. 其在宗廟, 禮之大者, 豈可失哉! 禮, 祖有功而宗有德, 祖宗之廟, 百代不毁. 故殷太甲曰太宗, 太戊曰中宗, 武丁曰高宗, 周宗文王‧武王, 漢則文帝爲太宗, 武帝爲世宗. 其後代有稱宗, 皆以方制海內, 德澤可宗, 列於昭穆, 期于不毁, 祖宗之義, 不亦大乎! 況孝敬皇帝位止東宮, 未嘗南面, 聖道誠冠於儲副, 德教不被於寰瀛, 立廟稱宗, 恐非合禮. 況別起寢廟, 不入昭穆, 稽諸祀典, 何義稱宗? 而廟號義宗, 稱之萬代, 以臣庸識, 竊謂不可. 望更令有司詳定, 務合於禮.」於是太常請以本諡「孝敬」爲廟稱, 從之.

이때 이미 별도로 의종묘義宗廟를 조성하였는데, 장작대장將作大匠 위주韋湊가 소를 올려 말하였다.

신이 듣기에, 왕자는 예를 제정한다 하였으니 이는 규모規模를 말함이요, 규모의 흥성은 실로 옛일을 본받는데 힘입고 옛일을 본받는 도는 반드시 명분을 바르게 하는 데 있으니, 명분과 실제는 진실로 서로 부합해야 합니다. 종묘의 일에 어찌 예의 대체를 잃을 수 있겠습니까? 예에 "공이 있는 이를 조祖로 삼고 덕이 있는 이를 종宗으로 삼는다."[107] 하였으니, 조종의 묘는 영원토록 훼천하지 않는 것입니다. 그러므로 은나라 태갑太甲은 태종太宗, 태무太戊는 중종中宗, 무정武丁은 고종高宗이라 하였고, 주나라는 문왕文王과 무왕武王을 종으로 하였으며, 한나라는 문제文帝를 태종으로, 무제武帝를 세종世宗으로 하였습니다. 그 후 대대로 종宗을 칭하였던 경우는 모두 천하를 통일하고 그 은덕이 존숭할 만하므로 소목에 배열하여 훼천하지 않도록 기약한 것이니, 조종을 높이고 공경하는 뜻이 또한 크지 않습니까! 하물며 효경황제는 그 지위가 동궁에 그치고 제위에 오른 일이 없었으니, 성명한 도는 진실로 동궁으로서는 으뜸이었으되 그 덕교가 천하에 베풀어지지 못하였으니 묘를 세워 종이라 칭하는 것은 예에 부합하지 않을 듯합니다. 하물며 침묘寢廟를 별도로 세우고 소목의 배열에 들이지도 않았는데, 사전祀典을 상고할 때 무슨 의리로 종이라 칭하는 것입니까? 그런데도 묘호廟號를 의종義宗이라 하여 만대에 칭하게 하니, 신의 용렬한 식견으로 생각하건대 불가한 일입니다. 바라건대 다시 상세히 살펴 정하도록 유사에 명하여 예에 부합하도록 힘쓰소서.

이에 태상시太常寺에서 본래의 시호인 '효경孝敬'을 묘호로 할 것을 청하니, 그대로 따랐다.

五年正月, 玄宗將行幸東都, 而太廟屋壞, 乃奉七廟神主於太極

---

107) 『禮記』「祭法」.

殿. 玄宗素服避正殿, 輟朝三日, 親謁神主于太極殿, 而後發幸東都. 乃敕有司修太廟. 明年, 廟成, 玄宗還京, 行親祔之禮. 時有司撰儀注, 以祔祭之日車駕發宮中. 玄宗謂宋璟·蘇頲曰「祭必先齋, 所以齊心也. 據儀注, 祭之日發大明宮, 又以質明行事, 縱使侵星而發, 猶是移辰方到, 質明之禮, 其可及乎? 又朕不宿齋宮, 卽安正殿, 情所不敢. 宜於廟所設齋宮, 五日赴行宮宿齋, 六日質明行事, 庶合於禮.」璟等稱聖情深至, 請卽奉行. 詔有司改定儀注. 六日〔一一〕108), 玄宗自齋宮步詣太廟, 入自東門, 就立位. 樂奏九成, 升自阼階, 行祼獻之禮. 至睿宗室, 俯伏鳴咽, 侍臣莫不流涕.

5년 정월, 현종玄宗이 동도東都에 거둥하려 하는데 태묘의 지붕이 무너졌으므로 7묘의 신주를 태극전太極殿에 봉안하였다. 현종이 흰옷을 입고 정전正殿을 피하였으며 3일 동안 조회를 정지하고 태극전에 나아가 친히 신주를 배알한 후 동도로 출발하였고, 유사에 명하여 태묘를 수리하게 하였다. 다음 해 태묘의 수리가 끝나자 현종이 경사京師로 돌아와 친히 부묘의 예를 거행하였다. 당시 유사가 의주儀注를 지어 올렸는데, 그에 따르면 부제祔祭를 거행하는 날 황제의 거가가 궁중에서 출발하게 되어 있었다. 이에 현종이 송경宋璟·소정蘇頲에게 말하였다.

---

108) [교감기 11] '六日'은 각 본에 원래 '景雲中'이라고 되어 있다.『唐會要』권13에 의거하여 수정하였다.『校勘記』권12에 이르기를, "살피건대 景雲은 睿宗의 연호인데, 이 구절은 開元 6년 아래에 이어 나왔으므로 '景雲中' 3자를 뒤섞어 놓는 것은 옳지 않다. 위 문장의 내용이 6일 새벽녘의 행사임을 고려할 때『唐會要』가 옳으므로, 이에 따름이 마땅하다"라고 하였다.

제를 올리기 전 반드시 재계齋戒를 우선해야 하는 것은 마음을 정제整齊하기 위함이다. 의주에 따르면 제를 올리는 날 대명궁大明宮을 출발하여 날이 샐 무렵 제를 거행한다 하였는데, 새벽에 출발한다 해도 오히려 1시진이 지나야 겨우 도착할 터이니 날이 샐 무렵 제를 올리는 것이 가능하겠는가? 또 짐이 재궁에 머무르지 않고 정전에서 편안히 있는 것은 정리情理로 보아 감히 할 수 없는 일이다. 응당 태묘에 재궁을 설치하여 머무르다가 5일 행궁行宮에 나아가 머무르며 재계를 행하고, 6일 날이 샐 무렵 제를 거행하면 예에 거의 부합할 것이다.

송경 등이 황제의 성정이 매우 지극하다 칭송하며 즉시 봉행할 것을 청하였다. 유사에 조서를 내려 의주를 개정하게 하였다. 6일, 현종이 재궁에서부터 걸어서 태묘에 나아갔고, 동문으로 들어와 참위站位에 나아가 섰다. 9곡조[九成][109]를 연주하고, 동쪽 계단[阼階]으로 올라가 관헌祼獻[110]의 예를 거행하였다. 예종의 묘실에 이르러 엎드려 오열하니, 시신侍臣들도 모두 눈물을 흘렸다.

有河南府人孫平子詣闕上言:「中宗孝和皇帝旣承大統, 不合遷於別廟.」玄宗令宰相召平子與禮官對定可否, 太常博士蘇獻等

---

109) 9곡조[九成]: 아홉 번 곡조가 변함을 이른다. 음악에 한 곡이 끝남을 한 成이라 하는데, 九成이 곧 全曲이다. 『尙書』「虞書·益稷」에 "簫韶 아홉 곡조에 鳳凰이 와 춤춘다.簫韶九成, 鳳凰來儀."라고 하였다.
110) 관헌祼獻: 降神과 獻爵을 말한다. 祼은 제사 때에 향기로운 술을 땅에 부어 강신함을, 獻은 술잔을 올림을 이르는 것으로 제례의 시작을 뜻한다.

固執前議. 平子口辯, 所引咸有經據, 獻等不能屈. 時蘇頲知政事, 以獻是其從祖之兄, 頗黨助之, 平子之議竟不得行. 平子論竟不已, 遂謫平子爲康州都城尉. 仍差使領送至任, 不許東西. 平子之任, 尋卒. 時雖貶平子, 議者深以其言爲是.

하남부河南府 사람 손평자孫平子가 궐에 이르러 상언하기를, "중종효화황제께서는 대통을 이으신 분이니 별묘에 천부遷祔함은 맞지 않습니다."라고 하였다. 현종이 재상에게 명하기를 손평자를 불러와 예관과 논변하여 그 가부를 확정하게 하니, 태상박사太常博士 소헌蘇獻 등이 이전의 의론[111]을 고집하였다. 손평자가 구두로 변론하였는데 인용하는 바가 모두 경전에 근거를 두니, 소헌 등이 그를 굴복시키지 못하였다. 당시 소정蘇頲이 정사를 주관하였는데 소헌이 그의 종조형從祖兄이었던 관계로 자못 무리를 지어 소헌을 도왔기 때문에 손평자의 의론은 결국 실행되지 못하였다. 그럼에도 불구하고 손평자가 논의를 끝까지 그만두지 않았으므로 마침내 강주康州 도성都城의 위尉로 좌천시켰다. 차사差使를 시켜 임지까지 영송領送하게 하고, 아무 것도 소지하지 못하게 하였다. 손평자는 임지에 도착한 후 얼마 안 있어 졸하였다. 당시 비록 손평자가 폄출貶黜되긴 하였으나 의론자들은 그의 말을 심히 옳게 여겼다.

至十年正月, 下制曰:「朕聞王者乘時以設教, 因事以制禮, 沿

---

111) 叡宗의 사후, 博士 陳貞節과 蘇獻은, 형제는 서로 1대가 될 수 없다고 하면서 예종은 高宗을 이어야 하며 中宗은 別廟에 봉안해야 한다고 주장하였다.

革以從宜爲本, 取舍以適會爲先. 故損益之道有殊, 質文之用斯異. 且夫至德之謂孝, 所以通乎神明; 大事之謂祀, 所以虔乎宗廟. 國家握紀命曆, 重光累盛, 四方由其繼明, 七代可以觀德. 朕嗣守丕業, 祗奉睿圖, 聿懷昭事, 罔不卹祀. 嘗覽古典, 詢諸舊制, 遠則夏·殷事異, 近則漢·晉道殊. 雖禮文之不一, 固嚴敬之無二. 朕以爲立愛自親始, 教人睦也; 立敬自長始, 教人順也. 是知朕率於禮, 緣於情. 或教以道存, 或禮從時變, 將因宜以創制, 豈沿古而限今. 況恩以降殺而疏, 廟以遷毀而廢. 雖式瞻古訓, 禮則不違; 而永言孝思, 情所未足. 享嘗則止, 豈愛崇而禮備; 有禱而祭, 非德盛而流永. 其祧室宜列爲正室, 使親而不盡, 遠而不祧, 廟以貌存, 宗猶尊立. 俾四時式薦, 不間於毀主; 百代靡遷, 匪惟於始廟. 所謂變以合禮, 動而得中, 嚴配之典克崇, 肅雍之美玆在. 又兄弟繼及, 古有明文. 今中宗神主, 猶居別處, 詳求故實, 當宁不安, 移就正廟, 用章大典. 仍創立九室, 宜令所司擇日啓告移遷.」

10년 정월에 이르러 제서를 내려 말하였다.

　　짐이 듣기에 왕자는 때를 타서 교화를 펼치고 일에 따라 예를 제정한다 하였으며, 연혁沿革은 적합함을 근본으로 하고 취사取舍는 합당함을 우선으로 한다고 하였다. 그러므로 시대에 따라 제도를 덜어내기도 하고 보태기도 하는 차이가 있고, 질박함을 쓰거나 문식함을 쓰는 다름이 있다.[112] 또한 지극한 덕

---

112) 夏 나라, 殷 나라, 周 나라가 각각 忠, 質, 文을 숭상하였다는 『論語集註』 「爲政」의 구절을 인용한 말이다. "十世 뒤의 일을 미리 알 수 있습니까?"라는 子張의 질문에 대해 공자가 "은나라는 하나라의 예를 因襲하였으니 덜고 보탠 것을 알 수 있고, 주나라는 은나라의 예를 인습하였으

을 일러 효라 하니 신명神明에 통하는 까닭이요, 국가의 대사
大事를 일러 사祀라 하니 종묘를 공경하는 이유이다. 국가가
기강을 엄히 세우고 역법曆法을 반포하여 공덕이 누대에 걸쳐
융성하게 되면 천하가 이로 인해 광명光明이 끊이지 않고 7대
가 그 덕을 보게 될 것이다. 짐이 대업을 이어 삼가 제왕의 규
획規劃을 받들고 대업을 빛낼 계책을 생각함에 제사를 공경히
하지 않음이 없었다. 일찍이 옛 전장典章을 살펴보고 옛 제도
를 찾아보니, 멀리는 하나라 · 은나라의 일이 달랐고 가까이는
한나라 · 진晉 나라의 도에 차이가 있었다. 그러나 비록 예문은
하나로 통일되어 있지 않았어도 엄숙과 공경에 근본 하는 것은
진실로 다름이 없었다. 짐이 생각하기에 "친애의 마음을 세울
때 부모로부터 시작하는 것은 백성들에게 화목함을 가르치기
위한 것이요, 공경의 마음을 세울 때 어른으로부터 시작하는
것은 백성에게 순종을 가르치기 위한 것"[113]이다. 이에 따라
짐은 예를 솔선수범하고 정리情理를 따르려 한다. 혹자는 교화
로써 도를 보존한다 하고, 혹자는 예를 수시변통隨時變通하는
것이라 하니, 장차 그때그때의 적절함을 살펴 제도를 창제함에

니 덜고 보탠 바를 알 수 있다. 혹시라도 주나라를 잇는 자가 있다면
비록 백세 뒤의 일이라도 알 수 있을 것이다.殷因於夏禮, 所損益可知
也, 周因於殷禮, 所損益可知也. 其或繼周者, 雖百世可知也."라고 대
답하였는데, 그 註에서 朱熹가 "덜고 보탠 것이란 문 · 질과 삼통을 이른
다."라는 馬融의 말을 인용하여 "하나라는 충을 숭상하고, 은나라는 질
을 숭상하고, 주나라는 문을 숭상하였다.所損益謂文質三統 … 夏尙忠,
殷尙質, 周尙文."라고 하였다.
113) 『禮記』 「祭義」의 공자의 말을 인용한 것이다.

어찌 옛것만을 따르고 지금의 상황에 제한을 두겠는가? 하물
며 은恩은 점차 줄어들어 소원해지고, 묘廟는 점차 훼천하여
폐해지는 법이니, 이는 비록 옛 가르침을 규범으로 삼아 예에
위배되는 일은 아니라 해도 장구한 효심[永言孝思]114)과 정리
에는 부족한 바가 있다. 사계절에만 제사지내고 만다면 어찌
친애의 마음을 높이고 예를 갖추었다 하겠는가? "기도할 일이
있을 때만 제를 지낸다"115)면 성대한 덕성이 길이 전해질 수
없다. 따라서 조실祧室을 정식의 묘실로 만들어 신주를 세움으
로써 그 친연親緣이 다하지 않게 하고, 친연이 멀어져도 조천
祧遷하지 않으면 종묘의 체모가 보존될 것이고, 조종의 존엄함
도 설 것이다. 훼천한 신주에도 사시제 올리기를 중단하지 말
것이며, 영원히 훼천하지 않는 예가 시조묘에 국한되지 않을
것이다. 이는 이른바 변통을 통해 예에 부합하는 것이자 동動
한 가운데 중용의 도를 얻은 것이니, 이로써 지엄한 배제配祭

---

114) 장구한 효심[永言孝思] : 『詩經』 「大雅·下武」에 "제왕의 믿음을 이루어
하토의 법도가 되는 까닭은 왕께서 효사를 잊지 않으시어 그 효사가 법
도가 되기 때문이다.成王之孚, 下土之式, 永言孝思, 孝思維則."라는 구
절을 인용한 말이다.

115) 『禮記』 「祭法」의 "祖考보다 더 먼 선조를 제사지내는 데는 단을 사용하
고, 그보다 더 먼 선조를 제사지내는 데는 선을 사용하는데, 단과 선의
제사는 기도할 일이 있을 때만 지내며, 선보다 더 먼 선조는 鬼라 부른
다.去祧爲壇, 去壇爲墠, 壇墠有禱焉祭之, 無禱乃止. 去墠曰鬼. 諸侯
立五廟, 一壇一墠, 曰考廟, 曰王考廟, 曰皇考廟, 皆月祭之, 顯考廟祖
考廟享嘗乃止. 去祧爲壇, 去壇爲墠, 壇墠有禱焉祭之, 無禱乃止, 去墠
爲鬼"라고 한 구절을 인용한 것이다.

의 전례가 존숭될 수 있고 엄숙하고 화락한 미덕이 이곳에 모이게 될 것이다. 또 형제가 서로 계승한 경우는 옛날에도 이에 대한 명백한 조문이 있었다. 지금 중종의 신주가 별묘에 모셔져 있는데, 전례前例를 상세히 살펴볼 때 짐의 마음이 편안치 않으므로 종묘의 정실正室로 옮겨 대전大典을 밝힐 것이다. 이에 종묘를 9실로 창건하려 하니, 담당 관서는 날을 정해 신주를 옮길 날을 고하라.

十一年春, 玄宗還京師, 下制曰:「崇建宗廟, 禮之大者; 聿追孝饗, 德莫至焉. 今宗以立尊, 親無遷序, 永惟嚴配, 致用蠲潔, 棟宇式崇, 祼奠斯授. 顧茲薄德, 獲承禋祀, 不躬不親, 曷展誠敬? 宜用八月十九日祗見九室.」於是追尊宣皇帝爲獻祖, 復列於正室, 光皇帝爲懿祖, 幷還中宗神主於太廟. 及將親祔, 會雨而止, 乃令所司行事. 其京師中宗舊廟, 便毀析之, 東都舊廟, 始移孝敬神主祔焉, 其從善里孝敬舊廟, 亦令毀析. 二十一年, 玄宗又特令遷肅明皇后神主祔於睿宗之室, 仍以舊儀坤廟爲肅明觀.

11년 봄, 현종이 경사京師로 돌아와 제서를 내려 말하였다.

종묘를 높이 세우는 것은 예의 대체이고, 추모하는 효심은 덕의 지극함이다. 지금 종묘에 신주를 세움에 있어 친진을 이유로 신주를 옮기는 일 없이 영원히 엄숙하게 배향하고, 전물奠物을 정결히 하고 종묘를 성대히 증축하여 이곳에서 제를 지내겠다. 생각건대 박덕薄德한 내가 조종의 제사를 계승하였는데 친히 제를 지내지 않는다면 어찌 정성과 공경을 펼칠 수 있겠는가? 마땅히 8월 19일에 종묘의 9실을 공경히 찾아뵙겠다.

이에 선황제宣皇帝를 헌조獻祖[116]로 추존하여 다시 정실正室에 배열하였고, 광황제光皇帝를 의조懿祖[117]로 추존하고, 아울러 중종의 신주를 태묘에 다시 입부入祔하였다. 현종이 친히 부모의 예를 행하려 하였으나 마침 비가 와 중지하고, 담당 관서에 명하여 거행하게 하였다. 경사에 있는 중종의 옛 묘는 곧 훼철하였고, 동도에 있는 옛 묘에는 효경孝敬이 신주를 옮겨왔으며 종선리從善里에 있는 효경의 옛 묘는 훼철하라 명하였다. 21년, 현종이 또 특명으로 숙명황후肅明皇后의 신주를 예종의 묘실에 부묘하게 하고, 옛 의곤묘儀坤廟를 숙명관肅明觀으로 삼았다.

大曆十四年十月, 代宗神主將祔, 禮儀使顔眞卿以元皇帝代數已遠, 準禮合祧, 請遷於西夾室. 其奏議曰:

대력大曆[118] 14년 10월, 대종代宗의 신주를 부묘하려 할 때, 예의사禮儀使 안진경顔眞卿이 원황제元皇帝의 대수代數가 이미 멀어졌으니 예에 의거하여 조천함이 합당하다는 이유를 들어 서협실西夾室로 조천할 것을 청하였다. 그가 의론을 상주한 내용은 다음과 같다.

---

116) 헌조獻祖 : 唐 高祖 李淵의 高祖 李熙를 이른다.
117) 의조懿祖 : 唐 高祖 李淵의 曾祖 李天錫을 이른다.
118) 대력大曆 : 唐 代宗의 연호로, 연도는 766~779년이다.

王制:「天子七廟, 三昭三穆, 與太祖之廟而七.」 又禮器
云:「有以多爲貴者, 天子七廟.」 又伊尹曰:「七代之廟, 可
以觀德.」 此經典之明證也. 七廟之外, 則曰「去祧爲壇, 去
壇爲墠」. 故歷代儒者, 制迭毀之禮, 皆親盡宜毀. 伏以太宗
文皇帝, 七代之祖;高祖神堯皇帝, 國朝首祚, 萬葉所承;
太祖景皇帝, 受命於天, 始封於唐, 元本皆在不毀之典. 代
祖元皇帝, 地非開統, 親在七廟之外. 代宗皇帝升祔有日,
元皇帝神主, 禮合祧遷.

『예기』 「왕제王制」에 이르기를, "천자 7묘는 3소3목과 태조
묘를 합해 7묘가 된다." 하였고, 또 「예기禮器」에 이르기를,
"예禮에는 많은 것을 귀하게 여기는 것이 있으니, 천자는 7묘
이다." 하였으며 『상서尙書』 「이윤伊尹」에도 이르기를, "7대의
묘에서 그 덕을 볼 수 있다."고 하였으니, 이는 경전에서 볼
수 있는 명백한 증거입니다. 7묘 외에 이르기를, "조묘祧廟에
서 떠나면 단壇을 설치하여 제사지내고, 단에서 떠나면 선墠을
설치하여 제사지낸다." 하였습니다. 그러므로 역대의 유자들은
차례대로 훼천하는 예를 제정하였으니, 이는 모두 친진하면 훼
천함이 마땅하기 때문입니다. 태종문황제太宗文皇帝는 7대조
가 되고, 고조신효황제高祖神堯皇帝는 초대 황제로서 만세토록
계승하는 바이며, 태조경황제太祖景皇帝는 천명을 받아 처음으
로 당唐에 봉해졌으니, 본디 모두 훼천하지 않는 예전에 해당
합니다. 대조원황제代祖元皇帝[119]는 영지를 개통開統함이 없었

---

119) 唐 高祖 李淵의 父 李昞을 이른다.

고 친연親緣이 7묘의 밖에 있습니다. 대종황제代宗皇帝를 부묘할 날이 남아 있으니 원황제의 신주를 조천하는 것이 예에 합당합니다.

或議者以祖宗之名, 難於迭毀. 昔漢朝近古, 不敢以私滅公, 故前漢十二帝, 爲祖宗者四而已. 至後漢漸違經意, 子孫以推美爲先. 自光武已下, 皆有廟號, 則祖宗之名, 莫不建也. 安帝信讒, 害大臣, 廢太子, 及崩, 無上宗之奏, 後自建武以來無毀者, 因以陵號稱宗. 至桓帝失德, 尙有宗號. 故初平中, 左中郎蔡邕以和帝以下, 功德無殊, 而有過差, 不應爲宗. 餘非宗者, 追尊三代, 皆奏毀之. 是知祖有功, 宗有德, 存至公之義, 非其人不居, 蓋三代立禮之本也. 自東漢已來, 則此道衰矣. 魏明帝自稱烈祖, 論者以爲逆自稱祖宗. 故近代此名悉爲廟號, 未有子孫踐祚而不祖宗先王者. 以此明之, 則不得獨據兩字而爲不合祧遷之證. 假令傳祚百代, 豈可上崇百代以爲孝乎? 請依三昭三穆之義, 永爲通典.

의론하는 자 중에는 조祖나 종宗의 명호名號를 가진 황제는 친진을 이유로 훼천하기 어렵다고 합니다. 옛날 한나라는 고대에 가까워 감히 사私로써 공公을 멸절시키지 못하였으므로 전한前漢의 12황제 중 조종의 명호를 받은 이는 4인 뿐이었습니다. 그러다 후한後漢에 이르러 점차 경전의 뜻과 어긋나기 시작하며 자손들이 아름다운 명호를 추존하는 것을 우선으로 삼았습니다. 그리하여 광무제光武帝 이후로 모두 묘호廟號가 있게 되었고 조종의 명호를 세우지 않음이 없었습니다. 안제安帝

가 참언을 믿어 대신을 해하고 태자를 폐하였는데, 그가 붕어하였을 때 종호宗號를 올리자고 아뢰는 일이 없다가 이후 건무建武120) 이래로 훼천하는 묘가 없었던 까닭에 능호陵號를 종宗으로 칭하였습니다.121) 환제桓帝의 경우도 실덕失德하였으나 오히려 종호宗號가 있었습니다.122) 때문에 초평初平123) 연간에 좌중랑左中郎 채옹蔡邕이 화제和帝 이하로는 특별한 공덕이 없고 과오만 있는데 종으로 함은 마땅하지 않다 하였습니다. 그리고 여타 종호가 없는 황제는 3대를 추존하고 모두 훼천할 것을 상주하였습니다. 공이 있는 이를 조祖로 삼고 덕이 있는 이를 종宗으로 삼는다 한 것은, 지공至公을 보존하는 의리는 그럴만한 자격이 있는 사람이 아니면 그곳에 자리하지 않는다는 것이니, 이것이 대개 삼대三代에 예를 세운 근본이었음을 알 수 있습니다. 그러나 동한東漢 이래로 이러한 도가 쇠퇴하였습니다. 위魏 명제明帝가 열조烈祖로 자칭하였는데, 조종을 자칭한 것을 두고 논자들은 범역犯逆이라 하였습니다. 그러므

---

120) 건무建武 : 後漢 제1대 光武皇帝의 연호로, 연도는 25~56년이다.

121) 安帝의 묘호는 恭宗이다. 이후 안제는 穆宗 和帝, 敬宗 順帝, 威宗 桓帝와 함께 공덕이 없는데 宗으로 일컫는 것이 옳지 않다 하여 董卓과 蔡邕의 건의로 묘호가 삭제되었다. 『後漢書』 「祭祀」 下.

122) 桓帝의 치세는 환관들이 득세하여 전횡을 일삼던 시기로, 黨錮의 禍 등 혼탁한 정치로 인한 정치적 변란이 발생하였다. 환제의 묘호는 威宗이었으나 穆宗 和帝, 恭宗 安帝, 敬宗 順帝, 威宗 桓帝와 함께 공덕이 없는데 宗으로 일컫는 것이 옳지 않다 하여 董卓과 蔡邕의 건의로 묘호가 삭제되었다. 『後漢書』 「祭祀」 下.

123) 초평初平 : 後漢 獻帝의 연호로, 연도는 190~193년이다.

로 근대近代에 들어와 이러한 명호가 모두 묘호가 되니, 제위를 계승한 자손치고 선왕을 조종으로 올리지 않는 경우가 없게 되었습니다. 이로써 알 수 있는 사실은 열조烈祖라는 두 글자만 가지고 이를 신주를 체천해서는 안 된다는 증거로 삼을 수는 없다는 것입니다. 가령 왕조의 대수가 백대에 이르렀다고 해서 위로 백대의 조상을 존숭하는 것을 어찌 효라고 할 수 있겠습니까? 청컨대 3소3목의 뜻을 따르는 것을 영원한 통전通典으로 삼으소서.

寶應二年, 升祔玄宗·肅宗, 則獻祖·懿祖已從迭毁. 伏以代宗睿文孝皇帝卒哭而祔, 則合上遷一室. 元皇帝代數已遠, 其神主準禮當祧, 至禘祫之時, 然後享祀. 於是祧元皇帝於西夾室, 祔代宗神主焉.

보응寶應[124] 2년, 현종玄宗과 숙종肅宗을 부묘하고, 헌조獻祖·의조懿祖는 차례에 따라 훼천하였습니다. 생각건대 대종예문효황제代宗睿文孝皇帝를 졸곡卒哭 이후 부묘하면 위로 1실씩 옮겨야 합니다. 원황제元皇帝의 대수가 이미 멀어졌으니, 그 신주를 예에 따라 조천하고 체제禘祭·협제祫祭를 지낼 때 향사享祀하소서.

이에 원황제를 서협실로 조천하고 대종의 신주를 부묘하였다.

---

124) 보응寶應 : 唐 代宗의 연호로, 연도는 762~763년이다.

永貞元年十一月, 德宗神主將祔, 禮儀使杜黃裳與禮官王涇等
請遷高宗神主於西夾室. 其議曰:「自漢·魏已降, 沿革不同. 古
者祖有功, 宗有德, 皆不毁之名也. 自東漢·魏·晉, 迄於陳·隋,
漸違經意, 子孫以推美爲先, 光武已下, 皆有祖宗之號. 故至於迭
毁親盡, 禮亦迭遷. 國家九廟之尊, 皆法周制. 伏以太祖景皇帝受
命於天, 始封元本, 德同周之后稷也. 高祖神堯皇帝國朝首祚, 萬
葉所承, 德同周之文王也. 太宗文皇帝應天靖亂, 垂統立極, 德同
周武王也. 周人郊后稷而祖文王·宗武王, 聖唐郊景皇帝, 祖高祖
而宗太宗, 皆在不遷之典. 高宗皇帝今在三昭三穆之外, 謂之親
盡. 新主入廟, 禮合迭遷, 藏於從西第一夾室, 每至禘祫之月, 合
食如常.」於是祧高宗神主於西夾室, 祔德宗神主焉.

영정永貞[125] 원년 11월, 덕종德宗의 신주를 부묘하려 할 때, 예의
사禮儀使 두황상杜黃裳과 예관禮官 왕경王涇 등이 고종高宗의 신주
를 서협실로 체천하자고 청하였다. 그 의론은 다음과 같다.

> 한漢·위魏 이래로 연혁이 같지 않습니다. 옛날에는 공功이
> 있는 이를 조祖로 삼고 덕德이 있는 이를 종宗으로 삼았으니,
> 모두 훼천하지 않는 명호입니다. 그러나 동한東漢·위魏·진晉
> 으로부터 진陳·수隋에 이르기까지, 점차 경전의 뜻과 어긋나
> 기 시작하며 자손들이 아름다운 명호를 추존하는 것을 우선으
> 로 삼았으므로, 광무제 이하로는 모두 조종의 명호가 있게 되
> 었습니다. 때문에 친연이 다하여 차례에 따라 훼천해야 함에도
> 예가 또한 변하기에 이르렀습니다. 국가에서 9묘를 존숭하는

---

125) 영정永貞 : 唐 順宗의 연호로, 연도는 805년이다.

것은 모두 주나라의 제도를 본받은 것입니다. 생각건대 태조경황제太祖景皇帝는 천명을 받고 시봉始封된 군주로서, 그 덕은 주나라의 후직后稷과 같습니다. 고조신요황제高祖神堯皇帝는 나라의 초대 황제로서 만세토록 계승하는 바이며 그 덕은 주나라 문왕과 같습니다. 태종문황제太宗文皇帝는 천명에 순응하여 변란을 다스리고 황통皇統을 전하여 표준을 세웠으니 그 덕은 주나라의 무왕과 같습니다. 주나라 사람은 교사를 행할 때 후직을 배향하고, 문왕을 조로, 무왕을 종으로 하였으며 성당聖唐은 교사를 행할 때 경황제를 배향하고, 고조를 조로, 태종을 종으로 하였으니 모두 불천위不遷位의 예에 해당합니다. 고종황제高宗皇帝는 지금 3소3목의 밖에 있으니 이를 일러 친진親盡이라 합니다. 새로운 신주가 묘에 들어가면 예에 따라 차례로 조천祧遷함이 합당하니, 서쪽 제1협실에 신주를 보관하다가 체제·협제를 지내는 달이 되면 정기제사 때처럼 신주를 가져와 태조묘에 진설하여 함께 합식하게 하소서.

이에 고종의 신주를 서협실로 조천하고 덕종의 신주를 부묘하였다.

元和元年七月, 順宗神主將祔[一二]126), 有司疑於遷毁, 太常博士王涇建議曰 :

원화元和127) 원년 7월, 순종順宗의 신주를 부묘하려 할 때 유사有

---

126) [교감기 12] "順宗神主將祔"의 '將祔'가 각 본에는 원래 '祧'로 되어 있다. 『唐會要』 권15, 『冊府元龜』 권591에 의거하여 수정하였다.

司에서 어느 묘를 훼천해야 할지 결정하지 못하자, 태상박사太常博士 왕경王涇이 건의하였다.

禮經「祖有功, 宗有德」, 皆不毁之名也. 惟三代行之. 漢·魏已降, 雖曰祖宗, 親盡則遷, 無功亦毁, 不得行古之道也. 昔夏后氏十五代, 祖顓頊而宗禹. 殷人十七代[一三][128], 祖契而宗湯. 周人三十六王, 以后稷爲太祖, 祖文王而宗武王. 聖唐德厚流廣, 遠法殷·周, 奉景皇帝爲太祖, 祖高祖而宗太宗, 皆在百代不遷之典. 故代宗升祔, 遷代祖也; 德宗升祔, 遷高宗也. 今順宗升祔, 中宗在三昭三穆之外, 謂之親盡, 遷於太廟夾室, 禮則然矣.

예경禮經에 "공이 있는 이를 조祖로 삼고 덕이 있는 이를 종宗으로 삼는다."[129] 하였는데, 이는 모두 영구히 훼천하지 않는 묘를 가리키는 것으로 삼대三代에만 시행되었습니다. 한漢·위魏 이래로는 비록 조종祖宗이라 해도 친진하면 훼천하였고 공이 없어도 또한 훼천하였으므로 옛 도를 시행할 수 없었습니다. 옛날 하후씨夏后氏 15대는 전욱顓頊을 조로, 우禹를 종으로 하였습니다. 은殷 나라 17대는 설契을 조로, 탕湯을 종으로 하였습니다. 주周 나라 36왕은 후직后稷을 태조로, 문왕文王을 조로, 무왕武王을 종으로 하였습니다. 성당聖唐은 덕이 두터워 은

127) 원화元和 : 唐 憲宗의 연호로, 연도는 806~820년이다.
128) [교감기 13] "殷人十七代"의 '十'자가 각 본에는 원래 없다. 『唐會要』 권15, 『冊府元龜』 권591에 의거하여 보충하였다.
129) 『禮記』 「祭法」.

택이 멀리까지 미치니, 멀리 은殷·주周를 본받아 경황제景皇帝
를 태조로 존숭하고, 고조高祖를 조로, 태종太宗을 종으로 삼았
으니 이는 모두 영구히 훼천하지 않는 예에 해당합니다. 그러
므로 대종代宗을 부묘하며 대조代祖를 체천했고, 덕종德宗을
부묘하며 고종高宗을 체천했습니다. 지금 순종順宗을 부묘하면
중종中宗이 3소3목의 밖에 있게 되어 이른바 친진親盡이 되니,
태묘의 협실로 체천하면 예에 합당할 것입니다.

或諫者以則天太后革命, 中宗復而興之, 不在遷藏之例,
臣竊未諭也. 昔者高宗晏駕, 中宗奉遺詔, 自儲副而陟元后.
則天太后臨朝, 廢爲盧陵王, 聖曆元年, 太后詔復立爲皇太
子. 屬太后聖壽延長, 御下日久, 奸臣擅命, 紊其紀度, 敬暉
·桓彦範等五臣, 俱唐舊臣, 匡輔王室, 翊中宗而承大統. 此
乃子繼父業, 是中宗得之而且失之 ; 母授子位, 是中宗失之
而復得之. 二十年間, 再爲皇太子, 復踐皇帝位, 失之在己,
得之在己, 可謂革命中興之義殊也〔一四〕130).

간혹 간언諫言하는 이 중에 측천태후則天太后가 이씨에서
무씨 왕조로 혁명을 하고 중종中宗이 다시 이씨의 당조를 부흥
시켰으니 중종을 조천하여 협실에 안치해서는 안 된다고 하나
신은 잘 모르겠습니다. 옛날에 고종이 붕어하고 중종이 유조遺
詔를 받들어 태자에서 제위에 올랐습니다. 그러나 측천태후가
정사를 장악하고 중종을 폐위하여 여릉왕盧陵王으로 삼았다가

---

130) [교감기 14] "可謂革命中興之義殊也"의 '可謂'가 『唐會要』 권15에는
'實興'로 되어 있다.

성력聖曆[131] 원년 다시 조서를 내려 황태자로 복위시켰습니다. 태후가 장수하심에 따라 그 치세가 오래 계속되자 간신배들이 제멋대로 국정을 농단하고 기강이 어지러워졌으나, 경휘敬暉·환언범桓彦範 등 다섯 신하가 모두 당唐의 구신舊臣으로서 왕실을 바르게 보좌하고 중종을 도와 대통을 계승하게 하였습니다. 아들로서 아버지의 대업을 계승하였으니 중종은 제위를 얻었다가 다시 잃은 것이요, 어머니가 아들을 황태자로 삼았으니 중종은 제위를 잃었다가 다시 얻은 것입니다. 이에 중종이 20년간 재차 황태자로 있다가 다시 제위에 올랐으니, 제위를 잃은 것도 자신이요 제위를 얻은 것도 자신으로, 혁명·중흥의 뜻과는 다르다 할 것입니다.

又以周·漢之例推之, 幽王爲犬戎所滅, 平王東遷, 周不以平王爲中興不遷之廟, 其例一也. 漢呂后專權, 産·祿秉政, 文帝自代邸而立之, 漢不以文帝爲中興不遷之廟, 其例二也. 霍光輔宣帝, 再盛基業, 而不以宣帝爲不遷之廟[一五][132], 其例三也. 伏以中宗孝和皇帝, 於聖上爲六代伯祖, 尊非正統, 廟亦親盡. 爰及周·漢故事, 是與中興功德之主不同, 奉遷夾室, 固無疑也.

또한 주周·한漢의 전례前例로 미루어 볼 때, 유왕幽王이 견

---

131) 성력聖曆: 무주 則天武后의 연호로, 연도는 698년 1월~700년 5월이다.

132) [교감기 15] "霍光輔宣帝再盛基業而不以宣帝爲不遷之廟"의 '宣帝'에서 '爲不'에 이르기까지 13자가 각 본에는 원래 없다. 『唐會要』 권15, 『冊府元龜』 권591에 의거하여 보충하였다.

융犬戎에게 멸망하자 평왕平王이 동천東遷하였으나, 주나라가 평왕을 중흥의 군주라 하여 불천묘不遷廟로 하지 않았던 것이 그 첫 번째 예입니다. 한나라의 여후呂后가 권력을 쥐고 여산呂産·여록呂祿이 국정을 장악하자 문제文帝가 대저代邸133)에서 일어났으나, 한나라가 문제를 중흥의 군주라 하여 불천묘로 삼지 않았던 것이 그 두 번째 예입니다. 곽광霍光이 선제宣帝를 보좌하여 다시 제업帝業의 터전을 성대히 일으켰으나 선제를 불천묘로 삼지 않았던 것이 또한 세 번째 예입니다. 생각건대 중종효화황제中宗孝和皇帝는 성상께 6대 백조伯祖가 되니, 존숭의 대상이나 정통은 아니요, 묘 또한 친진하였습니다. 주나라·한나라의 고사와 연계해 볼 때, 중종은 중흥공덕中興功德의 군주와는 같지 않으므로, 협실로 조천해야 함에 의심의 여지가 없습니다.

　是月二十四日, 禮儀使杜黃裳奏曰:「順宗皇帝神主已升祔太廟, 告祧之後, 卽合遞遷. 中宗皇帝神主, 今在三昭三穆之外, 準禮合遷於太廟從西第一夾室[一六]134), 每至禘祫之日, 合食如常.」於

---

133) 대저代邸 : 漢 高祖의 아들 劉恒이 황제가 되기 전 代王에 봉해졌을 때의 거처를 이른다. 혜제惠帝가 죽고 그 어머니 呂后가 어린 아들 恭과 弘을 세워 둘 다 少帝라 칭하고 섭정을 하였는데, 여후가 죽자 陳平과 周勃 등이 여씨들을 주살하고 소제를 폐위한 뒤 대왕을 맞이하여 즉위하게 하니, 그가 곧 문제이다.(『漢書』「文帝紀」)
134) [교감기 16] "準禮合遷於太廟從西第一夾室"의 '遷'자가 각 본에는 원래 없다. 『唐會要』 권15에 의거하여 보충하였다.

是祧中宗神主於西夾室, 祔順宗神主焉.

같은 달 24일, 예의사禮儀使 두황상杜黃裳이 상주하였다.

> 순종황제順宗皇帝의 신주를 이미 태묘에 부묘하였으니 중종
> 은 조천을 고하는 예를 행한 후 즉시 체천하는 것이 합당합니
> 다. 중종황제의 신주는 지금 3소3목 밖에 있으니, 예에 따라
> 태묘의 서쪽 제1협실에 조천하고, 체제·협제를 지내는 달이
> 되면 정기제사 때처럼 신주를 가져와 태조묘에 진설하여 함께
> 합식하게 하소서.

이에 중종의 신주를 서협실로 조천하고 순종의 신주를 부묘하였다.

有司先是以山陵將畢, 議遷廟之禮. 有司以中宗爲中興之君, 當
百代不遷之位. 宰臣召史官蔣武問之, 武對曰:「中宗以弘道元年
於高宗柩前卽位, 時春秋已壯矣. 及母后篡奪, 神器潛移, 其後賴
張柬之等同謀, 國祚再復. 此蓋同於反正, 恐不得號爲中興之君.
凡非我失之, 自我復之, 謂之中興, 漢光武·晉元帝是也. 自我失
之, 因人復, 晉孝惠·孝安是也. 今中宗於惠·安二帝事同, 卽不
可爲不遷之主也.」有司又云:「五王有再安社稷之功, 今若遷中
宗廟, 則五王永絶配享之例.」武曰:「凡配享功臣, 每至禘祫年方
合食太廟, 居常卽無享禮. 今遷中宗神主, 而禘祫之年, 毀廟之主
並陳於太廟, 此則五王配食, 與前時如一也.」有司不能答.

이에 앞서 산릉山陵이 거의 끝나가자 유사는 천묘遷廟의 예를 의
론하였다. 유사는 중종은 중흥의 군주이니 영구히 불천위不遷位로
삼는 것이 마땅하다고 하였다. 재신宰臣이 사관史官 장무蔣武를 불

러 이에 대해 묻자 장무가 대답하였다.

홍도弘道 원년, 중종이 고종高宗의 관 앞에서 즉위하였을 때
당시 춘추가 이미 장성하였습니다. 그러나 모후가 찬탈하여 제
위가 옮겨졌다가 이후 장간지張東之 등과의 동모同謀에 힘입어
제위를 다시 회복하였습니다. 이는 대개 반정反正과 같은 것으
로, 중흥의 군주라 하기는 어려울 듯싶습니다. 무릇 내가 잃은
것이 아니나 나로 인해 되찾는 것을 일러 중흥이라 하니 한漢의
광무光武·진晉의 원제元帝가 이에 해당합니다. 나로 인해 잃었
으나 타인의 힘을 빌려 되찾은 사람으로는 진晉의 효혜孝惠·효
안孝安이 이에 해당합니다. 지금 중종은 효혜·효안 두 황제와
사안이 동일하니 중종을 불천위로 하는 것은 불가합니다.

유사가 또 말하기를, "5왕135)에게는 재차 사직을 안정시킨 공로가
있는데, 만약 중종의 묘를 체천하면 5왕에 대한 배향이 영구히 끊길
것입니다."하니, 장무가 말하였다.

무릇 배향된 공신은 매번 체제禘祭·협제祫祭를 지내는 해에
태묘에서 합식하고 평상시에는 향례享禮가 없습니다. 지금 중
종의 신주를 체천한다 해도, 체제·협제를 지내는 해에는 훼묘
된 신주까지 모두 태묘에 진열하니, 이리 하면 5왕의 배향도

---

135) 5왕 : 則天武后를 퇴위시키고 中宗을 복위시켜 唐의 국호를 회복한 張
東之, 桓彦範, 敬暉, 崔玄暐, 袁恕己를 가리킨다. 공로에 의해 각각 漢
陽軍王, 扶陽郡王, 平壤郡王, 博陵郡王, 南陽郡王에 봉해졌으므로 5왕
이라 불리었다.

예전과 같이 할 수 있습니다.

이에 유사가 답을 하지 못하였다.

十五年四月, 禮部侍郎李建奏上大行皇帝諡曰聖神章武孝皇帝, 廟號憲宗. 先是, 河南節度使李夷簡上議曰:「王者祖有功, 宗有德. 大行皇帝戡翦寇逆, 累有武功, 廟號合稱祖. 陛下正當決在宸斷, 無信齷齪書生也.」遂詔下公卿與禮官議其可否. 太常博士王彦威奏議:「大行廟號, 不宜稱祖, 宜稱宗.」從之.

15년 4월, 예부시랑禮部侍郎 이건李建이 아뢰어, 대행황제의 시호를 성신장무효황제聖神章武孝皇帝, 묘호廟號를 헌종憲宗이라 올렸다. 이보다 앞서 하남절도사河南節度使 이이간李夷簡이 의론을 올려 말하기를, "군주는 공공功이 있는 이를 조祖로 삼고 덕德이 있는 이를 종宗으로 삼습니다. 대행황제大行皇帝는 반란을 평정하여[136] 무공武功을 쌓았으니 묘호에 조祖를 칭하는 것이 합당합니다. 폐하께서 마땅히 헤아려 결단하시고 유생들의 구구한 말들은 믿지 마소서." 하였다. 이에 마침내 조서를 내려 공경公卿과 예관禮官에게 그 가부를 의논하게 하였다. 태상박사太常博士 왕언위王彦威가 의론을 아뢰기를, "대행황제의 묘호에 조를 칭함은 합당하지 않고 종을 칭함이 합당합니다." 하니 그대로 따랐다.

---

136) 헌종 때 蔡州刺史 吳元濟가 반란을 일으키자, 승상 裴度와 장수 李愬 등을 보내 평정한 일을 이른다. 『新唐書』 권173 「裴度列傳」.

其月, 禮部奏:「準貞觀故事, 遷廟之主, 藏於夾室西壁南北三間. 第一間代祖室, 第二間高宗室, 第三間中宗室. 伏以山陵日近, 睿宗皇帝祧遷有期, 夾室西壁三室外, 無置室處. 準江都集禮:『古者遷廟之主, 藏於太室北壁之中.』今請於夾室北壁, 以西爲上, 置睿宗皇帝神主石室.」制從之.

같은 달, 예부禮部에서 아뢰었다.

정관貞觀 때의 선례에 따라 체천한 신주는 협실 서벽 남북으로 낸 3칸에 보관합니다. 제1칸은 대조代祖의 실室이고, 제2칸은 고종高宗의 실이며, 제3칸은 중종中宗의 실입니다. 생각건대 산릉에 모실 날이 가까웠고 예종황제睿宗皇帝의 조천도 기한이 얼마 안 남았는데, 협실 서벽의 3실 외에는 신주를 안치할 곳이 없습니다. 『강도집례江都集禮』에 따르면, "옛날에는 천묘한 신주를 태묘의 북벽 안에 보관하였다."고 하였습니다. 청컨대 협실 북벽에 서쪽을 상위로 하여 예종황제의 신주를 안치할 석실을 조성하소서.

제서를 내려 이에 따랐다.

長慶四年正月［一七］137), 禮儀使奏:「謹按周禮:『天子七廟,

---

137) [교감기 17] "長慶四年正月"에 대해 『舊唐書』補校에서 이르기를, "『冊府元龜』권591에 이 일이 실려 있는데 '牛僧孺가 禮儀使가 되어, 長慶 4年 7月에 아뢰었다.'고 하였다. 『唐會要』에는 5月로 되어 있다. 穆宗이 그해 정월 辛未에 붕어하였으니 정월에 곧장 遷祔를 논의할 수

三昭三穆, 與太祖之廟而七[一八][138].』荀卿子曰:『有天下者祭
七代, 有一國者祭五代』, 則知天子上祭七廟, 典籍通規. 祖功宗
德, 不在其數. 國朝九廟之制, 法周之文. 太祖景皇帝, 始爲唐公,
肇基天命, 義同周之后稷. 高祖神堯皇帝, 創業經始, 化隋爲唐,
義同周之文王. 太宗文皇帝, 神武應期, 造有區夏, 義同周之武王.
其下三昭三穆, 謂之親廟, 四時常饗, 自如禮文. 今以新主入廟,
玄宗明皇帝在三昭三穆之外[一九][139], 是親盡之祖, 雖有功德,
禮合祧遷, 禘祫之歲, 則從合食.」制從之.

　　장경長慶[140] 4년 정월, 예의사禮儀使가 아뢰었다.

　　　　『주례周禮』를 살펴보니, "천자의 7묘는 3소3목과 태조묘를
　　　　합하여 7이 된다." 하였고, 순경자荀卿子가 말하기를, "천하를
　　　　다스리는 사람은 7대를 제사 지내고 일국一國을 다스리는 자
　　　　는 5대를 제사 지낸다." 하였으니, 이로써 천자가 7묘에 제를
　　　　올리는 것은 전적典籍의 통규通規임을 알 수 있습니다. 공功이
　　　　있는 조祖와 덕德이 있는 종宗은 이 7묘에 포함되지 않습니다.
　　　　나라의 9묘 제도는 주나라의 조문을 본받은 것입니다. 태조경

　　는 없었을 것이므로, 아마도 5월이 옳은 듯하다." 하였다.
138) [교감기 18] "與太祖之廟而七"의 '與'자가 각 본에는 원래 없다. 『冊府
　　元龜』권591 및 『禮記』「王制」의 原文에 의거하여 보충하였다.
139) [교감기 19] "謂之親廟, 四時常饗, 自如禮文. 今以新主入廟, 玄宗明皇
　　帝在三昭三穆之外"의 '謂之'부터 '三穆'에 이르기까지 28자는 각 본에
　　원래 없다. 殘宋本 『冊府元龜』권591에 의거하여 보충하였다. 『唐會要』
　　권15와 明本 『冊府元龜』도 동일하나, '入廟'가 '立廟'로 되어 있다.
140) 장경長慶 : 唐 穆宗의 연호로, 연도는 821년~824년이다.

황제太祖景皇帝는 처음 당공唐公에 봉해져, 천명을 받을 기틀을 열었으니 그 의의가 주나라의 후직后稷과 같습니다. 고조신요황제高祖神堯皇帝는 처음 제업을 열어 수隋를 당唐으로 변화시켰으니 그 의의가 주나라의 문왕文王과 같습니다. 태종문황제太宗文皇帝는 신이한 무용武勇으로 천명에 응하여 구하區夏[141]를 세웠으니 그 의의가 주나라의 무왕武王과 같습니다. 그 아래 3소3목은 친묘親廟라 이르니 예문에 따라 사시四時마다 제를 올렸습니다. 지금 새로운 신주를 부묘함에 따라 현종명황제玄宗明皇帝는 3소3목의 밖에 자리하게 되어 친진親盡한 선조가 되었으니, 비록 공덕이 있다 하나 마땅히 예에 따라 조천하고 체제·협제를 지내는 해에 합식하소서.

제서를 내려 이에 따랐다.

開成五年, 禮儀使奏:「謹按天子七廟, 祖功宗德, 不在其中. 國朝制度, 太廟九室. 伏以太祖景皇帝受封於唐, 高祖·太宗, 創業受命, 有功之主, 百代不遷. 今文宗元聖昭獻皇帝升祔有時, 代宗睿文孝武皇帝是親盡之祖, 禮合祧遷, 每至禘祫, 合食如常.」從之.

개성開成[142] 5년, 예의사禮儀使가 아뢰었다.

---

141) 구하區夏 : 천하의 땅이라는 의미로서 중국을 뜻한다.『尙書』「康誥」에 "덕이 백성에 드러나시어 우리 區夏를 만드시다.顯民, 用肇造我區夏." 라고 하였다.
142) 개성開成 : 唐 文宗의 연호로, 연도는 836~840년이다.

삼가 살피건대 천자는 7묘인데, 공功이 있는 조祖와 덕德이 있는 종宗은 이 7묘에 포함되지 않습니다. 본조의 제도에서 태묘는 9실입니다. 태조경황제太祖景皇帝는 당唐에 봉해졌고, 고조高祖·태종太宗은 천명을 받아 제업帝業를 개창하였으니, 공이 있는 군주로서 영구히 체천하지 않습니다. 지금 문종원성소헌황제文宗元聖昭獻皇帝를 부묘하게 됨에 따라 대종예문효무황제代宗睿文孝武皇帝는 친진한 선조가 되었으니 마땅히 예에 따라 조천하되 체제·협제를 지내는 해마다 항상 합식하소서.

이에 따랐다.

會昌元年六月, 制曰 :「朕近因載誕之日, 展承顏之敬, 太皇太后謂朕曰 :『天子之孝, 莫大於丕承 ; 人倫之義, 莫大於嗣續. 穆宗睿聖文惠孝皇帝厭代已久, 星霜屢遷, 禰宮曠合食之禮, 惟帝深濡露之感. 宣懿皇太后, 長慶之際, 德冠後宮, 夙表沙麓之祥, 實茂河洲之範. 先朝恩禮之厚, 中壼莫偕. 況誕我聖君, 纘承昌運, 已協華於先帝, 方延祚於後昆. 思廣貽謀, 庶弘博愛, 爰從舊典, 以慰孝思. 當以宣懿皇太后祔太廟穆宗睿聖文惠孝皇帝之室. 率是彝訓, 其敬承之.』朕祗奉慈旨, 載深感咽. 宜令宣示中外. 咸使聞知.」

회창會昌[143] 원년 6월, 제서를 내리니 내용은 다음과 같다.

짐이 근래 탄일誕日을 맞아 태황태후의 존안을 뵈었는데, 태황태후께서 짐에게 말씀하시기를, "천자의 효는 제업의 계승보

---

143) 회창會昌 : 唐 武宗의 연호로, 연도는 841~846년이다.

다 큰 것이 없고, 인륜의 의리는 후사를 잇는 것보다 큰 것이 없다. 목종예성문혜효황제穆宗睿聖文惠孝皇帝가 붕어하신지 이미 오래되어 세월이 많이 지났는데, 녜궁禰宮에서 합식合食의 예를 거행하지 않으니 선제先帝를 그리워하는 황제의 마음이 더욱 깊이 사무칠 것이다. 선의황태후宣懿皇太后는 장경長慶[144) 연간에 그 덕이 후궁 중의 으뜸이었고 일찍부터 황후의 서기瑞氣를 드러냈으니 실로 후비后妃의 아름다운 덕성[河洲之範][145)을 성대하게 갖추었다고 하겠다. 선조先朝의 은례恩禮가 두터워 궁중의 후비 중에 비할 이가 없었는데다 우리 성명한 군주를 탄생시켜 창성한 국운을 계승하게까지 하였으니, 빛나는 덕은 이미 선제와 부합하여 후대에 홍복을 전하였다. 이에 자손에게 좋은 계책을 남기려는 생각에서, 그리고 널리 사랑하는 마음을 넓히려는 희망에서 옛 전장典章을 따라 효심을 위로하려 한다. 선의황태후를 태묘의 목종예성문혜효황제의 실에 합부合祔함이 마땅하니, 영구히 변치 않을 가르침으로 삼아 이 일을 공경히 받들라." 하셨다. 짐이 태황태후의 가르침을 공경히 받들며 깊은 감격에 목이 멘다. 마땅히 사방에 널리 반포하여 모두가 알게 하라.

會昌六年五月, 禮儀使奏:

---

144) 장경長慶: 唐 穆宗의 연호로, 연도는 821~824년이다.
145) 후비后妃의 아름다운 덕성[河洲之範]: 河洲는 『詩經』「關雎」의 "다정히 우는 저구새, 河水의 모래섬에 있도다.關關雎鳩, 在河之洲."라는 구절에서 따온 말로 후비의 아름다운 덕을 가리킨다.

회창會昌 6년 5월, 예의사禮儀使가 아뢰었다.

武宗昭肅皇帝祔廟, 幷合祧遷者. 伏以自敬宗·文宗·武宗兄弟相及, 已歷三朝. 昭穆之位, 與承前不同. 所可疑者, 其事有四：一者, 兄弟昭穆同位, 不相爲後；二者, 已祧之主, 復入舊廟；三者, 廟數有限, 無後之主, 則宜出置別廟；四者, 兄弟旣不相爲後, 昭爲父道, 穆爲子道, 則昭穆同班, 不合異位.

무종소숙황제武宗昭肅皇帝를 부묘해야 하니 아울러 마땅히 조천祧遷도 함께 행해야 합니다. 생각건대 경종敬宗·문종文宗·무종武宗이 형제로서 뒤를 이었으므로[146] 이미 3조三朝를 거쳤습니다. 소목의 자리는 전대前代를 계승한 순서와 부합하지 않습니다. 이에 의심스러운 점 4가지가 제기되니, 첫째는 형제의 소목은 자리를 같이 하므로 상호 간에 후사가 될 수 없다는 것이요, 둘째는 이미 조천한 신주를 다시 구묘舊廟에 들여야 하는 것이요, 셋째는 묘수廟數에는 제한이 있으므로 후사가 없는 신주는 마땅히 별묘別廟에 따로 안치해야 하는 것이요, 넷째는 형제가 서로 후사가 될 수 없음은 부소자목父昭子穆의 도리에 따른 것이므로, 형제의 소목 반열은 동일하게 하고 자리는 달리하지 않아야 하는 것이 그것입니다.

據春秋「文公二年, 躋僖公」. 何休云：「躋, 升也, 謂西上

---

146) 敬宗, 文宗, 武宗은 모두 穆宗의 아들로 한 형제였다.

也. 惠公與莊公當同南面西上, 隱·桓與閔·僖當同北面西上[二〇][147].」 孔穎達亦引此義釋經. 又賀循云：「殷之盤庚, 不序陽甲；漢之光武, 上繼元帝.」晉元帝·簡文, 皆用此義毀之, 蓋以昭穆位同, 不可兼毀二廟故也. 尚書曰：「七代之廟, 可以觀德.」且殷家兄弟相及, 有至四帝, 不及祖禰, 何容更言七代, 於理無矣[二一][148].

『춘추春秋』에서는 "문공文公 2년, 희공僖公의 신주를 민공閔公의 신주 위에 올려 모셨다."[149]고 하였습니다. 하휴何休가 이르기를, "제躋는 올린다는 것이니, 서쪽의 윗자리를 이른다. 혜공惠公과 장공莊公은 마땅히 소위昭位에서 함께 남면하여 서쪽 윗자리에 자리해야 하며, 은공隱公과 환공桓公, 민공閔公과 희공僖公은 마땅히 목위穆位에서 함께 북면하여 서쪽 윗자리에 자리해야 한다."[150] 하였습니다. 공영달孔穎達도 이 뜻을 인용

---

147) [교감기 20] "當同南面西上 … 當同北面西上"에서 두 '面'자가 각 본에는 원래 없다. 『唐會要』권12, 『冊府元龜』권592 및 『公羊傳』何休가 注한 原文에 의거하여 보충하였다.

148) [교감기 21] 『唐會要』권12, 『冊府元龜』권592에는 "於理無矣"의 '無'자 아래에 '疑'자가 있다.

149) 『公羊傳』의 기록이다. 僖公은 閔公의 庶兄으로 민공의 뒤를 이어 임금이 되었으므로, 位次에 따른다면 종묘에서의 座次는 민공의 아래에 있어야 한다. 그런데 하보불기가 현재의 임금인 문공에게 아첨하기 위해 좌차를 무시하고 문공의 아버지인 희공을 민공의 위로 올려 모셨기 때문에 『春秋』에서 이를 기록해 비난한 것이다.

150) 노나라의 隱公과 桓公은 형제로서 惠公의 아들이며, 莊公은 桓公의 아들이고, 閔公과 僖公은 형제로서 모두 장공의 아들이다. 何休는 형제는 서로 후사가 될 수 없으니 世次에 따라 세대를 같이 해야 한다고 주장하

하여 경문을 해석하였습니다. 하순賀循 또한 이르기를, "은殷
나라의 반경盤庚은 양갑陽甲의 뒤를 잇지 않았고,151) 한漢 나
라의 광무제光武帝는 위로 원제元帝를 계승하였다.152)"고 하였
습니다. 진晉 나라의 원제元帝와 간문제簡文帝는 모두 형제는
소목을 동일하게 한다는 원칙에 따라 자신과 소목이 같은 형제
항렬의 군주들을 종묘 소목의 반열에 넣지 않고 별실에 보관하
였습니다. 대개 형제가 서로 대를 이을 경우 소목의 자리를 같
게 하는 것은 위로 2대의 묘를 한꺼번에 훼천할 수 없기 때문
입니다.153) 『상서尙書』에 이르기를, "7대의 묘에서 그 덕을 볼
수 있다."154)고 하였습니다. 만약 은나라 왕실에서 4명의 형제

였으므로, 혜공 이하의 世系 배열을 위와 같이 한 것이다.

151) 晉 武帝 때 高祖宣皇帝 司馬懿의 첫째 아들인 世宗景皇帝 司馬師와
둘째 아들인 太祖文皇帝 司馬昭의 소목 배열을 두고 논란이 일었을 때,
刁協은 사마사·사마소 형제를 각각 1대로 해야 한다고 주장하였으나, 太
常 賀循은 은나라 陽甲과 盤庚의 예를 들며, 예법 상 형제는 서로 후사가
될 수 없다고 하였다. 은나라의 양갑과 반경은 형제 사이로, 반경은 양갑
의 뒤를 이어 왕위에 올랐다. 이 경우 소목 차서의 기준을 位次에 두느냐,
世次에 두느냐에 따라 형제는 부자 관계가 될 수도, 형제 관계가 될 수도
있는데, 하순은 세차에 따라 형제를 동세대로 할 것을 주장하였다.

152) 光武帝는 平帝 이후 王莽을 사이에 두고 제위에 올라 한나라의 12대
황제가 되었지만 7대 宣帝의 손자가 되므로 成帝와 마찬가지로 9세가
된다. 이에 元帝를 8세, 성제와 광무제를 9세, 哀帝와 平帝·明帝를 10세
로 하였는데, 이는 昭穆 차서의 기준을 位次가 아닌 世次에 둔 것이다.

153) 형제 항렬의 군주를 世次에 따라 같은 소목으로 간주하지 않고 位次에
따라 별도의 소목으로 간주하여 부묘할 경우, 아래에서는 1世를 부묘할
뿐이나 종묘에서 親盡을 이유로 체천해야 하는 신위는 2世가 됨을 이른다.

가 대를 이었을 때155) (각각 1대로 하여) 제사가 할아버지와 아버지에게 제대로 미치지 못하였다면 어찌 『상서』에서 7대라 말하였겠습니까? 이치상 그럴 수는 없는 일입니다.

二者, 今已兄弟相及, 同爲一代, 矯前之失, 則合復祔代宗神主於太廟. 或疑已祧之主, 不合更入太廟者. 按晉代元 ·明之時, 已遷豫章·潁川矣, 及簡文卽位, 乃元帝之子, 故復豫章·潁川二神主於廟. 又國朝中宗已祔太廟, 至開元四年, 乃出置別廟, 至十年, 置九廟, 而中宗神主復祔太廟. 則已遷復入, 亦可無疑.

둘째, 지금 이미 형제가 뒤를 이었으니 함께 1대로 하여 이전의 잘못을 바로잡으면 마땅히 대종代宗의 신주를 태묘에 다시 부묘해야 합니다. 혹자는 이미 조천한 신주는 다시 태묘에 들일 수 없다 합니다. 그러나 진晉 나라의 원제元帝·명제明帝 때 이미 예장豫章과 영천潁川을 체천하였는데,156) 간문제簡文帝가 즉위한 후 그가 원제의 아들이었던 까닭에 다시 예장과 영천의 두 신주를 태묘에 들였습니다. 또 본조의 경우 중종이 이미 태묘에 부묘되었는데 개원開元 4년에 태묘에서 내와 별

---

154) 『尚書』「咸有一德」조 참조.

155) 은나라의 陽甲, 盤庚, 小辛, 小乙이 형제로서 서로 傳位하였던 일을 가리킨다.

156) 豫章은 서진의 추존 황제인 宣帝 司馬懿의 증조이고, 潁川은 宣帝의 祖이다. 惠帝가 붕어하자 豫章을 체천하였다. 元帝가 즉위하자 懷帝를 올리고 또 潁川을 체천하였다.

묘에 안치했다가 개원 10년에 이르러 9묘를 두고 중종의 신주를 다시 태묘에 부묘하였습니다. 그러한즉 이미 체천한 신주를 다시 태묘에 들이는 것에 대해 의심할 것이 없습니다.

三者, 廟有定數, 無後之主, 出置別廟者. 按魏·晉之初多同廟, 蓋取上古清廟一宮, 尊遠神祇之義. 自後晉武所立之廟, 雖云七主, 而實六代, 蓋景·文同廟故也. 又按魯立姜嫄·文王之廟, 不計昭穆, 以尊尚功德也. 晉元帝上繼武帝, 而惠·懷·愍三帝, 時賀循等諸儒議, 以爲別立廟, 親遠義疏, 都邑遷異, 於理無嫌也. 今以文宗棄代纔六七年, 武宗甫逼復土, 遽移別廟, 不齒祖宗, 在於有司, 非所宜議.

셋째, 묘廟에는 정해진 수數가 있으므로, 후사가 없는 신주는 별묘에 따로 안치해야 합니다. 살펴보건대 위魏·진晉 초, 묘를 함께 한 경우가 매우 많았으니, 대개 상고上古 시대에 청묘清廟[157] 일궁一宮에서 먼 선조와 천지의 신명을 존봉했던 뜻을 취한 것입니다. 이후 진晉 무제武帝가 세운 태묘는 비록 신주는 일곱이었으나 실제 대수는 6대였으니, 이는 대개 경제景帝와 文帝가 廟를 같이하였기 때문[158]이었습니다. 또 노魯 나라가 세운 강원姜嫄·문왕文王의 묘는 소목昭穆을 헤아리지 않고 공덕功德을 존숭하였습니다. 진晉 원제元帝가 위로 무제武

---

157) 청묘清廟 : 주나라 文王의 廟를 이른다.
158) 晉 景帝 司馬師와 晉 文帝 司馬昭는 형제간이었으므로, 世次에 따라 廟를 하나로 하였다.

帝를 계승하고, 혜제惠帝·회제懷帝·민제愍帝 등 3황제에 대해서는 당시 하순賀循 등 유자儒者들의 의론을 따라 별묘를 세웠는데, 이는 친의親義가 소원疎遠[159]한데다 다만 도읍 내 별처로 옮겨 안치한 것이었으므로 도리 상 문제 될 것이 없었습니다. 지금 문종文宗이 붕어하신 지 겨우 6, 7년 만에 무종의 산릉 일이 임박해 있으니, 즉시 별묘로 옮겨 조종과 나란히 하지 않게 함이 옳지, 이 일을 유사有司에게 맡겨 의론하게 함은 옳지 않습니다.

四者, 添置廟之室. 按禮論, 晉太常賀循云:「廟以容主爲限, 無拘常數.」故晉武帝時, 廟有七主六代. 至元帝·明帝, 廟皆十室, 及成·康·穆三帝〔二二〕[160], 皆至十一室. 自後雖遷故祔新, 大抵以七代爲準, 而不限室數. 伏以江左大儒, 通賾睹奧, 事有明據, 固可施行. 今若不行是議, 更以迭毀爲制, 則當上不及高曾未盡之親, 下有忍臣子恩義之道.

넷째, 묘실廟室을 더 추가해야 합니다. 예론禮論을 살피건대, 진晉의 태상太常 하순賀循이 말하기를, "묘에 들일 수 있는 신주에 제한을 두되, 상수常數에는 구애됨이 없습니다." 하였습니다. 그러므로 진晉 무제武帝 때 태묘의 신주는 일곱이었으나

---

159) 원제는 선황제 사마의의 증손으로서, 무제의 5촌 조카였다. 따라서 그와 혜제·회제는 6촌이 되고, 무제의 손자인 민제는 그의 7촌 조카였으므로, 親義가 소원하다고 한 것이다.

160) [교감기 22] "成康穆三帝"의 '成康穆'이 각 본에는 '穆簡'으로 되어 있다. 『唐會要』 권12, 『册府元龜』 권592에 의거하여 수정하였다.

실제 대수는 6대였습니다. 원제元帝·명제明帝 때에 이르러 묘는 모두 10실이 되었고, 성제成帝·강제康帝·목제穆帝에 이르러 모두 11실이 되었습니다. 이후 친진한 신주를 체천하고 새로운 신주를 부묘하더라도 대개 7대를 기준으로 하되 묘실 수에는 제한을 두지 않았습니다. 강남江南의 대유大儒들이 은미하고 깊은 뜻을 두루 헤아려 일에 명확한 근거가 있게 되었으니 진실로 시행할 만합니다. 지금 이 논의를 시행하지 않으면 다시 순차에 따라 훼천해야 하는데 그렇게 되면 위로는 미처 친진하지 않은 고조·증조에게 예가 미치지 못할 것이요 아래로는 신자臣子로서 은의恩義의 도를 제대로 펼 수 없을 것입니다.

今備討古今, 參校經史, 上請復代宗神主於太廟, 以存高曾之親. 下以敬宗·文宗·武宗同爲一代, 於太廟東間添置兩室, 定爲九代十一室之制. 以全臣子恩敬之義, 庶協大順之宜, 得變禮之正, 折古今之紛互, 立群疑之杓指. 俾因心廣孝, 永燭於皇明 ; 昭德事神, 無虧於聖代.

지금 고금古今의 일을 토론하고 경사經史를 비교하고 헤아렸으니, 청컨대 대종의 신주를 다시 태묘에 들여 고조·증조의 친연親緣을 보전하십시오. 또 아래로는 경종敬宗·문종文宗·무종武宗을 함께 일대一代로 삼아 태묘 동쪽 칸에 두 개의 묘실을 추가함으로써 9대 11실의 제도를 확정하소서. 이로써 신자의 은경恩敬의 의리를 보전하고 대순大順의 도리에 부합하며 변례變禮의 올바름을 얻고 고금의 분쟁을 종식시키며 각종 의

혹에 대한 표준을 세우소서. 그리하여 마음을 따라 효심을 넓히시어 황명皇明을 영원히 비추시고, 덕을 밝히시어 신령을 섬김으로써 성대聖代에 어그러짐이 없게 하소서.

敕曰:「宗廟事重, 實資參詳. 宜令尚書省·兩省·御史臺四品以上官·大理卿·京兆尹等集議以聞.」尚書左丞鄭涯等奏議曰:「夫禮經垂則, 莫重於嚴配, 必參損益之道, 則合典禮之文. 況有明徵, 是資折衷. 伏自敬宗·文宗·武宗三朝嗣位, 皆以兄弟, 考之前代, 理有顯據. 今謹詳禮院所奏, 並上稽古文, 旁摭史氏, 協於通變, 允謂得宜. 臣等商議, 請依禮官所議.」從之.

조칙을 내려 말하였다.

종묘의 일은 중대하니 실로 상세히 참고하고 논의해야 한다. 상서성·중서문하 양성兩省·어사대御史臺 4품 이하 관리·대리경大理卿·경조윤京兆尹 등은 논의를 모아 아뢰도록 하라.

상서좌승尙書左丞 정애鄭涯 등이 의론을 상주하였다.

무릇 예경禮經에 전해오는 준칙은 배향을 지엄하게 하는 것보다 중요한 것이 없으니 반드시 손익損益의 도를 참작해야 전례典禮의 조문에 부합하게 될 것입니다. 하물며 명확한 준거까지 있으니 절충함에 도움이 될 것입니다. 경종敬宗·문종文宗·무종武宗의 삼조三朝가 모두 형제로서 보위를 이었는데, 전대前代의 일을 상고해보면 그 대처할 도리에 명확한 근거가 있습니다. 지금 예원禮院이 상주한 내용을 자세히 살펴보고 아울러 옛 조문을 상고하며 역사를 두루 헤아려 변통에 적합하게 하면 진실로 마땅함을 얻게 될 것입니다. 신등은 예관의 논의를 따르시기를 청합니다.

大中三年十一月, 制追尊憲宗·順宗諡號, 事下有司. 太常博士李稠奏請別造憲宗·順宗神主, 改題新諡. 上疑其事, 詔都省集議. 右司郎中楊發·都官員外郎劉彦模等奏:「考尋故事, 無別造神主改題之例.」事在楊發傳. 時宰臣奏:「改造改題, 並無所據, 酌情順理, 題則爲宜. 況今士族之家, 通行此例, 雖尊卑有異, 而情理則同. 望就神主改題, 則爲通允.」依之.

대중大中[161] 3년 11월, 제서를 내려 헌종憲宗·순종順宗의 시호를 추존하고, 그 일을 유사有司에 내려 처리하게 하였다. 태상박사 이조李稠가 헌종·순종의 신주를 별도로 만들고 새로운 시호로 고쳐 적을 것을 주청하였다. 황제가 그 일을 미심쩍어 하며 도성都省에 논의하라 명하였다. 우사랑중右司郎中 양발楊發·도관원외랑都官員外郎 유언모劉彦模 등이 아뢰기를, "옛 일을 상고해보건대 신주를 별도로 만들어 명호를 고쳐 적은 일은 없었습니다."라고 하였는데, 이 일이 『양발전楊發傳』에 전한다. 당시 재신宰臣이 아뢰었다.

신주를 개조하고 그 명호를 고쳐 적는 일 등은 모두 근거할 바가 없으나 사정을 참작하여 이치를 따르면 새로운 시호로 고쳐 적는 일은 마땅히 해야 할 일입니다. 하물며 지금 사족士族

---

161) 대중大中 : 唐 宣宗의 연호로, 연도는 847~860년이다.

의 가문에서도 이러한 예가 흔히 행해지고 있으니, 비록 존비尊卑는 다르다 하나 정리情理는 같습니다. 바라건대 시호의 추존에 따라 신주의 명호를 고쳐 적는 일을 윤허하소서.

黃巢犯長安, 僖宗避狄於成都府. 中和元年夏四月, 有司請享太祖已下十一室, 詔公卿議其儀. 太常卿牛叢與儒者同議其事. 或曰:「王者巡狩, 以遷廟主行. 如無遷廟之主, 則祝奉幣帛皮珪告於祖禰, 遂奉以出, 載於齋車, 每舍奠焉. 今非巡狩, 是失守宗廟. 夫失守宗廟, 則當罷宗廟之事.」叢疑之. 將作監王儉·太子賓客李匡义·虞部員外郎袁皓建議同異. 及左丞崔厚爲太常卿, 遂議立行廟, 以玄宗幸蜀時道宮玄元殿之前, 架幄幕爲十一室, 又無神主, 題神版位而行事. 達禮者非之, 以爲止之可也. 明年, 乃特造神主以祔行廟.

황소黃巢가 장안長安을 침범하니, 희종僖宗이 적을 피해 성도부成都府에 이르렀다. 중화中和 원년 하사월夏四月, 유사有司가 태조 이하 11실의 제향을 청하니, 조서를 내려 공경에게 그 의례를 논의하게 하였다. 태상경太常卿 우총牛叢이 유자儒者와 함께 이 일을 논의하였다. 혹자가 말하기를, "제왕은 순수巡狩할 때 체천한 묘의 신주를 모시고 떠났습니다. 만약 천묘遷廟한 신주가 없으면 축祝이 비단과 짐승의 가죽, 옥으로 만든 제기祭器를 조묘祖廟와 녜묘禰廟에 올린 후 다시 그것을 모셔 내오면 재거齋車에 싣고 가 머무는 곳마다 전奠을 올렸습니다.[162] 지금은 순수의 상황이 아니라 종묘를 지키지

---

[162] 『禮記』「曾子問」의 내용을 인용한 것으로, 원문은 다음과 같다.

못한 것입니다. 무릇 종묘를 지키지 못하였으니 응당 종묘의 의례를 정지해야 합니다." 하니, 우총이 이 말을 의심하였다. 장작감將作監 왕검王儉·태자빈객太子賓客 이광예李匡乂·우부원외랑虞部員外郎 원호袁皓가 올린 의론에 어떤 이는 동의하였고, 어떤 이는 동의하지 않았다. 좌승左丞 최후崔厚가 태상경太常卿이 되어 행묘行廟를 세우는 문제를 건의하면서, 현종이 촉蜀에 거둥하였을 때 행궁의 현원전 앞에 장막 11실을 가설架設하고, 또한 신주가 없어서 신위판에 써서 예를 행한 일을 예로 들었다. 예에 정통한 이들이 이를 그르다 하며 차라리 중지하는 것이 낫다고 하였다. 다음 해 특별히 신주를 만들어 행묘에 부묘하였다.

光啓元年十二月二十五日, 僖宗再幸寶雞. 其太廟十一室幷祧廟八室及孝明太皇太后等別廟三室等神主, 緣室法物, 宗正寺官

증자가 물었다. "옛날에 군대가 출행할 때 새로 遞遷한 신주가 없다면 무엇을 신주로 하였습니까?" 공자가 대답하기를, "선조의 명령[主命]으로 하였다."라고 하자, 증자가 "무슨 말씀입니까?"라고 물으니, 공자가 대답하기를, "천자와 제후가 출행을 할 때, 幣帛(비단), 皮(짐승의 가죽), 圭(제사에 사용하는 옥기)로 祖廟와 禰廟에 고하고 이어 그것을 받들고 나와 金路에 싣고 간다. 머무는 곳마다 먼저 奠을 올린 뒤에 숙소에 들어간다. 돌아와서 반드시 사당에 고하는데, 奠을 진설하고 끝나면 폐백과 옥을 모아 사당 두 계단 사이에 묻고 나간다. 이는 대개 선조의 명령을 귀하게 여긴 것이다. 曾子問曰 : "古者師行無遷主, 則何主?" 孔子曰 : "主命." 問曰 : "何謂也?" 孔子曰 : "天子·諸侯將出, 必以幣帛·皮·圭告于祖禰, 遂奉以出, 載于齊車以行. 每舍奠焉, 而后就舍. 反必告, 設奠, 卒, 斂幣玉藏諸兩階之間, 乃出. 蓋貴命也."

屬奉之隨駕鄠縣, 爲賊所劫, 神主·法物皆遺失. 三年二月, 車駕自興元還京, 以宮室未備, 權駐鳳翔. 禮院奏: 皇帝還宮, 先謁太廟. 今宗廟焚毁, 神主失墜, 請準禮例修奉者. 禮院獻議曰: 「按春秋: 『新宮災, 三日哭.』傳 曰: 『新宮, 宣公廟也. 三日哭, 禮也.』按國史, 開元五年正月二日, 太廟四室摧毁, 時神主皆存, 迎奉於太極殿安置, 玄宗素服避正殿. 寶應元年, 肅宗還京師, 以宗廟爲賊所焚, 於光順門外設次, 向廟哭. 歷檢故事, 不見百官奉慰之儀. 然上旣素服避殿, 百官奉慰, 亦合情禮. 竊循故事, 比附參詳, 恐須宗正寺具宗廟焚毁及神主失墜事由奏. 皇帝素服避殿, 受慰訖, 輟朝三日, 下詔委少府監, 擇日依禮, 新造列聖神主, 如此方似合宜. 伏緣採栗須十一月, 漸恐遲晚.」修奉使宰相鄭延昌具議中書門下, 奏曰: 「伏以前年冬再有震驚, 俄然巡幸, 主司宗祝, 迫以蒼黃. 伏緣移蹕鳳翔, 未敢陳奏, 今則將迴鑾輅, 皆擧典章, 清廟再營, 孝思咸備. 伏請降敕, 命所司參詳典禮修奉.」敕曰: 「朕以涼德, 祗嗣寶圖, 不能上承天休, 下正人紀. 兵革競興於宇縣, 車輿再越於藩垣, 宗廟震驚, 烝嘗廢闕. 敬修典禮, 倍切哀摧, 宜付所司.」

광계光啓[163] 원년 12월 25일, 희종이 다시 보계寶雞로 거둥하였다. 가설하였던 태묘 11실과 조묘祧廟 8실, 효명태황태후孝明太皇太后 등 별묘 3실 등의 신주와 궁 내의 법물法物을 정종시宗正寺의 관속이 받들고 거가車駕를 따라 호현鄠縣에 이르렀으나 적들에게 겁탈당해 신주와 법물을 모두 유실하였다. 3년 2월, 거가가 흥원에서 서울로 돌아왔으나 궁실이 미처 갖추어지지 못해 임시로 봉상鳳翔에 머물렀다. 예원禮院에서 아뢰었다.

---

163) 광계光啓 : 唐 僖宗의 네 번째 연호로, 연도는 885~887년이다.

황제께서 환궁하셨으니 먼저 태묘를 배알해야 합니다. 그러나 지금 종묘가 불에 타 훼손되었고 신주는 유실되었으니 예례禮例에 따라 복구하여 공봉供奉하소서.

예원에서 헌의獻議하여 아뢰었다.

『춘추春秋』를 살펴보니 "신궁新宮이 불에 타서 3일 동안 곡하였다." 하였고, 전傳에 이르기를, "신궁은 선공宣公의 묘이다. 3일 동안 곡한 것은 예에 맞게 한 것이다."라고 하였습니다.[164] 국사國史를 보니, 개원開元 5년 2일, 태묘의 4실이 무너지자 당시 모셨던 신주 모두를 태극전太極殿으로 맞아들여 안치하고 현종玄宗은 소복 차림으로 정전正殿을 피하였습니다. 보응寶應[165] 원년, 숙종肅宗이 경사京師로 돌아왔는데 적들이 종묘를 불태웠던 터라 광순문光順門 밖에 차소次所를 설치하고 종묘를 향해 곡하였습니다. 그런데 고사故事를 샅샅이 조사해 보아도 백관百官이 봉위奉慰[166]하는 의식은 보지 못하였습니다. 그러나 위에서 소복을 입고 정전을 피하였으니 백관이 봉

---

164) 『左傳』「成公 3年」조에 "갑자일에 신궁이 불에 타니, 성공이 3일 동안 곡하였다.甲子, 新宮災, 三日哭."하였는데, 이에 대해 杜預는 『春秋左氏經傳集解』에서 "성공이 삼년상이 끝나 부친인 宣公의 신주를 새로 종묘에 모셔 들였기 때문에 그곳을 신궁이라 한 것이다. '3일 동안 곡하였다'고 기록한 것은 예에 맞게 한 것을 훌륭하게 여긴 것이다. 종묘는 어버이의 영혼이 의지해 계시는 곳인데, 화재를 만났기 때문에 슬퍼서 곡한 것이다."라고 주하였다.

165) 보응寶應 : 唐 代宗의 연호로, 연도는 762~763년이다.

166) 봉위奉慰 : 국가적인 哀事에 百官이 위로의 예를 올리는 것을 이른다.

위하는 의식을 행하는 것도 정례情禮에 합당합니다. 고사故事를 따르고 비슷한 사례를 상고해 보건대, 종정시宗正寺에서 종묘가 불에 타고 신주가 유실된 사유를 갖추어 아룀이 마땅합니다. 또 황제께서 소복을 입고 정전을 피해 봉위를 받으시고, 3일 동안 조회朝會를 정지하시며, 소부감少府監에 조서를 내려 날을 잡고 예에 따라 열성列聖의 신주를 새롭게 만들게 함이 합당할 것입니다. 신주를 만드는 데 필요한 나무를 구하기 위해서는 11개월 정도가 소요되는데 일이 늦어질까 우려됩니다.

수봉사修奉使 재상宰相 정연창鄭延昌이 중서문하中書門下의 논의를 모아 아뢰었다.

작년 겨울 재차 변란이 일어나 갑작스레 순행巡幸을 하게 됨에 따라 주관 유사인 종정시의 태축太祝이 황망함에 어쩔 줄 몰랐습니다. 황제께서 봉상鳳翔으로 거둥하셨을 때는 감히 아뢰지 못하였으나, 지금 황제께서 환궁하시어 모든 전장典章을 복구하고 종묘를 중건하려 하시니 효경孝敬의 마음이 모두 갖추어졌습니다. 청컨대 담당 관서에 칙명을 내리시어 전례典禮를 상세히 상고하여 처리하게 하소서.

조칙을 내려 말하였다.

부덕한 짐이 삼가 황위를 이어, 위로는 하늘의 명을 받들지 못하고 아래로는 인륜을 바르게 하지 못하였다. 전란이 천하에서 앞다투어 일어나 두 차례나 변경을 넘어 피난하였고 종묘가 훼손되었으며 제사는 중지되었다. 공경히 전례典禮를 복구함에 비통한 심정이 더욱 절실하니, 의당 유사에 맡기겠노라.

又修奉太廟使宰相鄭延昌奏:「太廟大殿十一室·二十三間·十一架, 功績至大, 計料支費不少. 兼宗廟制度有數, 難爲損益. 今不審依元料修奉, 爲復更有商量? 請下禮官詳議.」太常博士殷盈孫奏議言:「如依元料, 難以速成, 況帑藏方虛, 須資變禮. 竊以至德二年, 以新修太廟未成, 其新造神主, 權於長安殿安置, 便行饗告之禮, 如同宗廟之儀, 以俟廟成, 方爲遷祔. 今京城除充大內及正衙外, 別無殿宇. 伏聞先有詔旨, 欲以少府監大廳權充太廟. 其廳五間, 伏緣十一室於五間之中陳設隘狹. 請更接續修建, 成十一間, 以備十一室薦饗之所. 其三太后廟, 卽於少府監取西南屋三間, 以備三室告饗之所.」敕旨從之.

또 수봉태묘사修奉太廟使 재상宰相 정연창鄭延昌이 아뢰었다.

태묘의 대전은 11실·23칸·11가로서 공사의 규모가 지대하므로 들어가는 자재 및 비용이 적지 않습니다. 아울러 종묘 제도는 정해진 수량이 있으므로 더하고 보태기가 쉽지 않습니다. 지금 기본적으로 소요되는 자재를 상세히 살피지 않았으니 다시 헤아려 산정하는 것이 좋지 않겠습니까? 청컨대 예관에게 상의하게 하소서.

태상박사太常博士 은영손殷盈孫이 의론을 상주하였다.

기본적으로 소요되는 재료의 경우 속성으로 하기가 어려운데 탕장帑藏167)마저 텅 비었으니 모름지기 변례變禮를 시행해야 합니다. 생각건대 지덕至德168) 2년, 태묘를 새로 수리하다 완성하지 못하는 바람에 새로 만든 신주를 장안전長安殿에 임시로 안치하고 종묘의 의식과 똑같이 향고饗告의 예를 거행한 다음 종묘의 수리가 끝나기를 기다려 천부遷祔하였습니다. 지금 경성京城은 대내大內 및 정아正衙로 쓰는 곳을 제외하고 별도의 전당殿堂이 없습니다. 들자오니 앞서 내리신 조지詔旨에서 소부감少府監의 대청大廳을 임시 태묘로 하겠다고 하셨는데, 대청이 5칸이므로 그 5칸 안에 11실을 조성하는 것은 너무 협소합니다. 청컨대 대청에 새 건물을 이어 증축하여 5칸을 11칸으로 늘리시고, 이로써 천향薦饗할 11실을 갖추소서. 세 분의 태후 묘는 소부감에서 건물 서남쪽의 3칸을 취해 고향告饗할 3실로 삼게 하소서.

칙지敕旨를 내려 이에 따랐다.

大順元年, 將行禘祭, 有司請以三太后神主祔饗於太廟. 三太后者, 孝明太皇太后鄭氏, 宣宗之母也；恭僖皇太后王氏, 敬宗之母也；貞獻皇太后蕭氏[二三][169], 文宗之母也. 三后之崩, 皆作神主, 有故不當入太廟. 當時禮官建議, 並置別廟, 每年五享, 及三年一祫, 五年一禘, 皆於本廟行事, 無奉神主入太廟之文. 至是亂離之後, 舊章散失, 禮院憑曲臺禮, 欲以三太后祔享太廟. 博士殷

---

167) 탕장帑藏 : 황실의 재물 창고를 이른다.
168) 지덕至德 : 唐 肅宗의 연호로, 연도는 756~757년이다.
169) [교감기 23] "皇太后蕭氏"의 '蕭'자가 각 본에는 '韋'자로 되어 있다. 『舊唐書』 卷52, 「穆宗貞獻皇后蕭氏傳」에 의거하여 수정하였다.

盈孫獻議非之, 曰:

　대순大順[170] 원년元年, 체제禘祭를 거행하려는데 유사가 세 분 태후의 신주를 태묘에 부향祔饗할 것을 청하였다. 세 분 태후는 선종宣宗의 모후인 효명태황태후孝明太皇太后 정씨鄭氏, 경종敬宗의 모후인 공희황태후恭僖皇太后 왕씨王氏, 문종文宗의 모후인 정헌황태후貞獻皇太后 소씨蕭氏이다. 세 분 태후가 붕어한 후 모두 신주를 만들었으나 태묘에 부묘하기에는 부적합한 사정이 있었다. 당시 예관이 논의하여 모두 별묘를 세우고, 매년 5차례의 시제時祭 및 3년에 한번 올리는 협제祫祭, 5년에 한번 올리는 체제禘祭를 각각의 별묘에서 행하도록 하였을 뿐 신주를 태묘에 옮겨 합식하게 하는 조항은 없었다. 그런데 이번의 변란 후 옛 전장典章이 산실되자 예원에서 『곡대례曲臺禮』에 의거하여[171] 세 분 태후를 태묘에 부묘하고자 하였다. 박사博士 은영殷盈·손헌孫獻이 의론을 올려 이에 반대하기를 다음과 같이 말하였다.

　　臣謹按三太后, 憲宗·穆宗之后也. 二帝已祔太廟, 三后所以立別廟者, 不可入太廟故也. 與帝在位, 皇后別廟不同. 今有司誤用王彦威曲臺禮, 禘別廟太后於太廟, 乖戾之甚. 臣竊究事體, 有五不可.

---

170) 대순大順: 唐 昭宗의 연호로, 연도는 890~891년이다.
171) 『곡대례曲臺禮』의 "태묘에서 체제·협제를 지낼 때, 別廟에 있는 황후의 신주를 祖考의 신주 아래에서 함께 제사지낸다.別廟皇后, 禘祫於太廟, 祔於祖考之下."라고 한 구절을 이른다.

신이 삼가 상고하건대 세 분 태후는 헌종憲宗·목종穆宗의
황후입니다. 두 황제는 이미 태묘에 부묘되었는데 세 분 태후
에 대해 별묘를 세운 것은 태묘에 들일 수 없는 이유가 있기
때문이니, 『곡대례』에서 말한 "황제가 재위할 때 먼저 돌아간
황후에 대해 별묘를 세운 예"와는 같지 않습니다. 지금 유사가
왕언위王彦威가 잘못 인용한 『곡대례』의 구절을 가지고, 체제
를 지낼 때 별묘 태후의 신주를 태묘로 옮겨 합식하게 하자고
주장하니 심히 사리에 어긋납니다. 신이 생각하기에 이 일의
사체를 궁구해보면 다섯 가지의 불가한 점이 있습니다.

曲臺禮云:「別廟皇后, 禘祫於太廟, 祔於祖姑之下.」此
乃皇后先崩, 已造神主, 夫在帝位, 如昭成·肅明·元獻·昭
德之比. 昭成·肅明之崩也, 睿宗在位, 元獻之崩也, 玄宗在
位, 昭德之崩也, 肅宗在位. 四后於太廟未有本室, 故創別
廟, 當爲太廟合食之主, 故禘祫乃奉以入饗. 其神主但題云
「某諡皇后」, 明其後太廟有本室, 卽當遷祔, 帝方在位, 故
皇后暫立別廟耳. 本是太廟合食之祖, 故禘祫乃升, 太廟未
有位, 故祔祖姑之下. 今恭僖·貞獻二太后, 皆穆宗之后. 恭
僖, 會昌四年造神主, 合祔穆宗廟室, 時穆宗廟已祔武宗母
宣懿皇后神主, 故爲恭僖別立廟, 其神主直題云皇太后, 明
其終安別廟, 不入太廟故也. 貞獻太后, 大中元年作神主,
立別廟, 其神主亦題爲太后, 並與恭僖義同. 孝明, 咸通五
年作神主, 合祔憲宗廟室. 憲宗廟已祔穆宗之母懿安皇后,
故孝明亦別立廟, 是懿宗祖母, 故題其主爲太皇太后, 與恭
僖·貞獻, 亦不同帝在位, 后先作神主之例[二四]¹⁷²⁾. 今以

別廟太后神主, 禘祭升享太廟, 一不可也.

『곡대례』에 이르기를, "별묘의 황후는 태묘에서 체제·협제를 지낼 때 조고祖姑의 아래에 부제祔祭한다."고 하였습니다. 이는 곧 황후가 먼저 붕어하여 신주를 만들었는데 지아비가 아직 제위帝位에 있었던 경우로, 소성昭成·숙명肅明·원헌元獻·소덕昭德과 같은 분들이 그러합니다. 소성·숙명황후가 붕어하셨을 때 예종이 제위에 계셨고, 원헌황후가 붕어하셨을 때 현종이 제위에 계셨으며, 소덕황후가 붕어하셨을 때 숙종이 제위에 계셨습니다. 네 분의 태후가 태묘에 본실本室이 없었던 까닭에 별묘를 세우긴 하였으나, 본디 태묘에 합제合祭해야 할 신주이므로 체제·협제 때 태묘에 모셔 제향하였습니다. 그 신주에는 다만 '모시황후某諡皇后'라 써서, 이후 태묘에 본실이 마련되면 마땅히 천부할 것이며 지금은 황제가 아직 제위에 있으므로 잠시 황후의 별묘를 세웠을 뿐이라는 점을 분명히 하였습니다. 원래 태묘에 합제해야 할 신주이므로 체제·협제 때 태묘로 올려 합제하였으나 태묘에 아직 자리가 없으므로 조고의 아래에 부제하였던 것입니다. 지금 공희恭僖·정헌貞獻 두 태후는 모두 목종穆宗의 황후입니다. 공희태후는 회창會昌[173) 4년에 신주를 만들고 목종의 묘실에 합부하려 하였으나, 당시

---

172) [교감기 24] 원래 본문은 "位后先作神主之例"이나, 이 구절은 오탈자가 있는 듯하다. 『合鈔』 권29 「禮志」에서 '帝'자 위에 '不同' 두 자가 더 있는 것에 근거하여 '不'를 보충하여 번역하였다.

173) 회창會昌 : 唐 武宗의 연호로, 연도는 841~846년이다.

목종의 묘에는 이미 무종武宗의 모후인 선의황후宣懿皇后의 신
주를 합부하였으므로 공희태후의 별묘를 세우고 그 신주에 단
지 '황태후'라고만 썼으니, 공희태후를 끝내 별묘에 안치하고
태묘에 입부하지 않은 연고가 명확합니다. 정헌태후는 대중大
中174) 원년 신주를 만들고 별묘를 세웠는데, 그 신주에도 또한
'태후'라고만 썼으니 공희태후와 같은 이유입니다. 효명태후는
함통咸通175) 5년 신주를 만들었는데 마땅히 헌종憲宗의 묘실
에 합부해야 했습니다. 그런데 헌종의 묘에는 이미 목종의 모
후인 의안황후가 합부되어 있었으므로 효명 또한 별묘를 세웠
고, 의종懿宗의 조모였던 까닭에 신주에 '태황태후太皇太后'라
고 하였으니, 공희·정헌태후와 마찬가지로 황제가 제위에 있
을 때 황후의 신주를 먼저 만든 사례와는 같지 않습니다. 이것
이 지금 별묘에 모셔져 있는 태후의 신주를 태묘에 올려 체제
를 지내는 것이 불가한 첫 번째 이유입니다.

　　曲臺禮別廟皇后禘祫於太廟儀注云：「內常侍奉別廟皇后
神主, 入置於廟庭, 赤黃褥位. 奏云『某諡皇后禘祫祔享太
廟』, 然後以神主升.」今卽須奏云「某諡太皇太后」. 且太廟中
皇后神主二十一室, 今忽以太皇太后入列於昭穆[二五]176),
二不可也.

---

174) 대중大中 : 唐 宣宗의 연호로 연도는 847~860년이다.

175) 함통咸通 : 唐 懿宗의 연호로, 연도는 860~873년이다

176) [교감기 25] "太皇太后"의 '太'자가 각 본에는 없다. 『册府元龜』 권593
　　에 근거하여 보충하였다.

『곡대례』「별묘의 황후 신주를 체제·협제 때 태묘로 옮겨오는 일에 대한 의주[別廟皇后禘祫於太廟儀注]」에 이르기를, "내상시가 별묘의 황후 신주를 모시고 묘정廟庭에 들여와 적황색의 욕위褥位에 둔다. 그리고 아뢰기를, '체제·협제를 위해 모시 황후某諡皇后를 태묘에 부제祔祭합니다.'라고 한 후에 신주를 올린다."고 하였는데, 지금은 아뢸 때, '모시태황태후某諡太皇太后'라고 해야 합니다. 태묘 안에 황후의 신주가 21실인데, 지금 갑작스레 태황태후의 신주를 들여와 소목의 순차에 따라 배열할 수는 없으니, 이것이 합식이 불가한 두 번째 이유입니다.

若但云「某諡皇后」, 卽與所題都異, 神何依憑? 此三不可也.

만약 '모시황후'라고만 하면 이는 신주에 쓴 것과 완전히 다르게 되니 신령이 어디에 깃들겠습니까? 이것이 세 번째로 불가한 점입니다.

古今禮要云:「舊典, 周立姜嫄別廟, 四時祭薦, 及禘祫於七廟, 皆祭, 惟不入太祖廟爲別配. 魏文思甄后, 明帝母, 廟及寢依姜嫄之廟, 四時及禘皆與諸廟同.」此舊禮明文, 得以爲證. 今以別廟太后禘祫於太廟, 四不可也.

『고금예요古今禮要』에 이르기를, "옛 전례에 따르면 주나라는 강원姜嫄[177]의 별묘를 세워 사시제四時祭를 올렸다. 7묘에

---

177) 강원姜嫄 : 周 나라 시조 后稷의 어머니이자 帝嚳의 元妃이다. 주나라

서 체제·협제를 지낼 때에는 함께 제사하였으나, 강원만은 태조묘에 들이지 않고 따로 배향하였다. 위魏 나라의 문사견후文思甄后[178]는 명제의 모친으로, 그 묘침廟寢을 강원의 묘에 따라 세웠고 사시제와 체제를 모두 별묘에서 여러 묘와 동일하게 거행하였다."고 하였습니다. 이 옛 전례의 명문明文을 근거로 삼을 수 있으니, 이것이 지금 별묘의 태후 신주를 모셔와 태묘에서 체제와 협제를 지내는 것이 불가한 네 번째 이유입니다.

所以置別廟太后, 以孝明不可與懿安并祔憲宗之室, 今禘享乃處懿安於舅姑之上, 此五不可也.

태후를 별묘에 안치한 까닭은 효명태후를 의안태후와 함께 헌종의 묘실에 합부合祔할 수 없기 때문인데, 지금 체제를 지내게 되면 의안태후를 시부모의 위에 두게 되니, 이것이 다섯 번째 불가한 점입니다.

且祫, 合祭也. 合猶不入太祖之廟, 而況於禘乎? 竊以爲並皆禘於別廟爲宜. 且恭僖·貞獻二廟, 比在朱陽坊, 禘·祫赴太

에서 처음 종묘를 세워 후직을 모시면서 후직을 탄생시킨 강원을 제사지내지 않을 수 없다 하여 별묘를 세우고 그 이름을 閟宮이라 하였다.
178) 문사견후文思甄后 : 견후는 위나라 文帝의 后妃이자 明帝의 모후이다. 본래 袁紹의 아들 遠熙의 아내였는데, 曹操가 원소를 격파한 후 조조의 아들 曹丕가 그의 아름다움을 탐내어 아내로 삼아 명제 曹叡를 낳았다. 뒤에 郭后에게 총애를 빼앗기고 원망하다가 사사되었다. 명제가 제위에 오르자 文昭皇后라는 시호를 올렸다.(『三國志』 권3 「明帝叡」)

廟, 皆須備法駕, 典禮甚重, 儀衛至多. 咸通之時, 累遇大饗,
耳目相接, 歲代未遙, 人皆見聞, 事可詢訪, 非敢以臆斷也.

또 협제祫祭는 곧 합제合祭입니다. 합하여 제를 지내는 것도
태조의 묘에 들이지 못하거늘 하물며 체제이겠습니까? 생각건
대 모두 별묘에서 체제를 지내는 것이 마땅하다고 봅니다. 또
공희·정헌 두 묘는 주양방朱陽坊에 나란히 있으니, 체제·협제
를 지내기 위해 태묘로 모셔온다면 모두 법가法駕를 준비해야
하는데 그 전례가 심히 막중하고 의장儀仗·호위護衛는 지극히
번다합니다. 함통咸通 때 대향大饗을 여러 차례 거행하였는데,
귀와 눈으로 실제 접하였고 때도 멀지 않으며 사람들이 모두
보고 들어 자문을 구해볼 만하니, 감히 억측으로 판단할 일이
아닙니다.

或曰 : 以三廟故禘·祫於別廟, 或可矣, 而將來有可疑焉.
謹案睿宗親盡已祧, 今昭成·肅明二后同在夾室, 如或後代
憲宗·穆宗親盡而祧, 三太后神主其得不入夾室乎? 若遇禘
·祫, 則如之何? 對曰 : 此又大誤也. 三太后廟若親盡合祧,
但當閟而不享, 安得處於夾室? 禘·祫則就別廟行之, 歷代
已來, 何嘗有別廟神主復入太廟夾室乎? 禘·祫, 禮之大者,
無宜錯失.

어떤 이가 말하기를, "세 분 태후 묘에 연유가 있으니 별묘
에서 체제·협제를 지내는 것이 괜찮을 수 있으나 향후 의혹이
있을 수 있다. 살펴보니 예종睿宗은 친진親盡하여 이미 조천祧
遷하였는데 지금 소성昭成·숙명肅明 두 황후는 함께 협실에

있으니, 만약 후대에 헌종憲宗·목종穆宗이 친진하여 조천하면 세 분 태후의 신주를 협실로 들이지 않을 수 있겠는가? 또 체제·협제를 지낼 경우에는 어찌해야 하겠는가?"하기에 대답하기를, "이는 또한 큰 오류이다. 세 분 태후의 묘는 친진하여 함께 조천하게 되면 마땅히 별묘를 닫고 향사하지 않아야 하니, 어찌 협실에 둘 수 있겠는가? 체제·협제를 별묘에서 거행한 것은 역대로부터 이미 내려온 일이니, 어찌 일찍이 별묘의 신주를 다시 태묘의 협실로 들인 일이 있었겠는가? 체제·협제는 대례大禮이니, 착오가 없이 거행해야 할 것이다."하였습니다.

宰相孔緯曰:「博士之言是也. 昨禮院所奏儀注, 今己敕下, 大祭日迫, 不可遽改, 且依行之.」於是遂以三太后祔祫太廟. 達禮者譏其大謬, 至今未正.

재상 공위孔緯가 말하였다.

　　박사博士의 말이 옳습니다. 그러나 지난번 예원禮院에서 아뢴 의주儀注에 대해, 지금 이미 조서가 내렸고 대제大祭가 임박하여 갑작스레 개정하기 어려우니 그대로 행하소서.

이에 마침내 세 분 태후를 태묘로 옮겨와 함께 부제祔祭하였다. 그러자 예에 통달한 이들이 큰 오류를 저질렀다 기롱하였고, 지금까지도 바로잡지 못하였다.

會昌六年十一月, 太常博士任疇上言:「去月十七日, 饗德明·

興聖廟, 得廟直候論狀〔二六〕[179], 稱懿祖室在獻祖室之上, 當時雖以爲然, 便依行事, 猶牒報監察使及宗正寺, 請過祭詳窺玉牒〔二七〕[180], 如有不同, 卽相知聞奏. 爾後伏檢高祖神堯皇帝本紀, 伏審獻祖爲懿祖之昭, 懿祖爲獻祖之穆, 昭穆之位, 天地極殊. 今廟室奪倫, 不卽陳奏, 然尚爲苟且, 罪不容誅. 仍敕修撰朱儔·檢討王皡硏精詳覆, 得報稱:『天寶二年, 制追尊咎繇爲德明皇帝, 涼武昭王爲興聖皇帝. 十載, 立廟. 至貞元十九年, 制從給事中陳京·右僕射姚南仲等一百五十人之議, 以爲禘·祫是祖宗以序之祭. 凡有國者必尊太祖, 今國家以景皇帝爲太祖, 太祖之上, 施於禘·祫, 不可爲位. 請按德明·興聖廟共成四室, 祔遷獻·懿二祖.』謹尋儔等所報, 卽當時表奏, 並獻居懿上. 伏以國之大事, 宗廟爲先, 禘·祫之禮, 不當失序〔二八〕[181], 四十餘載, 理難尋詰. 伏祈聖鑒, 卽垂詔敕, 具禮遷正.」

회창會昌 6년 11월, 태상박사太常博士 임주任疇가 다음과 같이 상언上言하였다.

---

179) [교감기 26] "得廟直候論狀"의 '得'자가 각 본에는 '德'으로 되어 있다. 『唐會要』 권16, 『冊府元龜』 권592에 의거하여 수정하였다.

180) [교감기 27] "請過祭詳窺玉牒"의 '過祭'는 『唐會要』 권16에는 '遇禮'로 되어 있다. 『冊府元龜』 권592에도 '過'가 '遇'로 되어 있다.

181) [교감기 28] "大事宗廟爲先禘祫之禮" 以上 12자는 각 본에 "德尊謚爲孝君臣嚴敬有司愼恪是歲以還"으로 되어 있다. 『唐會要』 권16, 『冊府元龜』 권592에 의거하여 수정하였다. 『校勘記』 권12에 이르기를, "살펴 건대 獻祖가 昭이고 懿祖가 穆인데, 의조의 묘실이 도리어 헌조의 묘실 위에 있어서 소목이 차서를 잃었으므로 이 논의가 있게 되었다. '德尊謚爲孝' 운운한 것은 글 뜻이 맞지 않으니 『會要』를 따름이 마땅하다."고 하였다.

지난 달 17일, 덕명황제德明皇帝[182)·홍성황제興聖皇帝[183)의 묘에 제를 올릴 때 묘를 지키는 관리의 논장論狀이 올라왔는데, 의조懿祖[184)의 묘실이 헌조獻祖[185)의 묘실 위에 있다고 하며, 당시에는 비록 그대로 예를 행하였지만 일을 시행하며 감찰사監察使와 종정시宗正寺에 첩보하였으니, 제를 올릴 때 옥첩玉牒을 상세히 살펴보고 만약 옥첩과 다른 점이 있으면 즉시 아뢰어 달라고 청하였습니다. 그 후 제가 「고조신요황제본기高祖神堯皇帝本紀」를 살펴보니, 헌조는 의조의 소昭가 되고, 의조는 헌조의 목穆이 되어 그 소목의 위차가 하늘과 땅처럼 차이가 났습니다. 지금 묘실이 차례를 잃었는데도 즉시 아뢰지 않고 오히려 구차히 행하였으니 그 죄가 너무 커서 주살誅殺로도 용서할 수 없습니다. 이로 인해 수찬修撰 주주朱儔와 검토檢討 왕호王皞에게 조칙을 내려 상세하고 정밀하게 조사하여 아뢰게 하셨는데, 그 회보에 이르기를, "천보天寶[186) 2년, 구요씀繇

---

182) 덕명황제德明皇帝 : 顓頊의 증손이자 순 임금의 신하인 皐陶를 이른다. 요 임금 때 理官을 지냈는데, 그 자손이 관직을 따서 理를 氏로 삼았고, 殷 나라 말기에 그 후손 理利貞이 난리 속에 '나무 열매[木子]'를 먹고 목숨을 구하였다 하여 성을 李로 바꾸었다. 그의 11대손이 老子 李耳이고, 노자의 후손으로 隴西에 자리 잡은 한 파가 唐 高祖 李淵의 조상이다. 唐 玄宗 天寶 2년(743)에 고요를 추존하여 덕명황제라 하였다.

183) 홍성황제興聖皇帝 : 당 고조의 7대조이자, 서량의 武昭王 李暠(351~417)를 이른다. 자는 玄成, 시호는 凉武昭王이다. 唐 玄宗 天寶 2년(743)에 추존하여 홍성황제라 하였다.

184) 의조懿祖 : 唐 高祖 李淵의 曾祖 李天錫을 이른다.

185) 헌조獻祖 : 唐 高祖 李淵의 高祖 李熙를 이른다.

를 덕명황제德明皇帝로, 양무소왕涼武昭王을 흥성황제興聖皇帝
로 추존하고, 10년 만에 묘를 세웠습니다. 정원貞元[187] 19년에
제서를 내려, 급사중給事中 진경陳京·우복야右僕射 요남중姚南
仲 등 150인의 의론을 따랐는데, 그 내용은 '체제·협제는 조종
의 차서次序에 따라 지내는 제사입니다. 무릇 나라는 반드시
태조太祖를 존봉하는데, 지금 본조에서는 경황제景皇帝를 태조
로 삼고, 태조 위로는 체제·협제를 지낼 뿐 신위를 두지 않고
있습니다. 청컨대 덕명황제·흥성황제의 묘를 함께 세워 4실을
이루고 헌조·의조를 옮겨와 부제祔祭하소서.'였습니다."라고
하였습니다. 삼가 주주 등이 보고한 내용을 살펴보니 당시의
표주表奏가 모두 헌조를 의조의 위에 두었습니다. 나라의 대사
大事는 종묘를 우선으로 하는데, 체제·협제의 예가 부당하게
차서를 잃은 지 40여 년 동안 사리를 따져 바로잡지 못하였습
니다. 바라건대 성상께서 밝게 살피시어 조칙을 내리시고 예를
갖추어 개정하소서.

其月, 疇又奏曰:「伏聞今月十三日敕, 以臣所奏獻·懿祖二室
倒置事, 宜令禮官集議聞奏者. 臣去月十七日, 緣遇太廟祫饗太祖
景皇帝已下群主, 準貞元十九年所祔獻, 懿祖於德明廟, 共爲四
室. 準元敕, 各於本室行享禮. 審知獻祖合居懿祖之上, 昭穆方正,
其時親見獻祖之室, 倒居懿祖之下. 於後遍校圖籍, 實見差殊, 遂

186) 천보天寶 : 唐 玄宗 말기의 연호로, 연도는 742~756년이다.
187) 정원貞元 : 唐 德宗의 연호로, 연도는 785~805년이다.

敢聞奏. 今奉敕宜令禮官集議聞奏者. 臣得奉禮郎李岡·太祝柳
仲年, 協律郎諸葛畋李潼·檢討官王皞·修撰朱儔·博士閔慶之等
七人狀稱:『謹按高祖神堯皇帝本紀及皇室圖譜, 幷武德·貞觀·
永徽·開元已來諸禮著在甲令者, 並云獻祖宣皇帝是神堯之高祖,
懿祖光皇帝是神堯皇帝之曾祖. 以高曾辨之, 則獻祖是懿祖之父,
懿祖是獻祖之子, 卽博士任疇所奏倒祀不虛. 臣等伏乞卽垂詔敕,
具禮遷正.』」其事遂行.

그달에 임주가 또 다음과 같이 상주하였다.

들건대 이달 13일 조서에서, 신이 아뢴 헌조獻祖와 의조懿祖
의 묘실이 뒤바뀐 일에 대해 예관들에게 논의를 모아 아뢰라고
명하셨습니다. 지난 달 17일 신이 태묘에서 태조경황제太祖景
皇帝 이하 뭇 신주들을 모아 협제를 지내면서 정원貞元 19년의
조서에 따라 헌조와 의조를 덕명황제德明皇帝의 묘에 부제祔祭
하여 함께 4실을 이루었고, 원래의 칙지勅旨에 따라 본실本室
에서 각각 향례亨禮를 거행하였습니다. 헌조가 마땅히 의조의
위에 있어야 소목의 차서가 바르게 된다는 것은 명백한 일인
데, 그때 직접 보니 헌조의 묘실이 의조의 묘실 아래에 있어
차서가 뒤바뀌어 있었습니다. 이후 도보圖譜와 전적典籍을 두
루 비교해보고 실제 큰 차이가 있음을 확인하여 마침내 감히
아뢰게 되었습니다. 지금은 조서에 따라 예관들로 하여금 논의
를 모아 아뢰게 하는 것이 마땅합니다. 신이 봉례랑奉禮郎 이
강李岡, 태축太祝 유중년柳仲年, 협률랑協律郎 제갈전諸葛畋과
이동李潼, 검토관檢討官 왕호王皞, 수찬修撰 주주朱儔, 박사博士
민경지閔慶之 등 7인의 주장奏狀을 살펴보니, "삼가「고조신요

황제본기高祖神堯皇帝本紀」와 황실皇室의 도보圖譜, 그리고 무덕武德 · 정관貞觀 · 영휘永徽 · 개원開元 이래의 각종 예제가 기재된 조정의 법령집을 살펴보니, 모두 헌조선황제獻祖宣皇帝를 신요황제神堯皇帝의 고조라 하고, 의조광황제懿祖光皇帝를 신요황제의 증조라 하였습니다. 고조와 증조라는 말로 분변해보면 헌조는 의조의 아버지이고, 의조는 헌조의 아들이니, 박사 임주가 제사가 뒤바뀌었다고 아뢴 내용이 거짓이 아니었습니다. 즉시 조칙을 내려 예를 갖추어 개정하시기 바랍니다."라고 하였습니다.

이에 마침내 그 일이 시행되었다.

僖宗自興元還京, 夏四月, 將行祔祭, 有司引舊儀:「祔德明 · 興聖二廟, 及懿祖 · 獻祖神主祔興聖 · 德明廟, 通爲四室.」黃巢之亂, 廟已焚毁, 及是將祔, 俾議其儀. 博士殷盈孫議曰:「臣以德明等四廟, 功非創業, 義止追封, 且於今皇帝年代極遙, 昭穆甚遠. 可依晉韋泓『屋毁乃已』之例[二九][188], 因而廢之.」敕下百僚都省會議, 禮部員外薛昭緯奏議曰:

희종僖宗이 흥원興元에서 경성으로 돌아와, 하사월夏四月에 체제를 행하려 하니, 유사에서 옛 의례를 인용하여 "덕명황제德明皇帝와 흥성황제興聖皇帝의 두 묘에 체제를 지낼 때, 아울러 의조懿祖 · 헌조

---

188) [교감기 29] 聞本 · 殿本 · 局本 · 廣本에는 '韋弘'이라 되어 있고, 懼盈齋本의 避淸諱는 '韋宏'이라고 하였다. 『唐會要』 권14, 『冊府元龜』 권593에 의거하여 수정하였다. 아래 글도 함께 수정하였다.

獻祖의 신주를 흥성·덕명의 묘에 부제祔祭하면 모두 4실이 됩니다."
라고 하였다. 황소의 난 때 묘가 이미 불에 타 훼손되었는데, 장차
체제를 행하려 함에 그 의식에 대해 논의하게 하였다. 박사博士 은
영손殷盈孫이 의론하여 말하였다.

신이 생각하기에 덕명황제 등 4묘는 공적으로는 창업한 제
왕이 아니요 의리로는 추봉追封에 그쳤습니다. 또 지금의 황상
과는 그 연대가 지극히 떨어져 있어 소목昭穆의 거리가 매우
멉니다. 진晉 나라 위홍韋泓의 '종묘 건물이 훼손되면 제례를
그친다'는 예를 따라 폐하심이 옳습니다.

백관들에게 조칙을 내려 상서성尙書省에서 회의하게 하니, 예부원
외랑禮部員外郎 설소위薛昭緯가 의론을 상주하였다.

伏以禮貴從宜, 過猶不及, 祀有常典, 理當據經. 謹按德
明追尊, 實爲遐遠, 徵諸歷代, 莫有其倫. 自古典禮該詳, 無
踰周室. 后稷實始封之祖, 文王乃建極之君, 且不聞后稷之
前, 別議立廟. 以至二漢則可明徵劉累, 梁·魏則近有蕭·
曹, 稽彼簡書, 並無追號. 迨于興聖, 事非有據, 蓋以始王於
涼, 遂列爲祖. 類長沙於後漢之代, 等楚元於宋高之朝, 悉
無尊祀之名, 足爲憲章之驗. 重以獻祖·懿祖, 皆非宗有德
而祖有功, 親盡宜祧, 理當毀瘞, 遷於二廟, 亦出一時. 且武
德之初, 議宗廟之事, 神堯聽之, 太宗參之, 碩學通儒, 森然
在列, 而不議立皐陶·涼武昭之廟, 蓋知其非所宜立也. 尊
太祖·代祖爲帝, 而以獻祖爲宣簡公, 懿祖爲懿王, 卒不加

帝號者, 謂其親盡則毀明矣. 春秋左氏傳:「孔子在陳, 聞魯廟災. 曰『其桓僖乎?』已而果然.」蓋以親盡不毀, 宜致天災, 炯然之徵, 不可忽也. 據太常禮院狀所引「至德二年克復後, 不作弘農府君廟神主」, 及晉韋泓「屋杇乃已」之議, 頗爲明據, 深協禮經. 其興聖等四室, 請依禮院之議. 奉敕敬依典禮, 付所司.

생각건대 예는 타당한 쪽으로 따르는 것을 귀하게 치니 지나침은 모자람만 못하고, 제사에는 상전常典이 있으니 사리는 응당 예경禮經에 의거해야 합니다. 삼가 살피건대 덕명황제는 추존 황제로 실로 아득히 먼 선조이니, 역대를 조사해보아도 비슷한 사례가 없습니다. 예부터 전례典禮가 상세히 갖추어져 있다 해도 주나라의 전례를 뛰어넘지는 못합니다. 후직后稷은 처음 봉지封地를 받은 선조이고, 문왕文王은 황극皇極을 세운 군주이니, 또한 후직 이전의 선조를 위해 묘를 세웠다는 논의는 들어보지 못하였습니다. 양한兩漢은 유루劉累[189)]에게서 분명히 볼 수 있고, 양梁 나라·위魏 나라는 소씨蕭氏[190)]·조씨曹氏[191)]에게서 볼 수 있습니다. 그들의 간책簡策과 조서詔書를

---

189) 유루劉累 : 유루는 고대에 용을 잘 길들이는 사람으로, 豢龍氏에게 용 기르는 법을 배워 夏 나라 14대 임금 孔甲을 섬겼다. 漢 나라에 들어와 유루는 요 임금의 후손이자 한 고조 劉邦의 선조로 일컬어졌다.

190) 소씨蕭氏 : 漢 高祖 劉邦의 재상 蕭何를 이른다. 梁 나라는 소하를 선조로 하였다.

191) 조씨曹氏 : 前漢의 개국 공신 曹參(?~기원전 190)으로, 자는 敬伯이다. 魏 나라 황실은 조참을 선조로 하였다.

보면 모두 추존한 시호가 없습니다. 흥성황제의 경우 일에 근
거가 없으나, 대개 양주凉州에서 처음 왕이 되었던 까닭에 마
침내 조祖의 반열에 올랐습니다. 비슷한 사례로 후한後漢의 장
사왕長沙王192)이 있고 대등한 예로는 유송劉宋193)의 초원왕楚
元王194)이 있으나 이들에게는 모두 존사尊祀의 명호가 없었으
니, 법도의 징험徵驗이 될만하다 하겠습니다. 또 헌조·의조는
모두 ""덕德이 있는 이를 종宗으로 삼고 공功이 있는 이를 조
祖로 삼는다"195)는 예에 해당되지 않으니, 친진하면 조천祧遷
함이 마땅하고 이치상으로도 훼천하여 신주를 묻는 것이 당연
하며 두 묘를 훼천하는 것 또한 일시에 시행해야 합니다. 또
무덕武德196) 초 종묘의 일을 논의할 때, 신요황제神堯皇帝께서
듣고 태종太宗께서 참관하였으며 석학碩學·통유通儒가 자리에
가득하였으나 고요皐陶·양무소왕凉武昭王의 묘를 세우는 일은
논의하지 않았으니 대개 그 일이 합당하지 않음을 알았기 때문
입니다. 태조太祖197)·대조代祖198)를 황제로 추존하였으나 헌

---

192) 장사왕長沙王 : 前漢 景帝의 아들 劉買로서, 後漢 光武帝의 직계 조상
    이다.
193) 유송劉宋 : 중국 남북조 시대의 송나라를 말한다. 東晉의 멸망 후 劉裕
    가 건국하고 국명을 宋이라 하였다. 후대에 趙匡胤이 세운 송나라와 구
    별하기 위해 유송이라고 부른다.
194) 초원왕楚元王 : 漢 高祖 劉邦의 동생 劉交(?~기원전 179)를 이른다. 유
    방이 한나라를 건국한 후 楚王에 봉해졌다. 南朝의 宋을 세운 劉裕는
    漢 나라 종실의 후예로 楚元王 劉交의 21세손이라고 전해진다.
195) 『禮記』「祭法」.
196) 무덕武德 : 당나라 초대 황제인 高祖의 연호로, 연도는 618~626년이다.

조헌조祖獻祖는 선간공宣簡公으로, 의조懿祖는 의왕懿王으로 하여 끝
내 제호帝號를 더하지 않았던 것은 친진하면 훼천해야 함을 명
백하게 보인 것입니다. 『춘추좌씨전春秋左氏傳』에 이르기를,
"공자가 진陳 나라에 있을 때 노魯 나라 종묘에 불이 났다는
소식을 듣고, '환공桓公과 희공僖公의 사당인가?'라고만 하였
는데 과연 그러하였다."[199]라고 하였습니다. 이는 대개 친진하
였는데도 훼천하지 않았으므로, 천재天災를 초래한 것이 당연
하다는 것으로, 이와 같이 명백한 징험은 소홀히 보아서는 안
됩니다. 태상예원의 주장奏狀에서 인용한 '지덕至德[200] 2년 변
란을 평정한 후,[201] 홍농부군弘農府君[202] 묘묘의 신주를 만들

197) 태조太祖 : 唐 高祖 李淵의 祖 李虎를 이른다. 이연에 의해 태조로 추존
되었다.

198) 대조代祖 : 唐 高祖 李淵의 父 李昞을 이른다. 이병은 北周의 柱國大將
軍, 唐國仁公이었다. 고조는 그의 첫째 아들이며, 당을 창건한 뒤에 이
병을 元皇帝로 추숭하였다.

199) 춘추 시대 노나라 哀公 때 桓公과 僖公의 사당에 불이 났는데, 陳 나라
에 있던 공자가 노나라에 화재가 났다는 소식을 듣고는 "그 불은 환공과
희공의 사당 때문일 것이다."라고 하였다. 이에 대해 『孔子家語』에서는
"예에 祖는 功이 있고 宗은 德이 있기 때문에 그 사당을 헐지 않는다고
하였다. 그런데 지금 환공과 희공은 親盡이 되었고 공과 덕이 사당을
남겨 두기에 부족하다. 그런데 노나라가 그들의 사당을 헐지 않았기 때
문에 天災가 내린 것이다."라고 하였다. 『左傳』「哀公 3年」, 『孔子家語』
권16 「辯物」.

200) 지덕至德 : 唐 肅宗의 연호로, 연도는 756~757년이다.

201) 安祿山과 史思明의 난을 평정하고 長安과 洛陽을 수복한 일을 이른다.

202) 홍농부군弘農府君 : 唐 高祖의 5대조 宣簡公 李重耳를 이른다. 西涼의

지 않은 것'과 진晉 나라 위홍韋泓이 '종묘 건물이 헐면 제례를
그친다'고 한 의론에 의거해 보면 자못 근거가 명백하고 예경
禮經에도 깊이 부합합니다. 흥성대왕 등 4실에 대해서는 청컨
대 예원의 의론을 따르시고, 칙지를 받들어 전례典禮를 공경히
따르도록 담당 관서에 분부하소서.

開元二十二年正月, 制以籩·豆之薦, 或未能備物, 宜令禮官學
士詳議具奏. 太常卿韋紹請「宗廟之奠, 每室籩·豆各加十二. 又
今之酌獻酒爵, 制度全小, 僅無一合, 執持甚難, 請稍令廣大, 其
郊祀奠獻, 亦準此. 仍望付尚書省集衆官詳議, 務從折衷」. 於是兵
部侍郎張均及職方郎中韋述等建議曰:

개원開元 22년 정월 조서를 내려 변籩[203]·두豆[204]에 올리는 제수
祭需에 간혹 미비한 점이 있으니 예관학사禮官學士들에게 상의하여
아뢰게 하였다. 태상경太常卿 위도韋紹가 청하였다.

종묘의 제향에는 각 묘실마다 12개의 변두가 소요됩니다. 또
지금 작헌酌獻하는 술잔은 모두 그 규격이 작아서 1홉도 담지

황족으로 서량의 후주 이흠의 아들이다. 아들은 李熙, 손자는 李天錫이
며, 李虎의 증조부이자 李昞의 고조부이다. 서량이 망한 후 북조 北魏에
귀순, 북위에서 弘農太守를 지냈다.

203) 변籩 : 祭器의 일종으로, 대나무로 만든다. 마른 제물을 담아 神位의 왼
쪽에 놓는다.

204) 두豆 : 祭器의 일종으로, 나무로 만든다. 젖은 제물을 담아 神位의 오른
쪽에 놓는다.

못하는데다 손에 쥐기도 매우 어려우니 청컨대 조금 크게 만들게 하시고, 교사郊祀에서 제수를 올릴 때도 이를 표준으로 삼게 하소서. 바라건대 상서성尙書省에 백관을 모아 상의하게 하고, 그 절충안을 따르소서.

이에 병부시랑兵部侍郞 장균張均과 직방랑職方郞 중위술中韋述 등이 다음과 같이 건의하였다.

謹按禮祭統曰：「凡天之所生, 地之所長, 苟可薦者, 莫不咸在. 水草陸海, 三牲八簋, 昆蟲之異, 草木之實, 陰陽之物, 皆備薦矣.」聖人知孝子之情深, 而物類之無限, 故爲之節制, 使祭有常禮, 物有其品, 器有其數. 上自天子, 下至公卿, 貴賤差降, 無相踰越, 百代常行無易之道也. 又按周禮膳夫,「掌王之食飮膳羞：食用六穀, 膳用六牲, 飮用六淸, 羞用百有二十品, 珍用八物, 醬用百有二十瓮」, 則與祭祀之物, 豐省本殊. 左傳曰：「享以訓恭儉, 宴以示慈惠, 恭儉以行禮, 慈惠以布政.」又曰：「享有體薦, 宴有折俎.」杜預曰：「享有體薦, 爵盈而不飮, 豆乾而不食, 宴則相與食之.」享之與宴, 猶且異文, 祭奠所陳, 固不同矣. 又按周禮, 籩人·豆人, 各掌四籩·四豆之實, 供祭祀與賓客, 所用各殊. 據此數文, 祭奠不同常時, 其來久矣.

삼가 『예기禮記』「제통祭統」을 보니, "하늘이 낳은 것과 땅이 기른 것으로서 신령에게 바칠 수 있는 것이라면 모두 차려져 있지 않은 것이 없는데, 이는 제물을 다 바친다는 것을 보이는 것이다. 수초와 육지·바다의 산물, 세 가지 희생 고기와 8

개의 제기[籩]에 담긴 음식들, 특별한 곤충과 초목의 열매들은 음양의 제물이 갖추어진 것이다."205)라고 하였습니다. 성인聖人이 효자의 깊은 효심과 제물祭物의 종류가 무한함을 알았으므로 이를 정도에 맞게 조절하여 제사의 상례常禮를 정하였고 제물의 품종을 정했으며 제기의 수를 정하였습니다. 위로 천자로부터 아래로 공경에 이르기까지 귀천의 차례에 따라 감소되니 그 차이는 서로 넘나들 수 없는 것이며 영원토록 변함없이 행해질 도道입니다. 또 『주례周禮』「선부膳夫」를 살펴보니, "왕의 수라상을 주관한다. 주식으로 6가지 곡물을 사용하고, 희생 고기로는 6가지 동물을 사용하고, 마실 것으로는 6가지 음료를 사용하고, 반찬으로는 120가지 물품을 사용하며, 진미로는 8가지 물품을 사용하고, 장은 120독을 사용한다."206)라고 하였으

---

205) 이에 대한 『禮記』「祭統」의 원문은 다음과 같다. "수초를 절인 것과 육지 산물로 만든 젓갈은 작은 제물이 갖추어진 것이다. 제기에 담긴 세 가지 희생 고기와 8개의 제기에 담긴 음식들은 융성한 제물이 갖추어진 것이다. 곤충의 특별한 것과 초목의 열매들은 음양의 제물이 갖추어진 것이다. 하늘이 낳은 것과 땅이 기른 것으로서 신령에게 바칠 수 있는 것이라면 모두 차려져 있지 않은 것이 없는데, 그것은 제물을 다 바침을 보이는 것이다. 외적으로는 제물을 다 바치고 내적으로는 뜻을 극진히 하는 것, 이것이 제사지내는 마음이다. 水草之菹, 陸産之醢, 小物備矣. 三牲之俎, 八簋之實, 美物備矣. 昆蟲之異, 草木之實, 陰陽之物備矣. 凡天之所生, 地之所長, 苟可薦者, 莫不咸在, 示盡物也. 外則盡物, 內則盡志, 此祭之心也."

206) 이에 대한 『周禮』「天官·冢宰」의 원문은 다음과 같다. "선부는 왕의 음식과 음료, 희생물과 반찬을 준비하고, 이로써 왕과 왕후 세자를 봉양한다. 무릇 왕에게 올릴 때에는, 주식으로는 6가지 곡물을 사용하고, 희

니, 제사의 물품에는 더하고 덜함에 본래 차이가 있었습니다. 『좌전左傳』에 이르기를, "향례享禮로써 공경과 절검을 행하고 연례宴禮로써 자애와 은혜를 보이는 것이니, 공경과 절검으로써 예를 행하고 자애와 은혜로써 정치를 편다."207)고 하였고, 또 말하기를, "향례享禮에는 체천體薦을 하고, 연례宴禮에는 절조折組를 한다.享有體薦, 宴有折組."208)고 하였습니다. 두예杜預가 이르기를, "향례에 체천을 할 때에는 술잔을 채우되 마시지

생 제물로는 6가지 동물을 사용하고, 마실 것으로는 6가지 음료를 사용하며, 반찬으로는 120가지 종류를 사용하고, 진미로는 8가지를 사용하며, 장은 120독을 사용한다.膳夫掌王之食飲膳羞, 以養王及后世子. 凡王之饋, 食用六穀, 膳用六牲, 飲用六清, 羞用百二十品, 珍用八物, 醬用百有二十甕.

207) 이에 대한 『左傳』의 원문은 다음과 같다. "이때에 享禮와 宴禮가 있었는데, 향례로써 恭儉을 가르치고, 연례로써 慈惠를 보였습니다. 공검으로써 예를 행하고, 자혜로써 정교를 폈기 때문에 정교가 예로 인해 이루어지고 백성이 이로 인해 안식하여, 백관이 정무의 처리를 낮에만 하고 저녁에는 하지 않았으니, 이것이 공후가 그 백성을 보호했던 방법이었습니다.於是乎有享宴之禮, 享以訓共儉, 宴以示慈惠. 共儉以行禮, 而慈惠以布政, 政以禮成, 民是以息, 百官承事, 朝而不夕, 此公侯之所以扞城其民也."

208) 제사나 연회 때에 犧牲의 몸통을 반으로 잘라서 大俎에 담아 올리는 것을 體薦이라고 하고, 몸통을 20개의 부위로 분해해서 小俎에 담아 올리는 것을 折俎라고 한다. 본문에 대한 『左傳』「宣公 16年」조의 원문은 다음과 같다. "周 나라 천자인 定王이 晉 나라 사신 季武子에게 "천자가 享禮를 베풀 때에는 체천을 하고, 宴禮를 베풀 때에는 절조를 하는데, 公에게는 향례로 대접하고 卿에게는 연례로 대접하는 것이 왕실의 예법이다.王享有體薦, 宴有折俎, 公當享, 卿當宴, 王室之禮也."

않으며 두豆에 마른 음식을 담되 먹지 않으나 연례에서는 함께 먹는다."고 하였으니, 제향과 연회도 오히려 조문을 달리하고, 제전祭奠에서 진설하는 바도 진실로 같지 않습니다. 또 『주례』를 살펴보니, 변인邊人·두인豆人이 각각 4개의 변邊에 담는 제물과 4개의 두豆에 담는 제물을 관장하며 제사와 빈객에게 제공하는데 그 용도는 각기 다르다고 하였습니다. 이상의 몇 가지 조문에 근거해보면, 제전이 평상시와 다른 것은 그 유래가 오래되었습니다.

且人之嗜好, 本無憑準, 宴私之饌, 與時遷移. 故聖人一切同歸於古, 雖平生所嗜, 非禮亦不薦也 ; 平生所惡, 是禮卽不去也. 楚語曰 :「屈到嗜芰, 有疾, 召宗老而屬曰 :『祭我必以芰.』及卒, 宗老將薦芰, 屈建命去之, 曰『祭典有之, 國君有牛享, 大夫有羊饋, 士有豚犬之奠, 庶人有魚炙之薦. 籩豆脯醢, 則上下安之. 不羞珍異, 不陳庶侈, 不以私欲干國之典.』遂不用.」此則禮外之食, 前賢不敢薦也. 今欲取甘旨之物, 肥濃之味, 隨所有者皆充祭用, 苟踰舊制, 其何限焉? 雖籩豆有加, 豈能備也?

또한 사람의 기호嗜好는 본디 근거로 삼을만한 표준이 없고, 연회 때의 음식 또한 시대에 따라 변합니다. 그러므로 성인이 일체 고례로 돌아가려 한 것이니, 비록 평생 동안 좋아했더라도 예가 아니면 올리지 않았고 평생 동안 싫어했더라도 예에 맞으면 없애지 않았습니다. 『초어楚語』에 이르기를, "굴도屈到는 마름을 좋아하였는데, 병이 들자 집안의 어른을 불러 당부하기를, '내 제사에는 반드시 마름을 올려주시오.' 하였다. 그가 세상을 떠나자 집안 어른이 마름을 제사에 올리려 하자 굴건이 치우라 명하고 말하기를, '제전祭典에는 법식法式이 있으니, 나라의 군주는 소로써 향사享祀하고, 대부는 양으로써 궤식饋食하고, 사士는 돼지와 개로써 제전祭奠하고, 서인庶人은 생선과 산적으로써 헌제獻祭한다. 변籩과 두豆에 포脯와 젓갈을 담아 올리는 것은 상하가 공통으로 한다. 진기한 것을 올리지 않고, 많은 물품을 사치스레 진설하지 않으며, 사사로운 욕심으로 나라의 예전을 범하지 않는다.' 하고는, 마침내 올리지 않았다." 라고 하였습니다. 마름은 예 밖의 음식으로 전현前賢들은 감히 올리지 않았습니다. 지금 감미롭고 맛있는 음식과 기름지고 진한 맛을 찾아, 가지고 있는 물품을 모두 제수에 충당한다면 옛예제를 벗어남에 무슨 제한이 있겠습니까? 그리하면 변두를 더한다 한들 어찌 모두 구비할 수 있겠습니까?

傳曰:「大羹不致, 粢食不鑿, 昭其儉也.」書曰:「黍稷非馨, 明德惟馨.」事神在於虔誠, 不求厭飫. 三年一禘, 不欲黷也, 三獻而終, 禮有成也. 風有采蘋·采蘩, 雅有行葦·洞酌, 守以忠信, 神其捨諸? 若以今之珍饌, 平生所習, 求神無方, 何必師古? 簠簋可去, 而盤盂杯案當在御矣; 韶頀可息, 而箜篌笛笙當在奏矣. 凡斯之流, 皆非正物, 或興於近代, 或出於蕃夷, 耳目之娛, 本無則象, 用之宗廟, 後嗣何觀? 欲爲永式, 恐未可也. 且自漢已降, 諸陵皆有寢宮, 歲時朔望, 薦以常饌, 此旣常行, 亦足盡至孝之情矣. 宗廟正禮, 宜依典故, 率情變革, 人情所難.

『좌전』에 이르기를, "국에는 양념을 넣지 않고 기장밥은 도
정을 하지 않으니, 그 검소함을 밝힌 것이다."[209] 하였고, 『상
서尚書』에 이르기를, "기장이 향기로운 것이 아니라 밝은 덕이
향기로운 것이다."[210]라고 하였습니다. 신을 섬김은 정성에 있
지 배부르게 먹는 데 있지 않습니다. 3년에 한 번 지내는 체제
를 욕되게 하지 말아야 하니, 삼헌三獻[211]을 행하고 제를 끝내
면 예가 이루어지는 것입니다. 「풍風」에는 '채빈采蘋'·'채번采
蘩'이 있고,[212] 「아雅」에는 '행위行葦'·'형작泂酌'이 있으니,[213]
충신忠信으로써 준수한다면 신령이 내버려 둘 리 있겠습니까?
일정한 법도 없이 지금의 진수성찬과 평생의 습관으로써 신령
의 흠향을 구한다면 굳이 고례를 본받을 일이 있겠습니까? 보
궤簠簋[214]는 올리지 않아도 된다 하면서 반우盤盂[215]와 배안杯
案은 마땅히 써야 한다 하고, 소호韶護[216]의 음악은 연주하지

---

209) 『左傳』「桓公 2年」.
210) 이에 대한 『尚書』「君陳」의 원문은 "지극한 다스림은 향기로워 신명을
    감동시키니, 기장과 피의 祭物이 향기로운 것이 아니라 밝은 덕이 향기
    로운 것이다.至治馨香, 感于神明, 黍稷非馨, 明德惟馨."이다.
211) 삼헌三獻 : 제사를 지낼 때 술잔을 세 번 올리는 것으로, 初獻·亞獻·
    終獻을 합해 삼헌이라 이른다.
212) 『詩經』「召南」의 '采蘩'과 '采蘋'편은 개구리밥과 흰 쑥을 뜯어 정결하
    게 제사를 받드는 여인의 모습을 노래하였다.
213) 『詩經』「大雅」의 '行葦'와 '泂酌'편은 보잘것없지만 간절한 정성으로 제
    수를 준비하고 제를 지내는 모습을 노래하였다.
214) 보궤簠簋 : 祭器의 일종으로 보에는 稻粱을 담고, 궤에는 黍稷을 담는다.
215) 반우盤盂 : 盤은 세수나 목욕을 할 때에 쓰는 그릇이고, 盂는 음식을 담
    는 그릇이다.

않아도 된다 하면서 응당 공후箜篌와 피리·생황은 연주합니다. 무릇 이러한 류는 모두 정식 물품이 아니고, 근래에 쓰기 시작하거나 변방의 오랑캐에게서 유래하여 귀와 눈을 즐겁게 하나 본디 근거가 없는 것인데 이를 종묘에서 쓴다면 후세에서 어떻게 보겠습니까? 이러한 류를 영구한 법식으로 삼아서는 안 될 듯합니다. 또 한漢 나라 이래로 능에는 모두 침궁寢宮이 있어, 세시歲時·삭망朔望에 상찬常饌을 올렸고 이미 상행하고 있으니 또한 지극한 효심을 극진히 펴는 일이라 할 만합니다. 종묘의 정례正禮는 응당 전고典故에 의거해야 하지, 사정에 따라 변경하는 것은 인정상 어렵습니다.

又按舊制, 一升曰爵, 五升曰散. 禮器稱:「宗廟之祭, 貴者獻以爵, 賤者獻以散.」此明貴小賤大, 示之節儉. 又按國語, 觀射父曰:「郊禘不過繭栗, 蒸嘗不過把握.」夫神, 以精明臨人者也, 所求備物, 不求豐大. 苟失於禮, 雖多何爲? 豈可捨先王之遺法, 徇一時之所尙, 廢棄禮經, 以從流俗, 裂冠毀冕, 將安用之? 且君子愛人以禮, 不求苟合, 況在宗廟, 敢忘舊章. 請依古制, 庶可經久.

또 옛 예제를 살펴보니, 1승升을 일러 '작爵'이라 하고, 5승升을 일러 '산散'이라고 합니다. 『예기禮記』 「예기禮器」에서 이

---

216) 소호韶護 : 흔히 湯 임금의 음악을 이르나, 일설에서 소는 舜 임금의 음악, 호는 탕 임금의 음악이라고도 한다. 雅正한 古樂을 두루 이르는 말이다.

르기를, "종묘의 제례에서 존귀한 사람은 작爵으로 술을 바치고, 미천한 사람은 산散으로 술을 바친다."[217] 하였는데, 이는 작은 것이 귀하고 큰 것이 천하다는 것을 명확히 한 것으로 절검節儉의 뜻을 보인 것입니다. 또 『국어國語』를 살펴보니, 관역보觀射父가 말하기를, "교사郊祀·체제禘祭에서 희생으로 쓰는 소의 뿔은 누에고치나 알밤 크기에 불과하고, 증상烝嘗[218]에서 희생으로 쓰는 소의 뿔은 주먹으로 쥘만한 크기에 불과하다."[219]라고 하였습니다. 무릇 신령은 참되고 거짓 없는 마음이 있을 때 사람에게 임하는 것이지 소요되는 제물에 대해 살찌고 풍성한 것을 구하지 않습니다. 만약 예에 어긋난다면 풍

---

217) 『禮記』「禮器」, "큰 것을 존귀한 것으로 여기는 것이 있다. 궁실의 개수, 기물의 규모, 棺槨의 두께, 묘의 크기 등 이런 것은 큰 것을 존귀한 것으로 여긴다. 작은 것을 존귀한 것으로 여기는 것이 있다. 종묘의 祭禮에서 존귀한 사람이 爵으로 술을 바치고, 미천한 사람이 散으로 술을 바치며, 존귀한 사람이 觶로 술을 마시고 미천한 사람이 角으로 술을 마신다. 有以大爲貴者. 宮室之量, 器皿之度, 棺槨之厚, 丘封之大, 此以大爲貴也. 有以小爲貴者. 宗廟之祭, 貴者獻以爵, 賤者獻以散."

218) 증상烝嘗: 烝은 종묘에 지내는 겨울 제사를 이르고, 嘗은 종묘에 지내는 가을 제사를 이른다. 여기에서는 통칭하여 종묘 제사를 가리킨다.

219) 『禮記』「禮器」에서 "郊祭에서 희생으로 쓰는 소의 뿔은 누에고치나 알밤만 하고 종묘의 제사에서는 주먹으로 쥘만하고, 社稷의 제사에서는 1척 정도이다. 각 제사마다 합당하게 써야 하는 것이 있어, 모두 살지고 큰 것에 이를 필요는 없다. 薦과 제사의 품목에는 정해진 수가 있으므로 품목이 많은 것을 아름다운 것으로 여기지 않는다.如郊牛之角繭栗, 宗廟角握, 社稷角尺, 各有所宜用, 不必須並及肥大也. 薦祭之品味有定數, 不以多品爲美也."라고 한 구절을 인용한 것이다.

족하다 한들 무엇 하겠습니까? 어찌 선왕先王이 남긴 법을 버리고 한때 추종하는 바를 따라 예경禮經을 폐기하고 유속流俗을 좇겠으며, 관면冠冕[220]을 찢고 훼손하여 어디에 쓰겠습니까? 또한 군자가 사람을 사랑함은 예로써 하는 것이지 구차히 영합하는 것을 구하지 않는 것인데, 하물며 종묘에서 감히 옛 전장典章을 망실할 수 있겠습니까? 계속해서 고제古制를 따르는 것이 옳을 듯합니다.

禮部員外郞楊仲昌議曰：「謹按禮曰：『夫祭不欲煩, 煩則黷 ; 亦不欲簡, 簡則怠.』又鄭玄云：『人生尙褻食, 鬼神則不然. 神農時雖有黍稷, 猶未有酒醴. 及後聖作爲醴酪, 猶存玄酒, 示不忘古.』春秋曰：『蘋蘩薀藻之菜, 潢汚行潦之水, 可羞於王公, 可薦於鬼神.』又曰：『大羹不和, 粢食不鑿.』此明君人者, 有國奉先, 敬神嚴享, 豈肥濃以爲尙, 將儉約以表誠. 則陸海之物, 鮮肥之類, 旣乖禮文之情, 而變作者之法, 皆充祭用, 非所詳也. 易曰：『樽酒簋貳, 用缶[三〇][221], 納約自牖.』此明祭存簡易, 不在繁奢. 所以一樽之酒, 貳簋之奠, 爲明祀也. 抑又聞之, 夫義以出禮, 禮以體政, 違則有紊, 是稱不經. 薦肥濃則褻味有登, 加籩爵則事非師古. 與其別行新制, 寧如謹守舊章?」

예부원외랑禮部員外郞 양중창楊仲昌이 다음과 같이 의론을 아뢰

---

220) 관모를 찢는다[裂冠毁冕]는 것은 주나라를 배반함을 뜻한다.(『左傳』 「昭公 9年」) 원용하여 中華 문명을 毁滅함을 이르기도 한다.

221) [교감기 30] "樽酒簋貳用缶"의 '用缶' 2자가 각 본에는 없다. 『唐會要』 권17, 『冊府元龜』 권589 및 『周易』 坎卦의 原文에 의거하여 보충하였다.

었다.

　　삼가 예설禮說을 살펴보니, "무릇 제사는 번다하지 않아야
하는 것이니 번다하면 더럽혀지고, 또한 간략하지 않아야 하니
간략하면 태만해진다." 하였고, 또 정현鄭玄이 말하기를, "사람
들은 생전에 정도에 지나친 음식을 바라지만 귀신은 그렇지 않
다. 신농神農222) 때에는 기장은 있었어도 술은 없었다. 후세에
성인이 나와 단술과 식초를 만들었으나223) 여전히 현주玄酒224)

---

222) 신농神農 : 농사를 처음 가르쳤다는 전설상의 제왕을 이른다.

223) 『禮記』 「禮運」 원문의 "後聖이 흥기한 연후에 불을 이용하는 기술을 연
　　마하였다. 금속 기물을 주조하고, 진흙을 배합하여 도기를 만들고, 누각
　　과 창고, 궁실, 창호를 만들었다. 싸서 불 속에 굽고, 불 위에 굽고, 솥에
　　삶고, 꿰어서 불에 굽고, 식초를 빚었다. 삼과 명주실을 이용하는 견직
　　기술을 개발하여 베와 비단을 만들어 산 자를 양육하고 죽은 자를 보내
　　며, 귀신과 上帝를 섬겼는데 모두 그 처음을 따랐다.後聖有作, 然後修
　　火之利. 范金, 合土, 以爲臺榭·宮室·牖戶. 以炮, 以燔, 以亨, 以炙,
　　以爲醴酪. 治其麻絲以爲布帛, 以養生送死, 以事鬼神上帝, 皆從其
　　朔."를 인용한 구절이다.

224) 현주玄酒 : 제사 때, 술 대신 쓰는 냉수를 이른다. 『禮記』 「郊特牲」에
　　따르면 "술과 단술이 맛있지만, 玄酒와 明水를 숭상하는 것은 다섯 가지
　　맛의 근본을 귀중히 여기는 것이다. 黼黻 문양과 자수가 아름답지만, 거
　　친 베를 숭상하는 것은 여인들의 일에 시원이 되는 것으로 되돌아가는
　　것이다. 왕골자리와 대자리가 아름답지만, 부들자리와 볏짚자리를 숭상
　　하는 것은 禮가 다름을 밝히는 것이다. 大羹에 조미하지 않는 것은 그
　　질박함을 귀중하게 여기는 것이다. 大圭는 새기지 않으니 그 질박함을
　　아름답게 여기는 것이다. 단청을 칠하고 문양을 새기는 것이 아름답지만
　　素車를 타는 것은 그 순박함을 존중하는 것이다. 그 질박함을 귀중히
　　여길 뿐이다.酒·醴之美, 玄酒·明水之尚, 貴五味之本也. 黼黻·文繡

를 보존하여 옛것을 잊지 않았음을 보였다." 하였으며, 『춘추春
秋』에 이르기를, "물 위에 뜬 물풀과 흰쑥과 마름 같은 나물,
웅덩이나 길에 고인 물이라도 왕공에게 바칠 수 있고, 귀신에
게 올릴 수 있다."225) 하였고, 또 "국에는 양념을 넣지 않고 기
장밥은 도정을 하지 않았다."226) 하였습니다. 이 말들은 모두
군주가 나라를 다스리고 선조를 봉경하며 귀신을 공경하고 제
향을 엄숙히 하는 것을 밝힌 것이니, 기름지고 짙게 꾸민 맛의
음식을 숭상하면서 어찌 검약함으로써 정성을 나타낼 수 있겠
습니까? 그러한즉 육지와 바다의 먹거리로서 맛있고 기름진
종류는 이미 예문에 어긋나는 실정이고, 또 예경을 변화시켜
개작改作한 법을 모두 제용祭用에 충당하는 것은 옳지 않습니
다. 『역易』에 이르기를, "동이 술과 두 궤에 담긴 음식을 질그
릇에 담아 간략히 들이되 밝은 창문을 통해 들여보낸다."227)라

之美, 疏布之尙, 反女功之始也. 莞·簟之安, 而蒲越·槁鞂之尙, 明之
也. 大羹不和, 貴其質也. 大圭不琢, 美其質也. 丹漆雕幾之美, 素車之
乘, 尊其樸也. 貴其質而已矣."라고 하였다.

225) 『左傳』「隱公 3年」에 "참으로 마음이 광명하고 신의가 있으면 시내나
못에서 자라는 水草와, 부평이나 마름 같은 채소, 광주리나 솥 같은 용기
와, 웅덩이나 길에 고인 물이라도 모두 귀신에게 제물로 바칠 수 있고
왕공에게 올릴 수 있다.苟有明信, 澗溪沼沚之毛, 蘋蘩薀藻之菜, 筐筥
錡釜之器, 潢汙行潦之水, 可薦於鬼神, 可羞於王公."라고 한 구절을 인
용한 것이다.

226) 『左傳』「桓公 2年」.

227) 『周易』「坎卦」六四에 "한 동이 술과 두 대그릇의 음식을 질그릇에 담
아 간략히 들이되 밝은 창문을 통해 들여보내면 끝내 허물이 없으리라.
樽酒簋貳用缶, 納約自牖, 終无咎."라고 하였다.

고 하였는데, 이는 제사는 간이簡易해야지 번다하거나 사치스러워서는 안 된다는 것을 밝힌 것입니다. 이것이 곧 한 동이 술과 두 대그릇의 음식이 명사明祀가 되는 까닭입니다. 또 듣건대 "의義로써 예禮를 내며, 예로써 정치의 근간을 삼는다"[228] 하였으니, 이에 어긋나면 문란해져 '불경不經'이라 일컬어집니다. 기름지고 짙은 양념의 음식은 사람들이 즐겨 찾는 맛을 올리는 것이고, 제기祭器를 더하여 많이 차리는 것은 옛 것을 본받는 일이 아닙니다. 특별히 예제를 신설하기보다는 차라리 옛 전장을 공경하여 지키는 것이 좋지 않겠습니까?

時太子賓客崔沔·戶部郎中楊伯成〔三一〕[229]·左衛兵曹劉秩等皆建議以爲請依舊禮, 不可改易. 於是宰臣等具沔·述等議以奏, 玄宗曰 :「朕承祖宗休德, 至於享祀粢盛, 實思豐潔, 禮物之具, 諒在昭忠. 其非芳潔不應法制者, 亦不可用.」以是更令太常量加品味. 韋縚又奏 :「請每室加籩·豆各六, 每四時異品, 以當時新果及珍羞同薦.」制可之. 又酌獻酒爵, 玄宗令用龠升一升, 合於古

---

228) 『左傳』「桓公 2年」에 "명분으로써 의를 만들고, 의로써 예를 내며, 예로써 정치의 근간을 삼고, 정치로써 백성을 바르게 한다.名以制義, 義以出禮, 禮以體政, 政以正民."라고 하였다.

229) [교감기 31] "戶部郎中楊伯成"에 대해 『廿二史考異』 권59에 이르기를, "「王畯傳」에는 '戶部郎中 楊伯誠'이라 하였고, 「禮儀志」에는 戶部郎中楊伯成이라 하였는데, 이는 곧 한 사람의 이름을 각기 다르게 쓴 것이다. 지금 西安府學에 大智禪師碑陰記가 있는데, "河南少尹 陽伯成이 짓다"라고 하였으므로 그 비에 의거하여 바로잡음이 마땅하다."라고 하였다.

義, 而多少適中, 自是常依行焉[三二].230)

이때 태자빈객太子賓客 최면崔沔·호부낭중戶部郎中 양백성楊伯成·좌위병조左衛兵曹 유질劉秩 등이 모두 건의하기를 옛 전례를 따르라 청하며 개역改易할 수 없다고 하였다. 이에 재신宰臣 등이 최면崔沔·위술韋述 등의 의론으로써 아뢰자, 현종玄宗이 말하였다.

짐이 조종의 아름다운 덕을 이어, 향사에 쓰는 곡식을 실로 풍성하고 정결하게 갖추고, 예물을 구비하여 진실로 충심을 드러내려 한다. 그러므로 불결하고 법제에 부합하지 않는 물품은 써서는 안 된다.

이에 곧 태상太常에게 명하여 요량껏 물품을 더하게 하였다. 위도韋縚가 또 아뢰기를, "청컨대 묘실마다 변籩·두豆 6개씩을 늘리고, 매년 사시마다 진기한 물품을 올리되, 그때그때 새로 수확한 과일 및 진수성찬을 함께 올리십시오." 하니, 조서를 내려 허락하였다. 또 술잔에 술을 따라 올릴 때, 현종이 약승龠升 한 되를 쓰도록 명하였는데, 고의古義에 부합하였고 대체로 알맞았으므로, 이로부터 그대로 상행常行하였다.

後漢世祖光武皇帝葬于原陵, 其子孝明帝追思不已. 永平元年, 乃率諸侯王·公卿, 正月朝于原陵, 親奉先后陰氏粧盦篋笥悲慟, 左右侍臣, 莫不嗚咽. 梁武帝父丹陽尹順之, 追尊爲太祖文帝, 先

---

230) [교감기 32] "自是常依行焉"의 '常'자가 각 본에는 '帝'로 되어 있다.『通典』권47,『唐會要』권17,『冊府元龜』권589에 의거하여 수정하였다.

葬丹徒, 亦尊爲建陵. 武帝卽大位後, 大同十五年, 亦朝于建陵[三
三]231), 有紫雲蔭覆陵上, 食頃方滅. 梁主著單衣介幘, 設次而拜,
望陵流哭, 淚之所霑, 草皆變色. 陵傍有枯泉, 至時而水流香潔. 因
謂侍臣曰, 陵陰石虎, 與陵俱創二百餘年[三四]232), 恨小, 可更造
碑石柱麟, 幷二陵中道門爲三闥. 園陵職司, 並賜一級. 奉辭諸陵,
哭踊而拜. 周太祖文帝葬於成陵, 其子明帝初立, 元年十二月, 謁
于成陵.

후한後漢 세조광무황제世祖光武皇帝를 원릉原陵에 장사지냈는데,
그 아들인 효명제孝明帝가 추모의 마음을 거두지 못하였다. 이에 영
평永平233) 원년 정월, 제후왕과 공경들을 거느리고 가 원릉에서 배
제拜祭하고, 선후先后 음씨陰氏의 화장化粧 상자를 친히 올리며 비
통해 하니 좌우의 시신侍臣들이 모두 오열하였다. 양梁 무제武帝의
아버지는 단양 윤丹陽尹 소순지蕭順之로서 태조太祖 문제文帝로 추

---

231) [교감기 33] "大同十五年亦朝于建陵"에 대해 『梁書』 권3 「武帝紀」를
   살펴보니, "大同 10년 3월, 황제의 수레가 蘭陵에 거둥하였고 建寧陵을
   배알하였다."고 하였다. 大同은 11년까지이므로, 이곳의 15년은 오류이
   며, '五'자는 衍文이 분명하다.

232) [교감기 34] "與陵俱創二百餘年"은 『校勘記』 권12에서 '二百'은 마땅
   히 '五十'의 오류라고 하며 이르기를, "本紀(『梁書』 「武帝紀」를 가리킨
   다)를 살펴보니, 大同 10년 建寧陵을 배알하였다고 하였다. 그 아래 임
   인년에 기재된 조서에 '짐이 고향을 떠나온 지 50여 년이다.'라고 하였다.
   살피건대 隆昌 元年은 甲戌年으로, 아래로 갑자년(대동 10년을 가리킨
   다)과의 거리가 50년인데, 蕭順之는 융창 전에 졸하였으므로 50여 년이
   라는 말이 사실에 부합하니, '二百'은 '五十'의 오류이다."라고 하였다.

233) 영평永平 : 漢 明帝의 연호로, 연도는 58~75년이다.

존되었고, 앞서 단도丹徒에 장사지냈던 묘를 또한 건릉建陵으로 추
존하였다. 무제가 제위에 오른 후인 대동大同234) 15년, 건릉에서 배
제하니 능 위로 자색 구름이 드리웠다가 잠시 후 사라졌다. 무제가
홑옷과 개책介幘235) 차림으로 위차位次를 설치하여 절하고, 능을 바
라보며 슬피 통곡하니 풀들의 색이 눈물에 젖어 모두 변하였다. 능
옆에 말라버린 샘이 있었는데 이때에 이르러 향기롭고 맑은 물이 흐
르게 되었다. 이에 시신侍臣에게 이르기를, "능 뒤의 석호는 능과 함
께 조성된 지 200여 년이 지났는데, 크기가 작아 유감스럽다. 비석은
기린 형상으로 개조하는 것이 좋겠고, 아울러 두 릉의 중도문中道門
을 궁중과 같이 세 개의 소문小門으로 변경하는 것이 좋겠다."하고
원릉園陵의 관원들에게 모두 관작 1급을 하사하였다. 능마다 하직
인사를 올릴 때는 통곡하며 절하였다. 주周 나라의 태조太祖인 문제
文帝를 성릉成陵에 장사지냈는데, 그 아들 명제明帝가 즉위 초인 원
년 12월에 성릉을 배알拜謁하였다.

　高祖神堯葬於獻陵, 貞觀十三年正月乙巳, 太宗朝于獻陵. 先是
日, 宿衛設黃麾仗周衛陵寢[三五]236), 至是質明, 七廟子孫及諸

---

234) 대동大同 : 梁 武帝의 연호로, 연도는 535~545년이다.
235) 개책介幘 : 중국 戰國時代, 문관이 쓰는 冠의 하나를 이른다. 천으로 만
　　들며 앞이 낮고 뒤가 높은 二段으로 되어 있고, 끈이 달려 있어 턱밑에서
　　묶게 되어 있다.
236) [교감기 35] "宿衛設黃麾仗周衛陵寢"의 '宿' 아래 '衛'자가 각 본에는
　　없다. 『唐會要』 권20에 의거하여 보충하였다. 『冊府元龜』 권30에는 '衛'
　　자가 있으나 '設'자가 빠져 있다. 『大唐開元禮』 권44에 "諸衛가 陵寢에

侯百僚·蕃夷君長皆陪列于司馬門內. 皇帝至小次, 降輿納履, 哭於闕門, 西面再拜, 慟絶不能興. 禮畢, 改服入于寢宮, 親執饌, 閱視高祖及先后服御之物, 匍匐床前悲慟. 左右侍御者莫不歔欷. 初, 甲辰之夜, 大雨雪. 及皇帝入陵院, 悲號哽咽, 百辟哀慟, 是時雪益甚, 寒風暴起, 有蒼雲出於山陵之上, 俄而流布, 天地晦冥. 至禮畢, 皇帝出自寢宮, 步過司馬門北, 泥行二百餘步, 於是風靜雪止, 雲氣歇滅, 天色開霽. 觀者竊議, 以爲孝感之所致焉. 是日曲赦三原縣及從官衛士等, 大辟已下, 已發覺, 未發覺, 皆釋其罪, 免民一年租賦. 有八十已上, 及孝子順孫·義夫節婦·鰥寡孤獨·有篤疾者, 賜物各有差. 宿衛陵邑中郎將·衛士齋員及三原令以下[三六][237], 各賜爵一級. 丁未, 至自獻陵. 己酉, 朝于太極殿. 庚子, 會群臣, 奏功成慶善及破陣之樂.

고조신요황제를 헌릉獻陵에 장사지내고, 정관貞觀 13년 정월 을사일乙巳日에 태종이 헌릉에서 배제하였다. 이보다 앞서 숙위宿衛가 능침 주위에 황휘장黃麾仗[238]을 설치하고, 날이 밝을 무렵 7묘의 자손 및 제후백관·번이蕃夷의 군장君長들이 모두 사마문司馬門 안에 배열하였다. 황제가 소차小次[239]에 이르러 수레에서 내려 신발을 신고 궐문闕門에서 곡을 한 다음 서쪽을 향해 두 번 절하였는데, 비통

黃麾大仗을 설치하여 진열하였다.”라고 하였다.

237) [교감기 36] “衛士”의 '衛'자가 각 본에는 없다. 『冊府元龜』 권84에 의거하여 보충하였다.

238) 황휘장黃麾仗 : 황제가 거둥할 때에 쓰는 儀仗을 이른다.

239) 소차小次 : 의식이나 거둥 때에 임시로 장막을 쳐서 잠깐 머무르던 곳으로, 幕次라고도 한다.

함에 몸을 가누지 못하였다. 예를 마친 후 옷을 갈아입고 침궁寢宮에 들어가 친히 음식을 진설하고, 고조高祖·선후先后의 의복 및 거마를 둘러보았으며 제사상 앞에 엎드려 비통해하였다. 이에 좌우의 시신들이 모두 흐느꼈다. 처음 갑진일甲辰日 밤에는 비와 눈이 크게 내렸다. 황제가 능원陵院에 들어가 비통하게 울부짖으며 목이 메니, 백관이 애통해하였다. 이때 눈이 더욱 심해지고 찬바람이 맹렬히 몰아쳤는데, 산릉 위에 푸른 구름이 일었다가 곧 흩어지며 천지가 캄캄해졌다. 예를 마치고 황제가 침궁에서 걸어 나와 사마문 북쪽을 지나 진창 속으로 200걸음을 가니, 바람이 잦아들고 눈이 그쳤으며 자욱했던 구름이 걷히고 하늘이 맑게 개었다. 이 광경을 본 이들이 효심의 소치라 하였다. 이날 삼원현 및 종관위사 등에게 곡사曲赦를 내리고, 사형 죄 이하는 죄가 이미 드러났든 드러나지 않았든 간에 모두 특별히 사면하고, 백성들의 1년 조세를 면제해 주었다. 또 80세 이상 노인 및 효자와 순손順孫, 의부義夫와 절부節婦, 홀아비·과부·고아·자식 없는 늙은이 등 의지할 곳 없고 곤궁한 백성들, 중병이 든 이들에게 차등에 따라 물품을 하사하였다. 능읍陵邑을 숙위하는 중랑장中郞將·위사衛士·재원齋員 및 삼원현 현령에게 각각 관작官爵 1급을 내렸다. 정미일丁未日에 헌릉에서 돌아왔고, 기유일己酉日에 태극전太極殿에서 조회하였다. 경자일庚子日, 백관에게 연회를 베풀고, 〈공성경선功成慶善〉240)과 〈파진破陣〉241)을 연주하였다.

---

240) 공성경선功成慶善 : 唐 貞觀 때 樂舞의 명칭이다. 慶善은 太宗이 태어난 故宅 慶善宮을 이르는데, 태종이 정관 6년 경선궁에 행차하여 잔치를 베풀고, 시를 지어 起居郞 呂才로 하여금 이 시에 곡을 붙이게 하여 〈功成慶善樂〉이라 명명하였다고 전한다.(『新唐書』 권21 「禮樂志」11)

玄宗開元十七年十一月丙申, 親謁橋陵. 皇帝望陵涕泣, 左右並哀感. 進奉先縣同赤縣, 以所管萬三百戶供陵寢[三七][242], 三府兵馬供衛, 曲赦縣內大辟罪已下. 戊戌, 謁定陵, 己亥, 謁獻陵, 壬寅, 謁昭陵, 己巳, 謁乾陵. 戊申, 車駕還宮. 大赦天下, 流移人並放還, 左降官移近處, 百姓無出今年地稅之半. 每陵取側近六鄉以供陵寢. 皇帝初至橋陵, 質明, 柏樹甘露降, 曙後祥煙遍空. 皇帝謁昭陵, 陪葬功臣盡來受饗, 風吹颺颺, 若神祇之所集. 陪位文武百僚皆聞先聖嘆息. 功臣蹈舞之聲, 皆以爲至孝所感. 天寶二年八月, 制:「自今已後, 每至九月一日, 薦衣於陵寢.」十三載, 改獻·昭·乾·定·橋五陵署爲臺, 其署令改爲臺令, 加舊一級.

현종玄宗 개원開元 17년 11월 병신丙申, 교릉橋陵[243])을 친히 배알하였다. 황제가 능을 바라보며 흐느껴 울자 좌우가 모두 슬퍼하였다. 봉선현奉先縣을 적현赤縣[244])으로 승격시켜 관할 하의 10,300호에게 능침을 봉공하게 하고, 삼부병마三府兵馬로써 보위保衛하게 하였으며, 현縣 내 사형 죄 이하의 죄인을 특별히 사면하였다. 무술일戊戌日, 정릉定陵[245])을 배알하였고, 기해일己亥日에 헌릉獻陵[246])을 배알

---

241) 파진破陣 : 당 태종이 秦王으로 있을 때 劉武周를 쳐부순 공을 기리기 위해 군중에서 만든 악곡이다.

242) [교감기 37] "以所管萬三百戶供陵寢"의 '萬'자가 각 본에는 '陵'으로 되어 있다. 『唐會要』권20, 『冊府元龜』권30에 의거하여 수정하였다.

243) 교릉橋陵 : 唐 睿宗의 능을 이른다.

244) 적현赤縣 : 중국 唐代에 전국의 현을 7등급으로 나누었는데, 수도의 직접적인 통치를 받는 지역을 赤縣이라 하였다.

245) 정릉定陵 : 唐 中宗의 능을 이른다.

246) 헌릉獻陵 : 唐 高祖의 능을 이른다.

하였으며, 임인일壬寅日에 소릉昭陵[247]을 배알하였고, 기사일己巳日에 건릉乾陵[248]을 배알하였다. 무신일戊申日, 황제의 거가車駕가 환궁하였다. 천하에 대사령大赦令을 내리고 유이인流移人을 모두 방환하였으며 좌천되어 유배된 관리를 가까운 곳으로 옮기고 백성들의 그해 지세地稅의 반을 감면하였다. 능마다 근처 6고을로 하여금 능침을 봉공하게 하였다. 황제가 처음 교릉에 이르렀는데, 새벽녘 잣나무에 감로甘露가 내렸고, 날이 밝은 후 상서로운 연기가 허공에 두루 퍼졌다. 황제가 소릉을 배알하였을 때, 소릉 근처에 장사 지낸 공신功臣들에게도 모두 제향하게 하자 바람이 솔솔 불어 마치 천지신명이 강림한 듯하였다. 배석한 모든 문무백관이 선성先聖의 탄식과 공신이 환호하는 소리를 듣고 모두 지극한 효심에 감응한 것이라고 하였다. 천보天寶[249] 2년 8월, 조서를 내려 "지금 이후로 매년 9월 1일마다 능침陵寢에 의복을 올리도록 하라."고 하였다. 13년, 헌릉·소릉·건릉·정릉·교릉의 서署를 대臺로, 서령署令을 대령臺令으로 개정하고 옛 관작에서 1급을 올려 주었다.

---

247) 소릉昭陵 : 唐 太宗의 능을 이른다.
248) 건릉乾陵 : 唐 高宗의 능을 이른다.
249) 천보天寶 : 唐 玄宗 말기의 연호로, 연도는 742~756년이다.

禮儀六
예의 6

방향숙 역주

建中元年三月, 禮儀使上言:「東都太廟闕木主, 請造以祔.」初,
武后於東都立高祖·太宗·高宗三廟. 至中宗已後, 兩京太廟, 四
時並饗. 至德亂後, 木主多亡缺未祔. 於是議者紛然, 而大旨有三
: 其一曰, 必存其廟, 遍立群主, 時饗之. 其二曰, 建廟立主, 存而
不祭, 若皇輿時巡, 則就饗焉. 其三曰, 存其廟, 瘞其主, 駕或東幸,
則飾齋車奉京師群廟之主以往. 議者皆不決而罷.

　　건중建中[1] 원년(780) 3월에 예의사禮儀使[2]가 상주하여 "낙양 태
묘太廟에 있는 신주가 결실되었습니다. 신주를 만들어 태묘에 합사
하기를 청합니다"라고 하였다. 처음에 측천무후가 낙양에 고조·태
종·고종의 3묘를 세웠다.[3] 중종 이후로 두 도읍의 태묘에서 사철마
다 함께 봉향하였다. 지덕至德[4] 시기의 전란[5] 후에 신주가 대부분

---

1) 건중建中 : 德宗의 첫 번째 연호다. 덕종은 建中(780~783), 興元(784), 貞
　元(785~804) 세 연호를 사용하였다.

2) 예의사禮儀使 : 예의사는 南選使, 吊祭使 등과 함께 대표적인 使職이다.
　『舊唐書』에 가장 먼저 나오는 禮儀使에 관한 기록은 代宗 永泰 2년(766)
　의 일로 "辛亥, 以檢校禮部尙書裴士淹充禮儀使"의 기록이다(『舊唐書』
　권11 「代宗本紀」). 또 『舊唐書』 권21 「禮儀志」1에는 "開元十年, 詔國子
　司業韋絎爲禮儀使, 專掌五禮"라고 하여 韋絎를 禮儀使로 삼아 五禮를
　담당하게 하였다는 기록이 있다. 뒷 부분 會昌 6년 吏部郎中 鄭亞의
　논의에 의거할 때 建中 元年(780)의 禮儀使는 顔眞卿이었다.

3) 『舊唐書』 권25 「禮儀志」5에 수공 4년(688)의 일로 기록되어 있다. "垂拱
　四年正月, 又於東都立高祖·太宗·高宗三廟, 四時享祀, 如京廟之儀."

4) 지덕至德 : 숙종이 현종으로부터 양위를 받고 처음으로 사용한 연호로
　756~757년에 해당한다. 숙종은 至德, 建元(7578~759), 上元(760~761) 세
　연호를 사용하였다.

5) 至德 元年은 756년으로, 755년에 일어난 '安史의 亂'을 가리킨다. 절도사

없어지고 결실되었는데 아직 합사하지 못하고 있었다. 이에 의견이 분분하였는데 크게 3개의 논의가 있었다. 첫 번째 논의는 반드시 묘실을 보존하고 여러 신주를 모두 세워, 때에 맞추어 봉향하여야 한다는 것이었다. 두 번째 논의는 묘실을 짓고 신주를 세우되 보존만하고 제사를 지내지는 않으며, 만약 황제가 순행을 나가게 되면 그때 나아가서 봉향한다는 것이다. 세 번째 논의는 묘실은 보존하고 신주는 땅에 묻어 황제가 혹 동도로 행차하게 되면 그때 재거齋車를 장엄하게6) 장식하여 경사의 여러 묘실의 신주를 모시고 간다는 것이다. 논자들이 모두 결정을 하지 못하고 파하였다.

貞元十五年四月, 膳部郎中歸崇敬上疏:「東都太廟, 不合置木主. 謹按典禮, 虞主用桑, 練主用栗, 重作栗主, 則埋桑主. 所以神無二主, 猶天無二日, 土無二王也. 今東都太廟, 是則天皇后所建, 以置武氏木主. 中宗去其主而存其廟, 蓋將以備行幸遷都之所也. 且殷人屢遷, 前八後五, 前後遷都一十三度, 不可每都而別立神主也. 議者或云:『東都神主, 已曾虔奉而禮之, 豈可以一朝廢之乎?』且虞祭則立桑主而虔祀, 練祭則立栗主而埋桑主, 豈桑主不曾虔祀, 而乃埋之? 又所闕之主, 不可更作, 作之不時, 非禮也.」

정원貞元7) 15년(799) 4월에 선부낭중膳部郎中8) 귀숭경歸崇敬9)이

安祿山과 그의 부장 史思明이 일으킨 당조 중기의 대규모 반란 사건으로 755년부터 시작하여 763년에 진압되었다.

6) 재거齋車 : 齋는 제사나 의식을 거행하기 전에 마음을 맑게 하고 몸을 정결하게 하여 장엄함과 공경함이 드러나게 하는 것을 말한다. 飾齋라고 하였으니 수레를 제사에 맞게 정돈한 것으로 보인다.

상소하였다.

　　낙양의 태묘에는 신주를 두는 것은 옳지 않습니다. 삼가 전
례를 살펴보면, 우제10)의 신주는 뽕나무를 사용하고 연제11)의
신주는 밤나무를 사용하는데12) 나중에 밤나무 신주를 만들게
되면 이때 먼저 만들었던 뽕나무 신주는 땅에 묻는다고 하였습
니다. 신에게는 두 개의 신주가 있을 수 없는 것이니, 하늘에
두 개의 해가 없고 땅에는 두 왕이 없는 것과 같습니다. 지금
낙양의 태묘는 측천황후께서 건립한 것으로 무씨의 신주가 설
치되어 있습니다. 중종께서는 그 신주는 치우고 그 묘실은 보
존하였는데 대개 장차 잠시 행차하거나 도읍을 옮겨 갈 것에
대해서 대비하였던 것입니다. 하물며 은나라 사람들은 여러 차
례 도읍을 옮겨서 전반부에 여덟 번, 후반부에는 다섯 번으로

7) 정원貞元 : 德宗의 세 번째 연호다. 德宗은 建中(780~783), 興元(784),
　　貞元(785~804) 세 연호를 사용하였다.

8) 선부낭중膳部郎中 : 상서성 예부의 속관 중 하나로 능묘의 희생과 제기,
　　술, 음식에 관한 일을 맡았다. 『新唐書』 권46 「百官志」 "尙書一人, 正三
　　品 ; 侍郎一人, 正四品下. 掌禮儀 · 祭享 · 貢擧之政. 其屬有四 : 一曰禮
　　部, 二曰祠部, 三曰膳部, 四曰主客. … 膳部郎中 · 員外郎, 各一人, 掌陵
　　廟之牲豆酒膳."

9) 귀숭경歸崇敬 : 蘇州 吳郡 사람으로 자는 正禮다. 『舊唐書』 권149 「歸崇
　　敬列傳」.

10) 우제虞祭 : 장례 후 지내는 제사로 虞主는 그때 세우는 신주를 말한다.

11) 연제練祭 : 친상 1주년의 제례, 즉 小祥을 말한다.

12) 이 문장은 『公羊傳』 文公 2年의 기록이다. "主者曷用? 虞主用桑, 練主
　　用栗. 用栗者, 藏主也."

전후 도읍을 옮긴 것이 열세 번이나 됩니다. 도읍마다 따로 신주를 세우는 것은 불가능합니다. 논자들은 혹 또 "낙양의 신주는 이미 일찍이 경건하게 받들어 예를 행하였는데 어찌 하루아침에 이를 폐할 수 있겠습니까? 라고 합니다. 또 우제 때에는 뽕나무 신주를 세워 경건하게 제사하고, 연제 때에 밤나무 신주를 세우면 뽕나무로 만든 신주는 묻는데 어찌 뽕나무 신주는 일찍이 경건히 제사하지 않아서 이에 이것을 땅에 묻는 것이겠습니까? 역시 없어진 신주는 다시 만들 수 없고 신주를 만드는 것도 때가 맞지 않으면 예가 아닙니다.

長慶元年二月, 分司官庫部員外郞李渤奏:「太微宮神主, 請歸祔太廟.」 敕付東都留守鄭絪商量聞奏. 絪奏云:「臣謹詳三代典禮, 上稽高祖·太宗之制度, 未嘗有並建兩廟·並饗二主之禮. 天授之際, 祀典變革. 中宗初復舊物, 未暇詳考典章, 遂於洛陽創宗廟. 是行遷都之制, 實非建國之儀. 及西歸上都, 因循未廢. 德宗嗣統, 墜典克修, 東都九廟, 不復告饗. 謹按禮記, 仲尼答曾子問曰:『天無二日, 土無二王, 嘗·禘·郊·社, 尊無二上.』所以明二主之非禮也. 陛下接千載之大統, 揚累聖之耿光, 憲章先王, 垂法後嗣. 況宗廟之禮, 至尊至重, 違經黷祀, 時謂不欽. 特望擇三代令典, 守高祖·太宗之憲度, 鑒神龍權宜之制, 遵建中矯正之禮, 依經復古, 允屬聖明. 伏以太微宮光皇帝三代·睿宗聖文孝武皇帝神主[一],[13] 參考經義, 不合祔饗. 至於遷置神主之禮, 三代以降,

---

13) [교감기 1] "伏以太微宮光皇帝三代睿宗聖文孝武皇帝神主." 이 구절은 각 판본에서는 '光'자를 '元'으로, '聖文孝武'도 '文武孝'라고 되어 있다.

經無明文. 伏望委中書門下與公卿禮官質正詳定.」敎付所司.

　장경長慶14) 원년(821) 2월에 분사관고부원외랑分司官庫部員外郎 이발李渤15)이 상주하였다.

　　"태미궁太微宮의 신주를 태묘에 합사하기를 청합니다"라고 하였다. 칙을 내려 동도유수東都留守 정인鄭絪16)에게 상의하여 상주하라고 하였다. 정인이 상주하기를, "신이 삼가 삼대의 전례를 상세히 살피고 고조, 태종의 제도를 상고하여 보니 두 개의 태묘를 세워 두 개의 신주를 봉향한 예가 없었습니다. 천수天授 연간(690~691)에 제사 제도가 바뀌었다가17) 중종 초에 다시 옛 제도들을 복원하였는데, 전장을 자세히 살필 겨를이

　『唐會要』 권15, 『冊府元龜』 권591의 기록에 따라 수정하였다.

14) 장경長慶 : 憲宗의 두 번째 연호다. 憲宗은 元和(806~820), 長慶(821~824), 寶曆(825~826) 세 연호를 사용하였다.

15) 이발李渤 : 字는 濬之이다. 元和 13년(818)에 사람을 보내 시정과 관련된 다섯 가지 사안에 대해서 상소하였다고 전한다. 『舊唐書』 권171 「李渤傳」 "[元和]十三年, 遣人上疏, 論時政凡五事 : 一禮樂, 二食貨, 三刑政, 四議都, 五辯讎. 渤以散秩在東都, 以上章疏爲己任, 前後四十五封. 再遷爲庫部員外郎."

16) 정인鄭絪(752~829) : 字는 文明이고, 鄭州 滎陽(현재 河南省 滎陽市) 사람이다. 당나라의 재상을 지냈다. 池州刺史 鄭羨의 아들이다. 큰 뜻을 품었다고 하며, 문장을 잘 지었고 천하의 명사들과 교우하였다. 進士로 급제하였고, 中書舍人에 올랐다. 憲宗 즉위 후 拜門下侍郎·同平章事에 제수되었고, 河中尹·檢校左僕射를 역임하였다. 文宗 즉위 후에는 太子太傅에 올랐으며, 大和 3년(829)년에 죽었다. 司空으로 추증되었고, 시호는 宣이다. 『舊唐書』 권159 「鄭絪傳」.

17) 측천무후의 집권 7년경의 일이다.

없어 마침내 낙양에 종묘를 창건하였습니다. 이것은 도읍을 옮기려고 만든 제도였고, 사실 나라를 창건하는 의례는 아니었습니다. 다시 이전의 서쪽 장안으로 돌아오기에 이르러 그대로 두고 아직 없애지 않은 것입니다. 덕종이 황통을 이은 후 무너진 전장이 정비되어 낙양의 9묘에서는 다시 봉향하지 않았습니다. 삼가 『예기』를 살펴보니 공자가 증자의 질문에 답하여 말하기를, "하늘에는 두 개의 태양이 없고, 땅에는 두 개의 왕이 없으며, 상嘗·체禘·교郊·사社 등의 제사에서는 가장 높이 받드는 대상에 둘이 없다"[18]고 하였습니다. 두 개의 신주를 두는 것이 예에 어긋나는 명백한 이유입니다. 폐하께서는 천년의 대통을 계승하여 역대 성인의 빛나는 업적을 선양하시고, 선왕의 법을 본받으시어 제도를 자손에 전하십니다. 하물며 종묘의 예는 지극히 높고 지극히 중한데 경전에 어긋나 제사를 더럽히면, 이것은 공경하지 않는다고 말하는 것입니다. 오직 바라건대 삼대의 전장을 채택하시고 고조와 태종의 법도를 지키시어, 신룡神龍[19] 연간(705~706) 권도로 제정한 제도를 거울로 삼고, 건중建中 연간(780~783)의 잘못을 바로잡은 예제를 따르십시오. 경전에 의거하여 옛 제도를 회복하는 것이 진실로 황제의 결단에 달려 있습니다. (신이) 삼가 생각건대, 태미궁의 광황제[20] 삼대와 예종성문효무황제의 신주에 대해서 경전의 뜻을

---

18) 『禮記』「曾子問」 "曾子問曰喪有二孤廟有二主禮與, 孔子曰天無二日土無二王嘗禘郊社尊無二上未知其爲禮也."

19) 신룡神龍 : 中宗의 두 번째 연호다. 中宗은 嗣聖(684~704), 神龍(705~706), 景龍(707~709) 세 연호를 사용하였는데, 嗣聖(684~704) 시기는 측천무후가 집권하였던 시기다.

참고하여 보면 (태묘에) 합제하는 것에 부합하지 않습니다. 신주를 옮겨 설치하는 것에 대해서도 삼대 이후로는 경전에 명확한 명문이 없습니다. 삼가 바라건대, 중서문하성에 위임하여 공경과 예관과 더불어 상고하여 상세히 정하게 하십시오.

칙령으로 담당관서에 이 사안을 내렸다.

太常博士王彦威等奏議曰 :

태상박사[21] 왕언위[22] 등이 의논을 상주하여 말하였다.

謹按國初故事, 無兩都並建宗廟 · 並行饗祭之禮. 伏尋周書召誥 · 洛誥之說, 實有祭告豐廟 · 洛廟之文, 是則周人兩都並建宗祧, 至則告饗. 然則兩都皆祭祖考, 禮祀並興. 自

---

20) 光皇帝 관련해서 『舊唐書』 권25 「禮儀志」5에 "時有制令宰相更加詳定, 禮部尚書祝欽明等奏言:「博士三人, 自分兩議:張齊賢以始同太祖, 不合更祖昭王;劉承慶以王制三昭三穆, 不合重崇宣帝. 臣等商量, 請依張齊賢以景皇帝爲太祖, 依劉承慶尊崇六室. 制從之. 尋有制以孝敬皇帝爲義宗, 升祔於太廟. 其年八月, 崇祔 光皇帝 · 太祖景皇帝 · 代祖元皇帝 · 高祖神堯皇帝 · 太宗文武聖皇帝 · 皇考高宗天皇大帝 · 皇兄義宗孝敬皇帝於東都之太廟, 躬行享獻之禮"라고 하였다.

21) 태상박사太常博士 : 태상시 속관 중의 하나로 제자를 교육하는 일 가운데 경전을 나누어 맡는다. 나라에 여러 가지 의문이 있을 때 자문한다. 당나라에서는 從7品上의 관직에 해당하였다.

22) 왕언위王彦威 : 당 文宗 때의 관리다. 太原 사람으로 대대로 유가를 공부한 집안이었으나, 어려서는 가난하여 고학하였으며, 三禮에 정통하였다. 『舊唐書』 권157 「王彦威傳」.

神龍復辟, 中宗嗣位, 廟旣偕作, 饗亦並行. 天寶末, 兩都傾
陷, 神主亡失. 肅宗旣復舊物, 但建廟作主於上都. 其東都
神主, 大曆中始於人間得之, 遂寓於太微宮, 不復祔饗.

　　삼가 살피건대, 국초의 고사에는 경사(京師, 장안)와 동도(東
都, 낙양) 양쪽에 종묘를 건설하고 양쪽에서 함께 봉향하고 제
사한 예가 없습니다. 삼가 상고하건대, 『주서(상서)』의 「소고」
·「낙고」의 설에 실제 풍읍의 종묘와 낙읍의 종묘에서 제사를
지내고 고유하였다는 명문이 있습니다. 이것은 즉 주나라에서
풍읍과 낙읍 두 도읍에 함께 종묘를 세우고 그곳에 가게 되면
고하고 제사를 지낸 것입니다. 따라서 두 도읍에서 모두 선조
에게 제사하였고, 예를 갖춘 제사를 함께 행한 것입니다. 신룡
연간(705~705)에 황제가 다시 천자의 자리를 되찾은 이래로
중종이 제위를 계승하였지만, 종묘가 이미 모두 지어졌고, 향
사 역시 함께 행해졌습니다. 천보天寶[23] 연간(742~755) 말기에
두 도읍이 함락되어 신주가 망실되었습니다. 숙종께서 다시 옛
제도를 회복하였는데 다만 장안에서만 종묘를 세우고 신주를
만들었습니다. 이 동쪽 도읍의 신주는 대력大曆[24] 연간(766~779)
에 비로소 민간에서 찾아 마침내 태미궁[25]에 두었고 태묘에

---

23) 천보天寶 : 玄宗의 세 번째 연호다. 玄宗은 先天(713), 開元(713~741),
　　天寶(742~755) 세 연호를 사용하였다.
24) 대력大曆 : 代宗의 네 번째 연호다. 代宗은 寶應(762), 廣德(763~764),
　　永泰(765), 大曆(766~779) 네 연호를 사용하였다.
25) 현종 천보 2년(743)에 장안의 종묘였던 현원묘는 태청궁으로 바꾸고, 낙양
　　의 종묘는 태미궁이라고 바꾸었다. 『舊唐書』 권9 「玄宗本紀」, 天寶二年

합사하여 제사하지는 않았습니다.

　　臣等謹按經傳, 王者之制, 凡建居室, 宗廟爲先, 廟必有
主, 主必在廟. 是則立廟兩都, 蓋行古之道, 主必在廟, 實依
禮經. 今謹參詳[二]26), 理合升祔. 謹按光皇帝是追王[三]27),
高宗·中宗·睿宗是祧廟之主, 其神主合藏於太廟從西第一
夾室. 景皇帝是始封不遷之祖, 其神主合藏於太廟從西第一
室[四].28) 高祖·太宗·玄宗·肅宗·代宗是創業有功親廟
之祖. 伏準江都集禮:『正廟之主, 藏於太室之中.』禮記:『群
廟之主, 有故則聚而藏諸祖廟.』伏以德宗之下, 神主未作,
代宗之上, 后主先亡, 若歸本室, 有虛神主[五].29) 事雖可
據, 理或未安. 今高祖已下神主, 並合藏於太祖之廟, 依舊
準故事不饗. 如陛下肆覲東后, 移幸洛陽, 自非祧主, 合歸
本室. 其餘闕主, 又當特作, 而祔饗時祭·禘·祫如儀.

“改西京玄元廟爲太淸宮, 東京爲太微宮, 天下諸郡爲紫極宮.”

26) [교감기 2] 지금 '謹'자를 상세히 찾아보면 각 판본에는 본래 '按'이라고
　　하였다. 『唐會要』권15·『冊府元龜』권591의 기록에 따라 수정하였다.

27) [교감기 3] "光皇帝是追王"에서 '光'자는 각 판본 원문에서는 '元'이라고
　　하였다. 『唐會要』권15의 기록에 따라 수정하였다.

28) [교감기 4] 여기서 말하는 "其神主合藏於太廟從西第一室"에 대해서는
　　『唐會要』권15에서는 '第一室'을 '第二夾室'이라고 하였다. 『合鈔』권30
　　「禮志」에서는 이 구절이 빠져 있다. 『校勘記』권12에서는 "旣云不遷,
　　則與藏不合, 他本刪之是(이미 옮기지 않는다고 하였으니, 보관하여 합
　　사하지 않는다는 말은 본래 빼는 것이 옳다)"라고 하였다.

29) [교감기 5] "有虛神主"는 『唐會要』권15, 『冊府元龜』권591에는 '則有虛
　　主'라고 하였다.

신 등이 삼가 경經과 전傳을 살펴보니, 왕자의 제도는 무릇 궁궐을 건설할 때 종묘를 가장 먼저 세우고[30] 종묘에는 반드시 신주가 있고, 신주는 반드시 종묘에 있습니다. 이것은 곧 두 도읍에 종묘를 세운 것이 대개 옛 도를 행한 것이고, 신주는 반드시 종묘에 있다는 것은 실제 예경에 의거한 것임을 말합니다. 이제 상세하게 참고하여 보면, 이치상 태묘에 올려 합사함이 마땅하겠습니다. 삼가 살피건대, 광황제光皇帝[31]는 뒤에 추봉한 왕이시고, 고종·중종·예종의 신주는 천묘한 신주이니 그 신주들은 응당 태묘의 서쪽 첫 번째 협실에 함께 보관하는 것이 마땅합니다. 경황제景皇帝[32]는 처음으로 봉해져 조천하지 않는 조상이시니 그 신주는 응당 태묘의 서쪽 두 번째 협실에 보관하여야 합니다. 고조·태종·현종·숙송·대종은 창업하시거나 공이 있으신 친묘의 조종이십니다. 삼가 『강도집례江都集禮』[33]에서는 "정묘의 신주는 태실의 중앙에 보관한다"고 한

---

30) "君子將營宮室, 宗廟爲先, 廏庫爲次居室爲後." 『禮記』 「曲禮」.

31) 광황제光皇帝 : 唐 高祖 李淵의 증조부 李天錫이다. 武德 元年(618) 이연이 당나라를 건국한 후 懿王으로 추존하였다. 咸亨 5년(674)에 高宗은 懿祖光皇帝로 추존하였다. 이 같은 내용이 『舊唐書』 권25 「禮儀志」5에 수록되어 있다. 制從之. 尋有制以孝敬皇帝爲義宗, 升祔於太廟. 其年八月, 崇祔 光皇帝·太祖景皇帝·代祖元皇帝·高祖神堯皇帝·太宗文武聖皇帝·皇考高宗天皇大帝·皇兄義宗孝敬皇帝於東都之太廟, 躬行享獻之禮.

32) 경황제景皇帝(?~551) : 唐 高祖 李淵의 祖父 李虎다. 西魏府兵八位柱國大將軍을 지냈다. 관직은 太尉에 올랐다.

33) 『隋書』 권32 「經籍志」에 "江都集禮一百二十六卷, 右七十三部, 七百八

말과 『예기』의 "여러 묘의 신주는 연고가 있으면 모아서 태조의 묘에 보관한다"고 하는 말에 의거하건대, 덕종 이하는 아직 신주를 만들지 않았고, 대종 위로는 후에 만들었던 신주가 앞서 망실되었으니 만약 본실로 돌려보낸다고 해도 신주의 자리가 비어 있는 곳이 있게 됩니다. 사안으로는 비록 의거할 수는 있으나 도리로 보면 아직 편안하지 않습니다. 이제 고조 이하의 신주는 모두 태조의 묘에 합하여 보관하시고, 옛 제도에 근거하고 고사에 준하여 제사하지 마십시오. 만일 폐하가 동쪽 제후들을 순행하러 낙양으로 행차하실 때에는 본래 조천한 신주가 아닌 것은 응당 본실로 돌려보내십시오. 그 나머지 빠진 신주는 또 당연히 특별히 만들어서 시제사·체제사·협제사에 합사하기를 의례의 규정대로 행하십시오.

臣又按國家追王故事, 太祖之上, 又有德明·興聖·懿祖別廟. 今光皇帝神主, 卽懿祖也. 伏緣東都先無前件廟宇, 光皇帝神主今請權祔於太廟夾室, 居元皇帝之上. 如駕在東都, 卽請準上都式營建別廟, 作德明·興聖·獻祖神主, 備禮升祔. 又於太廟夾室奉迎光皇帝神主歸別廟第四室[六][34],

---

十一卷. 通計亡書, 合一百一十六部, 一千二十七卷"라고 소개되어 있는데, 潘徽의 열전에는 그가 유자들과 함께 찬술하였다고 기록되어 있다. 『隋書』 권76 「潘徽列傳」 "晉王廣復引爲揚州博士, 令與諸儒撰江都集禮 一部. … 乃以宣條暇日, 聽訟餘晨, 娛情窺寶之鄕, 凝相觀濤之岸, 總括油素, 躬披緗縹, 芟蕪刈楚, 振領提綱, 去其繁雜, 撮其指要, 勒成一家, 名曰 江都集禮."

禘·祫如儀.

　신이 또 왕으로 추봉한 우리나라의 전례를 살펴보니, 태조의
위에 또 덕명德明35)·흥성興聖36)·의조懿祖의 별묘가 있습니
다. 지금 광황제 신주는 즉 의조의 신주입니다. 낙양에는 먼저
이전 사례에 해당하는 묘우가 없으니 광황제의 신주를 지금 임
시로 태묘의 협실에 합사하시고 원황제의 윗자리에 두십시오.
만일 황제가 낙양으로 가시게 되면 장안의 형식에 준하여 별묘
를 조영하고, 덕명·흥성·헌조의 신주를 만들어 예를 갖추어
합사하시기를 청합니다. 또 태묘 협실에서 광황제의 신주를 받
들어 맞이하여 별묘의 제4실에 되돌리시고 체제사·협제사를
의식대로 하십시오.

　或問曰：禮, 作栗主, 瘞桑主. 漢·魏並有瘞桑之議, 大曆
中亦瘞孝敬皇帝神主, 今祔而不瘞, 如之何? 答曰：作主依

----

34) [교감기 6] "歸別廟第四室"에서 '別'자는 각 판본 원문에는 없는데 여기
　　서는 『唐會要』권15, 『冊府元龜』권591의 기록에 따라 보완하였다.

35) 덕명德明：皋陶 또는 咎繇라는 인물로 중국 상고시대 華夏 지역의 수령
　　이다. 고요는 李氏의 시조라고 하여 天寶 2년(743) 玄宗에 의해서 德明皇
　　帝로 추존되었다. 『舊唐書』권9 「玄宗本紀」 "三月壬子, 親祀玄元廟以
　　冊尊號. 制追尊聖祖玄元皇帝父周上御史大夫敬曰先天太上皇, 母益壽
　　氏號先天太后, 仍於譙郡本鄕置廟. 尊咎繇爲德明皇帝."

36) 흥성興聖：李暠(351~417), 字는 玄盛이다. 隴西 成紀(현재 甘肅省 秦
　　安) 사람이다. 李昶의 遺腹子로, 西漢의 장군 李廣의 후손이라 자칭하였
　　다. 十六國 후기에 西涼을 건국하였다. 唐代에 들어와 李氏의 선조라고
　　하여, 玄宗에 의해서 天寶 2년(743) 興聖皇帝로 추존되었다.

神, 理無可埋, 漢魏瘞藏, 事非允愜. 孝敬尊非正統, 廟廢而
主獨存, 從而瘞藏, 爲協情理.

혹 어떤 이는 묻기를, "예에서는 밤나무 신주를 만들면 뽕나
무 신주를 (땅에) 묻는다고 합니다. 한나라와 위나라 시대에 모
두 뽕나무 신주를 묻는 일에 대한 논의가 있었고, 대력大曆 연
간(766~779)에 역시 효경황제의 신주를 묻었는데, 지금은 합사
하고 묻지 않으니 왜 그렇겠습니까?"라고 합니다. 답하기를,
"신주를 만드는 것은 신을 의지시키는 것으로 이치상 물을 이
유가 없는 것입니다. 한위시대에 물은 것은 그 일이 진실로 합
당한 것은 아니었습니다. 효경황제는 신분의 존귀함으로는 정
통이 아니어서 묘가는 폐해지고 신주만이 남았으니, 이에 따라
묻는 것은 감정과 도리에 합당한 것입니다"라고 합니다.

又問: 古者巡狩, 必載遷主, 今東都主又祔于廟[七].37) 答
曰: 古者師行以遷主, 無則主命, 自非遷祖之主, 別無出廟
之文. 凡邑有宗廟先君之主曰都, 則兩都宗廟, 各宜有主.

또 묻기를, "옛날 순수할 때에는 반드시 신주를 실어 옮겼는
데, 지금은 낙양의 신주도를 또 태묘에 합사합니다"라고 합니
다. 답하기를, "옛날에는 군사가 출행하면 조천한 신주를 대동
하였는데 신주가 없으면 주명主命38)으로 하였습니다. 조천한

---

37) [교감기 7] "答曰作主依神 … 今東都主又祔于廟"라는 56자는 각 판본에는
    원래 없다. 『唐會要』 권15, 『冊府元龜』 권591의 기록에 따라 보완하였다.
38) 주명主命: 군사의 출행에서 대동할 조천한 신주가 없을 경우, 幣帛과 皮

신주를 제외하고는 따로 신주가 출묘하는 명문은 없습니다. 무
릇 읍에 종묘와 선군의 신주가 있으면 도都라고 합니다. 따라
서 두 도읍의 종묘에는 각각 마땅히 신주가 있어야 합니다.”

又問曰: 古者作主, 必因虞·練, 若主必歸祔, 則室不可
虛, 則當補已亡之主[八],39) 創當祔之主. 禮經無說, 如之
何? 答曰: 虞·練作主, 禮之正也. 非時作主, 事之權也. 王
者遭時爲法, 因事制宜, 苟無其常, 則思其變. 如駕或東幸,
廟仍虛主, 卽準肅宗廣德二年上都作主故事, 特作闕主而
祔. 蓋主不可闕, 故禮貴從宜, 春秋之義, 變而正之者. 臣伏
思祖宗之主, 神靈所憑, 寓於太微, 不入宗廟, 據經復本, 允
屬聖明.

또 묻기를, “옛날에 신주를 만드는 일은 반드시 우제와 연제
때에 하는 것이며, 신주는 반드시 태묘에 합사하여야 하는 것
으로 묘실을 비워둘 수 없다고 한다면, 마땅히 없어진 신주는
채워 넣고, 합사해야 할 신주를 만들어야 합니다. 그런데 예경
에는 그 설이 없으니 어찌해야 합니까?”라고 합니다. 답하기
를, “우제, 연제에 신주를 만드는 것은 예의 정상적인 법도입니
다. 때가 아닌데도 신주를 만드는 것은 사안에 따른 권도입니

圭로 사당에 고하고, 신주를 대신해서 이 폐백과 피규를 대동하여 선조의
명령으로 삼는데 이를 主命이라고 한다. 『예기』 「증자문」의 “曾子問曰 : ‘古
者師行無遷主, 則何主?’ 孔子曰 : ‘主命’” 조항에 관련 내용이 나온다.
39) [교감기 8] “則當補已亡之主”에서 ‘補’자는 각 판본에는 원래 ‘祔’라고
하였다. 『唐會要』 권15·『冊府元龜』 권591의 기록에 따라 수정하였다.

다. 왕이 된 자는 때에 맞추어 법을 제정하고, 일에 따라서 마땅한 제도를 만들면서, 상도가 없으면 즉 그 변통을 모색합니다. 만일 황제가 낙양으로 행차하였는데, 종묘에 신주가 없으면, 즉 숙종 광덕 2년(764)에 장안에 신주를 만들었던 고사에 준하여 특별히 빠진 신주를 만들어서 합사하십시오. 왜냐하면 신주는 빠져서는 안 되는 것이기에, 예는 마땅함을 따르는 것을 귀하게 여기고, 『춘추』의 의리는 변통하여 바름으로 돌아간다는 데 있기 때문입니다. 신이 삼가 생각하건대, 조종의 신주는 신령이 의지해 있는 것인데 태미궁에 머물게 하고 종묘에 들이지 않고 있습니다. 경전에 근거하여 근본을 회복하는 것이 진실로 성명하신 폐하의 결단에 달려 있습니다.”

至是下尚書省集議, 而郎吏所議, 與彦威多同. 丞郎則各執所見, 或曰「神主合藏於太微宮」; 或云「並合埋瘞」; 或云「闕主當作」; 或云「輿駕東幸, 卽載上都神主而東」. 咸以意言[九],[40] 不本經據. 竟以紛議不定, 遂不擧行.

이 일을 상서성[41]에 내려보내 집의하도록 하였는데 낭리의 논의는 왕언위의 논의와 같은 것이 많았다. 승·랑은 각자 자신의 의견을 고집하였는데 혹은 말하기를, “신주는 태미궁에 두어야 한다”고 하

---

40) [교감기 9] “咸以意言”에서 ‘意’는 각 판본에는 원래 ‘其’라고 하였다. 『唐會要』 권15, 『冊府元龜』 권591에서는 “咸以意度”라고 하였다.

41) 唐代 상서성의 구성은 상서령이 1인, 좌우복야 각 1인, 좌우승이 각1인, 좌우사낭중이 각 1인이다. 『舊唐書』 권43, 「職官志」2.

고, 혹은 "모두 묻어야 한다"고 말하고, 혹은 "빠진 신주를 만들어야 한다"고 하고, 혹은 "황제가 낙양으로 갈 때 장안의 신주를 낙양으로 가지고 가야 한다"고 말하였다. 모두 자신의 의견을 말한 것으로 경전에 근거한 것은 아니었다. 끝내 의견이 분분하여 결정하지 못하였고 결국 행하지 못하였다.

　會昌五年八月, 中書門下奏:「東都太廟九室神主, 共二十六座, 自祿山叛後, 取太廟爲軍營, 神主棄於街巷, 所司潛收聚, 見在太微宮內新造小屋之內. 其太廟屋室並在, 可以修崇. 大和中, 太常博士議, 以爲東都不合置神主, 車駕東幸, 卽載主而行. 至今因循, 尚未修建. 望令尚書省集公卿及禮官·學官詳議. 如不要更置, 須有收藏去處. 如合置, 望以所析大寺材木修建. 旣是宗室官居守, 便望令充修東都太廟使, 勾當修繕.」奉敕宜依.

　회창會昌[42] 5년(845) 8월에 중서문하[43]가 상주하였다.

　　낙양의 태묘 9실의 신주는 모두 26좌였는데, 안록산이 반란한 후에 태묘를 군영으로 삼으니 신주가 거리에 버려졌습니다. 담당 관원이 몰래 이를 거두어 태미궁 내에 새로 만들어진 작은 방[小屋] 안에 두었습니다. 이 태묘의 건물과 묘실이 모두 남아 있어 수리하여 추숭할 수도 있었습니다. 대화大和[44] 연간

---

42) 회창會昌 : 武宗의 연호로 841~846년이다.

43) 중서문하中書門下 : 개원 11년(723)에 기존의 정사당을 중서문하로 바꾸었다는 기록이 있다. 『舊唐書』 권43, 「職官志」2 "開元十一年, 中書令張說改政事堂爲中書門下, 其政事印, 改爲 中書門下之印也."

(827~835)에 태상박사가 논의하며 말하기를, 낙양에 신주를 두는 것은 온당치 않으니 황제가 낙양으로 행차할 때 즉 신주를 싣고 가야 한다고 했습니다. 지금까지 그대로 답습하고 아직 수리하여 재건하지 않았습니다. 상서성에 영을 내려 공경 및 예관, 학관들의 자세한 논의를 수렴하기를 청합니다. 다시 설치할 필요가 없다면 반드시 거두어서 보관할 곳이 있어야 합니다. 설치해야 한다면 훼철한 큰 절의 재목을 잘라 다시 건립하기를 바랍니다. 이미 종실관이 머물며 지키고 있으니 곧바로 명령을 내려 낙양의 태묘사로 충당하고 중수하는 일을 주관하게 하십시오.

칙을 내려 이 논의를 따랐다.

六年三月, 太常博士鄭路等奏:「東都太微宮神主二十座〔一〇〕,[45] 去年二月二十九日禮院分析聞奏訖. 伏奉今月七日敕, 『此禮至重, 須遵典故, 宜令禮官·學官同議聞奏』者. 臣今與學官等詳議訖,

----

44) 대화大和 : 文宗의 첫 번째 연호다. 문종은 大和, 開成(836~839) 두 개의 연호를 사용하였다.

45) [교감기 10] "東都太微宮神主二十座"는 『合鈔』 권30 「禮志」에서는 '二十' 아래에 '六'자가 있다. 『校勘記』 권12에서는 "아래에서 말한 것을 보면 이전에 이미 12좌가 있었다고 하였는데 아직 제를 정하지 않은 신주 14좌와 합하여 26좌가 된다. 중서문하가 26좌를 합사하였다고 상주한 것을 보면 十자 뒤에 六자가 빠진 것이다.按下云已前十二座, 未題神主十四座, 合之得二十六座, 與上中書門下奏之共二十六座合, 是十下脫六字也."라고 하였다.

謹具分析如後：獻祖宣皇帝‧宣莊皇后‧懿祖光皇帝‧光懿皇后‧
文德皇后‧高宗天皇大帝‧則天皇后‧中宗大聖大昭孝皇帝‧和
思皇后‧昭成皇后‧孝敬皇帝‧孝敬哀皇后已前十二座，　親盡迭
毀，宜遷諸太廟，祔於興聖廟. 禘祫之歲，乃一祭之. 東都無興聖廟
可祔，伏請且權藏於太廟夾室. 未題神主十四座，前件神主既無題
號之文，難伸祝告之禮. 今與禮官等商量，伏請告遷之日，但瘞於
舊太微宮內空閑之地. 恭酌事理〔一一〕,46) 庶協從宜.」制可.

(회창) 6년(846) 3월에 태상박사太常博士 정로鄭路 등이 상주하였다.

　　　낙양의 태미궁의 신주는 20좌인데 지난해 2월 29일 예원에
서 장차 논의를 분석하여 상주하였다. 삼가 이번 달 7일 칙령
을 받드니 "예는 지극히 중요하니 모름지기 전고를 준수해야
한다. 마땅히 예관, 학관으로 하여금 함께 논의하여 상주하도
록 하라"는 것이었습니다. 신이 지금 학관들과 자세한 논의를
마쳤습니다. 삼가 분석한 것을 말씀드리면 다음과 같습니다.
헌조선황제獻祖宣皇帝47), 선장황후宣莊皇后48), 의조광황제懿祖

---

46) [교감기 11] "恭酌事理"에서 '恭'자는 『唐會要』 권16‧『冊府元龜』 권592
에서는 '參'이라고 하였다.

47) 헌조선황제獻祖宣皇帝 : 唐 高祖 李淵의 高祖父 李熙다. 16국시기 西涼
의 개국 군주 李暠의 증손이고, 西涼後主 李歆의 손자이며, 李重耳의
아들이다. 고조가 武德 元年(618) "宣簡公"으로 추존하였고, 高宗 咸亨
5년(674) "宣皇帝"로 추존하였다. 廟號는 唐獻祖라 하며 "宣帝"라 간칭
한다.

48) 선장황후宣莊皇后(763~816) : 莊憲皇后王氏 琅琊郡 臨沂(현재 山東省
臨沂) 사람으로 琅琊 王氏다. 順宗의 皇后이며, 憲宗의 生母다. 祖父는

光皇帝, 광의황후光懿皇后49), 문덕황후文德皇后50), 고종천황대
제高宗天皇大帝, 측천황후則天皇后, 중종대성대소효황제中宗大
聖大昭孝皇帝, 화사황후和思皇后51), 소성황후昭成皇后52), 효경
황제孝敬皇帝53), 효경애황후孝敬哀皇后54) 등 이미 앞에 있던

王難得으로 당나라의 명장이었으며, 父親은 金紫光祿大夫王顔다.

49) 광의황후光懿皇后 : 성은 賈氏다. 李天錫의 부인으로 손자 李淵이 당을
건국하였다. 咸亨 5년(674) 高宗追에 의해서 李天錫은 懿祖光皇帝로
賈氏는 光懿皇后로 추존되었다.

50) 문덕황후文德皇后(601~636) : 성은 長孫氏로 隋나라 때 右驍衛將軍 長
孫晟의 딸이며, 당의 재상을 지낸 長孫無忌의 同母妹다. 太宗皇后이며
高宗의 母다.

51) 화사황후和思皇后(?~675) : 성은 趙氏다. 中宗의 첫 번째 부인으로 측천
무후에 의해서 폐출되어 餓死하였다. 中宗이 복위한 후 恭皇后로 추존하
였고, 睿宗이 복위한 뒤 和思皇后로 추존하여 예로써 招魂하고 中宗의
定陵에 합장하였다. 玄宗 때 順聖이라는 시호를 더하였다.

52) 소성황후昭成皇后(?~693) : 昭成順聖皇后로 본성은 竇氏로 扶風 平陵
(현재 陝西省 鹹陽市) 사람이다. 睿宗의 妃嬪으로 莘國公 竇誕의 손녀
이고, 潤州刺史贈太尉 竇孝諶의 딸이다. 相王 李旦(睿宗)과 결혼하여
孺人으로 책봉 받았다. 光宅 元年(684) 睿宗이 제1차 즉위하였을 때 德
妃로 책봉되어 玄宗과 金仙公主·玉眞公主를 낳았다. 長壽 2년(693) 측
천무후를 저주하였다고 하여 해를 당하였다. 景雲 元年(710) 현종의 생모
로서 皇后로 추존되었다. 시호는 昭成이며, 靖陵에 안장되었다. 玄宗 즉
위 후 昭成順聖皇后로 추존되었으며, 橋陵에 睿宗과 합장되었다.

53) 효경황제孝敬皇帝(653~675) : 고종의 다섯 번째 아들이며, 측천무후의 장
자 李弘이다. 上元 2年(675) 낙양에서 23세에 갑자기 죽었다. 고종과 측천
무후에 의해서 孝敬皇帝로 추증되었으며, 天子의 예로서 恭陵에 장사지
냈다.

54) 효경애황후孝敬哀皇后(?~676) : 성은 裴氏다. 河東 聞喜(현재 山西省

12좌는 친親이 다하여 조천해야 하니, 태묘에 옮겨 흥성묘에 합사하고, 체제사와 협제사의 해에 한 번씩 제사하는 것이 마땅합니다. 낙양에는 합사할 만한 흥성묘가 없으니, 바라건대 태묘의 협실에 임시로 두십시오. 제題가 없는 신주가 14좌이고, 전례에 따를 때 신주가는 이미 제호題號의 문자가 없으면 축고祝告[55]의 예를 펼치기 어렵습니다. 지금 예관들과 상의하여 조천을 고한 날, 옛 태미궁 안의 빈 땅에 묻으십시오. 삼가 일과 이치를 참작하여 올리니 마땅함을 따르는데 부합하면 다행이겠습니다.

제를 내려 허락하였다.

太常博士段瑰等三十九人奏議曰:

태상박사太常博士 단괴段瑰 등 39인이 논의한 내용을 상주하였다.

禮之所立, 本於誠敬; 廟之所設, 實在尊嚴. 旣曰薦誠, 則

聞喜縣) 사람이다. 右衛將軍 裴居道의 딸로서 咸亨 4年(673) 高宗과 측천무후의 장자인 太子 李弘의 妃가 되었다. 上元 2年(675) 太子 李弘이 급사하자 이듬해 儀鳳 元年(676) 그녀도 세상을 떠났다. 中宗 복위 후에 李弘이 義宗으로 추존됨에 따라 "哀皇后"로 추존되어 恭陵에 배장되었다.

55) 축고祝告 : 신령에게 기도하는 것을 말한다. 南朝 梁나라 때 劉勰의 『文心雕龍』「祝盟」에 "陳辭乎方明之下, 祝告於神明者也"라는 기록이 있다.

宜統一. 昔周之東西有廟, 亦可徵其所由. 但緣卜洛之初, 旣須營建, 又以遷都未決, 因議兩留. 酌其事情, 匪務於廣, 祭法明矣.

　예를 세우는 것은 정성을 다하고 공경하는 것에 근본을 두는 것입니다. 묘를 설치하는 것은 존숭하고 권위 있게 함에 그 실질이 있는 것입니다. 이미 정성을 바친다고 하면 마땅히 하나여야 합니다. 옛날에 주나라에서는 동과 서에 묘가 있었으니, 또한 그 유래가 있었음을 알 수 있습니다. 그러나 낙양으로 도읍을 정하였던 초기에, 이미 (태묘를) 건설해야 하였으나 천도가 결행되지 않자 그로 인해 양쪽에 남겨 두는 것을 논의하였습니다. 그 일과 정리를 감안한 것이지, 넓히는 것에 힘쓴 것은 아닌 것으로, 제법祭法은 분명합니다.

　伏以東都太廟, 廢已多時, 若議增修, 稍乖前訓. 何者? 東都始制寢廟於天后·中宗之朝, 事出一時, 非貞觀·開元之法. 前後因循不廢者, 亦踵鎬京之文也. 記曰:「祭不欲數, 數則煩.」天寶之中, 兩京悉爲寇陷, 西都廟貌如故, 東都因此散亡. 是知九廟之靈, 不欲歆其煩祀也. 自建中不葺之後, 彌歷歲年. 今若廟貌惟新, 卽須室別有主. 舊主雖在, 大半合祧, 必几筵而存之, 所謂宜祧不祧也. 孔子曰,「當七廟五廟, 無虛主也」, 謂廟不得無主者也. 舊主如有留去, 新廟便合創添. 謹按左傳云:「祔練56)作主.」又戴聖云〔一二〕57):

---

56) 練:『左傳』「僖公 33年」 傳에는 '練'이 '而'로 되어 있다.

57) [교감기 12] "又戴聖云"에서 '戴聖'은 각 판본의 원문에서는 '載'라고

「虞而立几筵.」如或過時成之, 便是以凶干吉. 創添旣不典,
虛廟又非儀. 考諸禮文, 進退無守.

　　삼가 생각건대, 낙양의 태묘는 폐해진 것이 이미 여러 해
전인데, 늘리고 수리할 것을 논의하는 것은 앞선 시대의 교훈
을 어기는 것이 됩니다. 왜 그렇겠습니까? 낙양에는 측천황후
와 중종 때에 침묘를 세우기 시작한 것으로 그 일이 일시적인
것이지 정관과 개원의 법이 아니었습니다. 전후로 내려온 관행
에 따르고 폐하지 않은 것 역시 호경의 조문을 본받은 것이었
습니다. 『예기』에서는 "제사는 자주 지내는 것을 바라지 않는
다. 자주 지내면 번독煩瀆하다"58)고 하였습니다. 천보天寶 연간
(742~755)에는 양쪽의 도읍이 모두 도적들에게 함락되었는데
장안의 종묘의 면모는 예전과 같았으나 낙양의 묘는 이로 인하
여 흩어져 망실되었습니다. 이에 구묘九廟의 신령은 번거로운
제사를 원하지 않는다는 것을 알 수 있습니다. 건중建中 연간
(780~783)에 수선하지 않은 이후 여러 해가 지났습니다. 지금
만약 종묘의 면모를 새롭게 고친다면 곧 묘실마다 따로 신주가
있어야 합니다. 옛 신주는 있더라도 태반이 조천해야 마땅한
데, 반드시 궤연을 설치하여 보존한다면, 마땅히 조천해야 하
는데 하지 않는 것입니다. 공자가 말씀하시길, "7묘와 5묘에

하였다. 『冊府元龜』권591의 기록에 따라 수정하였다. 『校勘記』권12에
서는 "按此檀弓文, 唐會要作大戴亦訛(「檀弓」문을 살펴보면 『唐會要』
에서 大戴라고 한 것 역시 잘못된 것이다)"라고 하였다.
58) 『禮記』「祭義」 "祭不欲數, 數則煩, 煩則不敬. 祭不欲疏, 疏則怠, 怠則
忘. 是故君子合諸天道 : 春禘秋嘗."

해당하는 경우는 신주를 묘실에서 비우는 법이 없다"59)고 말
한 것은 친묘에는 신주가 없을 수 없다는 것을 말한 것입니다.
옛 신주에 남는 것과 조천하는 것이 있다면, 신묘에는 곧바로
새로 만들어 보충해야 합니다. 살펴보건대, 『좌전』에 "부제祔
祭를 지내고 신주를 만든다"고 하였고 또 대성戴聖60)이 말하
기를, "우제를 지내고 궤연을 세운다"고 하였습니다. 만일 때
가 지나서 만들게 되면 흉한 기운으로 길한 것을 범한 것이
됩니다. 새로운 신주를 첨가하는 것은 이미 경전에 부합하는
것이 아니고, 묘실을 비워두는 것 또 예의가 아닙니다. 예경의
문자들을 상고할 때 이렇게도 저렇게도 할 방도가 없습니다.

　　或曰「漢於郡國置宗廟凡百餘所, 今止東西立廟, 有何不
安」者. 當漢氏承秦焚燒之餘, 不識典故, 至於廟制, 率意而
行. 比及元·成二帝之間, 貢禹·韋玄成等繼出, 果有正論,
竟從毀除. 足知漢初不本於禮經, 又安可程法也? 或曰「凡

---

59) 『禮記』「曾子問」 "曾子問曰 古者師行, 必以遷廟主行乎?」孔子曰 :「天
子巡守, 以遷廟主行, 載于齊車, 言必有尊也. 今也, 取七廟之主以行,
則失之矣. 當七廟五廟無虛主. 虛主者, 唯天子崩, 諸侯薨與去其國, 與
祫祭於主, 爲無主耳."

60) 대성戴聖 : 漢나라 때의 학자. 자는 次君이고, 벼슬은 九江太守에 이르렀
다. 숙부인 戴德을 大戴라고 하고, 대성은 小戴라고 불렀다. 그가 대덕이
쓴 『大戴禮』 85편을 간추려 『禮』 49편을 만들었다고도 하나, 두 책이
별도로 편찬 전승되었다고 보기도 한다. 대덕과 대성은 孔子 이래 전해져
왔던 禮說을 집대성하였는데, 대성이 지었다는 예 49편이 현재 전해지고
있는 『禮記』라는 책이다. 이를 『小戴記』라고 한다.

筵不得復設, 廟寢何妨修營, 候車駕時巡, 便合於所載之主」
者[一三].61) 究其終始, 又得以論之. 昨者降敕參詳, 本爲
欲收舊主, 主旣不立, 廟何可施? 假令行幸九州, 一一皆立
廟乎? 愚以爲廟不可修, 主宜藏瘞, 或就瘞於塪室, 或瘞於
兩階間, 此乃百代常行不易之道也.

혹은 말하기를, "한대에는 군국에 종묘가 백여 개나 있었다.
지금은 단지 동서에 묘가 있을 뿐인데 어찌 합당하지 않다고
하는가"라고 합니다. 한나라는 진나라가 멸망한 뒤를 이어받
아, 전례의 연고를 알 수 없었고 묘제도 자신들의 생각에 따라
행하였습니다. 원제元帝62)와 성제成帝63)의 시기에 이르러서
공우貢禹64)와 위현성韋玄成65) 등이 잇달아 나오면서 실로 정
론을 세워서 마침내 군국묘를 폐지한 것입니다. 한나라 초에는
예경에 근본을 두지 못하였음을 알기에 족하니, 어찌 법칙으로
삼을 수 있겠습니까? 혹은 말하기를 "궤연은 다시 설치할 수

---

61) [교감기 13] "便合於所載之主者"라는 부분은 『冊府元龜』 권592에서는
   '合於'를 '舍'라고 하였다.

62) 원제元帝(기원전75~33) : 전한의 9대 황제 劉奭이다. 『漢書』 권9 「元帝本紀」.

63) 성제成帝(기원전51~7) : 전한의 10대 황제 劉驁이다. 『漢書』 권10 「成帝本紀」.

64) 공우貢禹(기원전127~44) : 字는 少翁이다. 琅琊 사람이다. 전한 元帝 때
   諫大夫, 光祿大夫, 長信少府, 御史大夫 등을 역임하였다. 『漢書』 권72
   「貢禹傳」.

65) 위현성韋玄成(기원전?~36) : 前漢 元帝 때의 사람이다. 字는 少翁이다.
   魯國 鄒縣 사람으로 明經으로 諫大夫에 발탁되었다. 아버지는 승상을
   지냈던 韋賢이다. 관직은 河南太守를 거쳐 丞相에까지 올랐다. 『漢書』
   권19下 「百官公卿表」.

없다고 해도, 묘침의 수리에 어찌 장애가 될 것이 있겠는가? 천자의 수레가 때로 순행할 때를 기다려 싣고 온 신주를 모시기에 부합한다"라고 합니다. 끝과 시작을 강구해 보면 또 변론할 수 있습니다. 예전에 칙령을 내려 상세히 상고하라고 한 것은 본래 옛 신주를 거두고자 한 것입니다. 신주가 세워지지 않았는데, 종묘를 어디에 쓸 수 있겠습니까? 가령 구주九州에 행차하면 일일이 모두 묘를 세우겠습니까? 어리석은 생각으로는 묘는 수리해서 안되고, 신주도 마땅히 보관하거나 묻어야 합니다. 혹은 갱실에 묻거나 혹은 양쪽의 섬돌 사이에 묻는 것, 이것은 역대 항상 행해왔던 불변의 도리입니다.

其年九月敕:「段瑰等詳議, 東都不可立廟. 李福等別狀, 又有異同. 國家制度, 須合典禮, 證據未一, 則難建立. 宜幷令赴都省對議, 須歸至當.」

그해 9월 칙령으로 "단괴 등이 상세히 논의하여 낙양에는 묘를 세울 수 없다고 하였다. 이복李福 등은 별도의 장을 상주하여 또 다른 의견이 있었다. 국가의 제도는 반드시 전장의 예의에 합치하여야 한다. 증거가 하나로 통일되지 않으면 건립하기 어렵다. 마땅히 상서성으로 가서 함께 논의하여 마땅한 결론에 이르도록 하라"고 하였다.

工部尙書薛元賞等議:

공부상서工部尙書 설원상薛元賞[66] 등이 의논하여 말하였다.

伏以建中時, 公卿奏請修建東都太廟, 當時之議, 大旨有
三：其一曰, 必存其廟[一四],[67] 備立其主, 時饗之日, 以他
官攝行. 二曰, 建廟立主, 存而不祭, 皇輿時巡, 則就饗焉.
三曰, 存其廟, 瘞其主. 臣等立其三議, 參酌禮經, 理宜存
廟, 不合置主.

삼가 생각건대, 건중 연간(780~783)에 공경이 낙양에 태묘
를 수리하여 건치하자고 주청하였는데, 당시의 의론에는 크게
3개의 견해가 있었습니다. 그 하나는 반드시 태묘를 존치하고
신주를 갖추어 세워 때다 있는 제사일에 다른 관리에게 섭행하
게 하자는 것입니다. 두 번째는 태묘를 건설하고 신주를 세워
보존하되 제사하지 않고 황제가 순행하러 가게 되면 그때 나아
가서 제사하자는 것입니다. 세 번째는 태묘는 존치하되 신주는
땅에 묻자는 것이었습니다. 신 등이 이 세 의론을 비교하고 예
에 관한 경전을 참작하니 태묘를 존치하는 것이 의리에 맞고
신주를 두는 것은 합당하지 않습니다.

---

66) 설원상薛元賞 : 文宗 大和初(827) 司農少卿으로 출사하여 漢州刺史를
지내고, 司農卿・京兆尹에 올랐다. 武寧節度使 邠寧節度使를 역임하고
武宗 會昌(841~846) 중에 京兆尹으로 복귀하였다. 檢校吏部尙書를 가
관으로 제수 받고 工部尙書로 승진하였다. 領諸道鹽鐵轉運使, 昭義節
度使를 지냈다. 『新唐書』 권197 「循吏傳 薛元賞」.

67) [교감기 14] "必存其廟"의 '存'자는 각 판본의 원문에서는 '有'로 되어
있다. 本卷의 上文과 『唐會要』 권16・『冊府元龜』 권592의 기록에 따라
수정하였다.

謹按禮祭義曰：「建國之神位, 右社稷而左宗廟.」禮記云
：「君子將營宮室, 宗廟爲先.」是知王者建邦設都, 必先宗廟
·社稷. 況周武受命, 始都于豐, 成王相宅, 又卜于洛, 烝祭
歲於新邑, 冊周公于太室. 故書曰：「戊辰, 王在新邑, 烝祭
歲. 王入太室祼」成王厥後復立于豐〔一五〕,68) 雖成洛邑,
未嘗久處. 逮于平王, 始定東遷. 則周之豐·鎬〔一六〕,69) 皆
有宗廟明矣.

삼가 살피건대, 『예기』「제의」편에 "나라의 신위를 세울 때
는 우측에 사직을 세우고 좌측에 종묘를 짓는다"라고 하였습
니다. 『예기』에서는 "군자가 장차 궁실을 조영하려 하면 종묘
를 가장 먼저 짓는다"라고 하였습니다. 이것으로 왕이 된 자가
나라를 세우고 도읍을 건설할 때에는 반드시 먼저 종묘·사직
을 세웠다는 것을 알 수 있습니다. 하물며 주나라 무왕이 천명
을 받아 처음에 풍豐에 도읍을 세웠고, 성왕은 거처를 택하여
낙읍으로 정하고, 신읍에서 그 해의 증제70)를 지내고 태실에서
주공을 책봉하였습니다. 『상서』에서는 "무진일, 왕이 신읍에서
한 해의 증제를 지냈다. 왕이 태실로 들어가 강신례를 행하였

---

68) [교감기 15] "成王厥後復立于豐"에서 '立'자는 『唐會要』권16·『冊府元
龜』권592에서는 '歸'라고 하였다.

69) [교감기 16] "則周之豐鎬"는 『校勘記』권12에서는 "按以上文文義求之,
豐鎬宜作豐洛(앞에서 쓴 문장의 뜻을 생각해 보면 豐鎬는 豐洛이라고
써야 한다)"라고 하였다.

70) 증烝 : 古代의 冬祭다. 『尙書』「洛誥」"戊辰, 王在新邑, 烝祭歲." 漢 班
固 『白虎通』「宗廟」: "宗廟所以歲四祭何 … 冬曰烝者, 烝之爲言衆也,
冬之物成者衆."

다"고 했습니다. 성왕은 그 후에 다시 풍으로 돌아왔고, 비록 낙읍을 건설하였지만 오래 머물지 않았습니다. 평왕에 이르러 처음으로 동쪽의 낙읍으로 옮겼습니다. 즉 주나라 때에는 풍과 낙에 모두 종묘가 있었음이 분명한 것입니다.

又按曾子問「廟有二主」, 夫子對以「天無二日, 土無二王, 嘗・禘・郊・社, 尊無二上, 未知其爲禮」者. 昔齊桓公作二主, 夫子譏之, 以爲僞主. 是知二主不可並設, 亦明矣. 夫聖王建社以厚本, 立廟以尊祖, 所以京邑必有宗社. 今國家定周・秦之兩地, 爲東西之兩宅, 闢九衢而立宮闕, 設百司而嚴拱衛, 取法玄象, 號爲京師. 旣嚴帝宅, 難虛神位, 若無宗廟, 何謂皇都? 然依人者神, 在誠者祀, 誠非外至, 必由中出, 理合親敬, 用交神明. 位宜存於兩都, 廟可偕立 ; 誠難專於二祭, 主不並設.

또 증자가 "묘에는 두 개의 신주가 있습니까?"라고 물었을 때 공자는 "하늘에는 두 개의 태양이 없으며, 땅에는 두 명의 왕이 없으니 상嘗, 체禘[71], 교郊, 사社의 제사는 가장 높이 받드는 대상에 둘이 없다. 두 개의 신주를 두는 것이 예가 되는지 나는 알지 못한다"라고 하였습니다. 옛날에 제환공이 두 개의 신주를 만들었는데 공자가 이를 비난하고 가짜 신주라고 여겼

---

71) 상체嘗禘 : 嘗은 가을에 지내는 제사. 禘는 여름에 지내는 제사로 천자와 제후가 해마다 지내는 시제다. 『禮記』「王制」 "天子諸侯宗廟之祭, 春曰礿, 夏曰禘, 秋曰嘗, 冬曰烝."

습니다.[72] 이것으로 두 개의 신주를 함께 설치하는 것이 불가함 또한 분명하다는 것을 알 수 있습니다. 대개 성왕聖王께서는 사직을 세워 근본을 두텁게 하였고 종묘를 세워 조상을 존중하였으니, 경사에 반드시 종묘와 사직이 있게 된 이유입니다. 지금 당조는 주周와 진秦의 두 국가의 도읍지에 도읍하여 동쪽과 서쪽의 두 거처로 삼고 아홉 개의 도로를 닦고 궁궐을 세웠으며, 여러 관청을 세워 호위하기를 엄중하게 하고, 천상天象의 질서를 본받아 이곳을 경사京師라고 부릅니다. 이미 제왕의 거처가 위엄을 갖추었으니 신위를 비워두기 어려운데, 종묘가 없다면 어찌 황도라고 부를 수 있겠습니까? 그러나 사람에 의지하는 것이 신이고 성심에 달려 있는 것이 제사입니다. 성심은 밖으로부터 오는 것이 아니라 반드시 안으로부터 나오고, 이치상 친히 공경함이 마땅하기에 신명과 교감하는 것입니다. 신위는 양도에 존치하고 종묘도 모두 세울 수 있지만, 성심은 제사를 둘로 지내는 것에서 전일하게 되기 어렵기에 신주를 두 곳에 설치하지 않는 것입니다.

或以禮云「七廟五廟無虛主」, 是謂不可無主. 所以天子巡狩, 亦有所尊, 尚飾齋車, 載遷主以行. 今若修廟瘞主, 則東都太廟, 九室皆虛, 旣違於經, 須徵其說. 臣復探賾禮意, 因

---

72) 『禮記』「曾子問」에 관련 내용이 나온다. "曾子問曰: '喪有二孤, 廟有二主, 禮與?' 孔子曰: '天無二日, 土無二王, 嘗·禘·郊·社, 尊無二上, 未知其爲禮也.'"; "昔者齊桓公亟擧兵, 作僞主以行, 及反藏諸祖廟. 廟有二主, 自桓公始也."

得盡而論之. 所云「七廟五廟無虛主」, 是謂見饗之廟不可虛
也. 今之兩都, 雖各有廟, 禘祫饗獻, 斯皆親奉於上京, 神主
几筵, 不可虛陳於東廟. 且禮云:「唯聖人爲能饗帝, 孝子爲
能饗親.」昔漢韋玄成議廢郡國祀, 亦曰:「立廟京師, 躬親
承事, 四海之內, 各以其職來祭.」人情禮意, 如此較然. 二
室旣不並居, 二廟豈可偕祔? 但所都之國, 見饗之廟, 旣無
虛室, 則協通經議者, 又欲置主不饗, 以俟巡幸. 昔魯作僖
公之主, 不於虞・練之時, 春秋書而譏之. 合祔之主, 作非其
時, 尚爲所譏. 今若置不合祔之主, 不因時而作, 違經越禮,
莫甚於此. 豈有九室合饗之主, 而有置而不饗之文? 兩廟始
創於周公, 二主獲譏於夫子. 自古制作, 皆範周孔, 舊典猶
在, 足可明徵. 臣所以言東都廟則合存, 主不合置. 今將修
建廟宇, 誠不虧於典禮. 其見在太微宮中六主, 請待東都建
修太廟畢, 具禮迎置於西夾室, 闕而不饗, 式彰陛下嚴祀
之敬, 以明聖朝尊祖之義.

어떤 이는 이렇게 주장합니다. 『예기』에 "7묘와 5묘에는 신
주를 비울 수 없다"[73]고 했는데 이것은 신주가 없으면 안 된다
는 것입니다. 따라서 천자가 순수할 때에도 역시 존중하는 대
상이 있고 재거를 장식하여 조천한 신주를 싣고 행차하는 것입
니다. 지금 만약 종묘를 수리하고 신주를 묻으면, 즉 낙양의 태

---

73) 『禮記』「曾子問」"曾子問曰. 古者師行. 必以遷廟主行乎. 孔子曰. 天子
巡守. 以遷廟主行. 載于齊車. 言必有尊也. 今也取七廟之主以行. 則失
之矣. 當七廟五廟無虛主. 虛主者. 唯天子崩. 諸侯薨. 與去其國. 與祫祭
於祖."

묘는 아홉 개의 실이 모두 비게 되니 이미 경전에 어긋납니다. 모름지기 그 설의 근거가 필요합니다. 신이 다시 예경의 취지를 깊이 탐구하건대, 모든 맥락을 변론할 수 있습니다. "7묘와 5묘는 신주를 비울 수 없다"는 것은 제사를 받는 묘는 비워둘 수 없다는 것을 말하는 것입니다. 지금 양도에 비록 각각 묘가 있지만 체협의 제사는 모두 상경에서 친히 올리니, 낙양 종묘에 신주와 궤연을 공연히 설치할 수 없습니다. 또『예기』에서 말하기를, "오직 성인만이 제왕에게 제사할 수 있고 효자만이 아버지께 제사할 수 있다"[74]고 하였습니다. 옛날에 한대의 위현성韋玄成은 군국묘의 폐지를 건의하면서 역시 "묘는 경사에 세우고 친히 제사하며, 사해의 안에서는 각각 자신의 직책으로 와서 제사에 참여한다"[75]고 하였습니다. 인간의 정과 예의 뜻이 이와 같이 분명합니다. 두 개의 묘실에 함께 있을 수 없으니 두 개의 묘에 어찌 함께 합사할 수 있겠습니까?

그러나 도읍한 국도에 제사를 받는 종묘는 이미 빈 묘실이

---

74)『禮記』「祭儀」唯聖人爲能饗帝. 孝子爲能饗親. 饗者鄉也. 鄉之然後能饗焉. 是故孝子臨尸而不怍. 君牽牲. 夫人奠盎. 君獻尸. 夫人薦豆. 卿大夫相君. 命婦相夫人. 齊齊乎其敬也. 愉愉乎其忠也. 勿勿諸其欲其饗之也.

75)『漢書』「韋玄成傳」의 관련 기사에 따르면 위현성 외에 70인의 의견이 개진되었다.『漢書』권73「韋玄成傳」"丞相玄成·御史大夫鄭弘·太子太傅嚴彭祖·少府歐陽地餘·諫大夫尹更始等七十人皆曰：「臣聞祭, 非自外至者也, 繇中出, 生於心也. 故唯聖人爲能饗帝, 孝子爲能饗親. 立廟京師之居, 躬親承事, 四海之內各以其職來助祭, 尊親之大義, 五帝三王所共, 不易之道也. 詩云：『有來雍雍, 至止肅肅, 相維辟公, 天子穆穆.』"

없으니 즉 경전의 뜻에 맞는 것입니다. 논의하는 자들은 또 신주를 설치하되 제사하지 않고 순행에 대비하자고 합니다. 옛날에 노나라에서 희공의 신주를 만들면서 우제와 연제를 지낼 때 하지 않은 것에 대하여 『춘추』에서 비난하였습니다. 태묘에 합사해야 하는 신주도 만드는 것을 때에 맞추지 못하면 오히려 비난을 받습니다. 이제 합사하지 않아야 하는 신주를 설치하면서, 때에 맞지 않게 만든다면 경전을 어기고 예를 넘어서는 것이 이보다 심할 수 없습니다. 어찌 구실九室에 합사하여 제사해야 하는 신주가 있는데, 설치하지만 제사하지 않는다는 조문이 있겠습니까? 두 개의 종묘를 두는 제도는 주공에서 시작되었고, 두 개의 신주를 설치하는 것은 공자로부터 비판을 받았습니다. 옛부터 제도를 만들 때에는 모두 주공과 공자를 모범으로 삼아왔다는 것은 오래된 경전에 남아 있으니 명백하게 증거할 수 있습니다. 신은 이 때문에 낙양의 태묘는 있는 것이 합당하고 신주는 설치하지 않아야 한다고 말합니다. 지금 장차 묘우廟宇를 수리하여 건립하는 것은 진실로 전장과 예를 손상시키지 않습니다. 현재 태미궁 안에 있는 6개의 신주는 청컨대 낙양에서 태묘의 수리를 마치기를 기다려 서쪽 협실에 예를 갖추어 맞아들여 설치하시고, 문을 닫아 제사하지 않으시어 폐하가 제사를 엄중하게 받들어 공경함을 널리 드러내고 우리 조정이 조상을 높이고 존중하는 뜻을 밝히십시오.

吏部郎中鄭亞等五人議：「據禮院奏, 以爲東都太廟旣廢, 不可復修, 見在太微宮神主, 請瘞於所寓之地. 有乖經訓, 不敢雷同. 臣

所以別進議狀, 請修祔主, 並依典禮, 兼與建中元年禮儀使顏眞卿
所奏事同. 臣與公卿等重議, 皆以爲廟固合修, 主不可瘞, 卽與臣
等別狀意同. 但衆議猶疑東西二廟, 各設神主, 恐涉廟有二主之
義, 請修廟虛室, 以太微宮所寓神主藏於夾室之中. 伏以六主神
位, 內有不祧之宗, 今用遷廟之儀, 猶未合禮. 臣等猶未敢署衆狀,
蓋爲闕疑.」

이부낭중 정아鄭亞 등 다섯 명이 의론을 말하였다.

　　예원76)에서 상주한 바에 의하면, 낙양의 태묘는 이미 폐하였
으니 다시 중수하는 것은 불가하고, 현재 태미궁의 신주는 머
물러 있는 곳의 땅에 묻어야 한다고 청하였습니다. 이는 경전
의 뜻과 어긋나는 점이 있어 동의할 수 없었습니다. 따라서 신
들은 별도로 의론 문서를 올려 태묘의 수리와 신주의 합사를
모두 전례에 의거하여 행하기를 요청하고, 아울러 건중 원년
(780) 예의사 안진경이 상주하였던 바와 견해를 같이 하였던
것입니다. 신과 공경 등이 거듭 논의하였는 바, 모두 종묘를 중
수해야 하고 신주를 묻어서는 안 된다고 했습니다. 이것은 신
등이 별도의 문서에서 말한 내용과 같았습니다. 단지 여러 신
료들의 논의가 동과 서의 두 개의 묘에 각각 신주를 세우면
묘에 두 개의 신주가 있는 혐의가 있을까 염려하는 것이었습니
다. 청컨대 태묘를 중수하시되 묘실을 비워 두시고 태미궁에
방치된 신주는 태묘의 협실에 보관하여 두십시오. 신이 삼가
이 여섯 신주를 살펴보니 그 안에 불천의 종宗이 있는데 지금

---

76) 예원禮院 : 唐代 太常寺의 별칭이다.

조천의 의례를 행하면 오히려 예에 맞지 않는 것이 됩니다. 신등이 이같이 여러 신료들이 올린 문서에 서명하지 못하는 것은 대개 의혹이 있는 것은 유보해야 하기 때문입니다.

太學博士直弘文館鄭遂等七人議曰:「夫論國之大事, 必本乎正而根乎經, 以臻于中道. 聖朝以廣孝爲先, 以得禮爲貴, 而臣下敢不以經對. 三論六故, 已詳於前議矣. 再捧天問, 而陳乎諸家之說, 求于典訓, 考乎大中, 廟有必修之文, 主無可置之理. 何則? 正經正史, 兩都之廟可徵. 禮稱『天子不卜處太廟』, 『擇日卜建國之地, 則宗廟可知』. 則廢廟之說, 恐非所宜廢. 謹按詩·書·禮三經及漢朝兩史, 兩都並設廟, 而載主之制, 久已行之. 敢不明徵而去文飾, 援據經文, 不易前見. 東都太廟, 合務修崇, 而舊主當瘞, 請于太微宮所藏之所〔一七〕.[77] 皇帝有事于洛, 則奉齋車載主以行.」

태학박사 직홍문관直弘文館[78] 정수鄭遂 등 7인이 논의한 것을 말하였다.

대저 국가의 대사를 논의할 때에는 반드시 정통에 기본을 두고 경전에 근거하여 바른 도에 귀결해야 합니다. 황제께서는 효를 넓히는 것을 우선하시고 예를 얻는 것을 귀하게 여기시니 신하가 감히 경전으로써 응답하지 않을 수 있겠습니까. 세 가

---

77) [교감기 17] "請于太微宮所藏之所"에서 '請' 뒤에 『唐會要』 권16, 『冊府元龜』 권592에는 '瘞'자가 있다.

78) 직홍문관直弘文館 : 直官이다. 임시로 다른 관직을 대리하는 관원을 가리킨다. 宋 沈括 『夢溪筆談·故事二』 "唐制, 官序未至, 而以他官權攝者, 爲直官."

지 주장과 여섯 가지 이유에 대해서는 이미 앞의 논의에서 상세합니다. 다시 천자의 하문을 받들어, 여러 선학의 설을 늘어놓고, 경전의 교훈을 구하고, 크고 바른 도의로써 상고해 보니, 종묘는 반드시 중수하여야 한다는 명문은 있으나 신주를 두어도 된다는 이치는 없습니다. 무엇 때문이겠습니까? 정통의 경서와 사서를 통해서 보면 두 도읍지에 종묘가 있었다는 것을 알 수 있습니다. 『예경』에서는 "천자는 태묘의 위치를 점을 쳐 정하지 않는다" "택일과 나라를 세울 땅을 점을 쳐 정하였으니 즉 종묘를 알 수 있다"고 했습니다. 즉 종묘를 폐하자는 설에 대해서는 아마도 폐지할 바가 아닌 것으로 생각됩니다. 『시경』 『상서』『예기』 등 세 경전과 한나라 때의 두 역사서를 살펴보면 두 개의 도읍에 모두 종묘를 세우고 신주를 싣고 가는 제도가 시행되고 있었음을 알 수 있습니다. 명확하게 증명하여 문장의 수식을 걷어내고, 경전의 명문에 의거하여 앞의 의견을 바꾸지 않는 것은 감히 하지 않을 수 있겠습니까? 낙양의 태묘는 응당 힘써 수리하시고 옛 신주는 마땅히 묻으시되 태미궁의 보관되어 있는 곳에 묻으시길 청합니다. 황제가 일이 있어 낙양에 가게 되면 즉 재거齋車에 신주를 싣고 가십시오.

太常博士顧德章議曰:

태상박사 고덕장顧德章이 의논을 말하였다.

夫禮雖緣情[一八],79) 將明厥要, 實在得中, 必過禮而求多, 則反虧於誠敬. 伏以神龍之際, 天命有歸, 移武氏廟於長安, 卽其地而置太廟, 以至天寶初復, 不爲建都. 而設議曰:「中宗立廟於東都, 無乖舊典.」徵其意, 不亦謬乎?

대저 예는 비록 정리情理에서 연유하지만, 장차 그 요체를 명백하게 하고자 하면, 실로 그 중도를 얻는 것에 있으니, 필경 예를 과도하게 행하여 많은 것을 추구하면, 도리어 진정한 공경에 손상이 됩니다. 삼가 생각건대, 신룡 연간(705~706)[80]에 천명이 귀속되어, 무씨의 묘를 장안으로 옮기고, 그 땅에 태묘를 설치하였다가 천보(742~755) 초에 이르러 되돌렸으니 도읍을 건설한 것이 아닙니다. 그러나 논의를 하는 자들은 "중종이 낙양에 종묘를 세운 것은 옛 전례에 어긋나는 것이 아니다"라고 합니다. 그 뜻을 상고하여 보건대, 역시 잘못이 아니겠습니까?

又曰「東都太廟, 至於睿宗·玄宗, 猶奉而不易」者. 蓋緣嘗所尊奉, 不敢輕廢也. 今則廢已多時, 猶循莫擧之典也[一九].[81]

---

79) [교감기 18] "夫禮雖緣情"라는 구절은 『唐會要』 권16에는 이 구절 뒤에 "事貴合道"라는 구절이 있다.

80) 神龍政變을 통하여 중종이 복위한 사건을 말한다. 『舊唐書』 권6 「則天皇后本紀」 "冬十一月壬寅, 則天將大漸, 遺制祔廟·歸陵, 令去帝號, 稱則天大聖皇后; 其王·蕭二家及褚遂良·韓瑗等子孫親屬當時緣累者, 咸令復業. 是日, 崩于上陽宮之仙居殿, 年八十三, 諡曰則天大聖皇后. 二年五月庚申, 祔葬于乾陵. 睿宗卽位, 詔依上元年故事, 號爲天后, 未幾, 追尊爲大聖天后, 改號爲則天皇太后."

또 "낙양의 종묘는 예종, 현종 시대에 이르러 오히려 받들어
지고 옮겨지지 않았다"고 하는 논의에 대해서는, 대개 일찍이
봉행한 바에 따르고 감히 갑자기 폐지하지 못하였기 때문입니
다. 지금은 폐지한 지 이미 오래되었는데도 오히려 거행하지
않는 전례를 따르는 것입니다.

又曰「雖貞觀之始,　草創未暇,　豈可謂此事非開元之法」
者.　謹按定開元六典敕曰：「聽政之暇,　錯綜古今,　法以周
官,　作爲唐典.　覽其本末,　千載一朝.　春秋謂考古之法也, 行
之可久,　不曰然歟?」此時東都太廟見在,　六典序兩都宮闕,
西都具太廟之位,　東都則存而不論,　足明事出一時,　又安得
曰「開元之法」也?　又三代禮樂,　莫盛於周.　昨者論議之時,
便宜細大,　取法于周,　遷而立廟.　今立廟不因遷,　何美之而
不能師之也?

또 "비록 정관(627~649) 초는 제도를 창건할 겨를이 없다고
하더라도, 어찌 이 일이 개원의 법이 아니라고 할 수 있겠는
가"라는 논의에 대해서는, 삼가 살피건대, 개원 연간에 『육전』
을 정한 칙령에 "정치를 하다 여유가 있으면 고금을 살피고
『주관』의 법을 본떠 당나라의 전장을 만들었다. 그 본과 말을
살펴보니 천년이 하루와 같았다. 『춘추』에서는 옛 법규를 상고
하건대 오랫동안 행할 수 있겠다고 하였으니, 그렇지 않은가?"

---

81) [교감기 19] "猶循莫擧之典也"에서 '猶'자는 『唐會要』 권16·『冊府元
龜』 권592에는 '宜'라고 되어 있다.

라고 했습니다. 이때에는 낙양에 아직 태묘가 있었는데『육전』
에서는 두 도읍의 궁궐에 대해서 서술하면서, 장안의 태묘에
대해서는 태묘의 신위를 갖추어 기록하였으나 낙양의 태묘에
대해서는 수록만 하고 논하지 않았습니다.[82] 이것은 낙양에 태
묘를 건립한 일이 일시적으로 나왔다는 것을 설명하기에 족하
니, 또 어찌 '개원의 법'이라고 말할 수 있겠습니까? 또 삼대의
예악 중에는 주나라보다 성대한 것이 없습니다. 예전에 논의가
있었을 때에는 모든 일을 주나라의 법에서 취해야 마땅하기에
도읍을 옮기고 종묘를 세웠습니다. 지금은 종묘를 세웠으나 도
읍을 옮기지 않았으니, 어찌 주를 찬미하면서도 주를 본받을
수 없는 것입니까?

又曰「建國神位, 右社稷而左宗廟, 君子將營宮室, 宗廟
爲先」者. 謹按六典, 永昌中則天以東都爲神都. 爾後漸加
營構[二〇],[83] 宮室百司, 於是備矣. 今之宮室百司, 乃武
氏政命所備也. 上都已建國立宗廟, 不合引言.

또 "나라를 건국하고 신위를 세울 때는 오른쪽에 사직을 세
우고 왼쪽에 종묘를 세우니 군자가 장차 궁실을 조영할 때에는
종묘를 먼저 한다"고 하는 논의에 대해서는,『육전』을 살펴보

---

82) 『唐六典』 권14 太常寺.

83) [교감기 20] "爾後漸加營構" 구절에서 각 판본에는 원래 '爾'자를 '邇'라
고 하였다. 또 '營'자는 없다.『唐會要』 권16의 기록에 따라 수정하고 보완
하였다.『冊府元龜』 권592에는 '營'자가 있다.

면, 영창永昌[84] 연간(689)에 측천무후가 낙양으로 신도神都를
삼았습니다. 그 후에 점차 더 조영하여 궁실과 관부가 이에 갖
추어졌습니다. 지금의 궁실과 관부는 측천무후가 또 명을 내려
갖춘 것입니다. 장안에는 이미 건국 당시에 종묘를 세웠으므로
인용한 말과는 부합하지 않습니다.

又曰「東都洛陽祭孝宣等五帝, 長安祭孝成等三帝」. 以此
爲置廟之例, 則大非也. 當漢兩處有廟, 所祭之帝各別. 今
東都建廟作主, 與上都盡同, 槪而論之, 失之甚者.

또 "동도인 낙양에서는 효선孝宣 황제 등 5제를 제사하고 장
안에서는 효성황제 등 3제를 제사하였다"고 하는 논의에 대해
서는, 이것으로 종묘를 세운 사례로 삼는 것은 크게 잘못된 것
입니다. 한나라 때 두 곳에 종묘가 있었던 때에는 제사 지내는
제위마다 각각 별도의 제사를 지냈습니다.[85] 지금 낙양에 종묘
를 세우고 신주를 만든 것은 장안의 그것과 모두 같으니, 똑같
은 경우로 삼아서 논하면 매우 잘못된 것입니다.

---

84) 영창永昌 : 측천무후의 연호다. 측천무후는 文明(684), 光宅(684), 垂拱
(685~688), 永昌(689), 載初(690), 天授(690~691), 如意(692), 長壽(692~
693), 延載(694), 證聖(695), 天冊萬歲(695), 萬歲登封(696), 萬歲通天
(696), 神功(697), 聖曆(698~699), 久視(700), 大足(701), 長安(701~704)
18개의 연호를 사용하였다.

85) 前漢代에는 제위마다 묘가 독립되어 있었다. 후한의 明帝와 章帝 때에
이르러 한 건물 안에 室을 달리하여 신주를 모시는 同堂異室의 제도가
시행되었고, 唐代 역시 동당이실 제도를 채택하였다.

又曰「今或東洛復太廟, 有司同日侍祭, 以此爲數, 實所未解」者. 謹按天實三載詔曰:「頃四時有事於太廟, 兩京同日. 自今已後, 兩京各宜別擇日.」載在祀典, 可得而詳. 且立廟造主, 所以祭神, 而曰存而勿祀, 出自何經?「當七廟五廟無虛主」, 而欲立虛廟, 法於何典? 前稱廟貌如故者, 卽指建中之中, 就有而言, 以爲國之先也. 前以非時不造主者, 謂見有神主, 不得以非時而造也. 若江左至德之際, 主並散亡, 不可拘以例也.

또 "지금 혹 동쪽 낙양에 태묘를 복원하면, 담당관이 같은 날 제사하는데, 이것으로 정해진 수數를 삼는 것은 실로 이해되지 않는다"라고 하는 논의에 대해서는, 삼가 살피건대 천보 3년 (745)의 조서에서 "지금까지 사철에 태묘에서 제사할 때는 두 경사에서 같이 제사하였다. 지금 이후에는 두 경사에서 각각 마땅한 날을 택일하라"고 하였습니다. 내용이 제사의 전장에 실려 있으니 상세히 알 수 있습니다. 장차 종묘를 세우고 신주를 만들어 세우는 것은 신에게 제사하려는 것인데, 존치하지만 제사하지 말라고 하니 어느 경전에서 나온 말입니까? "7묘와 5묘에는 빈 신주는 없다"고 하였는데 빈 종묘를 세우고자 하니, 어느 법전을 본받은 것입니까? 이전에 종묘의 상태가 옛 것과 같다고 말한 것은 건중建中 연간에 종묘가 있었을 때의 일을 가리키는 것이니, 나라의 선례가 됩니다. 이전에 때에 맞지 않으면 신주를 만들지 않는다고 한 것은 신주가 있다는 것을 말한 것으로, 때에 맞지 않는데도 신주를 만들 수는 없습니다. 강남으로 (피신했던) 지덕至德(756~758)[86] 연간의 경우는 신주가 모두 흩어져 없어졌으니, 구차하게 이전 사례로 삼을 수 없습니다.

或曰「廢主之瘞, 請在太微宮」者. 謹按天寶二年敕曰「古之制禮, 祭用質明, 義兼取於尚幽, 情實緣於旣沒. 我聖祖澹然常在, 爲道之宗, 旣殊有盡之期, 宜展事生之禮. 自今已後, 每至聖祖宮有昭告, 宜改用卯時」者. 今欲以主瘞於宮所, 卽與此敕全乖.

혹은 "조천된 신주를 묻는 것은 청컨대 태미궁에서 해야 한다"고 하는 논의에 대해서는, 삼가 살피건대, 천보 2년의 칙령에 "옛날 예를 제정함에 제사는 여명에 거행하는데 그 뜻은 아득하고 미미한 것을 숭상하는 것에서 아울러 취하지만 감정은 실제로 이미 계시지 않은 것에서 나온다. 우리 성조께서는 조용히 상존하시어 도통의 종주가 되시니, 이미 친이 다하는 정해진 기간이 있어 살아 있는 분을 섬기는 예를 올려야 하는 것과는 다르다. 지금 이후에 매양 성조의 궁에 이르러 고하는 제사를 할 때에는 마땅히 묘시에 제사하는 것으로 고쳐야 한다"라고 하였습니다. 지금 궁의 장소에 신주를 묻고자 하는 것은 이 칙령과 모두 어긋납니다.

又曰「主不合瘞, 請藏夾室」者. 謹按前代藏主, 頗有異同. 至如夾室, 宜用以序昭穆也〔二一〕.[87] 今廟主俱不中禮, 則無禘祫之文.

---

86) 안록산의 난을 피해 현종이 사천으로 피신하였던 시기를 말한다.

87) [교감기 21] "宜用以序昭穆也" 구절에서 '宜'자는 각 판본에는 원래 '儀'로 되어 있다. 『唐會要』 권16의 기록에 따라 수정하였다.

또 "신주를 합사하여 묻지 않고 협실에 보관하자"라고 하는 논의에 대해서는, 삼가 살피건대, 이전 왕조에서 신주를 보관한 것과 차이가 있습니다. 협실로 보낼 때의 의례는 소목의 순서에 따라야 합니다. 지금 묘와 신주는 모두 예에 맞지 않고, 체제사나 협제사의 규정도 없는 것입니다.

又曰君子將營宮室, 以宗廟爲先, 則建國營宮室而宗廟必設. 東都旣有宮室, 而太廟不合不營. 凡以論之, 其義斯勝. 而西周·東漢, 並曰兩都, 其各有宗廟之證, 經史昭然, 又得以極思於揚搉. 詩曰:「其繩則直, 縮板以載, 作廟翼翼.」 大雅「瓜瓞」, 言豐廟之作也. 又曰:「於穆淸廟, 肅雍顯相.」 洛邑旣成, 以率文王之祀. 此詩言洛之廟也. 書曰:「成王旣至洛, 烝祭歲, 文王騂牛一, 武王騂牛一.」 又曰「祼于太室」, 康王又居豐,「命畢公保釐東郊」. 豈有無廟而可烝祭, 非都而設保釐? 則書東西之廟也. 逮于後漢卜洛, 西京之廟亦存. 建武二年, 於洛陽立廟, 而成·哀·平三帝祭於西京. 一十八年, 親幸長安, 行禘禮. 當時五室列於洛都, 三帝留於京廟, 行幸之歲, 與合食之期相會, 不奉齋車, 又安可以成此禮? 則知兩廟周人成法, 載主以行, 漢家通制. 或以當虛一都之廟爲不可, 而引「七廟無虛主」之文. 禮言一都之廟, 室不虛主, 非爲兩都各廟而不可虛也. 旣聯出征之辭[二二],[88] 更明載主之意, 因事而言, 理實相統, 非如詩人更可斷章以取

---

88) [교감기 22] "旣聯出征之辭" 구절에서 '旣'자는 각 판본에는 원래 없다. 『唐會要』 권16·『冊府元龜』 권592의 기록에 따라 수정하였다.

義也[二三].[89) 古人求神之所非一, 奉神之意無二, 故廢桑主, 重作栗主, 旣事埋之, 以明其一也.

또 "군주가 장차 궁실을 조영할 때는 종묘를 가장 먼저 조영한다고 하였으니, 나라를 세우고 궁실을 조영할 때 종묘는 반드시 건설한다. 낙양에 이미 궁실이 있는데 응당 조영하지 않을 수 없다"고 하는 논의에 대해서는, 전체적으로 논의하면 그 취지가 뛰어난 듯합니다. 그러나 서주와 동한에서는 모두 두 개의 도읍[兩都]이라 하였고, 각각에 종묘가 있었다는 증거는 경전과 역사서에서 모두 명확합니다. 또한 그 대략의 내용에서 충분히 추론해볼 수 있습니다.

『시경』에서 말하기를, "그 먹줄은 곧게 하고, 판축을 쌓는 것 이어지고, 종묘를 짓는 것 엄정하네"라고 하였습니다. 『시경』 「대아大雅·과질瓜瓞」에서는 풍읍에 종묘를 지은 것을 노래하였습니다. 또 말하기를, "경건하고 맑은 종묘에서, 경건하고 화목하게 공경들 제사를 돕네"라고 하였습니다. 낙읍이 완성되자, 문왕에 대한 제사를 행하였습니다. 이 시는 낙읍의 종묘를 노래하였습니다. 『상서』에서 말하기를, "성왕이 이미 낙읍에 이르러 그 해의 증제烝祭[90)를 지냈는데 문왕에게는 붉은소[騂

---

89) [교감기 23] "非如詩人更可斷章以取義也" 구절은 첫 부분인 "又曰君子將營宮室" 구절부터 이 구절까지는 착오가 있다. 『校勘記』 권12에서는 "按德章之議, 主於東都不應復立廟, 此段似他處錯簡, 俟考."라고 하였다.

90) 증제烝祭 : 주나라 때 사시 제사 중에서 겨울제사를 말한다. 『周禮』「春官·大宗伯」"以祠春享先王, 以禴夏享先王, 以嘗秋享先王, 以烝冬享先

牛]91) 한 마리를, 무왕에게도 붉은소[騂牛] 한 마리를 바쳤다"
고 하였습니다. 또 말하기를, "태실에서 강신례[祼祭]를 행하였
다"고 하였습니다. 강왕이 또 풍읍에 있을 때 "필공畢公에게
명하여 동교를 안정시키라"92)고 하였습니다. 어찌 종묘가 없
는데 증제를 지낼 수 있었겠으며, 도읍이 아닌데 안정책을 펼
수 있었겠습니까? 동과 서의 종묘를 기록하였던 것입니다.

후한대 낙양에 도읍을 정하였을 때 장안에도 여전히 종묘가
있었습니다. 건무建武93) 2년(26)에 낙양에 종묘를 세우고도,
성제와 애제, 평제 세 황제에 대한 제사는 장안에서 지냈습니
다. 건무 28년에는 (황제가) 친히 장안에 행차하여 체제사의
예를 행하였습니다. 당시에 (종묘) 5실은 낙양에 있었고, 세 황
제의 (묘실은) 장안에 있었는데, 행차하던 해에 합식合食하는
시기가 서로 같았으니, 재거에 싣고 옮겨 받들지 않았다면 어

王."『禮記』「王制」"天子, 諸侯宗廟之祭, 春曰礿, 夏曰禘, 秋曰嘗, 冬
曰烝."
91) 성리騂 : 赤色의 소나 양, 말 등을 가리킨다.『詩經』「魯頌·駉」"薄言駉者,
有驒有駱, 有騮有騵, 以車伾伾." 毛傳 : "赤黃曰騂." 孔穎達疏 : "騂爲
純赤色, 言赤黃者, 謂赤而微黃."『禮記』「郊特牲」"牲用騂, 尙赤也."
『梁書』권33「張率傳」"懷夏后之九代, 想陳王之紫騮."
92) 보리保釐 : 백성을 다스릴 때 백성을 보호하고 백성을 도와 안정시키는
것을 말한다.『尙書』「畢命」"越三日壬申, 王朝步目宗周, 至於豊, 以成
周之衆, 命畢公保釐東郊." 孔傳 : "用成周之民衆, 命畢公使安理治正
成周東郊, 令得所."
93) 건무建武 : 後漢 光武帝의 연호다. 광무제는 建武(25~55)를 연호로 사용
하다가 말년에 中元(56~57)으로 개원하였다.

찌 그 체제사를 행할 수 있었겠습니까? 그러므로 두 개의 종묘
는 주나라에서 행해진 법이고, 재거에 싣고 행차하는 것은 한
나라에서 통용되던 것임을 알 수 있습니다. 어떤 이는 한 도읍
의 종묘가 비어있는 것은 불가하다고 여기면서 "7묘에 빈 신주
가 없다"는 명문을 인용합니다. 예에서는 도읍이 하나인 종묘
묘실에서 신주를 비우지 못함을 말하는 것이지, 두 개 도읍에
각각의 종묘가 있을 때 비워두면 안 된다는 말이 아닙니다. 이
미 출정한 말에 이어서 (신주를 재거에) 싣는 뜻을 다시 밝혔
으니, 일로 인하여 말하였지만 이치는 실로 통하여, 시인이 멋
대로 그 의미를 취할 수 있는 것과 같은 종류가 아닙니다. 옛사
람들이 신을 구한 방법은 하나가 아니지만, 신을 받드는 뜻은
둘이 없습니다. 그러므로 뽕나무 신주를 폐하고 다시 밤나무
신주를 만들고, 일이 끝나면 기왕의 신주는 묻어서 신주가 하
나임을 명확히 하였던 것입니다.

　　或又引左氏傳築郿凡例, 謂「有宗廟先君之主曰都」, 而立
建主之論. 按魯莊公二十八年冬, 築郿, 左傳爲築發凡例,
穀梁譏因藪澤之利, 公羊稱避凶年造邑之嫌. 三傳異同, 左
氏爲短. 何則? 當春秋二百年間, 魯凡城二十四邑, 唯郿一
邑稱築 [二四],94) 其二十三邑, 豈皆有宗廟先君之主乎[二
五]95)? 執此爲建主之端, 又非通論.

---

94) [교감기 24] "唯郿一邑稱築" 구절에서 '築'의 뒷부분은 각 판본에는 원래
　　 '城'자가 있으나, 『冊府元龜』 권592에 따라 수정하였다.
95) [교감기 25] "豈皆有宗廟先君之主乎" 구절에서 '有'자는 각 판본에는

혹은 또 『좌씨전』에 미郿읍96)을 건설하는 예를 인용하여 "종묘에 선대 군주의 신주가 있는 곳을 도읍이라 한다"고 하면서 신주를 세우는 주장을 정당화합니다. 살피건대, 노나라 장공 28년 겨울 미읍을 축성하였는데, 『좌전』에서는 이를 도읍을 일으키는 일의 범례로 삼았고, 『곡양전』에서는 수택의 이익을 따른 것을 비난하였고, 『공양전』에서는 흉년에 도읍을 조성하려 한다는 혐의를 피한 일에 대해서 칭찬하였습니다. 삼전이 같지 않은데, 좌씨전이 틀렸습니다. 무엇 때문이겠습니까? 춘추 2백 년간 노나라에서는 모두 24개의 도읍을 세웠는데, 오직 미읍만을 축성하였다고 합니다. 어찌 23개의 도읍 모두 종묘에 선대 군주의 신주가 있었겠습니까? 이것을 가지고 신주를 세우는 단서로 삼는 것은 통론이라고 할 수 없습니다.

或又曰:「廢主之瘞, 何以在於太微宮所藏之所? 宜舍故依新, 前已列矣.」按瘞主之位有三:或於北牖之下, 或在西階之間, 廟之事也. 其不當立之主, 但隨其所以瘞之. 夫主瘞乎當立之廟, 斯不然矣. 以在所而言, 則太微宮所藏之所, 與漢之寢園無異. 歷代以降, 建一都者多, 兩都者少. 今國家崇東西之宅, 極嚴奉之典, 而以各廟爲疑, 合以建都故事,

---

원래 없다. 『唐會要』 권16 · 『冊府元龜』 권592에 따라 보완하였다. 『冊府元龜』에는 '豈'자가 없다.

96) 미郿 : 춘추시대 노나라의 邑이다. 지금의 山東省 東平縣 서쪽이다. 『春秋』 「莊公二十八年」 "冬, 築郿." 杜預注 : "郿, 魯下邑." 楊伯峻注 : "郿, 當在今山東省壽張廢縣治南."

以相質正, 卽周·漢是也. 今詳議所徵, 究其年代, 率皆一都
之時, 豈可以擬議, 亦孰敢獻酬於其間? 詳考經旨, 古人謀
寢必及於廟, 未有設寢而不立廟者. 國家承隋氏之弊, 草創
未暇, 後雖建於垂拱, 而事有所合. 其後當干戈寧戰之歲,
文物大備之朝, 歷于十一聖, 不議廢之. 豈不以事雖出於一
時, 廟有合立之理, 而不可一一革也? 今洛都之制, 上自宮
殿樓觀, 下及百辟之司, 與西京無異. 鑾輿之至也, 雖厮役
之賤, 必歸其所理也. 豈先帝之主, 獨無其所安乎? 時也, 虞
主尚瘞, 廢主宜然[二六].97) 或以馬融·李舟二人稱「寢無
傷於偕立, 廟不妨於暫虛」, 是則馬融·李舟, 可法於宣尼矣.
以此擬議, 乖當則深[二七].98)

혹은 또 "폐 신주를 묻는 곳을 왜 태미궁의 보관장소로 하는
것인가? 마땅히 옛 것은 버리고 새로운 것에 의지해야 하는
것은 앞에서 이미 열거하였다"고 한 논의에 대해서는, 신주를
묻는 위치는 세 곳입니다. 혹은 북유北牖의 아래, 혹은 서계西
階의 사이, 혹은 묘廟입니다. 세워 놓는 신주에 해당하지 않는
신주는 다만 신주가 놓인 곳에 따라 묻습니다. 대저 신주는 신
주가 세워졌던 종묘에 묻는다고 하는데, 그렇지 않습니다. 있
던 곳으로 말하면, 태미궁의 보관장소는 한漢의 침원寢園과 다

---

97) [교감기 26] "時也虞主尙瘞廢主宜然" 이 구절은 殿本에서 考證한 바로
는 "時也三句, 于上下文不屬, 似錯簡(時也 이후 세 구절은 상하가 서로
이어지지 않으니 착오가 있는 듯하다)"라고 하였다.
98) [교감기 27] "以此擬議乖當則深" 구절에서 이 단락의 의논과 덕장의 주
장이 상반되어 착오가 있는 것이 아닌지 의심스럽다.

를 것이 없습니다. 역대 이래로 하나의 도읍을 건설한 경우가 많았고, 두 개의 도읍이 세워졌던 경우는 적었습니다. 지금의 당 왕조에서 동과 서의 택宅을 숭상하고 예전을 엄중하게 받들기를 다하는 것에 대하여 각 묘에 묻는 것으로 의심하는데, 이는 응당 도읍을 건설한 고사에 질정해야 하니 주周와 한漢이 그 사례입니다. 지금 논의들이 증거로 삼는 사례들은 그 연대를 따져보면 모두 도읍이 하나일 때입니다. 어찌 그것에 의거해서 논의할 수 있겠습니까? 또 누가 감히 그 사이에서 논쟁할 수 있겠습니까?

경전의 뜻을 상고하여 보면, 옛사람들은 거처를 지을 때 반드시 묘廟를 지어, 거처만 짓고 묘를 짓지 않는 경우는 없었습니다. 당나라는 수의 멸망을 이어 왕조 초기에는 겨를이 없다가, 후에 비록 안정된 시기에 건립하였지만 일이 부합하는 바가 있었습니다. 그 후에 전쟁이 그치고 문물이 크게 갖추어진 때를 만나, 11명의 황제를 거치는 동안 폐지를 논의하지 않았습니다. 어찌 일이 비록 일시에 나온 것이지만, 묘는 마땅히 세워야 하는 이치가 있어 하나하나 바꾸는 것이 불가한 때문이 아니었겠습니까? 지금 낙양의 제도는 위로는 궁궐의 누관에서부터 아래로는 백관의 관서에 이르기까지 장안과 차이가 없습니다. 황제의 난여鸞輿가 이르면 허드렛일을 하는 천한 사람들도 반드시 그가 담당하는 곳으로 돌아갑니다. 어찌 선제의 신주만이 안착될 곳이 없겠습니까? 당시에 우제 때의 신주를 오히려 묻었으니, 조천된 신주도 의당 그러하였습니다. 어떤 이는 마융馬融99)과 이주李舟100) 두 사람이 "침은 (묘와) 함께 세워도 해가 될 것이 없고, 묘는 잠시 비워도 지장이 없다"고 말한 것, 이것은 마융과 이주가 공자[宣尼][101]에 의해 본받을 만하다고 여깁니다. 이것으로 기준을 삼아 논의하면, 논의가 합당함에서 어그러짐이 심합니다.

或稱「凡邑有宗廟先君之主曰都, 無曰邑, 邑曰築, 都曰城」者. 謹按春秋二百四十年間, 惟郿一邑稱築. 如城郎·費之類, 各有所因, 或以他防, 或以自固, 謂之盡有宗廟, 理則極非.

혹 "읍 중에 종묘와 선군의 신주가 있으면 도라고 하고, 없으면 읍이라고 한다. 읍은 축築이라고 말하고, 도는 성城이라고 말한다"고 한 논의에 대해서는, 춘추 240년간을 자세히 살

---

99) 마융馬融(79~166) : 字는 季長이며, 扶風郡 茂陵縣(현재 陝西省 興平市) 사람이다. 후한의 經學家이며, 名將 馬援의 從孫이다. 일찍이 摯恂을 따라 遊學하였고, 여러 차례 조정의 벽소를 거절하여 이름이 났다. 후한 安帝 때에 大將軍 鄧騭의 幕府에 막료로 출사하였으며, 校書郎, 郡功曹, 議郎, 大將軍從事中郎 및 武都. 南郡太守 등을 역임하였다. 후에 大將軍 梁冀에게 죄를 받아 유배 가는 길에 자살을 시도하였으나, 실패하였다가, 면죄되어 다시 소환되어 議郎이 되었다. 그 후 東觀에서 儒學의 典籍을 교감하였다. 桓帝 延熹 9년(166)에 88세로 죽었다. 唐代에 孔子에 배향되었고, 宋代에는 扶風伯으로 추봉되었다. 『後漢書』 권60 「馬融傳」.

100) 이주李舟 : 당대의 관리, 시인이다. 字는 公受이며, 隴西(현재 甘肅省 隴西東北) 사람이다. 문학에 조예가 깊어서, 시인으로 이름이 났다. 『柳河東集』『金石錄』『唐書宰相世系表』에 그에 관한 기록이 남아 있다.

101) 선니宣尼 : 전한 平帝 元始 元年(기원후 1) 공자를 추존하여 褒成宣尼公의 시호를 내렸다. 이 때문에 이후 공자를 宣尼라고 칭하였다.

펴보면 오직 미 郿 한 읍만을 축이라고 불렀습니다. 성 랑102)이
나 성 비103)와 같은 류의 읍은 각각 기인하는 바가 있었던 것
으로, 혹은 타인으로부터 방어하기 위해서 혹은 자신을 지키기
위한 것이었습니다. 이를 일러 모두 종묘가 있었다고 말하는
것은 이치가 지극히 잘못된 것입니다.

　或稱「聖主有復古之功, 簡冊有考文之美, 五帝不同樂, 三
王不同禮, 遭時爲法, 因事制宜」. 此則改作有爲, 非有司之
事也. 如有司之職, 但合一一據經；變禮從時, 則須俟明
詔也.

　혹은 "성주에게는 옛것을 복원하는 공이 있고, 간책에는 문
을 상고하는 아름다움이 있으니, 오제도 음악이 같지 않았고,
삼왕도 예가 같지 않아서, 시대에 맞추어 법을 만들고, 일에 따
라서 마땅함을 제정하였다"고 한 논의에 대해서는, 이것은 즉
새로 개정하고 만드는 일로 담당관리[有司]의 일이 아닙니다.
담당관리의 직무는 단지 응당 하나하나 경전에 의거해야 합니

---

102) 랑郎 : 춘추시대 노나라의 지명이다. 노의 변경에 있었던 읍으로, 지금의
　　山東省 魚台縣의 東北이다. 『左傳』 「隱公元年」조에서 "夏四月, 費伯
　　帥帥城郎"라고 하였는데, 杜預는 注에서 "郎, 魯邑. 高平方與縣東南
　　有郁郎亭"라 하였다.

103) 비費 : 춘추시대 노나라의 大夫 費庈父의 食邑이었다. 지금의 山東省
　　魚台縣 西南費亭이다. 『左傳』 「僖公元年」 "公賜季友汶陽之田, 及費"
　　라고 하였는데, 陸德明은 釋文에서 "費音祕"라 하였고, 『漢書』 「五行
　　志」 中之下 에서는 "襄公七年夏, 城費"라는 기록이 있는데, 顏師古는
　　注에서 "費, 魯邑也. 音祕"라 하였다.

다. 시대에 따라서 예를 변화시키는 일은 황제의 밝은 조령을 기다려야 합니다.

凡不修之證, 略有七條：廟立因遷, 一也；已廢不擧, 二也；廟不可虛, 三也；非時不造主, 四也；合載遷主行, 五也；尊無二上, 六也；六典不書, 七也. 謹按文王遷豐立廟, 武王遷鎬立廟, 成王遷洛立廟. 今東都不因遷而欲立廟, 是違因遷立廟也.」謹按禮記曰：「凡祭, 有其廢之, 莫敢擧也. 有其擧之, 莫敢廢也.」今東都太廟, 廢已八朝, 若果立之, 是違已廢不擧也. 謹按禮記曰：「當七廟五廟無虛主.」今欲立虛廟, 是違廟不可虛也. 謹按左傳：「丁丑, 作僖公主. 書不時也.」記又曰：「過時不祭, 禮也.」合禮之祭, 過時猶廢, 非禮之主, 可以作乎？今欲非時作主, 是違非時不作主也. 謹按曾子問：「古者師行以遷廟主行乎？孔子曰：天子巡狩, 必以遷廟主行, 載於齋車, 言必有尊也. 今也取七廟之主以行, 則失之矣.」皇氏云：「遷廟主者, 載遷一室之主也.」今欲載群廟之主以行, 是違載遷之主也. 謹按禮記曰：「天無二日, 土無二王. 嘗·禘·郊·社, 尊無二上也.」今欲兩都建廟作主, 是違尊無二上也. 謹按六典序兩都宮闕及廟宇, 此時東都有廟不載, 是違六典不書也. 遍考書傳, 並不合修. 寢以武德·貞觀之中, 作法垂範之日, 文物大備, 儒彦畢臻, 若可修營, 不應議不及矣.

무릇 수리하여 복원하지 않는다는 증거는 대략 7가지 조목이 있습니다. 도읍을 옮기면 묘를 세운다는 것이 첫 번째요, 이미 폐하였으면 다시 세우지 않는 것이 두 번째요, 묘를 비울

수 없는 것이 세 번째요, 때가 아니면 신주를 만들지 않는 것이
네 번째요, 함께 싣고 신주를 옮기는 것이 다섯 번째요, 가장
높이 받드는 대상은 둘이 없다는 것이 여섯 번째요, 『육전六
典』에 서술되어 있지 않았다는 것이 일곱 번째입니다.

　삼가 살피건대, 문왕은 풍읍으로 도읍을 옮기고 묘를 세웠
고, 무왕은 호경으로 도읍을 옮기고 묘를 세웠고, 성왕은 낙읍
으로 도읍을 옮기고 묘를 세웠습니다. 지금의 낙양은 도읍을
옮긴 것이 아닌데 묘를 세우고자 하니, 이것은 도읍을 옮기면
묘를 세운다는 원칙을 위반한 것입니다.

　『예기』를 살펴보면, "모든 제사는 (신주를) 폐하였으면, 감
히 세우지 않고, 세웠다면 감히 폐하지 않는다"[104]고 합니다.
지금 낙양의 태묘에서는 폐한 것이 8개 조인데, 만약 실제로
이를 세우게 된다면 이것은 이미 폐한 것은 세우지 않는다는
조목을 어기는 것입니다. 삼가 『예기』를 살펴보면, "7묘와 5묘
에 해당하면 신주를 비우는 일이 없다"[105]고 하였습니다. 지금

---

[104] 『禮記』「曲禮」下의 내용이다. "凡祭, 有其廢之莫敢擧也, 有其擧之莫
敢廢也. 非其所祭而祭之, 名曰淫祀. 淫祀無福. 天子以犧牛, 諸侯以肥
牛, 大夫以索牛, 士以羊豕. 支子不祭, 祭必告於宗子."

[105] 『禮記』「曾子問」의 내용이다. "曾子問曰 '古者師行, 必以遷廟主行
乎?' 孔子曰 '天子巡守, 以遷廟主行, 載於齊車, 言必有尊也. 今也取
七廟之主以行, 則失之矣. 當七廟, 五廟無虛主;虛主者, 唯天子崩, 諸
侯薨與去其國, 與祫祭於祖, 爲無主耳. 吾聞諸老聃曰:天子崩, 國君
薨, 則祝取群廟之主而藏諸祖廟, 禮也. 卒哭成事而後, 主各反其廟. 君
去其國, 大宰取群廟之主以從, 禮也. 祫祭於祖, 則祝迎四廟之主. 主,
出廟入廟必蹕;老聃云 … '"

빈 묘를 세우고자 하니 이것은 묘에는 신주를 비워서는 안 된다는 조목을 어기는 것입니다. 삼가 『좌전』을 살펴보면, "정축일에 희공의 신주를 만들었다. 기록한 것은 때가 아니기 때문이다"[106]라고 하였습니다. 『예기』에서 말하기를, "때가 지나면 제사하지 않는 것이 예다"[107]라고 하였습니다. 예에 부합하는 제사도 때가 지나면 오히려 지내지 않는데, 예에 맞지 않는 신주를 만들 수 있겠습니까?

지금 때가 아닌데 신주를 만들고자 하는 것은 때가 아니면 신주를 만들지 않는다는 조목을 어기는 것입니다. 삼가 살피건대, 증자가 "옛날에 군사가 출행할 때 조천한 신주를 대동하고 출행하였습니까?"라고 묻자, 공자가 말하기를 "천자가 순수할 때에는 반드시 조천한 신주를 대동하고 행차하여 재거에 신주를 실으니 반드시 높이 받드는 대상이 있음을 말하는 것이다. 지금 7묘의 신주를 대동하여 행차하는 것은 예를 잃은 것이다"라고 하였습니다. 황씨가 말하기를, "조천한 신주는 조천한 한 묘실의 신주다"라고 하였습니다. 지금 친묘의 신주를 싣고 가려고 하는 것은 조천한 신주를 싣고 가는 것을 어기는 것이다. 삼가 살피건대, 『예기』에 "하늘에는 두 해가 없고 땅에는 두 왕이 없습니다. 상嘗·체禘·교郊·사社의 제사에서 가장 높이 받드는 대상에 둘이 없다"[108]라고 하였습니다. 지금 두 도읍에

---

106) 『春秋左傳』「文公 2年」조.
107) 『禮記』「曾子問」의 내용이다. "曾子問曰 '父母之喪, 弗除可乎?' 孔子曰 '先王制禮, 過時弗擧, 禮也 ; 非弗能勿除也, 患其過于制也, 故君子過時不祭, 禮也.'"

묘를 세우고 신주를 만들고자 하는 것은 가장 높이 받드는 대
상에 둘이 없다는 조목을 어기는 것입니다. 삼가 살피건대, 『육
전六典』에서 두 도읍의 궁궐과 묘우廟宇에 차례를 세웠는데,
이때 낙양에 묘가 있었지만 기재하지 않았습니다. 이것은 『육
전』에서 기록하지 않은 뜻을 어긴 것입니다. 옛 서書와 전傳을
두루 살펴보니, 모두 고치는 것은 합당하지 않습니다. 무덕과
정관 연간 예법을 제정하여 법도를 내릴 때는, 문물이 크게 갖
추어지고 유학자들이 모두 모여들었는데, 만약 정비하고 조영
할 만하였다면, 논의가 거기에 이르지 않았을 리가 없습니다.

記曰 : 「樂由天作, 禮以地制. 天之體, 動也. 地之體, 止
也.」 此明樂可作, 禮難變也. 伏惟陛下誠明載物, 莊敬御天,
孝方切於祖宗, 事乃求於根本. 再令集議, 俾定所長. 臣實
職司, 敢不條白以對.

『예기』 「악기」[109)에서 말하기를, "악은 하늘을 본받아 제작

---

108) 『禮記』 「曾子問」 "喪有二孤, 廟有二主, 禮與?" 孔子曰 : "天無二日, 土
無二王, 嘗禘郊社, 尊無二上. 未知其爲禮也. 昔者齊桓公亟擧兵, 作僞
主以行. 及反, 藏諸祖廟. 廟有二主, 自桓公始也. 喪之二孤, 則昔者衛
靈公適魯, 遭季桓子之喪, 衛君請吊, 哀公辭不得命, 公爲主, 客人吊.
康子立於門右, 北面 ; 公揖讓升自東階, 西鄉 ; 客升自西階吊. 公拜, 興,
哭 ; 康子拜稽顙於位, 有司弗辯也. 今之二孤, 自季康子之過也."

109) 『禮記』 「樂記」 "樂由天作, 禮以地制. 過制則亂, 過作則暴 ; 明於天地,
然後能興禮樂也." 천지를 본 떠 예악을 제작하였고, 천지의 조응과 음
양의 변화로 악을 형성하였음을 밝혔다. "聖人作樂以應天, 制禮以配
地, 禮樂明備, 天地官矣."

되고, 예는 땅을 본받아 제정된다. 천의 체體는 움직이는 것이고, 땅의 체는 움직이지 않는 것이다"라고 하였습니다. 이것은 악은 만들 수 있지만, 예는 변화시키기 어려운 것임을 밝힌 것입니다. 삼가 생각건대, 폐하께서는 진실하고 밝음으로 만물을 실어주시고, 장중하고 공경함으로 하늘을 운용하시어 효성이 바야흐로 조종신령에게 절실히 닿고 일에 대하여 근본에서 해결책을 찾으십니다. 다시 '집의'를 명령하여 장처가 되는 바를 정하도록 하십시오. 신은 실로 직사관이니 감히 조목조목 아뢰어 대답하지 않을 수 있겠습니까!

德章又有上中書門下及禮院詳議兩狀, 並同載於後. 其一曰:

(태상박사) 고덕장이 또 중서문하 및 예원에 올린 상의 두 문서가 있다. 뒤에 같이 수록하였다. 그 하나는 다음과 같다.

伏見八月六日敕, 欲修東都太廟, 令會議事. 此時已有議狀, 準禮不合更修. 尚書丞郎已下三十八人, 皆同署狀. 德章官在禮寺, 實忝司存, 當聖上嚴禋敬事之時, 會相公尚古黜華之日, 脫國之祀典, 有乖禮文, 豈唯受責於曠官, 竊懼貽恥於明代. 所以勤勤懇懇, 將不言而又言也.

삼가 보건대, 8월 6일의 칙령은 낙양의 태묘를 중수하고자 하여 이 일을 모여 논의하도록 명령하였습니다. 당시 이미 논의한 문서가 있었는데, 예에 준하여 보면 다시 중수하는 것은 합당하지 않다고 하였습니다. 상서승과 상서랑 이하 38인이 모두 이 문서에 동의하였습니다. 고덕장은 예부태상시禮部太常寺에 재직하고 있어 실제로 이 일을 담당하였는데, 황제가 장엄하게 제사하고 공경히 힘쓰시는 때를 만나고 상공이 옛 제도를 숭상하여 부화한 제도를 제거할 때를 만나, 국가의 제사 전장에서 벗어나고, 예의 조문과 어긋남이 있었으니 어찌 직무를 비운 것에 대하여 책망을 받을 뿐이겠습니까? 밝은 시대에 수치스러운 일을 남길까봐 남몰래 두렵습니다. 이것이 간절히 마음을 기울여 정성을 다하는 이유이며, 말하지 않으려고 하다가도 또 말하는 이유입니다.

昨者異同之意, 盡可指陳. 一則以有都之名, 便合立廟; 次則欲崇修廟宇, 以候時巡. 殊不知廟不合虛, 主惟載一也. 謹按貞觀九年詔曰:「太原之地, 肇基王業, 事均豐·沛, 義等宛·譙, 約禮而言, 須議立廟.」時祕書監顔師古議曰:「臣傍觀祭典, 遍考禮經, 宗廟皆在京師, 不於下土別置. 昔周之豐·鎬, 實爲遷都, 乃是因事便營, 非云一時別立.」太宗許其奏, 卽日而停. 由是而言, 太原豈無都號, 太原爾時猶廢, 東都不立可知. 且廟室惟新, 卽須有主, 主旣藏瘞, 非虛而何? 是有都立廟之言, 不攻而自破矣. 又按曾子問曰:「古者師行, 必以遷廟主行乎? 孔子曰: 天子巡狩, 必以遷廟主行, 載于齋車, 言必有尊也. 今也取七廟之主以行, 則失矣.」皇氏云:「遷廟主者, 惟載新遷一室之主也.」未祧之主, 無載行之文. 假使候時巡, 自可修營一室, 議構九室, 有何依憑?

과거 서로 다른 의견에 대해서는 모두 적시하여 진술할 수

있습니다. 하나는 즉 도읍의 명칭이 있으면 바로 종묘를 세워
야 한다는 것입니다. 다음은 묘우를 수리하여, 순수의 때를 대
비하고자 하는 것입니다. 그러나 이것은 오히려 묘를 비워둘
수 없고, 신주도 오직 하나를 싣고 간다는 것을 전혀 모르는
말입니다. 정관 9년의 조령을 살펴보면, "태원의 땅은 왕업이
일어난 곳으로, 이곳에서 이룬 일은 풍豐[110]읍이나 패沛[111]읍
과도 같고, 의리는 원宛[112]이나 초譙[113]와 같으니 예로 귀결시
켜 말하면 묘를 세우는 일을 논의해야 마땅하다"라고 하였습
니다. 당시에 비서감祕書監[114] 안사고顏師古[115]가 논의하여 말

---

110) 풍豐 : 지금의 陝西省 鄠邑지역으로, 주 무왕이 일어난 지역이다.

111) 패沛 : 지금의 江蘇省 徐州지역으로 한 고조 유방이 일어난 지역이다.

112) 원宛 : 지금의 河南省 南陽지역의 간칭으로, 後漢 光武帝가 일어난 지
역이다.

113) 초譙 : 지금의 安徽省 亳州 譙城지역으로 曹操가 일어난 곳이다.

114) 비서감祕書監 : 관직명이다. 東漢 延熹 2年(159)에 처음으로 설치하였
다. 본래 太常寺에 속하였으며, 도서와 서적을 담당하였다, 후에 폐지되
었다가 魏文帝 때 다시 설치하였으며 世文圖籍을 관장하였다. 처음에
는 少府에 속했으나, 晋初에는 中書와 병합되었다. 永平 원년(291)에
다시 설치하였다가 곧 著作局에 병합되었으며, 三閣圖書를 담당하였다.
남조의 宋에서는 晋과 같았으며, 梁나라에서는 秘書省으로 독립되었으
며, 비서감을 장관으로 두었다. 북조와 수나라에서도 설치하였다. 당대에
는 光祿, 衛尉, 太僕, 大理, 鴻臚, 司農, 太府卿, 國子祭酒, 殿中監, 少
府監, 將作監, 諸衛羽林 등과 함께 종3품관이었다.

115) 안사고顏師古 : 이름은 顏籀, 字는 師古다. 雍州 萬年人으로 북제의 黃
門侍郎 顏之推의 孫이다. 그의 선조는 본래 琅邪에 거주하며 대대로
동진에서 벼슬하였으나 안지추에 이르러 북주, 북제에서 벼슬하였고, 북
제가 멸망한 후에는 관중에 거주하기 시작하였다. 父 思魯는 學藝로써

하기를, "신이 제사 관련 전장을 여기저기 살피고 예경을 두루 상고하니 종묘는 모두 경사에 있었지 사방 다른 곳에 따로 설치하지 않았습니다. 옛날에 주나라의 풍읍과 호경은 실제로 도읍을 옮기기 위한 것으로 곧 일로 인해서 조영한 것이지 같은 시기에 따로 세우는 것을 말함이 아닙니다"라고 하였습니다. 태종께서 그의 상주를 받아들여 그날로 그 일을 멈추었습니다. 이로써 말하면 태원太原[116]이 어찌 도읍이라는 명칭이 없었겠습니까? 그러나 태원은 이때 오히려 폐해졌으니, 낙양에도 종묘를 세우지 않았음을 알 수 있습니다. 또 묘실이 새로 지어지면 즉시 신주가 있어야 하는데, 신주를 이미 묻었으니 빈 것이 아니면 무엇이겠습니까. 도읍이 있으면 묘를 세운다는 말은 공격을 가하지 않아도 스스로 파탄이 납니다. 또 살펴보건대, 증자曾子가 "옛날에 군대가 출행하면 반드시 조천한 신주를 대동하여 출행합니까?"라고 질문하자, 공자가 대답하기를, "천자가 순수할 때에는 반드시 조천한 신주를 대동하고 행차하여, 재거에 싣고 가니 반드시 높이 받드는 분이 있음을 말한다. 지금은 7묘의 신주를 가지고 행차하니 예를 잃은 것이다"라고 하였습니다. 황씨는, "조천한 신주는 오직 새로 조천한 신주 하나만 싣는다"라고 하였습니다. 아직 조천하지 않은 신주에 대해

稱해졌고, 당에 들어와서 武德 初에 秦王府의 記室參軍이 되었다. 안사고는 어려서부터 가업을 전수받아 많은 책들을 읽었고, 정밀하게 훈고하였으며, 문장에 능했다고 한다. 『舊唐書』 권73 「顔師古傳」.

116) 태원太原 : 당 왕조가 흥기한 지역으로 山西省의 중심이다. 옛날에는 晉陽, 幷州, 龍城 등으로 불렸다.

서는 싣고 간다는 문장이 없습니다. 설령 순수할 때를 대비한
다고 해도 자연히 하나의 묘실을 수리하여 조영할 수 있는데,
9실을 세울 것을 논의하니 무슨 근거가 있습니까?

夫宗廟, 尊事也, 重事也, 至尊至重, 安得以疑文定論. 言
苟不經, 則爲擅議. 近者敕旨, 凡以議事, 皆須一一據經. 若
無經文, 任以史證. 如或經史皆不據者, 不得率意而言. 則
立廟東都, 正經史無據, 果從臆說, 無乃前後相違也. 書曰:
「三人占, 則從二人之言.」會議者四十八人, 所同者六七人
耳, 比夫二三之喩, 又何其多也! 夫堯·舜之爲帝, 迄今稱詠
之者, 非有他術異智者也, 以其有賢臣輔翼, 能順考古道也.
故堯之書曰「若稽古帝堯」. 孔氏傳曰[二八][117] :「能順考
古道[二九].[118]」傳說佐殷之君, 亦曰「事不師古, 匪說攸
聞」. 考之古道旣如前, 驗以國章又如此, 將求典實, 無以易
諸. 伏希必本正經, 稍抑浮議, 踵皐夔之古道, 法周孔之遺
文, 則天下守貞之儒, 實所幸甚. 其餘已具前議.

무릇 종묘는 존엄한 일이고, 중대한 일로써 지극히 존엄하고
지극히 중요한데 어찌 의문스런 조문에 따라 의논을 확정할 수
있겠습니까? 말이 경전에 의거하지 않으면 논의를 멋대로 하
는 것이 됩니다. 최근 황제 칙령의 뜻은 논의하는 모든 일을

---

117) [교감기 28] "孔氏傳曰" 구절 앞에는 『唐會要』 권16에는 "舜之書曰若
稽古帝舜" 9자가 있다.

118) [교감기 29] "能順考古道" 이 5자는 각 판본에는 원래 없다. 『冊府元龜』
권592에 따라 보완하였다.

하나하나 경전에 의거해야 한다는 것이었습니다. 만일 경전의 명문이 없다면 사서의 증거를 따릅니다. 만일 혹 경전과 사서에 모두 근거가 없다면 주관적인 뜻을 따라 할 수는 없습니다. 낙양에 묘를 세우는 것은 바로 경전과 사서에 근거가 없는 것으로, 실로 생각해 낸 설을 따른 것입니다. 전후가 서로 다른 것이 아니겠습니까? 『상서』에서 말하기를, "세 사람이 점을 친다면 즉 두 사람의 말을 따른다"고 하였습니다. 회의에 참석한 사람은 48인인데, 동의한 자는 6, 7인뿐이니 세 사람이 점칠 때 두 사람의 의견에 따른다는 것에 비교하여 어찌 많다고 하겠습니까? 대저 요임금과 순임금이 황제로서 한 일을 지금까지 칭송하는 이유는 기이한 술수나 기이한 지혜가 있었기 때문이 아니라, 현명한 신하가 보필하여 능히 옛 도를 상고하고 따를 수 있었기 때문입니다. 그러므로 『상서』「요서」에서는 "옛 도를 계고하는 요임금"이라고 말하였고, 공안국의 전傳에서는 "능히 옛 도를 상고하여 따랐다"고 말하였습니다. 부열傅說이 은나라의 군주를 도울 때에도 역시 "일을 행할 때 옛것을 본받지 않는다는 것은 열說이 알고 있는 바가 아닙니다"라고 하였습니다. 옛 도에서 상고한 것은 이미 앞에서 말한 바와 같고, 국가의 전장에서 조사한 바는 이와 같으니 장차 전적과 사실을 구하려고 할 때 바뀔 것이 없습니다. 삼가 바라건대, 반드시 정통의 경전에 근본을 두시고 떠도는 의논을 억제하시어 고기皐夔119)의 옛 도를 잇고, 주공과 공자가 남긴 명문을 본받으신다

---

119) 고기皐夔 : 皐陶와 夔를 함께 일컫는 것으로, 전설에 의하면 皐陶는 虞

면, 천하에 올바름을 고수하는 유자들이 실로 큰 행운이겠습니다. 나머지는 전에 논의한 것에 갖추어 말씀드렸습니다.

其二曰：

그 두 번째는 다음과 같다.

夫宗廟之設, 主於誠敬, 旋觀典禮, 貳則非誠. 是以匪因遷都, 則不別立廟宇. 記曰：「天無二日, 土無二王, 嘗·禘·郊·社, 尊無二上.」又曰：「凡祭, 有其廢之, 莫敢擧也. 有其擧之, 莫敢廢也.」則東都太廟, 廢已多時, 若議增修, 稍違前志. 何者? 聖曆·神龍之際, 武后始復明辟, 中宗取其廟易置太廟焉, 本欲權固人心, 非經久之制也. 伏以所存神主, 旣請祧藏, 今廟室惟新, 卽須有主. 神主非時不造, 廟寢又無虛議, 如修復以俟時巡, 惟載一主〔三〇〕,[120] 備在方冊, 可得而詳. 又引經中義有數等, 或是弟子之語, 或是他人之言. 今廟不可虛, 尊無二上, 非時不造主, 合載一主行, 皆大聖祖及宣尼親所發明者, 比之常據, 不可同塗. 又丘明修春秋, 悉以君子定褒貶, 至陳泄以忠獲罪, 晉文以臣召君, 於此數條, 不復稱君子〔三一〕,[121] 將評得失, 特以宣尼斷之.

舜 시대의 刑官이고 夔는 虞舜 시대의 樂官이다. 후일 皐夔는 현명한 신하를 지칭하는 의미로 쓰였다.

120) [교감기 30] "惟載一主" 구절에서 '惟' 앞에 『唐會要』권16, 『冊府元龜』권592에는 모두 '則時巡' 3자가 있다.

121) [교감기 31] "不復稱君子" 구절에서 '不'자는 각 판본에는 원래 없다.

傳曰：「危疑之理, 須聖言以明也.」 或以東都不同他都, 地
有壇社宮闕, 欲議權茸〔三二〕,[122) 似是無妨. 此則酌於意
懷, 非日經據也. 但以遍討今古, 無有壇社立廟之證, 用以
爲說, 實所未安. 謹按上自殷・周, 傍稽故實, 除因遷都之
外, 無別立廟之文.

　종묘를 건설하는 일은 정성과 공경을 위주로 합니다. 전례를
살펴보면, 둘로 하는 것은 정성이 아닙니다. 그러므로 도읍을
옮기는 일로 하는 것이 아니면, 묘우를 따로 세우지 않습니다.
『예기』에서는 "하늘에는 두 해가 없고, 땅에는 두 왕이 없으니,
상嘗・체禘・교郊・사社의 제사에 가장 높이 받드는 대상에 둘
이 없다"라고 하였습니다. 또 말하기를, "모든 제사는 폐한 것
은 감히 행하지 않고, 행하고 있는 제사는 감히 폐하지 않는
다"고 하였습니다. 즉 낙양의 태묘는 폐해진 지 이미 여러 시
기인데, 만약 증축과 수리를 논의한다면 다소 이전의 뜻을 어
기게 되는 것입니다. 왜 그렇겠습니까?
　성력聖曆(698~699)과 신룡神龍(705~706)의 시기에 무후가
처음으로 명당과 벽옹을 복원하였고, 중종은 그 묘를 취하여
태묘로 바꾸어 설치하였는데, 본래 임시로 인심을 공고하게 하
고자 한 것이지, 장구하게 존속할 제도가 아니었습니다. 삼가
생각건대, 남아 있던 신주는 이미 조묘에 체천하여 보관할 것
을 청하였습니다. 이제 와서 묘실을 새로 중수하면, 반드시 신

　　『唐會要』 권16, 『冊府元龜』 권592에 따라 보완하였다.
122) [교감기 32] "欲議權茸" 구절에서 '權'자는 『唐會要』 권16・『冊府元龜』
　　권592에는 '構'라고 하였다.

주가 있어야 합니다. 신주는 때가 아니면 만들지 않으며, 묘침은 또 신주를 비워둔 일이 없다는 논의와 묘실을 복원하여 순수의 때를 대비한다고 해도 오직 하나의 신주를 싣는다는 것은 방책에 갖추어져 있어 상세히 알 수 있습니다. 또 경전 중에서 의리에 정해진 수가 있다 등을 인용하였는데 이것은 제자弟子의 설이거나 다른 사람의 말입니다. 지금 묘실을 비워둘 수 없다는 것, 지존을 둘로 높일 수 없다는 것, 때가 아니면 신주를 제작하지 않는다는 것, 하나의 신주를 싣고 행차해야 한다는 것 등은 모두 대성조大聖祖[123)와 공자가 친히 밝혀준 것으로 범상한 근거에 비견하여 같이 놓을 수 없습니다. 또 좌구명이 『춘추』를 찬하면서 모든 것을 군자의 말로 포폄을 정하였는데, 진설陳泄이 충성으로 인해 죄를 받고 진문공晉文公이 신하로서 군주를 불러들인 것에 이르면, 이런 몇 조문에서는 군자를 칭하지 않았습니다. 득실을 평가하고자 할 때에는 오직 공자가 평가한 것으로서 평가하였던 것입니다.

『좌전』에서 말하기를, "모호하고 의심스러운 사리에 대해서는 성현의 말씀으로써 밝힌다"라고 하였습니다. 어떤 이는 낙

---

123) 대성조大聖祖 : 여기서 말하는 大聖祖는 노자를 가리키는 것으로 보인다. 『舊唐書』 권8 「玄宗本紀」와 「禮儀志」에 의하면 현종 천보 2년에 玄元皇帝에게 '大聖祖'라는 존호를 더하였다고 했는데(二年正月乙卯, 作昇仙宮. 丙辰, 加號玄元皇帝曰大聖祖), 이 玄元皇帝는 고종이 인덕 3년에 노군묘에 행차하여 노자를 추봉한 존호였다. 『舊唐書』 권4 「高宗本紀」 "麟德三年. 二月己未, 次亳州. 幸老君廟, 追號曰太上玄元皇帝, 創造祠堂 ; 其廟置令 · 丞各一員. 改谷陽縣爲眞源縣, 縣內宗姓特給復一年."

양은 다른 도읍과 같지 않으며, 땅에는 단壇과 사社와 궁궐이 있으니 권도로 중수할 것을 논의하고자 하여도 무방할 것 같다고 여깁니다. 이것은 주관적인 생각으로 짐작한 것이지, 경전에 의거한 것이 아닙니다. 단 지금과 옛것을 두루 검토하건대, 단사와 입묘의 증거는 없습니다. 이것을 근거로 삼아 주장을 삼는 것은 실로 타당하지 않은 것입니다. 삼가 살피건대, 위로 은나라와 주나라 때부터 이리저리 그 실제를 상고하여 보면, 도읍을 옮겼던 것을 제외하면 별도로 묘를 세웠다는 기록은 없습니다.

制曰:「自古議禮[三三],[124] 皆酌人情. 必稷嗣知幾, 賈生達識, 方可發揮大政, 潤色皇猷, 其他管窺, 蓋不足數. 公卿之議, 實可施行, 德章所陳, 最爲淺近, 豈得茍申獨見, 妄有異同? 事貴酌中, 理宜從衆. 宜令有司擇日修崇太廟, 以留守李石充使勾當.」六年三月, 擇日旣定, 禮官旣行, 旋以武宗登遐, 其事遂寢. 宣宗卽位, 竟迎太微宮神主祔東都太廟, 禘祫之禮, 盡出神主合食於太祖之前.

(황제가) 제를 내려 말하였다.

옛부터 예의 논의에서는 모두 인정을 따랐다. 반드시 직사[숙손통][125]와 같이 기미를 알고, 가의賈誼처럼 지식에 통달하

---

124) [교감기 33] "自古議禮" 구절에서 '禮'자는 각 판본에는 원래 '理'로 되어 있다. 『唐會要』 권16·『冊府元龜』 권592에 따라 수정하였다.
125) 직사稷嗣 : 숙손통이 봉읍으로 받은 읍명이다. 『史記』 권77 「叔孫通傳」

여야 바야흐로 큰 정책을 펼치고 황실을 윤택하게 할 수 있다. 기타 좁은 소견들은 고려하기에 부족하다. 공경의 논의는 실로 시행할 만하나, 고덕장이 말한 내용은 매우 천박하다. 어찌 구차히 편벽된 견해를 펼쳐 함부로 같고 다름을 논할 수 있겠는가? 일은 합당함을 따르는 것을 귀하게 여기고, 사리는 다수의 의견을 따르는 것이 마땅하다. 유사는 날을 택하여 태묘를 수리하게 하고 유수留守 이석충李石充에게 이 일을 주관하게 하라.

6년 3월 날을 택하여 예관이 이미 행하였는데, 얼마 지나지 않아 무종이 죽자 마침내 이 일은 잠잠해졌다. 선종이 즉위하여 태미궁의 신주를 낙양의 태묘에 맞아들이고 체협의 제사를 행하여 모든 신주를 꺼내 태조묘의 앞에서 합제하였다.

貞觀禮, 祫享, 功臣配享於廟庭, 禘享則不配. 當時令文, 祫禘之日, 功臣並得配享. 貞觀十六年, 將行禘祭, 有司請集禮官學士等議, 太常卿韋挺等一十八人議曰:「古之王者, 富有四海, 而不朝夕上膳於宗廟者, 患其禮過也. 故曰:『春秋祭祀, 以時思之.』至於臣有大功享祿, 其後孝子率禮[三四]126), 潔粢豐盛, 禴·祀·烝

에 의하면 "漢王拜叔孫通爲博士, 號稷嗣君"라고 하였고, 이에 대해서 주석에서는 "『集解』 徐廣曰:「蓋言其德業足以繼蹤齊稷下之風流也. 駰案:漢書音義曰「稷嗣, 邑名」"라고 하였다. 徐廣은 숙손통의 학풍이 제나라의 직하학풍을 계승하였으므로 稷嗣라는 이름으로 봉하여졌다고 하고, 裵駰은 그 이름을 읍명이라고 밝히고 있다.

126) [교감기 34] "孝子率禮"라는 구절에서 '孝子'는,『通典』권50,『唐會要』 권18·『冊府元龜』권585에는 모두 '子孫'이라 하였다.

·嘗, 四時不輟, 國家大祫, 又得配焉. 所以昭明其勳, 尊顯其德,
以勸嗣臣也. 其禘及時享, 功臣皆不應預. 故周禮六功之官, 皆配
大烝而已. 先儒皆取大烝爲祫祭. 高堂隆·庾蔚之等多遵鄭學, 未
有將爲時享. 又漢·魏祫祀, 皆在十月, 晉朝禮官, 欲用孟秋殷祭,
左僕射孔安國啓彈, 坐免者不一. 梁初誤禘功臣, 左丞何佟之駁
議, 武帝允而依行. 降洎周·齊, 俱遵此禮. 竊以五年再殷, 合諸天
道, 一大一小, 通人雅論, 小則人臣不預, 大則兼及功臣. 今禮禘
無功臣, 誠謂禮不可易.」乃詔改令從禮. 至開元中改修禮, 復令禘
祫俱以功臣配饗焉.

「정관례」에서 협제사는 공신을 묘정에 배향하고 체제사는 배향하
지 않았다. 당시 율령의 조문에서는 체협의 제삿날에 공신은 모두
배향할 수 있다고 하였다. 정관 16년(642)에 체제사를 지내려고 할
때 담당관은 예관 학사들을 모아 논의시킬 것을 청하였다. 태상경
위정韋挺[127] 등 18인이 논의하여 말하였다.

옛날에 왕이 된 자들은 부유함이 사해를 가진 것과 같았으
나, 아침저녁으로 종묘에 음식을 올리지 않았던 것은 그 예가
넘치는 것을 우려하였기 때문입니다. 이 때문에 말하기를, "봄
가을로 제사를 지내니 시절의 변화에 맞추어 추모한다"[128]고

---

127) 위정韋挺 : 雍州 萬年 사람으로 隋의 民部尙書 韋沖의 아들이다. 태종
이 태자 시절부터 친분이 있었으며, 태종이 즉위한 후 尙書右丞, 黃門侍
郎, 御史大夫, 太常卿 등을 역임하였다. 『舊唐書』 권77 「韋挺傳」.

128) 『孝經』 「喪親」편에 나온다. "子曰 '孝子之喪親也, 哭不偯, 禮無容, 言
不文, 服美不安, 聞樂不樂, 食旨不甘, 此哀慼之情也. 三日而食, 敎民
無以死傷生. 毁不滅性, 此聖人之政也. 喪不過三年, 示民有終也. 爲之

하였습니다. 신하가 큰 공이 있어 봉록을 향유하기에 이르면, 그 후대 자손들이 예에 따라 제수를 정갈하고 풍성하게 올려, 약論·사祀·증烝·상嘗의 시제를 지내서 사시四時를 거르지 않고, 국가의 대협제사에도 배향될 수 있습니다. 이것이 그 공훈을 밝게 드러내고 그 덕을 높게 드러내어, 후대의 신하들을 권장하는 것입니다. 그 체제사 및 시향에는 공신이 모두 참여해서는 안됩니다. 이 때문에 『주례』에서 육공六功[129]의 관이 모두 대증제에 배향되었을 뿐입니다 선유들은 대증제를 협제라고 하였습니다. 고당융高堂隆[130]·유울지庾蔚之[131] 등 많은 학자들이 정현의 학문을 존숭하였는데 배향하여 시향을 행한다

棺槨衣衾而擧之, 陳其簠簋而哀戚之 ; 擗踊哭泣, 哀以送之 ; 卜其宅兆, 而安措之 ; 爲之宗廟, 以鬼享之 ; 春秋祭祀, 以時思之. 生事愛敬, 死事哀戚, 生民之本盡矣, 死生之義備矣, 孝子之事親終矣.'"

129) 육공六功 : 勳·功·庸·勞·力·多를 말한다. 『周禮』「夏官·司勳」 "掌六鄕賞地之灋, 以等其功 : 王功曰勳, 國功曰功, 民功曰庸, 事功曰勞, 治功曰力, 戰功曰多. 凡有功者, 銘書於王之太常, 祭於大烝, 司勳詔之."

130) 고당륭高堂隆(?~237) : 字는 升平이며, 泰山郡 平陽縣(현재 山東 新泰) 사람이다. 삼국시대 曹魏의 名臣이다. 少年 시절에 諸生이 되었고, 泰山督郵를 시작으로 黃初 연간에는 堂陽縣長이 되었다. 魏明帝 曹叡가 即位한 후에는 陳留太守, 散騎常侍가 되었으며 關內侯의 작위를 받았다. 靑龍 연간에는 明帝가 많은 宮殿을 짓겠다고 하자 만류하는 상소를 하였다. 『三國志』 권25 「魏書·高堂隆傳」.

131) 유울지庾蔚之 : 南朝 宋 潁川(현재 河南省 漯河市 東北) 사람이다. 字는 季隨이며, 員外常侍의 관을 지냈다. 저서로는 『禮記略解』 10권이 있으나, 전하지 않는다. 그의 사적은 陸德明의 『經典釋文·敍錄』에서 볼 수 있다.

는 것은 없었습니다. 또 한나라와 위나라의 협제사는 모두 10
월에 지냈는데, 진晉나라의 예관이 맹추에 은제를 지내고자 하
니 좌복야左僕射[132] 공안국孔安國[133]이 이를 탄핵하여, 연좌
되어 면직된 자가 한 둘이 아니었습니다. 양나라 초에는 체제
사에 잘못하여 공신을 배향하였는데 좌승左丞[134] 하동지何修
之[135]가 논박하여 의론을 제기하자, 무제가 윤허하고 따라서
행하였습니다. 북주와 북제에 이르러서도 함께 이 예를 따랐습
니다. 신이 생각건대, 5년에 두 번 은제를 행함은 천도에 부합
하고, 한 번은 큰 규모로 한 번은 작은 규모로 지냄은 예에 밝

---

132) 좌복야左僕射 : 관직명으로 秦나라에서 처음으로 설치하였고, 한나라에
서 이를 계승하였다. 漢朝 成帝 建始 4年에 尙書 5人을 두고 그 중
1인을 僕射라고 하였으며, 지위는 尙書令 다음으로 하였다가 점차 맡은
바가 중해서, 後漢 獻帝 建安 4年에 左右僕射를 두었으며, 唐까지 이어
졌다.

133) 공안국孔安國(?~408) : 字는 安國이다. 아버지는 孔愉로 會稽 山陰 사람
이다. 선조가 후한 말에 난을 피해 회계에 정착하였다. 동진 孝武帝에게
禮遇를 받아 侍中, 太常 등을 역임하였다. 후에 尙書左右僕射에 올랐으
며, 義熙 4年에 죽어 左光祿大夫로 추증되었다. 『晉書』 권78 「孔愉傳」.

134) 좌승左丞 : 관직명으로, 漢 成帝 建始 4年(기원전 29)에 尙書 5인과 丞
4인을 두었다가 후한 光武帝 때에 2인을 줄여 左右丞으로 나누었다.
尙書左丞은 尙書令을 보좌하고 右丞은 僕射를 보좌하였으며, 秩은 四
百石이었다. 대대로 尙書令의 속관으로 설치하였으며, 점차 지위가 높
아져서 隋唐시기에 이르러 正4品에 이르렀다.

135) 하동지何修之(449~502) : 字는 士威이며, 南朝 齊 廬江 사람이다. 어려
서부터 三禮를 좋아하여 독학하였다고 한다. 후에 梁나라에서 尙書左
丞이 되었으며, 禮義와 관련한 문장 百餘篇을 지었다고 전한다. 『南史』
권71 「儒林傳 何修之」.

은 사람의 정상적인 논의입니다. 작은 규모의 제사에서는 신하들을 배향시키지 않았으며, 큰 규모의 제사에서만 공신까지 배향하였습니다. 지금 체제사에 공신이 배향되지 않는 것은 진실로 예는 바꿀 수 없다고 말하는 것입니다.

이에 조를 내려 율령을 고쳐 예를 따랐다. 개원 연간에 예를 고치기에 이르러 다시 체제와 협제에 모두 공신을 배향하게 하였다.

高宗上元三年十月, 將祫享于太廟. 時議者以禮緯「三年一祫, 五年一禘」, 公羊傳云「五年而再殷祭」, 議交互莫能斷決. 太學博士史璨等議曰:「按禮記正義引鄭玄禘祫志云:『春秋: 僖公三十三年十二月薨. 文公二年八月丁卯, 大享于太廟. 公羊傳云: 大享者何? 祫也.』是三年喪畢, 新君二年當祫, 明年當禘于群廟. 僖公·宣公八年皆有禘[三五],136) 則後禘去前禘五年. 以此定之, 則新君二年祫, 三年禘. 自爾已後, 五年而再殷祭, 則六年當祫, 八年當禘. 又昭公十年, 齊歸薨, 至十三年喪畢當祫, 爲平丘之會, 冬, 公如晉. 至十四年祫, 十五年禘, 傳云『有事於武宮』是也[三六].137) 至十八年祫, 二十年禘. 二十三年祫, 二十五年禘. 昭公二

---

136) [교감기 35] "僖公宣公八年皆有禘" 구절에서 각 판본에서는 '僖公' 앞에 원래 '又宣公八年禘' 6자가 있고, '僖公'뒤에는 '也'자가 있다.『通典』권50·『唐會要』권13·『冊府元龜』권586에 따라 생략하였다.

137) [교감기 36] "至十四年祫十五年禘傳云有事於武宮是也." 이 18자는 각 판본에는 원래 없다.『通典』권50·『唐會要』권13·『冊府元龜』권586에 따라 보완하였다.

十五年『有事於襄宮』是也. 如上所云, 則禘已後隔三年祫, 已後隔
二年禘. 此則有合禮經, 不違傳義.」自此依璨等議爲定.

　고종 상원上元 3년(676) 10월에 장차 태묘에서 협제사를 지내고자
하였다. 이때 논의하는 자들이 『예위』에서 "3년에 한 번 협제를 지
내고, 5년에 한 번 체제를 지낸다"라고 한 것과, 『공양전』에서 "5년
마다 두 번 은제[再殷祭]를 지낸다"라고 한 것을 근거로 삼아서 논
의가 서로 엇갈려 결론을 내릴 수 없었다. 태학박사太學博士 사찬史
璨 등이 논의하여 말하였다. "살펴보건대, 『예기정의』에서 정현의
「체협지禘祫志」를 인용하여 '춘추, 희공 33년 12월에 희공이 훙薨하
였다. 문공 2년 8월 정묘일에 태묘에서 대향을 지냈다. 『공양전』에
대향이라는 것은 무엇인가? 협이다'라고 하였습니다. 이것은 3년 상
을 마치고, 새로운 군주가 2년째에 협제를 행하고 그 다음 해에는
여러 묘에서 체제사를 행해야 한다는 것입니다. 희공과 선공 8년에
모두 체제사를 행했는데, 곧 앞서 행했던 체제사로부터 5년 후였기
에 이때로 정했던 것입니다. 새로 즉위한 군주가 2년째에 협제를, 3
년째에 체제사를 지냈던 것입니다. 그 후부터 5년이 지나는 동안 두
번 은제를 지냈으니, 즉 6년이 협제사, 8년이 체제사에 해당합니다.
또 소공 10년에 제귀齊歸[138]가 훙薨하여, 13년에 이르러 상을 마치

---

138) 제귀齊歸 : 소공의 모친이다. 『漢書』 권27 「五行志」에는 이전에 소공의
　　모, 부인 귀씨가 죽었을 때 소공은 슬퍼하지 않았고, 比蒲에서 사람들을
　　모아 사냥했다는 기록이 있는데, 안사고는 주에서 이 일은 소공 11년의
　　일이며, 귀씨는 胡國 사람으로 歸가 성이고, 齊는 시호라고 풀었다. 『漢
　　書』 권27 中上 「五行志」 "先是昭公母夫人歸氏薨, 昭不感, 又大蒐于比
　　蒲. 師古曰 : 「事在昭十一年. 歸氏, 胡國之女. 歸姓, 即齊歸也. 齊, 諡

고 협제사를 지내야 했는데 평구에서 회맹[139]하고 겨울에 진晉으로 갔습니다. 14년에 이르러 협제사를 지내고 15년에 체제사를 지냈습니다. 전(傳)에서 '양궁에서 일이 있었다'고 한 것이 이것입니다. 위에서 말한 바과 같이 체제사 이후 3년 간격으로 협제사를 지내고 이후 2년 간격으로 체제사를 지낸 것입니다. 이것은 예경에 부합함이 있고 전의 뜻에 어긋나지 않습니다"라고 하였다. 이때부터 사찬 등의 논의에 의거하여 정하였다.

開元六年秋, 睿宗喪畢, 祫享于太廟. 自後又相承三年一祫, 五年一禘, 各自計年, 不相通數. 至二十七年, 凡經五禘·七祫. 其年夏禘訖, 冬又當祫. 太常議曰 :

개원 6년(718) 가을에 예종의 상을 마치고 태묘에서 협제를 지냈다. 이후 또 3년마다 한 번 협제, 5년마다 한 번 체제를 지내는 것을 서로 이어받아서 각각 해를 계산하고, 서로 통합해서 계산하지 않았다. 27년에 이르러 모두 5번의 체제사와 7번의 협제사를 지냈다. 그해 여름에 체제사를 마치고 겨울에 또 협제사를 하게 되었다. 태상이 논의하여 말하였다.

也. 蒐謂聚而衆田獵也. 比蒲, 魯地名. 比音毗."

139) 평구지회平丘之會 : 平丘会盟을 말한다. 기원전 529년 晉 昭公이 魯國이 邾國과 莒國을 침범한 일을 토벌한다는 명문으로 평구(현재 河南省 新郷 封丘縣)에 제후들을 소집하여 거행한 회맹이다. 평구회맹에서는 형식상 진국의 패자 지위를 확인하였다.

禘祫二禮, 俱爲殷祭, 祫爲合食祖廟, 禘謂諦[140]序尊卑.
申先君逮下之慈, 成群嗣奉親之孝, 事異常享, 有時行之.
然而祭不欲數, 數則黷; 亦不欲疏, 疏則怠. 故王者法諸天
道, 制祀典焉. 烝嘗象時, 禘祫如閏. 五歲再閏, 天道大成,
宗廟法之, 再爲殷祭者也. 謹按禮記王制·周官宗伯, 鄭玄
注解, 高堂所議, 並云「國君嗣位, 三年喪畢, 祫于太祖. 明
年禘于群廟. 自爾已後, 五年再殷, 一祫一禘.」漢·魏故事,
貞觀實錄, 並用此禮. 又按禮緯及魯禮禘祫注云, 三年一祫,
五年一禘, 所謂五年而再殷祭也. 又按白虎通及五經通義·
許愼異義·何休春秋·賀循祭議, 並云三年一禘. 何也? 以爲
三年一閏, 天道小備, 五年再閏, 天道大備故也. 此則五年再
殷, 通計其數, 一祫一禘, 迭相乘矣. 今太廟禘祫[三七],[141]
各自數年, 兩岐俱下, 不相通計. 或比年頻合, 或同歲再序,
或一禘之後, 併爲再祫, 或五年之內, 驟有三殷. 法天象閏
之期, 旣違其度; 五歲再殷之制, 數又不同. 求之禮文, 頗
爲乖失.

체와 협 두 제사는 모두 은제로 지내는 것으로, 협제사는 태
조의 묘실에 합식하게 하는 것이고, 체제사는 존비의 서열을
명백히 하는 것입니다. 선대 임금들의 후대에 대한 사랑을 펼

140) "禘謂諦序尊卑"에서 '諦'는 『通典』과 『舊唐書』에는 '諦'로 되어 있으
나, 사고전서본에는 '禘'로 되어 있다. 『四庫全書』 御定淵鑑類函 권169
「禮儀部」16 "唐開元中太常議禘祫之禮, 皆爲殷祭, 祫爲合食祖廟, 禘
謂禘 序尊卑."
141) [교감기 37] "今太廟禘祫" 구절에서 '太'자는 각 판본에는 원래 없다.
『通典』 권50·『唐會要』 권13에 따라 보완하였다.

치고, 많은 후대 자손들이 선친을 받드는 효를 이루는 것으로, 이 일은 평상의 제향과는 달리 정해진 시기에 행하는 것입니다. 그러나 제사는 자주 지내고자 하지 않으니, 자주 지내면 번독해집니다. 또한 드물게 지내고자 하지 않으니, 드물게 지내면 태만해집니다. 이 때문에 왕이 된 자는 천도를 본떠 제사의 법을 제정하는 것입니다. 증제사와 상제사는 시절을 본받고 체제사와 협제사는 윤달을 더하는 것과 같이 합니다. 5년에 두 번 윤달을 더하니 천도가 크게 이루어지고, 종묘가 이것을 본떠서 두 번 은제를 지냅니다. 삼가 살피건대, 『예기禮記』「왕제王制」와 『주관周官』「종백宗伯」, 정현의 주해와 고당융의 논의는 모두 "국군이 임금의 자리를 이어받아 3년 상을 마치면 태조의 묘에 협제사를 올린다. 그 다음 해에는 여러 묘에서 체제사를 올린다. 이때부터 5년에 두 번 은제를 올리는데 한 번은 협제사, 한 번은 체제사이다"라고 하였습니다. 한나라와 위나라의 고사와 정관 시기의 실록에서 모두 이 예법을 사용하였습니다.

또 살피건대, 『예위禮緯』[142]와 『노례체협주魯禮禘祫注』에, "3년에 한 번 협제사를 올리고 5년에 한 번 체제사를 올리는 것은 소위 5년으로 재은제를 지내는 것이다"라고 하였습니다. 또 살피건대, 『백호통白虎通』[143], 『오경통의五經通義』[144], 허신

---

142) 『예위禮緯』: 3卷이고, 宋均이 注하였다. 저자는 미상이며, 漢代 유행했던 讖緯說을 담고 있다.

143) 『백호통白虎通』: 中國 漢代 五經同異를 강론한 책으로 今文經의 중요 저작물이다. 『白虎通義』라고도 한다. 班固 등이 後漢 章帝 建初 4年

許愼145)의 『오경이의五經異義』146), 하휴何休147)의 『춘추春秋』,

(79)에 經學에 대해서 辯論한 결과를 모아서 편찬한 책으로, 논의가 이루어졌던 장소가 白虎館이었기 때문에 이러한 명칭을 얻었다. 『白虎通義』는 董仲舒 이후 今文經學의 神秘主義와 唯心主義 사상을 계승하고 있으며, 신비화된 陰陽五行說에 기초하여 自然, 社會, 倫理, 人生과 日常生活의 여러 현상들을 해석하고 있다. 宋明理學의 人性論에 영향을 주었다는 평가를 받는다.

144) 『오경통의五經通義』: 『隋書』「經籍志」에는 8권으로, 찬자를 기록하지 않았으나, 『新唐書』『舊唐書』「經籍志」에서는 9권으로 劉向이 찬하였다고 전한다. 劉向이 石渠閣에서 열렸던 經義 토론에 참여하였는데, 石渠會議의 結論을 찬한 것이 아닌가 추측되고 있다.

145) 허신許愼(58~147) : 字는 叔重이며, 汝南 召陵(현재 河南省 漯河市 召陵區) 사람이다. 후한대의 저명한 경학가이며, 문자학자다. 『說文解字』는 근 30년에 걸쳐 저술된 역작으로 漢字의 形, 音, 義를 연구한 결과물로서 문자학 방면에 큰 공헌을 하였다. 그의 이러한 업적을 높이 평가하여 '字聖'으로 칭하기도 한다.

146) 『오경이의五經異義』: 許愼이 찬하였다. 『後漢書』「儒林傳」에 의하면, "愼以五經傳說臧否不同, 於是撰爲『五經異義』"라고 기록되어 있다. 『隋書』「經籍志」와 『舊唐書』「經籍志」에는 모두 10권이 있었다고 기록되어 있으나, 송대에 소실되었다. 내용의 일부가 『初學記』『通典』『北堂書鈔』『太平御覽』 등에 산견된다. 정현은 허신의 견해를 반박하여 『駁五經異義』를 지었다.

147) 하휴何休(129~182) : 字는 邵公이며, 任城樊(현재 山東 兗州 西南) 사람이다. 후한 시대의 今文經學家다. 육경에 두루 능통하였으나, 말이 어눌하여 제자들이 질문을 하면 서면으로 답하였다고 전한다. 처음에 郎中이 되었으나 자신의 뜻과 맞지 않다고 여겨 스스로 물러났다. 후일 太傅 陳蕃이 일으켰던 당고의 사건에 연루되어 禁錮되어 두문불출하였다. 『春秋公羊傳解詁』12권을 지었고, 『孝經』『論語』 등에 주해하였고, 또 『春秋漢議』13권을 지어서 春秋大義로써 漢의 政事 600여 條를 논박

하순賀循[148]의 『제의祭議』에 모두 "3년에 한 번 체제사를 지낸다"라고 하였습니다. 왜 그렇겠습니까? 3년에 한 번 윤달을 더하면 천도가 작게 갖추어지고 5년에 두 번 윤달을 더하면, 천도가 크게 갖추어지기 때문입니다. 이것으로 보면 5년에 두 번 은제를 지내는 것은 통합하여 그 수를 헤아려서 한 번 협제사와 한 번 체제사가 서로 번갈아 오르는 것입니다. 지금 태묘에서의 체제사와 협제사는 각각 자체로 연수를 헤아리고 있어서 두 갈래가 함께 행해져, 서로 통합하여 헤아리지 않는다. 그로 인해 더러 해를 이어서 빈번하게 지내야 하거나, 혹은 같은 해에 두 번 순서를 세워 지내고, 혹은 한 번 체제사를 지낸 후에 아울러 두 번 협제사를 지내거나, 혹은 5년 안에 3번의 은제가 모이기도 합니다. 하늘에서 법을 취하여 윤달을 본뜨는 시기에서 이미 그 법도를 어기고, 또 5년에 두 번 은제를 지내는 제도에서 횟수도 또한 맞지 않습니다. 예경의 조문에서 그 근거를

하여 "妙得公羊本意"라는 평가를 받았다. 黨禁이 풀린 뒤에 벽소되어서 司徒掾屬, 議郎에 제수되었고, 諫議大夫에 올랐다. 『後漢書』 권79하 「儒林傳 何休」.

148) 하순賀循(260~319) : 字는 彦先이며, 會稽郡 山陰縣(현재 浙江 紹興) 사람이다. 서진과 동진 시기의 名臣이며, 吳나라 後將軍 賀齊의 曾孫이고, 吳 中書令 賀邵의 아들이다. 일찍이 명성을 얻어 與紀瞻, 閔鴻, 顧榮, 薛兼 등과 함께 "五俊"이라 칭해졌다. 처음에 五官掾으로 관직에 올라 陽羨縣令, 武康縣令, 太子舍人의 관직을 지냈다. 司馬睿가 晉元帝가 되어 建業에 도읍한 후에는 軍諮祭酒, 太常 등의 관직을 거쳤으며, 朝廷 禮儀를 보완하였다고 한다. 『文集』 5卷(혹은 2卷)이 있었다고 하나 전해지지 않는다. 『晉書』 권68 「賀循傳」.

찾아보아도 어그러지고 잃은 것이 많습니다.

　　說者或云:「禘祫二禮, 大小不侔, 祭名有殊, 年數相舛.
[三八]149) 祫以三紀, 抵小而合[三九]150);禘以五斷, 至十
而周. 有茲參差, 難以通計.」竊以三祫五禘之說, 本出禮緯,
五歲再殷之數, 同在其篇, 會通二文, 非相詭也. 蓋以禘後
置祫, 二周有半, 擧以全數[四〇],151) 謂之三年, 譬如三年
一閏[四一],152) 只用三十二月也. 其禘祫異稱, 各隨四時,
秋冬爲祫, 春夏爲禘. 祭名雖異, 爲殷則同, 譬如礿·祠·烝
·嘗, 其體一也. 鄭玄謂祫大禘小, 傳或謂祫小禘大, 肆陳之
間, 或有增減, 通計之義, 初無異同. 蓋象閏之法[四二],153)
相傳久矣. 惟晉代陳舒有三年一殷之議, 自五年·八年又十
一·十四, 尋其議文所引, 亦以象閏爲言. 且六歲再殷, 何名
象閏[四三]?154) 五年一禘, 又奚所施? 矛盾之說, 固難憑也.

---

149) [교감기 38] "年數相舛" 구절에서 '舛'자는 각 판본에는 원래 '去'라고
　　하였다. 『唐會要』 권13, 『冊府元龜』 권589에 따라 수정하였다.

150) [교감기 39] "抵小而合" 구절은 聞本·殿本·懼盈齋本·廣本은 같지만,
　　局本에는 '小'를 '九'라고 하였다. '抵小'라는 부분은 『唐會要』 권13에
　　는 '殺六'이라고 하였고, 殘宋本 『冊府元龜』 권589에는 '投小'라고 하
　　였다. '小'는 '六'자의 오류다.

151) [교감기 40] "擧以全數" 구절에서 '擧'자는 각 판본에는 원래 '數'라고
　　하였다. 『唐會要』 권13, 『冊府元龜』 권589에 따라 수정하였다.

152) [교감기 41] "譬如三年一閏" 구절에서 '譬如三年'은 각 판본에는 원래
　　없다. 『唐會要』 권13에 따라 보완하였다.

153) [교감기 42] "蓋象閏之法" 구절에서 '閏'자는 각 판본에는 원래 '天'이
　　라고 하였다. 『唐會要』 권13 및 本篇 아래의 문장에 따라 수정하였다.

변호하는 이는 혹 말하기를, "체제사와 협제사 두 예禮는 크
고 작은 규모가 같지 않고 제사의 이름도 다르며 (제사하는)
햇수도 서로 다르다. 협제사는 3년을 주기로 하며 6년이면 합
한다. 체제사는 5년으로 끊고 10년을 주기로 한다. 이에 서로
차이가 나니 통합하여 헤아리기가 어렵다"라고 합니다. 제가
생각건대, 3년마다 협제사를 지내고 5년마다 체제사를 지낸다
는 설은 본래 『예위禮緯』에서 나온 것으로, 5년에 두 번 은제사
를 지낸다는 수數도 같이 그 편에 있습니다. 두 조문을 회통하
는 것은 서로 속이는 것이 아닙니다. 대개 체제사 이후에 협제
사를 지낼 때까지 2년 반이 걸리는데 온전한 수를 들어 3년이
라고 한 것이니, 비유하면 3년에 한 번 윤달을 둔다고 할 때
단지 32개월을 채용한 것과 같습니다.

체제사와 협제사는 명칭을 달리하고 각각 네 계절을 따르는
것으로 가을과 겨울의 제사는 협제사가 되고, 봄과 여름의 제
사는 체제사가 됩니다. 제사의 이름은 비록 다르지만 은제라는
점은 같아서 비유하면, 약礿·사祠·증烝·상嘗이 그 실체는 하
나인 것과 같습니다. 정현은 협제사는 큰 규모이고 체제사는
작은 규모라고 하였는데, 전에서는 혹 협제사가 작은 규모이고
체제사가 큰 규모라고 하니 제물을 진설하는 사이에 혹 증감이
있겠지만, 통합해서 헤아리는 뜻은 본래 차이가 없습니다. 대
개 윤달을 더하는 법을 모방한 것은 전해 온 지가 오래되었습

---

154) [교감기 43] "亦以象閏爲言且六歲再殷何名象閏" 구절 중에서 '爲言'
부터 '象閏'까지 11자는 각 판본에는 원래 없다. 『唐會要』 권13에 따라
보완하였다.

니다. 오직 진나라 때 진서陳舒[155]가 3년에 한 번 은제를 해야 한다고 한 논의를 제기하였는데 5년과 8년, 또 11년과 14년으로부터 그 논의하는 글에서 인용한 것을 찾아보면 역시 윤달을 더하는 것을 본뜨는 것으로 말한 것입니다. 게다가 6년에 두 번 은제사를 지낸다면 어떻게 윤달을 더하는 것을 본뜬다고 하겠습니까? 5년에 한 번 체제사를 지낸다는 것은 또 그 근거를 어디에서 찾아 적용하겠습니까? 모순이 되는 주장으로 본래 근거로 삼기 어려운 것입니다.

夫以法天之度, 旣有指歸, 稽古之理, 若茲昭著. 禘祫二祭, 通計明矣. 今請以開元二十七年己卯四月禘, 至辛巳年十月祫, 至甲申年四月又禘, 至丙戌年十月又祫, 至己丑年四月又禘, 至辛卯年十月又祫. 自此五年再殷, 周而復始. 又禘祫之說, 非唯一家, 五歲再殷之文, 旣相師矣, 法天象閏之理, 大抵亦同. 而禘後置祫, 或近或遠, 盈縮之度, 有二法焉 : 鄭玄宗高堂, 則先三而後二 ; 徐邈之議, 則先二而後三. 謹按鄭氏所注, 先三之法, 約三祫五禘之文, 存三歲五

---

155) 『晉書』 「禮志」에는 이 문제에 관해 陳舒가 논의한 내용은 없다. 다만 조정에서 예에 대해서 그에게 문의하고 있는 것으로 보아 예에 정통하였던 자였음을 짐작할 수 있다. 표기장군 온교의 전처 이씨는 온교가 미천하던 시2절에 죽었다. 또 왕씨와 하씨를 아내로 맞이했는데 모두 온교보다 먼저 죽었다. 온교가 홍거했을 때, 조정에서는 陳舒에게 "3인이 모두 夫人이 될 수 있는가?"라고 물었다고 한다. 驃騎將軍溫嶠前妻李氏, 在嶠微時便卒. 又娶王氏·何氏, 並在嶠前死. 及嶠薨, 朝廷以問陳舒 : "三人並得爲夫人不?".

年之位. 以爲甲年旣禘, 丁年當祫, 己年又禘, 壬年又祫, 甲
年又禘, 丁年又祫, 周而復始, 以此相承. 祫後去禘, 十有八
月而近, 禘後去祫, 三十二月而遙, 分析不均, 粗於算矣. 假
如攻乎異端, 置祫於秋, 則三十九月爲前, 二十一月爲後,
雖小有愈, 其間尚偏. 竊據本文, 皆云象閏, 二閏相去, 則平
分矣, 兩殷之序, 何不等耶? 且又三年之言, 本擧全數, 二周
有半, 實准三年, 於此置祫, 不違文矣, 何必拘滯隔三正乎?
蓋千慮一失, 通儒之蔽也. 徐氏之議, 有異於是, 研覈周審,
最爲可憑. 以爲二禘相去, 爲月六十, 中分三十, 置一祫焉.
若甲年夏禘, 丙年冬祫, 有象閏法, 毫釐不偏. 三年一祫之
文, 旣無乖越 ; 五歲再殷之制, 疏數有均. 校之諸儒, 義實
長久. 今請依據以定二殷, 預推祭月, 周而復始.

생각건대, 천을 본받아 법도로 삼는 것은 이미 뜻이 귀결하
는 곳이 있고, 옛것을 상고하는 이치도 이와 같이 분명합니다.
체제와 협제 두 제사를 통합하여 헤아리는 것이 명백합니다.
지금 개원 27년 기묘己卯 해 4월에 체제사를 지내고, 신사辛巳
해 10월에 협제사를 지내고, 갑신甲申 해 4월에 또 체제사를,
병술丙戌 해 10월에 협제사를, 기축己丑 해 4월에 체제사를, 신
묘辛卯 해 10월에 협제사를 지내시기를 청합니다. 이로부터 5
년에 두 번 은제를 지내어 한 주기가 돌면 다시 시작하십시오.
또 체협에 대한 설은 오직 하나의 견해만 있는 것이 아니지만,
5년에 두 번 은제를 지낸다는 조문은 이미 서로 법으로 삼아왔
고, 하늘에서 법칙을 취하여 윤달을 더하는 것을 본뜨는 논리
도 또한 같습니다. 그러나 체제사 후에 협제사를 지내는 시기
에 혹은 가깝고 혹은 멀거나, 간격이 벌어지고 줄어드는 법도

에 두 개의 방법이 있습니다. 정현은 고당의 설을 종지로 삼기에 먼저 3년으로 하고 후에 2년으로 하였습니다만, 서막徐邈156)의 논의에서는 먼저 2년으로 하고 후에 3년으로 하였습니다.

삼가 살피건대, 정현이 주해한 것에, 먼저 3년으로 하자는 법은 3년째 협제사를 지내고 5년째 체제사를 지낸다는 조문에 따라 3년과 5년의 위치를 보존하는 것으로 갑甲의 해에 체제사를 행했다면 정丁의 해에 협제사를 지내고, 기己의 해에 또 체제사를, 임壬의 해에 또 협제사, 갑의 해에 체제사, 정의 해에 협제사를 지내고 한 주기를 돌면 다시 시작하여 이렇게 서로 이어짐을 말합니다. 협제사 후에 체제사까지의 기간은 18개월 정도로 가깝고, 체제사 후 협제사까지의 기간은 32개월로 멀어서, 나누어 놓은 것이 고르지 않고 계산에서 조략합니다.

설령 이단異端의 설을 따라 협제사를 가을에 제사하게 배치한다 해도, 즉 39개월 앞에, 21개월이 뒤가 되어 조금 더 낫지만, 그 간격에 여전히 치우침이 있게 됩니다. 삼가 본래의 기록을 살펴보면 모두 윤달을 더하는 것을 본뜬다고 말하였습니다. 그러나 두 윤달 사이 기간은 고르게 나뉩니다. 두 은제사의 차례는 어째서 같지 않은 것입니까? 이에 또 3년마다라는 말은

---

156) 서막徐邈(171~249) : 字는 景山이고, 燕國 薊縣(현재 북경 부근) 사람이다. 漢末의 난세에 출생하여 조조가 河朔을 평정할 때 丞相軍謀掾을 지냈으며, 삼국시대 위나라에서 요직을 거쳤다. 『三國志』 권27 「魏書·徐胡二王傳」 "文帝踐阼, 歷譙相, 平陽·安平太守, 潁川典農中郎將, 所在著稱, 賜爵關內侯 … 遷撫軍大將軍軍師."

본래 온전한 수를 들어 말한 것으로, 2년 반은 실제로는 3년에 준하니 이에 이 협제사를 두는 것은 본래의 조문과 어긋나지 않습니다. 어찌 하필 3년의 간격을 둠이 바르다고 하는 것에 구애되겠습니까? 대개 천 번 생각하더라도 한 번 실수한다면, 유학에 능통한 자의 잘못입니다. 서막의 논의는 이와는 다른 점이 있으니, 연구가 주밀하고 자세하여 가장 근거로 삼을 만해서, 두 번의 체제사 사이의 기간은 60개월인데 그것을 중간에 30개월로 나누어 한 번 협제사를 지내는 것입니다. 만약 갑년 여름에 체제사를 지내고, 병년 겨울에 협제사를 지내게 되면 윤달을 두는 법을 본뜨는 것이 있게 되니 조금도 치우치지 않습니다. 3년마다 협제사를 지낸다는 조문과도 이미 어긋나는 것이 없게 되고, 5년마다 두 번 은제사를 지내는 제도에도 간격의 수가 균형이 있습니다. 여러 유자의 주장과 비교해볼 때 그 내용이 실로 오래 지속할 수 있는 방안입니다. 이제 청컨대, 이것에 의거하여 두 개의 은제사를 정해서 미리 제사의 달을 추산하시고 한 주기가 돌아가면 다시 시작하십시오.

禮部員外郎崔宗之駁下太常, 令更詳議, 令集賢學士陸善經等更加詳覈. 善經亦以其議爲允. 於是太常卿韋紹奏曰:「禮有禘祫, 俱稱殷祭, 二法更用, 鱗次相承. 或云五歲再殷, 一禘一祫. 或云三年一祫, 五年一禘. 法天象閏, 大趣皆同. 皆以太廟禘祫, 計年有差, 考於經傳, 微有所乖. 頃在四月, 已行禘享[四四],[157] 今指孟

---

157) [교감기 44] "頃在四月已行禘享" 구절에서 '行'자는 각 판본에는 원래

冬, 又申祫儀, 合食禮頻, 恐違先典. 伏以陛下能事畢擧, 舊物咸甄, 宗祏祇愼之時, 經訓申明之日. 臣等忝在持禮, 職司討論, 輒據舊文, 定其倫序. 請以今年夏禘, 便爲殷祭之源, 自此之後, 禘·祫相代, 五年再殷, 周而復始. 其今年冬祫, 準禮合停, 望令所司, 但行時享, 卽嚴禋不黷, 庶合舊儀.」制從之.

　예부의 원외랑 최종지崔宗之[158]가 태상의 논의에 논박하니, 다시 상의하라는 명령을 내리고, 집현학사 육선경陸善經[159] 등에게 다시

　　‘前’이라고 하였다.『唐會要』권13에 따라 수정하였다.『通典』권74에서
　　는 "五年一禘, 以孟夏"라고 하였는데 이것은 禘祭가 4月에 있다는 것
　　으로 4月 前에 있다는 것이 아니므로 마땅히 ‘行’이 되어야 한다.

158) 최종지崔宗之 : 본명은 崔成輔이고, 字는 宗之이며, 博陵 安平(현재 河
　　北 安平縣) 사람이다. 宰相 崔日用의 아들이며, 飮中八仙 중의 하나로
　　용모가 영준하고 수려하였다고 한다. 齊國公을 세습하였다. 左司郎中,
　　侍御史를 역임하였으나 謫官金陵의 일에 연좌되어 죽은 연대를 알지
　　못한다.『新唐書』권202「文藝傳 李白」에 "白自知不爲親近所容, 益驁
　　放不自脩, 與知章, 李適之, 汝陽王璡, 崔宗之, 蘇晉, 張旭, 焦遂爲「酒
　　八仙人」. 懇求還山, 帝賜金放還. 白浮游四方, 嘗乘月與崔宗之自采石
　　至金陵, 著宮錦袍坐舟中, 旁若無人"라는 기록이 있다.

159) 육선경陸善經 : 吳郡(현재 蘇州) 사람이다. 經史에 두루 능통하였다. 玄
　　宗 開元 16年(728) 이후에 蕭嵩의 추천으로 集賢院에 들어가 國史 및
　　『開元禮』를 찬수하는 데 참여하였다. 開元 20年에는 황제의 명으로『文
　　選』을 주해하였으나 완성하지 못했다. 集賢院 直學士로 승진하였고,
　　『唐六典』의 찬수에도 참여하였고,『禮記』「月令」의 주해에도 참여하였
　　다. 육선경이 일찍이 주해한 책으로는『周易』8권,『周詩』10권,『三禮』
　　30권,『春秋三傳』30권,『論語』6권,『孟子』7권,『列子』8권,『古文尙
　　書』10권이 있다. 27년간 集賢學士를 지냈으며, 天寶 연간에는 國子司
　　業에 올랐다. 天寶 3年(744) 이후에 죽었다.『新唐書』권 57「藝文志」에

더 상세하게 논의하라는 명령을 내렸는데, 선경 역시 그 논의를 합당하다고 여겼다. 이때 태상경 위도韋縚가 상주하여 말하였다.

예에는 체제사와 협제사가 있는데 모두 은제라고 칭하며, 두 제사를 번갈아 가며 물고기의 비늘처럼 서로 이어집니다. 혹은 5년에 두 번 은제를 지내는데 한 번은 체제사, 한 번은 협제사를 지낸다고 합니다. 혹은 3년마다 한 번 협제사, 5년마다 한 번 체제사를 지낸다고 합니다. 하늘에서 법도를 취하여 윤달을 더하는 것을 본뜨는 것은 취지가 모두 같습니다. 모두 태묘에서 체제사와 협제사를 지내는 것으로 여기는데, 햇수를 헤아리는 것에서 차이가 있고, 경전에 의하여 상고하여 보면 미미하게 어긋나는 점이 있습니다. 지난번 4월에 이미 체제사를 행하였는데 지금 맹동에 또 협제사의 의례를 행하면 합식하여 제사하는 예가 빈번해져 선대의 경전에 어긋날까 염려됩니다. 삼가 생각건대, 폐하께서 능히 거행할 수 있는 제사를 다 하였고 옛 제도들을 모두 밝혔으니, 실로 종묘를 삼가 공경하는 때요, 경전의 가르침이 거듭 밝아지는 때입니다. 신 등은 예를 담당하는 직책으로 있기에 담당관으로서 토론하면서 번번히 옛 경문에 의거하여 그 순서를 정하였습니다. 청컨대, 올해 여름에 체제사를 지낸 것을 바로 은제의 근원으로 삼아, 이후부터는 체제사와 협제사를 서로 교대로 하여 5년에 두 번 은제를 지내고

도 御刊定禮記月令一卷을 지었다는 기록이 있다. 세주에서는 "集賢院學士李林甫陳希烈徐安貞, 直學士劉光謙齊光乂陸善經, 脩撰官史玄晏待制官梁令瓚等注解. 自第五易爲第一."라 하였다.

한 주기 후에 다시 시작하시고, 올해 겨울 협제사는 예에 의거하여 정지하시고 담당 관청에게 맡겨 다만 시제를 행하게 하시면, 제례를 존엄하게 높여서 더럽혀지지 않고 거의 옛 의례에 부합할 것입니다.

황제가 제를 내려 이를 따랐다.

舊儀[四五],[160] 天寶八年閏六月六日敕文 :「禘祫之禮, 以存序位, 質文之變, 蓋取隨時. 國家系本仙宗, 業承聖祖, 重熙累盛, 旣錫無疆之休, 合享登神, 思弘不易之典. 自今已後, 每禘祫並於太淸宮聖祖前設位序正, 上以明陟配之禮, 欽若玄象, 下以盡虔祭之誠, 無違至道. 比來每緣禘祫, 時享則停, 事雖適於從宜, 禮或虧於必備. 已後每緣禘祫, 其常享以素饌, 三焚香以代三獻.」

천보 8년(749) 윤6월 6일 칙령을 내렸다.

체제사와 협제사의 예는 순서에 따른 신위를 보존하는데, 그 질박함과 문식의 변화는 대개 때에 맞추어 취해왔다. 국가의 세계世系는 본래 도가의 종통으로 성조의 대업을 계승하여 거듭 번성하였다. 이미 무궁한 아름다움을 주셨으니 신으로 올려 제사해야 마땅하기에 바뀔 수 없는 전례로 세워 선양하고자 생각한다. 지금 이후로는 매 체제사와 협제사는 태청궁의 성조

---

160) [교감기 45] "舊儀" 『唐會要』 권13에는 이 2자가 없다. 연문衍門이 아닌가 의심된다.

앞에 신위를 순서대로 바르게 진설하여, 위로는 올려 배향하는 예를 밝혀 천상을 공경하고, 아래로는 정성스러운 제사의 성심을 다하여 도리에 어긋남이 없도록 하라. 근래 매번 돌아오는 체제사와 협제사에 따라서 시제는 바로 정지하였다. 제사를 행하는 것은 편의를 따르더라도, 행해야 할 예를 반드시 갖추어야 함에는 혹 손상됨이 있다. 이후 매번 체제사와 협제사를 지낼 때 정기적인 제사들에 대해 소박한 음식으로 제향하고 세 번 향을 피우는 것으로 삼헌三獻(술을 세 번 올리는 것)의 예를 대신하라.

建中二年九月四日, 太常博士陳京上疏言 :「今年十月, 祫享太廟, 并合饗遷廟獻祖·懿祖二神主. 春秋之義[四六],[161] 毀廟之主, 陳于太祖, 未毀廟之主, 皆升合食于太祖. 太祖之位, 在西而東向, 其下子孫, 昭穆相對, 南北爲別, 初無毀廟遷主不享之文. 徵是禮也, 自於周室, 而國朝祀典, 當與周異. 且周以后稷配天, 爲始封之祖, 而下乃立廟. 廟毀主遷, 皆在太祖之後. 禘祫之時, 無先於太廟太祖者. 正太祖東向之位, 全其尊而不疑. 然今年十月祫饗太廟[四七],[162] 伏請據魏·晉舊制爲比, 則構築別廟. 東晉以征

---

161) [교감기 46] "春秋之義" 구절에서 '義'자는 각 판본의 원문에서는 '意'라고 하였다. 『通典』 권50·『唐會要』 권13·『冊府元龜』 권589에 따라 수정하였다.

162) [교감기 47] "祫饗太廟" 구절에서 '祫'자는 각 판본에는 원래 '禘'라고 하였다. 『通典』 권50에 따라 수정하였다. 『校勘記』 권12에서는 "按上文所引春秋之義, 正據祫祭. 又禘在四月, 祫在十月. 通典是也(위에서 인

西等四府君爲別廟, 至禘祫之時, 則於太廟正太祖之位以申其尊,
別廟祭高皇・太皇・征西等四府君以敘其親. 伏以國家若用此義,
則宜別爲獻祖・懿祖立廟, 禘祫祭之, 以重其親 ; 則太祖於太廟遂
居東向, 以全其尊. 伏以德明・興聖二皇帝, 曩立廟, 至禘祫之時,
常用饗禮, 今則別廟之制, 便就興聖廟藏祔爲宜.」敕下尙書省百
僚集議.

　건중 2년(781) 9월 4일 태상박사 진경陳京[163]이 상소하여 말하였다.

　　올해 10월에 태묘에서 협제사를 올릴 때 아울러 조천한 헌
조獻祖와 의조懿祖 2개의 신주를 합향해야 합니다. 『춘추』의
뜻에 의하면, 천묘한 신주는 태조묘에 진열하고, 아직 천묘하
지 않은 신주는 모두 태조묘에 합식합니다. 태조의 신위는 서
쪽에 두고 동쪽을 향하게 하며, 그 자손은 소목을 서로 마주하
여 남북으로 나누어 둔다고 하여서, 천묘한 신주는 제향하지
않는다는 조문은 애당초 없습니다. 이 예를 고증해보면, 주나
라로부터 나온 것이지만, 본조의 제사제도는 당연히 주나라와
다릅니다. 또 주나라는 후직을 천에 배향하고 처음 봉해진 태
조로 삼았고, 그 아래부터 묘를 세웠습니다. 묘를 폐하여 조천

용한 '春秋之義'를 살펴보면 협제사에 근거를 둔 것이 맞다. 또 체제사
는 4월에, 협제사는 10월에 제사한다. 『통전』의 기록이 맞다)"라고 하였
고, 陳京의 疏首에서도 역시 "今年十月祫饗太廟(올해 10월 태묘에서
협제사를 하였다)"고 하였다.

163) 진경陳京 : 字는 慶復이며, 陳宜都王叔明의 5세 孫이다. 父兼은 右補
闕, 翰林學士였다. 진경은 進士第에 뽑혔다가 太常博士에 올랐다. 『新
唐書』 권200 「儒學」下에 열전이 있다.

한 신주는 모두 태조의 뒤에 두었습니다. 체제사와 협제사 때에는 태묘의 태조보다 앞서는 것이 없습니다. 태조가 동향하는 자리를 바르게 하여 존귀함을 온전하게 하고 의혹을 가지지 않게 합니다. 단, 올해 10월 태묘에서 협제사를 할 때에는 위진시대의 옛 제도에 의거하여 별묘를 세우실 것을 삼가 청합니다. 동진에서는 정서征西 등 사부군四府君[164]은 별도의 묘를 세우고, 체제사와 협제사를 할 때 태묘에서는 태조를 정위치에 두어 그 존귀함을 펼쳤고, 별묘에서는 고황·태황·정서 등 사부군을 제사하여 그 친친의 정을 펼쳤습니다.[165] 삼가 생각건대, 본 조에서도 이 뜻을 취하여 행한다면 헌조와 의조를 위한 별묘를 세우고 체제사와 협제사 때 제사하여 그 친친을 두텁게 하는 것이 마땅합니다. 그러면 태묘에서 태조는 동향의 자리에 머물러 그 존귀함을 온전하게 지속할 것입니다. 삼가 생각건대, 덕명과 흥성 두 황제는 이전에 묘를 세웠고 체제사와 협제사 때가 되면 항상 제향의 예로 제사하였습니다. 지금 은 별묘를 세우는 제도를 본받아 마땅히 흥성묘로 조천하여 보관하는 것이 옳겠습니다.

---

164) 사부군四府君 : 征西, 豫章, 潁川, 京兆府君을 가리킨다.
165) 『晉書』 권19 「禮志」上, 吉禮에 의하면 진무제는 즉위한 후 7묘제를 택하여 종묘의 제사를 정하였다. 武帝泰始元年十二月丙寅, 受禪. 丁卯, 追尊皇祖宣王爲宣皇帝, 伯考景王爲景皇帝, 考文王爲文皇帝, 宣王妃張氏爲宣穆皇后, 景王夫人羊氏爲景皇后. … 중략 … 奏可. 於是追祭征西 將軍, 豫章府君, 潁川府君, 京兆府君, 與宣皇帝, 景皇帝, 文皇帝爲三昭三穆. 是時宣皇未升, 太祖虛位, 所以祠六世, 與景帝爲七廟, 其禮則據王肅說也.

상서성에 칙령을 내려 백관이 모여 논의하도록 하였다.

禮儀使太子少師顏眞卿議曰:「議者或云獻祖·懿祖親遠廟遷,
不當祫享, 宜永閟於西夾室. 又議者云, 二祖宜同祫享, 於太祖並
昭穆, 而空太祖東向之位. 又議者云, 二祖若同祫享, 卽太祖之位
永不得正, 宜奉遷二祖神主祔藏於德明皇帝廟. 臣伏以三議俱未
爲允. 且禮經殘缺, 旣無明據, 儒者能方義類, 斟酌其中, 則可擧
而行之, 蓋協於正也. 伏惟太祖景皇帝以受命始封之功, 處百代不
遷之廟, 配天崇享, 是極尊嚴. 且至禘祫之時, 暫居昭穆之位, 屈
己申孝, 敬奉祖宗, 緣齒族之禮, 廣尊先之道, 此實太祖明神烝烝
之本意, 亦所以化被天下, 率循孝悌也. 請依晉蔡謨等議, 至十月
祫享之日, 奉獻祖神主居東向之位, 自懿祖·太祖洎諸祖宗, 遵左
昭右穆之列. 此有彰國家重本尙順之明義, 足爲萬代不易之令典
也. 又議者請奉二祖神主於德明皇帝廟, 行祫祭之禮. 夫祫, 合也.
故公羊傳云:『大事者何? 祫也.』若祫祭不陳於太廟而享於德明
廟, 是乃分食也, 豈謂合食乎? 名實相乖, 深失禮意, 固不可行也.」

예의사 태자소사 안진경顏眞卿이 논의하여 말하였다.

　　논의하였던 자들 중에 혹은 헌조와 의조는 친친의 관계가
멀어 조천하였으므로 협제사의 제향을 올리지 않아야 하며, 영
원히 서쪽 협실에 두어야 한다고 말합니다. 또 다른 논의자는
두 선조는 마땅히 함께 협제사에서 제향해야 하며, 태조와 아
울러 소목을 나누어 태조의 신주가 머무는 동향의 자리는 비워
두어야 한다고 합니다. 또 다른 논의자는 두 선조를 만약 함께
협제사에서 제향하면 태조의 위치는 영원히 바른 곳에 있을 수

없으니 마땅히 두 조천한 신주를 받들어 덕명황제德明皇帝의 묘에 합사해야 한다고 합니다. 신이 삼가 생각건대, 이 세 논의 는 모두 합당하지 않습니다. 또 예경은 없어지고 누락되어 이 미 명확한 근거가 없으므로, 유자들이 의리의 유형들을 비교하 여 합당한 것을 짐작하여 드러낼 수 있으면, 적용하여 시행해 도 대개 올바름에 부합할 수 있습니다. 생각건대, 태조 경황제 는 천명을 받아 처음 봉해진 공로가 있으니 영원히 폐해지지 않은 묘에 두고 천에 배향하여 제향하는 것이 지극히 존엄하게 하는 것입니다. 또 체제사와 협제사 때에 이르러 잠시 소목의 위치에 두고 자신을 굽혀 효를 펼치시고, 조상을 공경히 받들 어 종족에서는 나이를 우선시하는 예[齒族][166]에 따라 선조를 높이는 도리를 넓힌다면 이것은 실로 태조의 신령이 도타운 본 의로, 역시 천하를 교화하고 효제를 솔선하는 것입니다. 청컨 대, 진晉나라의 채모蔡謨[167] 등의 논의에 의거하여 10월 협제

---

166) 치족齒族 : 족인이다. 족인들이 모여서 나이에 따라 그 순위를 정한다는 의미로 사용하였다. 『禮記』「祭義」 "壹命齒於鄕里, 再命齒於族, 三命 不齒 ; 族有七十者, 弗敢先."

167) 채모蔡謨(281~356) : 字는 道明이고 陳留郡 考城縣(현재 河南省 民權 縣) 사람이다. 대대로 대성 귀족 출신이다. 東晉에서 주요 관직을 역임 하였다. 조위에서 尙書를 지냈던 蔡睦의 曾孫이며, 西晉에서 樂平太守 를 지냈던 蔡德의 손자, 從事中郞 蔡克의 아들이다. 諸葛恢 · 荀闓와 함께 "中興三明"이라고 칭해졌다고 전해진다. 일찍이 孝廉으로 천거되 었으나, 줄곧 관직을 사양하다가 東晉 明帝 司馬紹가 중랑장에 오르자 參軍으로 발탁하였다. 元帝가 승상이 되었을 때에는 승상의 掾屬과 參 軍을 거쳤으며, 康帝 즉위 후에는 光祿大夫 開府儀同三司에까지 올랐

사의 날에 헌조의 신주를 받들어 동향의 자리에 두시고, 의조
와 태조부터 여러 조상은 차례대로 왼쪽에 소, 오른쪽에 목을
배열하십시오. 이것은 국가가 근본을 중시하고 순응을 숭상하
는 밝은 뜻을 널리 드러낼 것이며, 만대에 바뀌지 않는 법전이
되기에 족할 것입니다. 또 논의자는 조천한 두 신주를 덕명황
제의 묘에 봉헌하여 협제의 예를 행하기를 청합니다. 대개 협
제사는 합식하는 것입니다. 그렇기 때문에 『공양전公羊傳』에서
는 "큰 제사는 무엇인가? 협제사다"라고 한 것입니다. 만약 협
제사를 태묘에서 하지 않고 덕명묘에서 제향한다면 이것은 나
누어 따로 흠향하는 것이니 어찌 합식하는 것이라고 할 수 있
겠습니까? 명분과 실상이 서로 어긋나서 예의 뜻을 심히 잃은
것이니 본래 행할 수 없습니다.

貞元七年十一月二十八日, 太常卿裴郁奏曰:「禘‧祫之禮, 殷‧
周以遷廟皆出太祖之後, 故得合食有序, 尊卑不差. 及漢高受命,
無始封祖[四八],168) 以高皇帝爲太祖. 太上皇, 高帝之父, 立廟享
祀, 不在昭穆合食之列, 爲尊於太祖故也. 魏武創業, 文帝受命,

다. 후에 侍中司徒에 임명되었으나, 고사하였다. 특히 당시 동진의 귀족
이었던 殷浩(303~356)와 荀羨(322~359)으로부터 핍박을 받자 두문불출
하며 제자를 기르는 일에만 전념하였다. 수년 후에 조정에서 光祿大夫
와 開府儀同三司를 제수하였으나 칭병하여 나아가지 않았다. 『晉書』
권77 「蔡謨傳」.

168) [교감기 48] "無始封祖" 구절에서 '封'자는 각 판본에는 원래 없다. 『通
典』 권50‧『唐會要』 권13‧『冊府元龜』 권590에 따라 보완하였다.

亦卽以武帝爲太祖. 其高皇·太皇·處士君等[四九],[169] 並爲屬
尊, 不在昭穆合食之列. 晉宣創業, 武帝受命, 亦卽以宣帝爲太祖.
其征西·潁川等四府君, 亦爲屬尊, 不在昭穆合食之列. 國家誕受
天命, 累聖重光. 景皇帝始封唐公, 實爲太祖. 中間世數旣近, 於三
昭三穆之內, 故皇家太廟, 惟有六室. 其弘農府君·宣·光二祖, 尊
於太祖, 親盡則遷, 不在昭穆之數. 著在禮志, 可擧而行. 開元中,
加置九廟, 獻·懿二祖皆在昭穆, 是以太祖景皇帝未得居東向之
尊. 今二祖已祧, 九室惟序, 則太祖之位又安可不正? 伏以太祖上
配天地, 百代不遷, 而居昭穆, 獻·懿二祖, 親盡廟遷, 而居東向,
徵諸故實, 實所未安. 請下百僚僉議.」敕旨依.

정원貞元 7년(791) 11월 28일에 태상경 배욱裴郁이 상주하여 말하
였다.

체제사와 협제사의 의례는 은나라와 주나라에서는 조천되는
묘가 태조 이후로부터 나왔기 때문에 합식하는 제사에서 순서
가 있고 존비의 차이가 어긋나지 않을 수 있었습니다. 한나라
의 고조가 천명을 받아 나라를 세울 때에 봉해진 시조가 없었
기 때문에 고조를 태조로 삼았습니다. 태상황은 고조의 아버지
로 묘를 세워 제사하였고, 소목에 따라 합식하는 반열에 있지
않는데 태조보다 더 존귀하게 되었습니다. 위나라의 무후가
창업하고 문제가 천명을 받자 무제로 태조를 삼았습니다. 고황

---

169) [교감기 49] "其高皇太皇處士君等" 구절에서 '太皇'은 각 판본에는 원
래 '太祖'라고 하였다. 『舊唐書』 권25 「禮儀志」·『通典』 권50·『唐會
要』 권13에 따라 수정하였다.

·태황·처사군 등은 모두 속존屬尊(종실의 웃어른)이 되어 소목에 따라 합식하는 반열에 있지 않았습니다. 진나라 선제가 창업하고 무제가 수명하자 역시 선제로 태조를 삼았고, 정서와 영천 등 사부군은 속존이 되어 소목에 따라 합식하는 반열에 있지 않았습니다. 국가(당왕조)가 탄생하여 천명을 받은 이래 여러 성군의 덕이 계속 이어졌습니다. 경황제가 당공으로 처음 봉하여졌으니 실제로 태조가 되는 것입니다. 중간에 세대의 수가 이미 3소와 3목에 가까워졌기 때문에 황가의 태묘가 오직 6실이 된 것입니다. 홍농부군과 선·광 두 선조는 태조보다 높고 친이 다하여 조천하였으므로 소목의 수에 들어가지 않습니다. 예지에 분명하여 행할 만합니다. 개원 연간에 더하여 9묘를 설치하고, 헌조와 의조 두 조상을 모두 소목에 두었으며, 이로써 태조 경황제는 아직 동향하는 존귀의 자리에 머물 수 없었습니다. 지금 두 선조는 이미 조천되었으니 9실에 순서를 세움에 태조의 위치를 어찌 바르게 하지 않을 수 있겠습니까? 삼가 생각건대, 태조는 천지에 배향되어 영원히 조천하지 않는데 소목에 따라 머무는 자리에 있고, 헌조와 의조는 친의 관계가 다하여 조천하였는데 동향의 자리에 있는 것은 여러 옛 사실을 상고할 때 실로 합당하지 않았습니다. 청컨대, 백료들에게 내려 함께 논의하게 하십시오.

칙령으로 그 뜻을 따랐다.

八年正月二十三日, 太子左庶子李嶸等七人議曰：

8년(780) 1월 23일에 태자좌서자 이영李嶸 등 7인이 논의하여 말하였다.

王制:「天子七廟, 三昭三穆, 與太祖而七」, 周制也. 七者, 太祖及文王·武王之祧, 與親廟四也. 太祖, 后稷也. 殷則六廟, 契及湯與二昭二穆. 夏則五廟, 無太祖, 禹與二昭二穆而已[五〇].[170] 晉朝博士孫欽議云:「王者受命太祖及諸侯始封之君, 其已前神主, 據已上數過五代卽毁其廟, 禘祫不復及也. 禘祫所及者, 謂受命太祖之後, 迭毁主升藏於二祧者也[五一].[171] 雖百代, 禘祫及之.」伏以獻·懿二祖, 太祖以前親盡之主也. 擬三代以降之制, 則禘祫不及矣. 代祖神主, 則太祖已下毁廟之主, 則公羊傳所謂「已毁廟之主, 陳于太祖」者是也. 謹按漢永光四年詔, 議罷郡國廟及親盡之祖, 丞相韋玄成議太上·孝惠廟, 皆親盡宜毁, 太上廟主宜瘞於園[五二],[172] 孝惠主遷於太祖廟. 奏可. 太上, 則太祖已前之主, 瘞于園, 禘祫不及故也, 則今獻·懿二祖之比也. 孝惠遷於太祖廟, 明太祖已下子孫, 則禘祫所及, 則今

---

170) [교감기 50] "禹與二昭二穆而已" 구절에서 '已'자는 각 판본에는 원래 없다. 『通典』권50·『唐會要』권13에 따라 보완하였다.

171) [교감기 51] "迭毁主升藏於二祧者也" 구절에서 '迭'자는 각 판본에는 원래 '未'라고 하였다. 『通典』권50, 『唐會要』권13·『冊府元龜』권590에 따라 '夫'라고 하여 '迭'자의 오류를 계속 이었다. 按 : "升藏於二祧之神主爲毁廟之主"의 구절을 살펴보면 '未'자를 쓴 것은 잘못이다.

172) [교감기 52] "太上廟主宜瘞於園" 구절에서 '於'자는 각 판본 원문에는 없다. 『唐會要』권13, 『冊府元龜』권590에 따라 보완하였다.

代祖元皇帝神主之比也. 自魏·晉及宋·齊·陳·隋相承[五
三],173) 始受命之君皆立廟[五四],174) 虛太祖之位. 自太祖
之後至七代君, 則太祖東向位, 乃成七廟. 太祖以前之主, 魏
明帝則遷處士主置於園邑, 歲時使令丞奉薦, 世數猶近故也.
至東晉明帝崩, 以征西等三祖遷入西除, 名之曰祧, 以準遠
廟. 至康帝崩, 穆帝立, 於是京兆遷入西除[五五],175) 同謂
之祧, 如前之禮, 並禘祫所不及.

『예기』「왕제」에서는 "천자는 7묘를 세우는데, 삼소삼목三昭
三穆과 태조를 합하여 7묘다"라고 하였습니다. 주나라의 제도
입니다. 7묘라는 것은 태조와 문왕, 무왕의 묘와 (태조)의 친묘
4개입니다. 태조는 후직后稷입니다. 은나라에서는 6묘였습니
다. 설契 및 탕湯과 이소이목입니다. 하나라는 5묘였습니다. 태
조는 없고 우禹와 이소이목일 뿐입니다. 진晉나라의 박사 손흠
이 논의하기를, "왕이 되어 수명한 태조와 제후로서 처음 봉해
진 군은 이전의 신주에 대하여 5대가 지난 이전의 신주는 조천
하는 것에 의거하여 체제사와 협제사에 합식하지 않습니다. 체
제사와 협제사가 미치는 것은 수명한 태조의 후대에 순서대로
조천하여 두 묘에 보관된 신주들입니다. 비록 백대가 지나도

---

173) [교감기 53] "自魏晉及宋齊陳隋相承" 구절에서 '陳隋'는 각 판본에는
원래 '隋陳'이라고 하였다. 『通典』 권50, 『唐會要』 권13에 따라 수정하
였다.

174) [교감기 54] "皆立廟" 구절은 『通典』 권50, 『唐會要』 권13에는 '立'자
다음에 '六'자가 있다.

175) [교감기 55] "於是京兆遷入西除" 구절에서 '是'자 각 판본에는 원래 없
다. 『通典』 권50, 『唐會要』 권13에 따라 보완하였다.

체제사와 협제사에 합식합니다"라고 하였습니다. 삼가 생각건
대, 헌조와 의조 두 조상은 태조 이전의 친이 다한 신주입니다.
삼대 이래의 제도로 헤아리면 체제사와 협제사에 미치지 않습
니다. 대조의 신주는 태조 뒤로 조천한 신주입니다. 『공양전』
에서는 "이미 조천한 신주는 태조의 묘에 진열한다"고 하였습
니다.

한나라 영광永光 4년(40)의 조서를 살펴보면, 군국묘 및 친
을 다한 조상을 파할 것을 논의하라고 하였는데, 승상 위현성
은 태상太上·효혜孝惠의 묘廟는 모두 친이 다하였으므로 조천
하고, 태상묘의 신주는 원園에 묻어야 하며, 효혜제의 신주는
태조묘로 옮겨야 한다고 하였습니다. 황제가 그의 상주를 윤허
하였습니다. 태상, 즉 태조 이전의 신주는 원에 묻어서 체제사
와 협제사가 미치지 않기 때문입니다. 지금의 헌조와 의조가
이에 해당합니다. 효혜의 신주를 태조묘에 옮겨 태조 이하의
자손은 체제사와 협제사에 합식함을 밝혀줍니다. 지금 태조원
황제 신주가 이에 해당합니다. 위魏·진晉나라부터 송宋·제齊
·진陳·수隋나라에서는 이를 서로 계승하여 처음으로 천명을
받은 군주는 모두 묘를 세웠고, 태조의 자리는 비워두었습니
다. 태조 이후부터 7대의 군주는, 태조를 동향의 자리에 두어서
이로써 7묘를 이루었습니다. 태조 이전의 신주에 대하여 위나
라 명제는 처사處士의 신주로서 원읍園邑으로 옮겼고, 해마다
시제사를 지낼 때 영令과 승丞을 보내 제사를 지내게 하였으
니, 세계의 수가 아직 가깝기 때문이었습니다. 동진의 명제가
붕어하였을 때에 이르러 정서장군 등 3명의 조상은 서제西除
로 옮겨서 조천한 묘[祧]라고 하고 친이 다한 먼 선조의 묘에

준하여 대우하였습니다. 강제가 붕어하기에 이르러 목제가 즉
위하였는데 경조를 서제로 조천하고 똑같이 祧라고 불러 이
전의 예와 같이 하였고, 아울러 체제사와 협제사에 합식하지
않았습니다.

　　國朝始饗四廟, 宣・光並太祖・世祖神主祔于廟. 貞觀九
年, 將祔高祖于太廟, 朱子奢請準禮立七廟, 其三昭三穆,
各置神主, 太祖, 依晉宋以來故事, 虛其位, 待遞遷方處之
東嚮位. 於是始祔弘農府君及高祖爲六室, 虛太祖之位而行
禘祫. 至二十三年, 太宗祔廟, 弘農府君乃藏於西夾室. 文
明元年, 高宗祔廟, 始遷宣皇帝于西夾室. 開元十年, 玄宗
特立九廟, 於是追尊宣皇帝爲獻祖, 復列於正室, 光皇帝爲
懿祖, 以備九室. 禘祫猶虛太祖之位. 祝文於三祖不稱臣, 明
全廟數而已. 至德二載克復後, 新作九廟神主, 遂不造弘農
府君神主, 明禘祫不及故也. 至寶應二年, 祔玄宗・肅宗於
廟, 遷獻・懿二祖於西夾室, 始以太祖當東嚮位, 以獻・懿二
祖爲是太祖以前親盡神主, 準禮禘祫不及, 凡十八年.

　　본 조에서 처음 4묘를 제향하여, 선조宣祖・광조光祖는 태조
太祖・세조世祖의 신주와 함께 태묘에 합묘하였습니다. 정관 9
년(635)에 장차 고조를 태묘에 합사하고자 할 때, 주자사朱子
奢176)가, 예에 따라서 7묘를 세워, 삼소삼목에 각각 신주를 두

---

176) 주자사朱子奢(?~641) : 蘇州 吳人이다. 문장에 능했고, 특히 춘추에 정
통했다. 수나라에서는 直秘書學士가 되었다. 천하에 변란이 일어나자
병을 핑계로 고향으로 돌아갔다. 당나라가 건국한 후 武德 4年(621) 杜

고, 태조는 진晉나라와 송宋나라의 고사에 의거해서 그 위치를
비워두어 조천하는 것을 기다렸다가 동향의 자리에 놓자고 요
청하였습니다. 이에 처음으로 홍농부군 및 고조를 합제하여 6
실을 만들고, 태조의 자리를 비워두고 체제사와 협제사를 지냈
습니다. 정관 23년에 이르러 태종을 태묘에 합사할 때 홍농부
군은 이에 서쪽 협실에 보관하였습니다. 문명文明 원년(68
4)177)에 고종을 묘에 합사할 때 선황제를 서쪽 협실에 옮겼습
니다. 개원開元 10년(722)에는 현종이 특별히 9묘를 세워 선황
제를 헌조로 추존하여 다시 정실에 진열하였고, 광황제를 의조
로 추존하여 9실을 갖추었습니다. 체제사와 협제사 때에도 오
히려 태조의 자리를 비우고, 세 선조에 대한 축문에서는 신을
칭하지 않았고 오직 묘수를 온전하게 갖추었음을 밝혔을 뿐이
었습니다. 지덕至德 2년(757)에 옛 제도로 복원한 후에는 새롭
게 9묘의 신주를 만들었으나 홍농부군의 신주는 만들지 않았
습니다. 체제사와 협제사에 미치지 않는다는 것을 명확히 하였
던 것입니다. 보응寶應178) 2년(763)에 이르러 현종玄宗·숙종肅
宗을 태묘에 합사할 때 헌조와 의조를 서쪽 협실에 옮기고 처

伏威을 따라 당으로 들어가 國子助教가 되었다. 태종 때에 누차 승진하
여 諫議大夫, 弘文館學士를 역임하였다.

177) 문명文明 : 예종 원년인 684년이다. 683년 12월 高宗이 죽고 中宗이 계
위하였으나, 측천무후에 의해서 684년 2월에 예종에게로 황위가 옮겨졌
다가, 같은 해 9월 측천무후가 집권하면서 잠시 光宅이라는 연호를 사용
하였다.

178) 보응寶應 : 代宗의 첫 번째 연호다. 762년 4월부터 763년 6월까지 사용
하였으며, 그해 7월에 廣德으로 개원하였다.

음으로 태조를 동향의 자리에 놓았으니, 헌조와 의조는 태조 이전으로 친이 다한 신주가 되어 예에 따라서 체제사와 협제사에 미치지 않은 지 18년이나 되었습니다.

至建中二年十月, 將祫饗, 禮儀使顔眞卿狀奏 : 合出獻·懿二祖神主行事, 其布位次第及東面尊位, 請準東晉蔡謨等議爲定. 遂以獻祖當東嚮, 以懿祖於昭位南嚮, 以太祖於穆位北嚮, 以次左昭右穆, 陳列行事. 且蔡謨當時雖有其議, 事竟不行, 而我唐廟祧, 豈可爲準? 嶸伏以嘗·禘·郊·社, 尊無二上, 瘞毁遷藏, 禮有義斷. 以獻·懿爲親盡之主, 太祖已當東嚮之尊, 一朝改移, 實非典故. 謂宜復先朝故事, 獻·懿神主藏于西夾室, 以類祭法所謂「遠廟爲祧, 去祧爲壇, 去壇爲墠, 壇·墠有禱則祭, 無禱乃止」. 太祖旣昭配天地, 位當東嚮之尊. 庶上守貞觀之首制, 中奉開元之成規, 下遵寶應之嚴式, 符合經義, 不失舊章.

건중建中 2년(781) 10월에 이르러 장차 협제사를 행하려고 할 때 예의사 안진경이 장주하기를, "마땅히 헌조와 의조의 신주를 꺼내서 제사하며, 그 자리의 순서와 동향하는 존자의 자리에 대해서 동진 때 채모 등의 논의에 따라서 정하시길 청합니다"라고 하였습니다. 이에 헌조의 신주를 동향의 자리에 놓고 의조의 신주는 소의 위치에서 남쪽으로 향하게 하고, 태조는 목의 위치로 북쪽을 향하게 하였으며, 그 다음은 좌소우목左昭右穆으로 진열하여 제사하였습니다. 또 채모가 당시에 비록 그 논의를 주장하였지만, 결국 시행되지 않았습니다. 그런데 우리 당나라의 종묘에서 어찌 준거로 삼아 따를 수 있겠습니까? (이)영이 삼가 생각건대, 상嘗·체禘·교郊·사社 제사에서 둘의 지존을 높일 수 없고 신주를 묻어 철폐하고 옮겨 보관하는 것은 예의 의리에 따라 결단할 수 있습니다. 헌조와 의조는 친연이 이미 다한 신주이며, 태조가 이미 동향의 자리에 놓였기 때문에 하루 아침에 개정하여 옮기는 것은 실로 합사하는 예의 선례에 부합하지 않습니다. 마땅히 전대의 옛 제도를 회복하여, 헌조와 의조의 2개 신주는 서쪽 협실에 보관하시어, 『예기』「제법祭法」에서 말하는, "친연이 멀어진 묘실은 응당 조천하고, 조천한 묘를 없애 단을 세우고, 단을 없애 선墠을 만든다. 단과 선에 대해서는 기도할 것이 있으면 제사하고, 기도할 것이 없으면 제사하지 않는다"는 것에 부합하게 해야 합니다. 태조는 이미 밝게 천지에 배향하여 동향의 존위에 놓였습니다. 바라건대, 위로 정관 연간에 처음 만들었던 제도를 준수하고 중간에 개원開元 연간(713~741)의 제도를 받들어 행하고, 아래로 보응 시기(762~763)의 엄격한 제도를 준수하면, 경전의 뜻에 부합하여 옛 전장의 뜻을 잃지 않을 것입니다.

吏部郎中柳冕等十二人議曰:

이부낭중 유면[179] 등 12인이 의논으로 말하였다.

---

179) 유면柳冕(730~804?): 字는 敬叔, 蒲州 河東(현재 山西省 永濟) 사람이다. 당 현종과 덕종 시대에 생존하였다. 박학하고 문장을 잘하여 대대로 史官을 지냈다. 부자가 모두 집현원에 있었다. 아버지 柳芳은 숙종대에

天子受命之君, 諸侯始封之祖, 皆爲太祖. 故雖天子, 必
有尊也, 是以尊太祖焉 ; 故雖諸侯, 必有先也, 亦以尊太祖
焉. 故太祖已下, 親盡而毁. 洎秦滅學, 漢不及禮, 不列昭
穆, 不建迭毁. 晉失之, 宋因之. 於是有違五廟之制, 於是有
虛太祖之位. 夫不列昭穆, 非所以示人有序也 ; 不建迭毁,
非所以示人有殺也 ; 違五廟之制, 非所以示人有別也 ; 虛
太祖之位, 非所以示人有尊也. 此禮之所由廢. 按禮 : 「父爲
士, 子爲天子, 祭以天子[五六],[180] 葬以士.」今獻祖祧也,
懿祖亦祧也, 唐未受命, 猶士禮也. 是故高祖 · 太宗以天子之
禮祭之, 不敢以太祖之位易之. 今而易之, 無乃亂先王之序
乎? 昔周有天下, 追王太王 · 王季以天子之禮, 及其祭也, 親
盡而毁之. 漢有天下, 尊太上皇以天子之禮, 及其祭也, 親
盡而毁之. 唐有天下, 追王獻 · 懿二祖以天子之禮, 及其祭
也, 親盡而毁之. 則不可代太祖之位明矣.

천자로서 천명을 받은 군주나, 제후로서 처음으로 봉해진 조
상은 모두 태조가 됩니다. 그러므로 비록 천자라 할지라도 반
드시 그 선조를 높이는 바가 있는 것이니 존숭하여 태조로 삼

사관을 지냈으며, 『國史』 130권을 찬하였다. 유면은 덕종 초에 태상박사
로 발탁되었으며, 어사중승, 복건관찰사 등을 역임하였다. 古文運動을
일으킨 柳宗元과는 같은 집안 출신으로, 韓愈, 柳宗元의 古文運動의
선구가 되었다고 평가된다. 문집이 있었다고 하나 전해지지 않으며, 『全
唐文』에 문장 10여 편 정도가 남아 있다. 『舊唐書』 권149에 형 柳登과
함께 열전이 있다.

180) [교감기 56] "祭以天子" 이 4자는 각 판본에는 원래 없다. 『通典』 권50,
『唐會要』 권13 및 『禮記』 「喪服小紀」의 원문에 따라 보완하였다.

습니다. 그러므로 제후라 할지라도 반드시 앞세우는 바가 있는 것이니, 역시 그 선조를 높여서 태조로 삼습니다. 이 때문에 태조 이하 선조는 친연이 다하면 훼철합니다. 진秦나라에 이르러 학문을 절멸하고 한漢 대로 예가 미치지 못하여 소목으로 진열하지 않았고, 번갈아 조천하는 제도도 세우지 않았습니다. 진晉나라에서도 이 예를 잃었고, 송나라에서도 그 잘못된 것을 따랐습니다. 이에 5묘에 어긋난 제도가 있게 된 것이며, 태조의 자리를 비우는 일이 있게 된 것입니다. 대저 소목으로 진열하지 않은 것은 사람들에게 차서가 있음을 보여주는 것이 아닙니다. 조천의 제도를 세우지 않은 것은 사람들에게 줄이는 예가 있음을 보여주는 것이 아닙니다. 5묘 제도에 어긋난 것은 사람들에게 구별이 있음을 보여주는 것이 아닙니다. 태조의 자리를 비우는 것은 사람들에게 존숭하는 바가 있음을 보여주는 것이 아닙니다. 이것이 예가 폐기된 이유입니다. 살펴건대, 『예기』에, "아버지는 사인데 아들이 천자가 되면, 제사는 천자로서 지내고, 장례는 사의 신분으로 한다"[181]고 하였습니다. 지금 헌조는 조천한 신주이고, 의조 역시 조천한 신주로, 당나라가 아직 천명을 받지 않았을 때는 여전히 사인의 예입니다. 이 때문에 고조와 태종은 천자의 예로 제사하면서도, 감히 태조의 자리는 바꾸지 않았던 것입니다. 그런데 지금 이것을 바꾼다면 선왕의 순서를 어지럽히는 것이 아니겠습니까? 옛날에 주나라

---

181) 『禮記』「中庸」에 "父爲士, 子爲大夫, 葬以士, 祭以大夫"라고 하였고, 「喪服小記」에 "父爲士, 子爲天子·諸侯, 則祭以天子·諸侯, 其尸服以士服"라고 하였다.

가 천하를 소유하였을 때에는 태왕과 왕계를 천자의 예로 추봉하였지만, 제사에서 친연이 다한 후에는 조천하였습니다. 한나라가 천하를 차지하자 태상황을 천자의 예로 추존하였지만, 제사에서 친연이 다한 후에는 조천하였습니다. 당나라가 천하를 소유하자 헌조와 의조 두 조상을 천자의 예로 추봉하였지만 제사에서 친연이 다하자 조천하였습니다. 즉 태조의 자리를 대체할 수 없는 것이 분명합니다.

又按周禮有先公之祧, 有先王之祧. 先公之遷主, 藏乎后稷之廟, 其周未受命之祧乎? 先王之遷主, 藏乎文王之廟, 其周已受命之祧乎? 故有二祧, 所以異廟也. 今獻祖已下之祧, 猶先公也; 太祖已下之祧, 猶先王也. 請築別廟以居二祖, 則行周之禮, 復古之道. 故漢之禮, 因於周也; 魏之禮, 因於漢也; 隋之禮, 因於魏也. 皆立三廟, 有二祧. 又立私廟四於南陽, 亦後漢制也. 以爲人之子, 事大宗降其私親, 故私廟所以奉本宗也, 太廟所以尊正統也. 雖古今異時, 文質異禮, 而知禮之情, 與問禮之本者, 莫不通其變, 酌而行之. 故上致其崇, 則太祖屬尊乎上矣; 下盡其殺, 則祧主親盡於下矣; 中處其中, 則王者主祧於中矣.

또 살피건대,『주례周禮』에 선공의 조천이 있고 선왕의 조천이 있습니다. 선공의 조천한 신주는 후직의 묘에 보관하였으니, 주나라가 아직 천명을 받지 않았던 때에 조천한 것입니다. 선왕의 조천한 신주는 문왕의 묘에 보관하였으니 주나라가 이미 천명을 받은 후에 조천한 것입니다. 그러므로 두 개의 조묘가 있으니 묘를 달리한 것입니다. 지금 헌조 이하의 조천한 신주는 선공과 같고, 태조 이하의 조천한 신주는 선왕과 같습니다. 별묘를 지어 헌조와 의조 두 신주를 머물게 하여 주나라의 예를 행하고 옛 도를 복원하시길 청합니다. 옛 한나라의 예는 주나라의 제도에서 이어받은 것입니다. 위나라의 예는 한나라의 제도에서 이어받은 것입니다. 수나라의 예는 위나라의 제도에서 이어받은 것입니다. 모두 3개의 친묘를 세웠고, 2개의 조묘가 있었습니다. 또 남양에 4개의 사묘私廟를 세웠는데 이것은 후한의 제도입니다. 다른 사람의 아들이 된 자는 대종을 섬겨 자신의 사사로운 친연을 낮춥니다. 따라서 사묘는 본래의 종실을 받들기 위한 것이고, 태묘는 정통을 높이기 위한 것입니다. 비록 고금이 시대가 다르고 문과 질이 예를 달리하지만, 예에 들어있는 정을 알고 예의 근본을 묻는 이는 그 변화에 통달하여 조절해서 행하지 않음이 없습니다. 그러므로 위로는 숭상함을 다하여 태조의 친속이 위에서 존귀합니다. 아래로 예를 줄이는 것을 다하니 조천된 신주는 친이 아래에서 다합니다. 중간에 그 소목 가운데 머물러 있으니, (태조 이후) 왕이 된 자의 신주는 그 사이에서 번갈아 조천합니다.

工部郎中張薦等議曰:

공부낭중 장천張薦[182] 등이 의논하여 말하였다.

---

182) 장천張薦(744~804) : 字는 孝擧이며, 深州 陸澤 사람이다. 進士로 출사하였다. 代宗·德宗 때 修撰官으로 활동하였으며, 回紇·回鶻·吐蕃으

「昔殷・周以稷・离始封, 爲不遷之祖, 其毀廟之主, 皆稷・离之後〔五七〕,[183) 所以昭・穆合祭, 尊卑不差. 如夏后氏以禹始封, 遂爲不遷之祖. 故夏五廟, 禹與二昭二穆而已. 據此則鯀之親盡, 其主已遷. 左氏旣稱『禹不先鯀』, 足明遷廟之主, 雖屬尊於始封祖者, 亦在合食之位矣. 又據晉・宋・齊・梁・北齊・周・隋史, 其太祖已下, 並同禘祫, 未嘗限斷遷毀之主. 伏以南北八代, 非無碩學巨儒, 宗廟大事, 議必精博, 驗於史冊, 其禮僉同. 又詳魏・晉・宋・齊・梁・北齊・周・隋故事, 及貞觀・顯慶・開元禮所述〔五八〕,[184) 禘祫並虛東嚮. 旣行之已久, 實群情所安. 且太祖處淸廟第一之室, 其神主雖百代不遷, 永歆烝嘗, 上配天地, 於郊廟無不正矣. 若至禘・祫之時, 暫居昭穆之列, 屈己申孝, 以奉祖禰, 豈非伯禹烝烝敬鯀之道歟? 亦是魏・晉及周・隋之太祖, 不敢以卑厭尊之義也. 議者或欲遷二祖於興聖廟, 及請別置築室, 至禘祫年饗之. 夫祫, 合也. 此乃分食, 殊乖禮意. 又欲藏於西夾室, 永不及祀, 無異漢代塵園, 尤爲不可. 輒敢徵據正

로 세 번이나 사신으로 갔다. 御史中丞에 올랐다. 시호는 憲이다.『新唐書』「藝文志」에 의하면『文集』30卷과『靈怪集』2卷을 저술하였다고 전한다.

183) [교감기 57] "昔殷周以稷离始封爲不遷之祖其毀廟之主皆稷离之後" 구절에서 '始封'부터 '皆稷离'까지 15자는 각 판본에는 원래 없다.『通典』권50,『唐會要』권13에 따라 보완하였다.『唐會要』에는 '爲'자 앞에 또 '遂'자가 있다.

184) [교감기 58] "及貞觀顯慶開元禮所述" 구절에서 '禮'와 '述' 2자는 각 판본에는 원래 없다.『通典』권50에 따라 보완하였다.『唐會要』권13에는 '所'자 다음에 또 '述'자가 있다.

經, 考論舊史, 請奉獻·懿二祖與太祖並從昭穆之位, 而虛
東嚮.」

옛날에 은나라와 주나라는 직稷·설禼을 처음 분봉받은 군주
로 조천하지 않는 조상으로 삼고, 조천하는 묘의 신주는 모두
직과 우의 후예들이었기 때문에 소昭·목穆으로 합사함에 존비
가 어긋남이 없었습니다. 하후씨가 우를 처음 봉해진 군주로
삼고 마침내 조천하지 않는 조상으로 삼은 것과 같았습니다.
이 때문에 하왕조는 5묘에 우와 이소이목二昭二穆이 있었을 뿐
이었습니다. 이에 의거하면, 곤鯀의 친연이 다하자 곤의 신주
를 옮겼습니다. 『좌씨전』에서 "우는 곤보다 앞설 수 없다"고
한 것은 조천한 신주는 비록 처음으로 분봉받은 조상보다 친속
이 존귀하여도 역시 소목에 따라 합사하는 자리에 있었음을 밝
히기에 충분합니다.

또 위魏·진晉·송宋·제齊·양梁·북제北齊·북주[周]·수隋 나
라의 고사에 의하면, 태조 이하는 모두 체제사와 협제사에 함
께 합식하여 훼철된 신주라고 해서 제한하여 끊겼던 적은 없었
습니다. 삼가 생각건대, 남북으로 8대의 왕조 동안 석학碩學 거
유巨儒가 없었던 때가 없었고, 종묘 제사는 반드시 정밀하고
넓게 논의하고, 역사서와 책에서 점검하였으나 그 예는 모두
같았습니다.

또 위魏·진晉·송宋·제齊·양梁·북제北齊·북주北周·수隋나
라의 고사 및 정관·현경·개원례를 상세히 살펴보면, 체제사와
협제사 모두 동향의 자리를 비워두고 제사하였으니, 시행한 지
이미 오래되었고 실제로 여론이 편안히 여기는 바였습니다. 또

태조는 태묘의 제1실에 머물러 그 신주는 비록 백대가 지나가
도 옮기지 않고, 영원히 증烝과 상嘗의 제사를 흠향하며 위로
천지에 배향하니, 교제와 묘제에 바르지 않은 것이 없습니다.
체제사와 협제사의 시기가 되면 잠시 소목의 자리에 거하며 자
신을 굽혀 효를 펼치며 조상을 받든다면 어찌 맏아들 우가 도
탑게 곤을 공경하던 도가 아니겠습니까? 또한 위·진 및 북주,
수나라의 태조가 감히 낮은 지위로 높은 (조상을) 누르지 않았
던 의리입니다. 논의하는 자들은 혹은 두 신주를 홍성묘로 옮
기고자 하여 별도로 실을 지어 체제사와 협제사를 지내는 해에
별묘에 제사하자고 청합니다. 무릇 협제사라는 것은 합식한다
는 뜻입니다. 이처럼 하면 나누어 흠향하는 것이 되니 예의 취
지에 어긋납니다. 또 서쪽 협실에 보관하여 영원히 제사에 참
여하지 못하게 하려고 하니, 한나라 때의 예원瘞園과 다를 바
없어 더욱 불가합니다. 그러므로 감히 정통 경전의 증거에 의
하고, 옛 사서의 논의를 상고하여 헌조와 의조 두 신주와 더불
어 태조의 신주를 모두 소목의 위치에 따라 놓고 받들며, 동향
의 자리는 비워두기를 청합니다.

司勳員外郞裴樞議曰:

사훈원외랑 배구裴樞[185)가 논의하여 말하였다.

---

185) 배구裴樞(841~905) : 字는 環中이며, 絳州 聞喜(현재 山西省 聞喜) 사
    람이다. 吏部尙書 裴向의 손자이고, 御史大夫 裴寅의 아들이다. 咸通
    12년(871)에 進士로 급제하여 藍田尉로 출사하였다. 僖宗을 따라 蜀으

「禮之必立宗子者, 蓋爲收其族人, 東向之主, 亦猶是也〔五九〕.186) 若祔於遠廟, 無乃中有一間, 等上不倫. 西位常虛, 則太祖永厭於昭穆；異廟別祭, 則祫饗何主乎合食? 永閟比於姜嫄, 則推祥祲而無事. 禮云：『親親故尊祖, 尊祖故敬宗, 敬宗故收族, 所以宗廟嚴, 社稷重.』由是言也, 太祖之上復有追尊之祖, 則親親尊祖之義, 無乃乖乎? 太廟之外, 輕置別祭之廟, 則宗廟無乃不嚴, 社稷無乃不重乎? 且漢丞相韋玄成請瘞於園, 晉徵士虞喜請瘞于廟兩階之間. 喜又引左氏說, 古者先王日祭於祖考, 月祀於曾高, 時享及二祧, 歲祫及壇墠, 終禘及郊宗石室. 是謂郊宗之上, 復有石室之祖〔六十〕.187) 斯最近矣. 但當時議所居石室, 未有準的〔六一〕.188) 喜請於夾室中, 愚以爲石室可據, 所以處之之道未安〔六二〕.189) 何者? 夾室謂居太祖之下毁主〔六三〕,190) 非

로 들어가 殿中侍御史에 발탁되었다. 龍紀 初年(889)에는 給事中, 이후에는 京兆尹에 올랐다. 天復 元年(901)에는 戶部侍郎, 並同中書門下平章事로 재상의 자리에 올랐다. 당나라 말 哀帝 즉위 후 65세에 朱全忠이 보낸 수하에 의해서 피살되었다.

186) [교감기 59] "禮之必立宗子者蓋爲收其族人東向之主亦猶是也" 구절에서 '必立'부터 '東向之'까지 14자는 각 판본에는 원래 없다.『通典』권50 ·『唐會要』권13 ·『冊府元龜』권590에 따라 보완하였다.『通典』에서는 '其'를 '是'라고 하였고,『冊府元龜』에서는 '禮' 뒤에 '之'자가 없다.

187) [교감기 60] "是謂郊宗之上復有石室之祖" 구절에서 '之上復有石室' 6자는 각 판본에는 원래 없다.『通典』권50 ·『唐會要』권13에 따라 보완하였다.『通典』에서는 '是謂'를 '是爲'라고 하였다.

188) [교감기 61] "未有準的" 구절에서 '的'자는 각 판본에는 원래 '酌'이라고 하였다.『通典』권50 ·『唐會要』권13 ·『冊府元龜』권590에 따라 수정하였다.

是安太祖之上藏主也. 未有卑處正位, 尊在傍居. 考理卽心,
恐非允協. 今若建石室於園寢, 遷神主以永安, 探漢·晉之
舊章, 依禘祫之一祭, 修古禮之殘缺, 爲國朝之典故, 庶乎
春秋變禮之正, 動也中者焉.」

예에서 반드시 종자를 세우는 것은 대개 족인들을 거두기
위한 것이니, 동향의 신주 역시 이와 같습니다. 만약 친이 다한
먼 조상의 묘[遠廟]에 합사하게 되면 가운데에 한 칸의 빈 자리
가 생겨 차등을 두는 것이 순서가 없어지지 않겠습니까? 서쪽
의 동향하는 자리 위를 항상 비워두면 태조가 영원히 소목에
눌릴 것입니다. 다른 묘에서 별도로 제사하면 협제가 어떻게
합식하는 것을 위주로 삼을 수 있겠습니까? 영구히 폐쇄하기
를 강원姜嫄의 묘와 같이 하면, 기도하는 것은 미루어 행하여
도 제사를 지내는 일은 없습니다.[191] 『예』에서는, "친족을 친
애하므로 조상을 높이는 것이고, 조상을 높이기 때문에 종宗을
공경하는 것이고, 종을 공경하기에 족인들을 수렴하여 질서를
세우는 것이니 종묘가 존엄하고 사직이 중엄한 이유이다"라고
하였습니다. 이것으로 볼 때, 태조의 위로 추존한 조상을 다시

189) [교감기 62] "所以處之之道未安" 구절은 각 판본에는 원래 '之'자가 하
    나뿐이다. 『通典』 권50·『唐會要』 권13·『冊府元龜』 권590에 따라 보완
    하였다.
190) [교감기 63] "夾室謂居太祖之下毀主" 구절에서 '居'자는 각 판본에는
    원래 없다. 『唐會要』 권13·『冊府元龜』 권590에 따라 보완하였다.
191) 『詩經』 「魯頌·閟宮」에 "閟官有侐, 實實枚枚"라고 하였고, 毛傳에
    "閟, 閉也. 先妣姜嫄之廟在周常閉而無事"라고 하였다.

두는 것은 친족을 친애하고 조상을 높이는 의리에 어긋나는 것이 아니겠습니까? 태묘 외에 서둘러 별도로 제사하는 묘를 두면 종묘가 존엄해지지 않고, 사직이 중엄해지지 않는 것이 아니겠습니까?

또 한나라의 승상 위현성韋玄成은 원園에 신주를 묻을 것을 청하였고, 진나라에서 초빙하였던 선비 우희虞喜는 묘의 양쪽 계단 사이에 묻을 것을 청하였습니다. 우희는 또 『좌씨전』의 말을 인용하여, 옛날 선왕은 매일 올리는 제사는 할아버지와 아버지에게 하였고 매달 올리는 제사는 증조와 고조에게까지 하였고, 시제는 두 조천한 묘에까지 하였고, 해마다 지내는 협제사는 단선壇墠의 조상에게까지 미쳤고, 마지막 체제사는 교종郊宗과 석실石室까지 미쳤습니다. 이것은 교종 위에 또 석실이 있음을 말합니다. 이것이 사리에 가장 가까운 말입니다.

다만 당시 의논에서 거처하고 말한 석실은 아직 준거가 없었습니다. 우희는 협실에서 행할 것을 청하였으나, 어리석은 제 생각으로는 석실을 준거로 삼을 수는 있겠지만 신주를 두는 도리에서는 합당하지 않습니다. 왜 그렇겠습니까? 협실은 태조 이하의 훼철된 신주를 놓는 곳이지, 태조 위의 조천한 신주를 보관하는 곳이 아니기 때문입니다. 낮은 신분이 정통의 자리에 있고 존귀한 신분이 방계의 자리에 있는 일은 없습니다. 이치를 상고하고 마음에 비추어 보아도 합당하게 부합하는 것이 아니라고 생각됩니다. 지금 만약 원침에 석실을 건축하여 신주를 옮겨 영원히 안정되게 하고, 한나라와 진나라의 옛 제도를 채택하여 체제사와 협제사를 하나의 제도로 삼았던 것에 의거하고 고례에 없어지고 빠진 것을 정비하여 당나라의 전장을 제정한다면, 아마도 『춘추春秋』의 예에 변화를 줌이 바르고, 예를 변동함이 사리에 맞다고 할 것입니다.

考功員外郎陳京議曰：「京前爲太常博士, 已於建中二年九月四日, 奏議祫饗獻·懿二祖所安之位, 請下百僚博採所疑. 其時禮儀使顔眞卿因是上狀, 與京議異, 京議未行. 伏見去年十一月二十八日詔下太常卿裴郁所奏, 大抵與京議相會. 伏以興聖皇帝, 則獻祖之曾祖, 懿祖之高祖. 夫以曾孫祔列於曾·高之廟, 豈禮之不可哉? 實人情之大順也.」

고공원외랑 진경陳京이 논의하여 말하였다.

제가 이전에 태상박사로 있을 때인 건중 2년(781) 9월 4일에 헌조와 의조의 신위를 안치하고 합사하는 일에 관하여 의견을 상주하였을 때, 백관들에게 영을 내려 의혹이 될 것에 대하여 널리 의견을 모을 것을 청하였습니다. 그때 예의사 안진경顔眞卿이 장문을 올렸는데, 저와는 의견이 달랐고 저의 의견은 실행되지 않았습니다. 지난해 11월 28일 내려진 조에 대해서 태상경 배욱裴郁이 올린 상서를 살펴보면 대체로 저의 의견과 서로 부합합니다. 흥성황제는 헌조의 증조이며, 의조의 고조입니다. 증손을 증조와 고조의 묘에 합사하는 것이 어찌 예에 있어서 불가한 것이겠습니까. 실로 인정을 크게 따르는 것입니다.

京兆少尹韋武議曰：「凡三年一祫, 五年一禘. 祫則群廟大合, 禘

則各序其祧. 謂主遷彌遠, 祧室旣修, 當祫之歲, 當以獻祖居于東
嚮, 而懿祖序其昭穆, 以極所親. 若行禘禮, 則太祖復筵于西, 以
衆主列其左右. 是則於太祖不爲降屈, 於獻祖無所厭卑. 考禮酌
情, 謂當行此爲勝.

경조소윤 위무韋武[192]가 논의하여 말하였다.

> 무릇 3년마다 한 번 협제사하고 5년마다 한 번 체제사를 합
> 니다. 협제사에서는 모든 묘가 합식하고, 체제사에서는 조천한
> 신주들을 각각 순서에 따라 진열합니다. 신주가 조천되어 친이
> 더욱 멀어지고 조천한 묘실은 이미 수리하였으니, 협제를 지낼
> 때에 이르면 헌조를 동향의 자리에 두고 의조를 소목의 순서에
> 따라 두어서 친애하는 바를 지극히 합니다. 체제사를 행하게
> 되면 태조(의 신주)를 서쪽에 있는 동향의 자리에 다시 놓고
> 여러 신주들을 그 좌우에 배열합니다. 이렇게 하면 태조에 있
> 어서는 낮추어 굽히는 것이 되지 않고, 헌조에 있어서는 눌리
> 어 낮추어짐이 없습니다. 예를 상고하고 인정을 헤아리면 이렇
> 게 행하는 것이 더 낫다고 생각됩니다.

---

192) 위무韋武(752~806) : 京兆 萬年(현재 陝西省 西安) 사람이다. 韋待價의
曾孫으로 11세에 조상의 공업으로 右千牛로 제수되었고, 누차 승진하여
長安丞에 올랐다. 德宗이 梁州에 행차했을 때 처자식을 버리고 황제가
임시로 머물던 곳으로 투신하여 殿中侍御史가 되었으며, 후에 刑部員
外郎, 絳州刺史 등을 거쳤다. 憲宗 때에는 京兆尹에 올랐다가 順宗의
능인 豐陵의 건설을 담당하였으나 완성하지 못하고 죽었다.

同官縣尉仲子陵議曰:

동관현同官縣의 현위 중자릉仲子陵이 논의하여 말하였다.

「今儒者乃援『子雖齊聖, 不先父食』之語, 欲令已祧獻祖,
權居東向, 配天太祖, 屈居昭穆, 此不通之甚也. 凡左氏『不
先食』之言, 且以正文公之逆祀, 儒者安知非夏后廟數未足
之時, 而言禹不先鯀乎! 且漢之禘·祫, 蓋不足徵. 魏·晉已
還, 太祖皆近. 是太祖之上, 皆有遷主. 歷代所疑, 或引閟宮
之詩而永閟, 或因虞主之義而瘞園, 或緣遠廟爲祧以築宮,
或言太祖實卑而虛位. 惟東晉蔡謨憑左氏『不先食』以爲說,
欲令征西東嚮. 均之數者, 此最不安. 且蔡謨此議, 非晉所
行. 前有司不本謨改築之言, 取征西東嚮之一句爲萬代法,
此其不可甚也. 臣又思之, 永閟瘞園, 則臣子之心有所不安;
權虛正位, 則太祖之尊無時而定. 則別築一室, 義差可安. 且
興聖之於獻祖, 乃曾祖也, 昭穆有序, 饗祀以時. 伏請奉獻·
懿二祖遷於德明·興聖廟, 此其大順也. 或以祫者合也, 今
二祖別廟, 是分食也, 何合之爲? 臣以爲德明·興聖二廟, 每
禘祫之年, 亦皆饗薦, 是亦分食, 奚疑於二祖乎?」

지금 유자들은 "아들이 비록 성인과 같은 동열이라도 그 아
비보다 먼저 흠향해서는 안 된다"[193]는 말을 끌어와, 이미 조

---

193) 『春秋左傳』「文公 2年」에 나오는 말이다. "秋八月丁卯, 大事於大廟,
躋僖公, 逆祀也. 於是夏父弗忌爲宗伯, 尊僖公, 且明見曰 "吾見新鬼
大, 故鬼小. 先大後小, 順也. 躋聖賢, 明也. 明順, 禮也."君子以爲失禮.
禮無不順. 祀, 國之大事也, 而逆之, 可謂禮乎? 子雖齊聖, 不先父食久
矣. 故禹不先鯀, 湯不先契, 文·武不先不窋."

천한 헌조의 신주를 임시로 동향의 자리에 머물게 하고 천에 배향하는 태조의 신주를 굽혀 소목의 자리에 머물게 하니 이것은 정말 사리에 통하지 않음이 심한 것입니다. 무릇 좌구명이 말하는 "선조보다 먼저 흠향하지 않는다"라는 말은 문공이 순서가 뒤인 신주를 앞에 올려 행한 잘못된 제사를 바로잡은 것입니다. 유자들이 하후씨의 묘수가 다 차지 않았을 때 우가 곤보다 앞서 흠향하지 않았음을 말한 것이 아니라는 것을 어찌 단정하겠습니까? 또 한나라의 체제사와 협제사에 대해서는 대개 고증이 부족합니다. 위魏·진晉나라 이후에는 태조가 모두 (당시의 황제와) 가까웠습니다. 따라서 태조의 위로는 모두 조천한 신주가 있었습니다. 역대로 의심스러웠던 것은, 혹 〈비궁閟宮〉194)의 시를 끌어다가 영원히 폐쇄한다고 하고, 혹은 우제사 때의 신주의 뜻을 가지고 원에 묻는다고 하고, 혹은 친연이 멀어진 묘에 대하여 조묘祧廟를 세우는 것에 따라 별묘를 짓는다고 하고, 혹은 태조가 실제로 지위가 낮다고 하여 그 동향의 자리를 비워둔다고 합니다.

오히려 동진의 채모는 좌씨의 "선조에 앞서 흠향하지 않는다"는 설에 따라 주장을 세우고 정서대장군을 동향의 자리에

---

194) 비궁閟宮 : 『詩經』 「魯頌」 제4편의 시가다. 魯의 僖公이 閟宮을 지은 것을 소재로 삼아 희공의 문치와 무공을 칭송하였다. 노국이 주초와 같이 존귀한 국가로 회복되기를 바라는 열망이 담겨 있다. 모두 9장으로 구성되어 있는데, 주나라의 시조인 姜嫄과 后稷에 관한 이야기부터 太王, 文王, 武王을 칭송하고, 특히 僖公이 조상의 제사를 받들어 노국이 옛 영토를 회복하여 옛 영광을 되찾을 것을 기원하는 내용이다.

두고자 하였습니다. 이 몇 가지 설을 비교할 때 이 주장이 가장 타당하지 않습니다. 이 채모의 논의는 진晋에서 실행한 것이 아닙니다. 앞서 담당관이 고쳐서 별묘를 짓자는 채모의 말에 근거하지 않고, 정서대장군을 동향의 자리에 두자는 하나의 문구를 취하여 만대의 법으로 삼았습니다만, 이것은 매우 가당치 않은 것입니다. 신이 또 생각할 때, 영원히 폐쇄하여 원에 묻는 것은 신하와 자손의 마음에 불안한 바가 있습니다. 임시로 동향의 바른 자리를 비워두면 태조의 지존은 정해질 때가 없습니다. 별도의 묘실을 하나 세우는 것이 의리상 다소 합당할 수 있습니다. 또 흥성은 헌조에게 증조로 소목에 순서가 맞고 계절마다 향사하고 있습니다. 헌조와 의조를 덕명묘와 흥성묘로 받들어 옮기시기를 청합니다. 이것이 크게 순조로운 것입니다. 어떤 이는 협제사는 합식한다는 것인데, 지금 두 선조를 별도의 묘에 모시면 이것은 나뉘어 흠향하는 것이니 어떻게 합식하는 것이 되겠냐고 말합니다. 신은 덕명과 흥성 두 묘는 매번 체제사와 협제사를 지낼 때 역시 제사를 올리고 있습니다. 이것 또한 나누어 흠향하는 것인데, 어찌 두 선조에 대해서 의혹을 제기합니까?

其月二十七日, 吏部郎中柳冕上禘祫義證, 凡一十四道, 以備顧問, 幷議奏聞.

그달 27일에 이부낭중 유면柳冕이 『체협의증禘祫義證』을 올렸는데 모두 14개 조목으로 황제의 자문에 대비한 것이었다. 아울러 자신의 의견을 상주하였다.

至三月十二日, 祠部奏郁等議狀. 至十一年七月十二日, 敕「于
頏等議狀, 所請各殊[六四],[195) 理在討論, 用求精當. 宜令尚書省
會百僚與國子監儒官, 切磋舊狀, 定可否, 仍委所司具事件聞奏.」
其月二十六日, 左司郎中陸淳奏曰「臣尋七年百僚所議, 雖有一
十六狀, 總其歸趣, 三端而已. 于頏等一十四狀, 並云復太祖之位.
張薦狀則云並列昭穆, 而虛東饗之位. 韋武狀則云當祫之歲, 獻祖
居于東嚮, 行禘之禮, 太祖復筵于西. 謹按禮經及先儒之說, 復太
祖之位, 位既正也, 義在不疑. 太祖之位既正, 懿·獻二主, 當有所
歸. 詳考十四狀, 其意有四: 一曰藏諸夾室, 二曰置之別廟, 三曰
遷于園寢, 四曰祔于興聖. 藏諸夾室, 是無饗獻之期, 異乎周人藏
於二祧之義, 禮不可行也. 置之別廟, 始於魏明之說, 實非禮經之
文. 晉義熙九年, 雖立此義, 已後亦無行者. 遷於園寢, 是亂宗廟之
儀, 既無所憑, 殊乖經意, 不足徵也. 惟有祔于興聖之廟, 禘祫之
歲乃一祭之, 庶乎亡於禮者之禮, 而得變之正也.」

3월 12일에 이르러 사부에서 배욱 등이 논의한 의견을 상주하였
다. 11년 7월 12일에 칙령을 내려서, "우기于頏 등의 논의에서 청한
것이 각각 다르니 그 이치상 토론하여 세밀하게 타당한 점을 구해야
한다. 상서성에서는 백관들과 국자감의 유관들을 모아 이전에 올린
의견을 헤아려 가부를 정하고 담당관에게 일을 갖추어 상주하게 하
라"고 하였다.

그달 26일에 좌사낭중 육순陸淳[196) 등이 상주하였다.

---

195) [교감기 64] "所請各殊" 구절에서 '請'자는 각 판본에는 원래 '謂'라고
하였다. 『唐會要』 권13·『冊府元龜』 권590에 따라 수정하였다.

196) 육순陸淳(?~806): 字는 伯冲이다. 唐 憲宗 李淳을 피휘하여 후에 陸質

신이 7년간 백관들이 논의한 내용을 살펴보니, 16개의 장서
가 있었으나 그 취지를 종합하여 보면 3가지로 귀결됩니다. 우
기 등이 올린 14개의 장서는 모두 태조의 자리를 복원해야 한
다는 내용이고, 장천의 장서는 모두 소목에 따라 배열하며 동
향의 자리를 비워두어야 한다는 내용이고, 위무의 장서는 협제
사 때가 되었을 때 헌조의 신주를 동향의 자리에 머물게 하며,
체제사를 지내고 태조를 다시 서쪽의 동향하는 자리에 놓자는
내용입니다. 삼가 예경과 선유의 설을 살펴보면, 태조의 자리를
회복하면 자리가 이미 바르게 되니 의리상 의혹이 없습니다.

　태조의 위치는 이미 바르니, 의조와 헌조의 두 신주는 마땅
히 돌아갈 곳이 있어야 합니다. 14개의 장서를 상세히 상고하
면 그 뜻은 넷입니다. 첫째 협실에 보관한다, 둘째 별도의 묘를
세운다, 셋째 원침으로 조천하여 묻는다. 넷째 흥성묘에 합사
한다는 것입니다. 여러 협실에 보관하면 제사하는 때가 없는
것으로 주나라에서 두 조묘를 만들어 보관하였던 뜻과 달라 예
가 행해질 수 없습니다. 별묘를 세워두는 것은 위명의 설에서
시작된 것으로 실로 예경에 있는 명문이 아닙니다. 진나라 의
희 9년(413)에 비록 이 뜻을 세웠으나 이후에 역시 행해지지

로 개명하였다. 경학에 조예가 깊었는데, 특히 啖助와 趙匡에게서 『춘
추』를 사사하였다. 특히 『春秋左傳』은 서사에 장점이 있고, 『春秋公羊
傳』과 『春秋穀梁傳』은 대의를 선양하는 의의가 있다고 하였다. 스승 啖
助와 趙匡의 설을 종합하여 『春秋集傳纂例』·『春秋微旨』·『春秋集傳
辨疑』 등을 찬하여 송나라 유학자들이 경전에 의심을 품는 풍기를 일으
켰다는 평가를 받는다. 이 책들은 현대 『古經解彙函』에 수록되어 있다.

않았습니다. 원침으로 옮기자는 것은 종묘의 의례를 어지럽힌 것으로, 이미 근거가 없고 경전의 뜻과 많이 달라서 증거를 댈 수 없습니다. 오직 흥성의 묘에 합사하여 체제사와 협제사 때에 한 번 제사하는 것이 예에 없는 예를 행하면서 거의 변통이 바름을 얻을 수 있습니다.

十九年三月, 給事中陳京奏: 「禘是大合祖宗之祭, 必尊太祖之位, 以正昭穆. 今年遇禘, 伏恐須定向來所議之禮.」敕曰: 「禘祫之禮, 祭之大者, 先有衆議, 猶未精詳, 宜令百僚會議以聞.」時左僕射姚南仲等獻議狀五十七封, 詔付都省再集百僚議定聞奏. 戶部尚書王紹等五十五人奏議: 「請奉遷獻祖·懿祖神主祔德明·興聖廟, 請別增兩室奉安神主. 緣二十四日禘祭, 修廟未成, 請於德明·興聖廟垣內權設幕屋爲二室, 暫安神主. 候增修廟室成, 準禮遷祔神主入新廟. 每至禘祫年, 各於本室行饗禮.」從之. 是月十五日, 遷獻祖·懿祖神主權祔德明·興聖廟之幕殿. 二十四日, 饗太廟. 自此景皇帝始居東向之尊, 元皇帝已下依左昭右穆之列矣.

19년 3월에 급사중給事中 진경이 상주하여 말하였다.

체제사는 조종을 모두 모아 지내는 제사이므로 반드시 태조의 위를 높여 소목을 바로 세워야 합니다. 올해는 마침 체제사를 지내는 해이므로 이전에 논의한 것들을 확정해야 하겠습니다.

(황제가) 칙령을 내렸다.

체제사와 협제사는 큰 제사다. 앞서 여러 의견이 있었으나,

아직도 정밀하고 상세하지 않다. 마땅히 백관들이 모여서 논의하여 아뢰게 하라.

이때 좌복야 요남중姚南仲[197] 등이 논의한 문서 56개를 올렸는데, 황제가 도성에 조를 내려 백관들과 논의하여 아뢰도록 하였다. 호부상서 왕소 등 55인이 논의한 바를 상주하였다.

헌조와 의조를 받들어 옮겨 덕명과 흥성묘에 합사하시고, 별도로 양 묘실을 늘려 신주를 봉안하시기를 청합니다. 24일의 체제사 때지만 아직 묘의 증수가 완성되지 않으니, 덕명과 흥성묘의 담장 안에 임시로 천막 2실을 만들어 신주를 잠시 안치하시길 청합니다. 묘실의 수리가 완성되기를 기다려 예에 의거하여 신주를 신묘에 옮겨 합사하시고, 매번 체제사와 협제사 때에 각각 본실에서 제향의 예를 행하십시오.

황제가 이를 따랐다. 그달 15일에 헌조와 의조의 신주를 임시로 덕명과 흥성묘를 천막으로 옮겼다. 24일에 태묘에서 제사하였다. 이

---

197) 요남중姚南仲(729~803) : 華州 下邽사람이다. 乾元(758~759) 初에 制科登第하여 太子校書를 제수 받았고, 高陵·昭應·萬年 3縣의 尉를 역임하였다. 右拾遺, 轉右補闕로 승진하였다. 大曆 13年(778)에 貞懿皇后獨孤氏가 죽자 代宗이 슬픔을 이기지 못하고 궁성 근처에 陵墓를 짓고 아침저녁으로 바라보며 애도하려고 하자 상소로 간언하였다.『舊唐書』권153「姚南仲傳」"大曆十三年, 貞懿皇后獨孤氏崩, 代宗悼惜不已, 令於近城爲陵墓, 冀朝夕臨望於目前. 南仲上疏諫曰 伏聞貞懿皇后今於城東章敬寺北以起陵廟, 臣不知有司之請乎, 陛下之意乎, 陰陽家流希旨乎?"

때부터 경황제가 비로소 동향 지존의 자리에 머물렀고, 원황제 이하
는 좌소우목에 의거하여 배열되었다.

　二祖新廟成, 敕曰:「奉遷獻祖·懿祖神主, 正太祖景皇帝之位,
虔告之禮, 當任重臣. 宜令檢校司空平章事杜佑攝太尉, 告太淸
宮;門下侍郞平章事崔損攝太尉, 告太廟.」又詔曰:「國之大事,
式在明禋. 王者孝饗, 莫重於禘祭, 所以尊祖而正昭穆也. 朕承列
聖之休德, 荷上天之睠命, 虔奉牲幣, 二十五年. 永惟宗廟之位,
禘嘗之序, 夙夜祗慄, 不敢自專. 是用延訪公卿, 稽參古禮, 博考
群議, 至于再三. 敬以令辰, 奉遷獻祖宣皇帝神主·懿祖光皇帝神
主, 祔于德明·興聖皇帝廟. 太祖景皇帝正東向之位. 宜令所司循
禮, 務極精嚴, 祗肅祀典, 載深感愓. 咨爾中外, 宜悉朕懷.」

　2조의 신묘가 완성되자 칙령으로 말하였다.

　　헌조와 의조의 신주를 받들어 옮기고 태조 경황제의 위치를
　　바로 하였으니 경건하게 고하는 예를 중신에게 담당하게 해야
　　할 것이다. 검교사공평장사 두우杜佑[198]는 태위의 직을 대신하

---

198) 두우杜佑(735~812):字는 君卿이며, 京兆 萬年縣(현재 陝西省 西安)
　　사람이다. 그가 찬한『通典』200권은 역대 전장 제도를 분류별로 서술하
　　는 방식을 택하여, 새로운 역사서술의 방식을 창안했다는 평가를 받는
　　등 사학사적으로 의의가 크다. 두우의 曾祖 杜行敏은 荊·益二州都督
　　府長史·南陽郡公, 祖 杜慤는 右司員外郞·詳正學士, 父 杜希望은 鴻
　　臚卿·恆州刺史·西河太守를 역임하였고, 右僕射로 추증되었다. 두우
　　는 이러한 집안의 배경으로 蔭敍로 관직에 나아갔다.『舊唐書』권147
　　「杜佑傳」"字君卿, 京兆萬年人曾祖行敏, 荊·益二州都督府長史·南

여 태청궁에 고하고, 문하시랑평장사 최손崔損[199]은 태위의 직
을 대신하여 태묘에 고하라. 나라의 대사는 그로써 제사를 밝
히는 데 있고, 왕이 된 자가 효향하는 것에 체제사보다 중한
것이 없으니, 조상을 높이고 소목을 바르게 하는 까닭이다. 짐
이 열성조의 아름다운 덕을 이어받아 상천이 돌보아 주신 덕에
희생과 예물을 경건하게 받들어 올린 지 25년이 지났다. 오로
지 종묘의 자리를 생각하고 체제와 상제 등 제사에서의 순서를
생각하여 밤낮으로 두려웠고, 감히 혼자 정하지 못하였다. 이
에 공경을 맞이하고 찾아가 의견을 묻고 고례를 상고하고 여러

陽郡公. 祖憼, 右司員外郎·詳正學士. 父希望, 歷鴻臚卿·恆州刺史·
西河太守, 贈右僕射. 佑以蔭入仕, 補濟南郡參軍·剡縣丞."

199) 최손崔損(?~803) : 字는 至无이며 博陵 安平(현재 河北省 安平縣) 사
람이다. 대성 博陵 崔氏 가문 출신으로 北齊 南鉅鹿太守 崔伯謙의 후
손이다. 代宗 大曆 말년에 進士로 급제하여, 祕書省校書郎을 제수받았
고, 德宗 貞元 12년(796)에 同中書門下平章事에 올랐으며, 貞元 14년
에는 門下侍郎平章事에 올랐다. 그해에 昭陵의 舊宮이 산불에 의해서
불타자 궁의 재건을 건의하는 일을 맡았는데, 당시의 논자들은 이미 산
에 있던 궁이 불탔으니, 산 아래로 이궁하여 재건할 것을 건의하였으나,
덕종은 이를 탐탁치 않게 여기고 산 위에 다시 지었다. 『舊唐書』 권136
「崔損傳」 "十四年秋, 轉門下侍郎平章事. 是歲, 以昭陵舊宮爲野火所
焚, 所司請修奉. 「昭陵舊宮在山上, 置來歲久, 曾經野火燒爇, 摧毀略
盡, 其宮尋移在瑤臺寺左側. 今屬通年, 欲議修置, 緣供水稍遠, 百姓勞
弊, 今欲於見住行宮處修創, 冀久遠便人. 又爲移改舊制, 恐禮意未周,
宜令宰臣百僚集議. 議者多云 : 「舊宮既焚, 宜移就山下. 上意不欲遷移,
只於山上重造, 命損爲八陵修奉使. 於是獻·昭·乾·定·泰五陵造屋五
百七十間, 橋陵一百四十間, 元陵三十間, 唯建陵仍舊, 但修葺而已. 所
緣陵寢中牀蓐帷幄一事以上, 帝親自閱視, 然後授損送於陵所."

학자의 논의를 널리 상고하기를 두 번 세 번 하기에 이르렀다. 삼가 좋은 때에 헌조선황제의 신주와 의조광황제의 신주를 받들어 옮겨, 덕명과 흥성황제묘에 합사하고, 태조경황제의 신주는 동향의 자리에 모셔 바르게 한다. 마땅히 담당자들은 예를 준수함에 힘써 지극히 정밀하고 엄격하게 하며, 공경히 제사를 받들음에 감동하고 두려워하기를 깊게 하라. 아 너희 조정과 밖의 신민들은 짐의 마음을 자세히 알아야 할 것이다.

會昌六年十月, 太常禮院奏:「禘祫祝文稱號, 穆宗皇帝·宣懿皇后韋氏·敬宗皇帝·文宗皇帝·武宗皇帝, 緣從前序親親, 以穆宗皇帝室稱爲皇兄, 未合禮文. 得修撰官朱儔等狀稱:『禮敘尊尊, 不敘親親. 陛下於穆宗·敬宗·武宗三室祝文, 恐須但稱嗣皇帝臣某昭告于某宗.』臣等同考禮經, 於義爲允.」 從之.

회창 6년(846) 10월에 태상예원이 상주하여 말하였다.

체제사와 협제사의 축문에서 칭호가 목종황제穆宗皇帝[200]·

---

200) 목종황제穆宗皇帝(795~824) : 당의 12대 황제로 이름은 李恒이다. 헌종의 셋째 아들로 812년 憲宗에 의해서 후계로 책봉되었다. 헌종이 갑자기 사망하자 환관 梁守謙에 의해서 옹립되어 820~824년까지 재위하였다. 모친은 懿安皇后郭氏이다. 17대 황제 宣宗의 이복형이다. 재위기간 동안 연회를 지나치게 많이 열어 궁중은 문란하였다. 게다가 당시 재상이었던 蕭俛·段文昌 등은 번진이 이미 평정되었다고 섣불리 판단하고 병력을 줄이자, 오래지 않아 河朔三鎮에서 반란이 다시 일어나니, 당 말기의 혼란은 이때로부터 시작되었다.

선의황후위씨宣懿皇后韋氏201) · 경종황제敬宗皇帝202) · 문종황
제文宗皇帝203) · 무종황제武宗皇帝204)는 이전에 친친의 서열로
정하였던 것을 따르기 때문에 목종황제의 묘실을 황형이라고

---

201) 선의황후위씨宣懿皇后韋氏 : 穆宗의 妃妾으로 韋貴妃였다. 본래의 성은
   廉氏였다. 목종이 태자로 있을 때 그를 모셨는데, 814년 훗날 武宗이 되
   는 李瀍을 낳았다. 長慶 연간(821~824)에 貴妃로 책봉되었다. 840년 武
   宗이 즉위하였을 때는 이미 사망하였으므로 "宣懿皇后"로 추봉되었다.
202) 경종황제敬宗皇帝(809~826) : 당의 13대 황제로 이름은 李湛이다. 목종
   의 장자로 황제로 즉위할 때 16세에 불과했으며 재위 기간은 824~826년
   으로 짧았다. 寶曆 2년(826) 환관 劉克明 등에 의해 피살되었다.
203) 문종황제文宗皇帝(809~840) : 당의 14대 황제로 이름은 李涵으로, 목종
   의 둘째 아들이다. 재위 기간은 826~840년이고 모친은 貞獻皇后 蕭氏
   다. 비교적 성품이 온화하였으며, 학식이 있었다고 한다. 재위 초기에는
   정치를 바로잡고자 궁녀 3천명을 궁 밖으로 축출하고 관리의 수를 줄이
   고 충신들을 시용하여 甘露之變을 일으켜 환관들의 세력을 몰아내고자
   시도하였으나, 실패하여 오히려 환관에 의해서 유폐되었다가 31세에 사
   망하였다.
204) 무종황제武宗皇帝(814~846) : 당의 15대 황제로 이름은 李炎(원명은 李
   瀍)이다. 목종의 다섯 번째 아들이다. 경종, 문종의 이복동생이며, 모친은
   宣懿皇后韋氏다. 문종의 병이 위중하였을 때 환관 仇士良과 魚弘志가
   조서를 위조하여 황태자 李成美를 폐위하고 李炎을 皇太弟로 옹립한
   후 문종이 죽자 황제로 즉위하게 하였다. 재위 기간인 840~846년 동안
   李德裕를 재상으로 기용하여 정치를 바로잡고 경제를 발전시키고자 하
   였고, 동시에 환관들의 세력을 꺾고, 번진과 승려들의 세력을 억누르고
   자 하였다. 會昌 3년(843)에는 昭義節度使 劉稹의 반란을 평정하였고,
   會昌 5년(845)에는 불교의 폐단을 제거하고자 폐불령을 내려 사원의 토
   지를 몰수하고 중앙정부의 세원을 확보하였다. 당조의 또 하나의 중흥기
   를 이루어 역사상 "會昌中興"이라고 일컫는다.

칭하니, 예에 합당하지 않습니다. 수찬관 주주朱傅 등이 올린 문서를 보니[205] "예는 존을 높이는 것을 나타내고 친을 친하게 하는 것은 나타내지 않습니다. 폐하는 목종·경종·무종 3실의 축문에서 단지 '사황제신모가 모종에게 밝게 고합니다[嗣皇帝臣某昭告于某宗]'라고 칭해야 옳을 듯합니다"라고 하였는데, 신 등이 예경을 상고하고 보니 의리에 맞습니다.

황제가 이를 따랐다.

貞元十二年, 祫祭太廟. 近例, 祫祭及親拜郊, 皆令中使一人引伐國寶至壇所, 所以昭示武功. 至是上以伐國大事, 中使引之非宜, 乃令禮官一人, 就內庫監領至太廟焉.

정원 12년(796) 태묘에서 협제사를 지냈다. 근래의 사례에서는 협제사 및 친히 교제사에 참석할 때 모두 중사 1인으로 하여금 정벌한 나라의 보물을 가지고 단에 이르도록 하였다. 무공을 밝게 드러내기 위한 것이었다. 이때 이르러 황제는 나라를 정벌한 큰일이 중사가 이끌기에는 마땅치 않다고 여겨 예관 1인으로 하여금 내고의 감령에 나아가 태묘에 이르도록 하였다.

---

205) 會昌 6년의 논의에 대해서는 『舊唐書』 「禮儀志」 5에 수록되어 있다. "會昌六年十一月, 太常博士任疇上言:「去月十七日, 饗德明·興聖廟, 得廟直候論狀, 稱懿祖室在獻祖室之上, 當時雖以爲然, 便依行事, 猶牒報監察使及宗正寺, 請過祭詳窺玉牒, 如有不同, 即相知聞奏. … 이하 생략)."

舊儀, 高祖之廟, 則開府儀同三司淮安王神通·禮部尚書河間王孝恭·陝東道大行臺右僕射鄖國公殷開山·吏部尚書渝國公劉政會配饗. 太宗之廟, 則司空梁國公房玄齡·尚書右僕射萊國公杜如晦[六五]206)·尚書左僕射申國公高士廉配饗. 高宗之廟, 則司空英國公李勣·尚書左僕射北平縣公張行成·中書令高唐縣公馬周配饗. 中宗之廟, 則侍中平陽郡王敬暉·侍中扶陽郡王桓彥範·中書令南陽郡王袁恕己配享. 睿宗之廟, 則太子太傅許國公蘇瑰·尚書左丞相徐國公劉幽求配饗.

옛 의례에, 고조의 묘에는 개부의동삼사회안왕신통則開府儀同三司淮安王神通207)·예부상서하간왕효공禮部尚書河間王孝恭208)·섬동도

---

206) [교감기 65] "尚書右僕射萊國公杜如晦" 이 구절은 『唐會要』 권18에 실린 天寶 6년의 칙을 살펴보면 太宗廟에 長孫無忌·李靖·杜如晦를 配享하였다는 기록이 있어서 『舊唐書』「禮儀志」의 뒷 문장의 기록과 부합하므로 이곳에 杜如晦가 있는 것은 맞지 않는다.

207) 회안왕신통淮安王神通(576~630) : 본명은 李壽이고 字는 神通이다. 唐太祖 李虎의 曾孫이며 鄭孝王 李亮(李虎의 여덟 번째 아들)의 아들이다. 隋나라 말기에 平陽公主·史萬寶·柳崇禮를 따라 鄠縣에서 起兵해서 唐國公 李淵에 호응하였다. 義寧 元年(617) 光祿大夫·宗正卿·鄭國公에 제수되었다가 武德 元年(618) 上柱國·淮安郡王, 拜右翊衛大將軍·山東道安撫大使에 책봉되었다. 夏王 竇建德을 토벌하다가 패배하여 사로잡혔다. 武德 4년(621)에 河北道大行台左僕射·玄戈軍將으로 승진하였고, 秦王 李世民을 따라 劉黑闥에 종사하였다. 左武衛大將軍으로 승진하였고, 秦王 李世民을 지지하였다. 貞觀 元年(627)에 開府儀同三司에 올랐다.

208) 하간왕효공河間王孝恭(591~640) : 이름은 李孝恭이다. 당의 종실로 西魏와 北周의 八柱國 중의 하나였던 李虎의 증손이며, 北周의 朔州總管 李蔚之의 손자이고 隋의 右領軍大將軍 李安의 아들이다. 대대로 명장

대행대우복야운국공은개산陝東道大行臺右僕射鄖國公殷開山[209] · 이부
상서투국공유정회吏部尙書渝國公劉政會[210]를 배향하였다. 태종의 묘
에는 사공양국공방현령司空梁國公房玄齡[211] · 상서우복야래국공두여

집안 출신이다. 唐 高祖 李淵의 堂侄이다. 唐이 건국된 후에는 趙郡王
에 책봉되었고, 당 태종 시기에는 禮部尙書에 올랐으며, 河間郡王에 책
봉되었다. 貞觀 14년(640) 사망 당시 50세였으며, 司空 · 揚州都督에 추
증되어 獻陵에 배장되었다. 高祖廟庭에 배향되었고 淩煙閣 24功臣 중
의 하나로 배열되었다.

209) 은교殷嶠(?~622) : 字는 開山이며, 雍州 鄠縣(현재 陝西省 西安市 鄠
邑區) 사람이다. 唐의 開國功臣이며, 명장으로 淩煙閣 24功臣 중의 하
나다. 隋의 秘書丞 殷僧首의 아들로 陳郡 殷氏 출신이다. 隋나라 때
太穀縣長에서 출사하였고 당조가 太原에서 起兵한 후에는 大將軍掾으
로 제수되어 西河를 평정할 때 종군하여, 渭北道元帥 李世民의 長史가
되었다. 陳郡公에 봉해졌고 丞相府掾을 거쳤다. 武德 5년(622), 劉黑闥
토벌에 참전하였다가 도중에 죽었다. 司空으로 추증되었고, 諡號는 節
이라고 하였고, 高祖廟庭에 배향되었다. 『舊唐書』 권58 「殷嶠傳」.

210) 유정회劉政會(?~635) : 滑州 胙城縣(현재 河南省 滑縣 牛屯鎭) 사람이
다. 隋末 唐初의 大臣이다. 河南 劉氏 출신으로 隋朝 末年에 太原鷹揚
府 司馬가 되었다가 후에 병사를 거느리고 李淵 휘하에 들어갔다. 太原
에 파견되었을 때 王威와 高君雅의 謀反을 고발하여 太原元謀功臣이
되었다. 唐朝 建立 후에는 太原 留守에 임명되었다. 劉武周가 太原을
함락시킨 후 劉政會를 포로로 잡았으나, 끝내 충심으로 굽히지 않았다
고 한다. 刑部尙書 · 光祿卿 · 洪州都督 등을 지냈고, 邢國公에 책봉되었
다. 貞觀 9년(635) 사망하자 民部尙書에 추증되었고, 諡號는 襄이라고
하였다. 후에 다시 幷州都督 · 渝國公에 추증되었고, 高祖廟庭에 배향
되었으며, 淩煙閣 24功臣 중의 하나로 배열되었다. 『舊唐書』 권58 「劉
政會傳」.

211) 방현령房玄齡(579~648) : 이름은 喬이고 字가 玄齡이다. 齊州 臨淄縣

회尙書右僕射萊國公杜如晦[212]·상서좌복야신국공고사렴尙書左僕射申

(현재 山東省 淄博市) 사람이다. 당나라 초의 명재상이고, 政治家, 史學家다. 수나라 때 朝涇陽令을 지낸 房彦謙의 아들이다. 淸河 房氏 출신으로 시와 문장에 능했고, 경학과 사학에 조예가 깊었다. 18세에 進士로 천거되어 羽騎尉·隰城縣尉를 거쳤다. 당조가 晉陽에서 起兵한 후 秦王 李世民에게 투신하여 적극적으로 계책을 모색하여 秦王府의 謀士 중의 하나가 되었다. 武德 9년(626) "玄武門의 變"을 거행하여 杜如晦 等 5人이 최고의 공신이 되었다. 唐 太宗 즉위 후 中書令·邢國公에 배수되어 朝政을 총리하였고, 兼修國史로『晉書』를 찬하였다. 집정 기간 房玄齡은 謀略에 능하고 杜如晦는 과단성 있게 일을 처리한다고 하여 "房謀杜斷"이라 칭해졌다. 훌륭한 재상의 모범을 보였으며, 尙書僕射, 司空에 올랐으며 梁國公에 책봉되었다. 淩煙閣 24功臣 중의 하나로 배열되었다. 貞觀 22년(648)에 병사하였다. 太尉로 추증되었고, 시호는 文昭다. 太宗廟廷에 배향되었고, 昭陵에 배장되었다.『舊唐書』권66「房玄齡傳」.

212) 두여회杜如晦(585~630) : 字는 克明이고, 京兆郡 杜陵縣(현재 陝西省 西安市 長安區) 사람이다. 당나라 초의 명재상이다. 襄州刺史 杜吒之의 아들로 京兆 杜氏 출신이다. 수나라 때 출사하여 滏陽縣尉를 지냈다. 당이 晉陽에서 起兵한 후 太宗 李世民의 幕府謀臣이 되어 兵曹參軍, 陝州長史를 지냈다. 薛仁杲·劉武周·王世充·竇建德의 叛亂을 평정할 때 종군하였고, 秦王府의 從事中郎에 올랐다. 적극적으로 태종의 정책을 수립하는데 나서서 당시 세인들을 감복시켰다고 한다. 文學館 건립 후에는 18學士의 수장이 되었다. "玄武門의 變"에도 적극 참여하여 큰 공을 세워 太子左庶子에 배수되었고, 蔡國公에 책봉되었다. 太宗 卽位後 兵部尙書·檢校侍中으로 승진하였고, 吏部尙書를 거쳐 右僕射에 올랐다. 房玄齡과 함께 태종을 輔政하여 인재를 선발하는 일을 담당하였다. 貞觀 4년(630)에 46세에 병사하였다. 司空·萊國公으로 추증되었고, 시호는 成이다. 貞觀 17년(643) 淩煙閣을 건설하였을 때 초상화를 그려 淩煙閣에 전시하였다. 제3의 위에 배열되었다.『舊唐書』권65「杜如晦傳」.

國公高士廉[213]을 배향하였다. 고종의 묘에는 사공영국공이적司空英
國公李勣[214] · 상서좌복야북평현공장행성尙書左僕射北平縣公張行

213) 고사렴高士廉(575~647) : 본명은 高儉이고 字는 士廉이다. 渤海郡 蓚
    縣(현재 河北省 衡水市 景縣) 사람이다. 당나라 초에 재상을 지냈다.
    北齊 淸河王 高嶽의 손자고, 隋 洮州刺史高勵의 아들이다. 唐 太宗
    文德皇后의 舅父다. 武德 5년(622) 당나라에 귀순하여 授雍州治中으로
    제수되었고, 武德 9년(626) "玄武門의 變"에 참여하여 太子右庶子에
    올랐다. 太宗 즉위 후 侍中으로 승진하였고, 義興郡公에 책봉되었다.
    益州長史로 좌천되었다가 다시 吏部尙書에 올랐으며, 許國公에 책봉
    되었다. 獻陵을 조성하는 일을 담당하였고, 『氏族志』를 편찬하여, 同中
    書門下三品을 더하여 봉해졌다. 貞觀 12년(638) 申國公에 봉해졌고, 申
    州刺史를 세습할 수 있도록 확정되었다. 尙書右僕射 · 開府儀同三司에
    올랐으며, 淩煙閣에 초상화를 그려 전시하였다. 貞觀 19년(645) 太傅에
    올라 太子李治의 監國을 보좌하였다. 貞觀 21년(647)에 죽자 司徒 · 並
    州大都督으로 추증되었고, 시호는 文獻이다. 昭陵에 배장되었고, 太宗
    廟庭에 배향되었다. 高宗 즉위 후에 太尉로 추증되었다. 『舊唐書』권65
    「高士廉傳」.
214) 이적李勣(594~669) : 본명은 徐世勣, 또는 李世勣이며, 字는 懋功이다.
    曹州 離狐(현재 山東省 菏澤市 東明縣) 사람이다. 당나라 초의 명장으
    로 衛國公 李靖과 함께 나란히 칭해진다. 이적의 집안은 본래 高平北祖
    上房 徐氏였다. 그는 일찍이 瓦崗軍에 투신하였다가 후에 隋의 李密을
    따라 唐에 투항하였다. 일생동안 高祖 · 太宗 · 高宗 3대에 걸쳐 조정에
    서의 신임이 깊어 중책을 두루 맡았다. 태종이 사방을 평정하였던 전쟁
    과 설연타를 공략할 때 참여하였고, 동돌궐과 고구려를 침략할 때 참전
    하여 공을 세웠다. 이로 인해 淩煙閣 24공신 중의 하나가 되었으며, 兵
    部尙書 · 同中書門下三品 · 司空 · 太子太師 등을 역임하였고, 英國公에
    책봉되었다. 總章 2년(669) 76세에 죽었다. 太尉 · 揚州大都督에 추증되
    었고, 시호는 貞武다. 昭陵에 배장되었고, 후에 高宗廟庭에 배향되었다.
    이적은 醫學에도 능통하여 최초의 藥典인 『唐本草』의 편찬에 참여하였

成215) · 중서령고당현공마주中書令高唐縣公馬周216)를 배향하였다. 중
종의 묘에는 시중평양군왕경휘侍中平陽郡王敬暉217) · 시중부양군왕환

고, 저서로는 『脈經』 1卷을 지었다고 하지만, 지금은 전해지지 않는다.
『舊唐書』 권67 「李勣傳」.

215) 장행성張行成(587~653) : 字는 德立이며, 定州 義豊(현재 河北省 安國)
사람이다. 당나라의 재상을 지냈다. 中山 張氏 출신으로 수나라 말에
천거되어 員外郞이 되었다가 후에 鄭國 度支尙書가 되었다. 당나라에
항복한 후에는 穀熟尉 · 陳倉尉 · 富平主簿 · 殿中侍御史 · 給事中 · 刑部
侍郞 · 尙書左丞 등을 역임하였다. 高宗의 東宮屬官을 지낼 때 여러 차
례 고종의 監國을 도왔다. 高宗 즉위 후 宰相에 올라 侍中과 刑部尙書
를 겸하였고, 北平縣公에 책봉되었다. 후에 尙書右僕射로 승진하였다.
永徽 4년(653)에 죽자 開府儀同三司 · 幷州都督에 추증되었고, 시호는
定이다. 『舊唐書』 권78 「張行成傳」.

216) 마주馬周(601~648) : 字는 賓王이고, 淸河郡 荏平縣(현재 山東省 聊城
市) 사람이다. 당나라의 재상을 지냈다. 마주는 어려서 고아가 되어 빈한
한 환경에서 자랐지만, 학습하기를 좋아하였다고 한다. 高祖 武德 연간
에 博州助教에 제수되었다가 관직을 그만두고 長安으로 유학하였다. 이
때 中郞將 常何의 집에서 기거하였다. 貞觀 5년(631) 上書諫言한 공으
로 門下省의 관직을 받았고, 監察御史 · 員外散騎侍郞 · 給事中 · 中書
舍人 · 治書侍御史 · 諫議大夫 등을 역임하였다. 태종을 보필하여 누차
직언으로 간언하여 조정의 득실을 바로잡아 '貞觀之治'의 형성에 기여
하였다. 계속해서 中書侍郞 · 太子右庶子 · 檢校吏部尙書 · 銀靑光祿大
夫 · 中書令 등 요직을 거쳤으며, 태종의 신임을 받았다. 貞觀 22년(648)
48세에 죽었다. 幽州都督으로 추증되었고, 昭陵에 배장되었다. 高宗 즉
위 후에는 右僕射, 高唐縣公으로 추증되었다. 高宗廟庭에 배향되었다.
『舊唐書』 권74 「馬周傳」.

217) 경휘敬暉(?~706) : 字는 仲曄이고, 絳州 太平縣(현재 山西省 臨汾市)
사람이다. 당나라의 재상을 지냈다. 澄城縣令 敬山松의 아들이다. 일찍
이 衛州刺史 · 夏官侍郞 · 泰州刺史를 역임하고 大足元年 洛州長史가

언범侍中扶陽郡王桓彥範[218]·중서령남양군왕원서기中書令南陽郡王袁
恕己[219]를 배향하였다. 예종의 묘에는 태자태부허국공소괴太子太傅

되었다. 측천무후가 장안으로 갈 때 경휘에게 知副留守事를 맡겼는데
이로 인해 長安 3년(703)에는 中臺右丞, 銀靑光祿大夫에 제수되었다.
후에 桓彥範·張東之·崔玄暐·袁恕己 등과 神龍政變을 일으켜 中宗
의 복위에 성공하여 侍中에 올랐다. 후에 다시 韋皇后와 武三思에 의해
서 관직에서 물러나게 되었고, 神龍 2年(706)에는 韋后를 음해하였다는
누명을 쓰고 중종에 의해서 유배령을 받게 되었다. 유배지인 瓊州에서
周利貞에 의해서 피살되었다. 睿宗이 즉위한 후 景雲 元年(710)에 관작
이 회복되어 秦州都督으로 추증되었으며, 肅湣이라는 시호를 받았다.
玄宗 開元 6년(718) 中宗廟庭에 배향되었다. 德宗 建中 3년(782) 太尉
에 추증되었다.『舊唐書』권91「敬暉傳」.

218) 환언범桓彥範(653~706) : 字는 士則이고 潤州 曲阿縣(현재 江蘇省 丹
陽市) 사람이다. 당나라의 재상을 지냈다. 弘文館 學士 桓法嗣의 아들
이며, 譙國 桓氏다. 사람됨이 호방하며 門蔭으로 출사하여 右翊衛·衛
尉主簿 등을 거쳤다. 納言 狄仁傑에게 재능을 인정받아 監察御史·御
史中丞, 司刑少卿 등에 올랐다. 敬暉·張東之·崔玄暐·袁恕己 등과
함께 神龍政變을 일으켜 中宗의 복위에 성공하여 侍中·扶陽郡公에 올
랐으나, 韋皇后와 宰相 武三思에 의해서 실권을 잃고 扶陽郡王에 책봉
되었다가 神龍 2年(706) 武三思에 의해서 韋后를 음해하였다는 누명을
쓰고 貴州로 유배갔다가 周利貞에게 피살되었다. 그때 나이 54세였다.
睿宗이 즉위한 후 景雲 元年(710)에 官爵이 회복되었고, 시호를 忠烈이
라 하였다. 玄宗 開元 6년(718) 中宗廟庭에 배향되었다. 德宗 建中 3年
(782) 司徒에 추증되었다.『舊唐書』권91「桓彥範傳」.

219) 원서기袁恕己(?~706) : 滄州 東光(현재 河北省 東光) 사람이다. 당나라
의 재상을 지냈다. 일찍이 司刑少卿·相王府司馬를 지냈으며, 후에 桓彥
範·敬暉·張東之·崔玄暐 등과 神龍政變을 일으켜 中宗의 복위에 성공
하여 中書令에 올랐다. 후에 다시 韋皇后와 宰相 武三思에 의해서 실권
을 잃고 南陽郡王에 책봉되었다가 神龍 2年(706) 武三思에 의해서 韋后

許國公蘇瑰[220]·상서좌승상서국공유유구尙書左丞相徐國公劉幽求[221]

를 음해하였다는 누명을 쓰고 環州로 유배갔다가 周利貞에게 피살되었다. 睿宗이 즉위한 후 景雲 元年(710)에 官爵이 회복되었고, 시호를 貞烈이라 하였다. 玄宗 開元 6년(718) 中宗廟庭에 배향되었다. 德宗 建中 3年(782) 太子太傅에 추증되었다.『舊唐書』권91「袁恕己傳」.

220) 소괴蘇瑰(639~710) : 일명 瓌라고도 하며 字는 昌容이다. 京兆 武功(현재 陝西省 楊淩大寨鎭) 사람이다. 당나라의 재상을 지냈다. 西魏 度支尙書 蘇綽의 玄孫이며, 수나라 때 尙書左僕射 蘇威의 曾孫이다. 蘇瑰는 進士 출신으로 恒州參軍·豫王府錄事參軍·朗州刺史·歙州刺史·揚州長史·尙書右丞·戶部尙書·侍中·吏部尙書·右僕射를 역임하였고, 許國公에 책봉되었다. 景龍 4년(710) 中宗이 죽자 蘇瑰는 권력을 잡고 相王 李旦을 輔政하였다. 睿宗이 즉위한 후에는 左僕射에 올랐으나, 오래지 않아 연로하다 하여 좌복야에서 파해지고 太子少傅가 되었다. 죽은 후에 司空·荊州大都督에 추증되었고, 시호는 文貞이라 하였다. 開元 4년(716) 睿宗廟庭에 배향되었고, 開元 17년(729)에 司徒로 추증되었다.『舊唐書』권88「蘇瑰傳」.

221) 유유구劉幽求(655~715) : 冀州 武強縣(현재 河北省 武強縣) 사람이다. 당나라의 재상을 지냈다. 武周 시기에 進士 출신으로 朝邑縣尉가 되었다. 臨淄王 李隆基와 교유하여 이융기와 太平公主가 韋皇后와 安樂公主를 몰아내는 정변에 참여하였다. 일이 성공하여 睿宗이 복위하고, 이융기는 황태자가 되었다. 예종이 복위한 후에 尙書右丞·戶吏二部尙書·侍中을 역임하였고, 徐國公에 책봉되었으며, 鐵券을 하사받았다. 先天 元年(713) 太平公主를 주살하는 일을 도모하였고, 이 일에 연좌되어 嶺南으로 유배갔다. 先天政變 후에 조정으로 돌아와 檢校左丞相·黃門監에 올랐으나, 당시 中書令이었던 姚崇과 불화하여 太子少保로 좌천되었다가 睦·杭二州刺史로 나갔다. 開元 3년(715) 郴州刺史가 되어 부임하러 가는 길에 병사하였다. 禮部尙書로 추증되었고, 시호는 文獻이라 하였으며, 德宗 建中 3년(782) 司徒로 추증되었다.『舊唐書』권97「劉幽求傳」.

를 배향하였다.

天寶六載正月, 詔 : 京城章懷 · 節愍 · 惠莊 · 惠文 · 惠宣太子, 與
隱太子 · 懿德太子同爲一廟, 呼爲七太子廟, 以便於祀享. 太廟配
饗功臣, 高祖室加裴寂 · 劉文靜, 太宗室加長孫無忌 · 李靖 · 杜如晦,
高宗室加褚遂良 · 高季輔 · 劉仁軌, 中宗室加狄仁傑 · 魏元忠 · 王同
皎等十一人. 大祭祀, 騂犢減數. 十載, 太廟置內官. 十一載閏三
月, 制 :「自今已後, 每月朔望日, 宜令尚食造食, 薦太廟, 每室一
牙盤, 內官享薦. 仍五日一開室門灑掃.」

천보 6년(747) 정월 조에서는, 경성의 장회章懷[222] · 절민節愍[223] ·

---

222) 장회태자章懷太子(655~684) : 이름은 李賢, 字는 明允으로 高宗의 여섯
번째 아들이며, 측천무후의 둘째 아들이다. 용모가 준수하고 영특하여
부황의 총애를 받았다. 上元 2년(675) 太子 李弘이 갑자기 죽자 황태자
에 올랐다. 그동안 3번이나 감국을 맡아 고종의 칭찬을 받았고 조정과
세간에서는 인심을 얻었지만, 측천무후의 시기를 받아 調露 2년(680)에
謀逆罪로 庶人으로 좌천되어 巴州로 유배되었다. 文明 원년(684) 측천
무후가 황제를 폐하고 정권을 잡자 酷吏 丘神勣을 시켜 자결하도록 하
여 자진하였다. 나이 29세였다. 垂拱 元年(685) 雍王으로 爵位를 복원
하였다. 中宗 神龍 2년(706) 司徒로 추증되었고, 親王의 예로 乾陵에
배장되었다. 睿宗 景雲 2년(711)에 章懷太子로 추존되었고, 太子妃 房
氏와 合葬되었다. 일찍이 集文官들과 함께 『後漢書』에 주석을 하여 역
사상 '章懷注'가 남게 되었다. 『君臣相起發事』 · 『春宮要錄』 · 『修身要
覽』 등을 저술하였다고 하나, 지금은 전하지 않는다.
223) 절민태자節愍太子(?~707) : 이름은 李重俊이며, 中宗의 세 번째 아들이
다. 生母는 不詳이다. 일찍이 義興郡王 · 衛王에 책봉되었고, 洛州牧에
제수되었다. 神龍 2년(706)에 皇太子가 되었다. 그러나 당시 권력을 잡

혜장惠莊224)·혜문惠文225)·혜선태자惠宣太子226), 여은태자與隱太

<hr />

고 있던 韋后의 親生子가 아니었으므로 시기를 받았다. 安樂公主와 武
三思 등이 수차례 비방하자 위협을 느끼고 神龍 3년(707) 7월에 李多祚
·李承況·獨孤褘之·沙吒忠義 등과 함께 병변을 일으켜 武三思 父子
를 주살하고 韋皇后 등을 살해하고자 하였으나, 玄武門 밖에서 저지되
어 실패하였다. 終南山으로 피신하였으나 가는 길에 수하에게 피살되었
다. 睿宗이 즉위한 후 太子로 복원하여 시호를 節湣이라고 하고 中宗의
능인 定陵에 배장되었다.

224) 혜장태자惠莊太子(683~724) : 이름은 李捴 또는 李成義이며, 睿宗의 두
    번째 아들이다. 母는 柳宮人이다. 垂拱 3년(687) 恒王에 책봉되었다가
    武周 시기에 衡陽郡王으로 좌천되었다. 神龍 元年(705) 司農少卿·銀
    青光祿大夫에 올랐으며, 景雲年間에는 檢校右衛大將軍·殿中監을 지
    냈으며, 申王에 책봉되었다. 光祿卿·右金吾衛大將軍이 되었다. 先天
    元年(712)에는 司徒·益幽二州都督으로 승진하였다. 開元 12년(724)에
    병사하였다. 惠莊太子로 추존되었고, 睿宗의 능인 橋陵에 배장되었다.

225) 혜문태자惠文太子(686~726) : 이름은 李範 또는 李隆範이며, 睿宗의 네
    번째 아들이다. 母는 崔孺人이다. 처음에 鄭王에 책봉되었다가 후에는
    衛王으로 책봉되었다. 武後 시기에 巴陵郡王으로 좌천되었다. 中宗 복
    위 후에 員外太府少卿·隴州別駕·銀青光祿大夫에 올랐다. 睿宗의 복
    위를 지지하여 岐王으로 높여졌고, 太常卿에 제수되었다가 左羽林衛大
    將軍으로 승진하였다. 玄宗 즉위 후에는 太平公主 세력을 몰아내는 데
    참여하여 太子少師에 올랐으며, 華虢岐三州刺史에 임명되었다. 開元
    8년(720)에는 太子太傅가 되었다. 開元 14년(726)에 죽자 惠文太子로
    추존되어 睿宗의 능인 橋陵에 배장되었다.

226) 혜선태자惠宣太子(?~735) : 이름은 李隆業, 睿宗의 다섯 번째 아들이다.
    母는 王德妃다. 垂拱 3년(687) 開府儀同三司에 제수되고 趙王으로 책
    봉되었다. 長壽 2년(693) 中山郡王으로 좌천되고, 다시 都水使者·彭城
    郡王이 되었다. 神龍政變에 참여하여 中宗의 복위를 지지하였다. 景龍
    2년(708) 陳州別駕·銀青光祿大夫·檢校太僕少卿으로 제수되었다. 후

子[227]·의덕태자懿德太子[228]는 모두 하나의 묘로 만들고 7태자묘라고 부르며, 제사하기에 편하도록 하였다.[229] 태묘에 배향되는 공신으로는 고조의 묘실에는 배적裴寂[230]·유문정劉文靜[231]을 더하고, 태

에 睿宗의 복위를 지지하였다. 景雲 元年(710)에 薛王으로 책봉되었고, 宗正監·右羽林大將軍에 제수되었다가 宗正卿에 올랐다. 학문을 좋아하여 秘書監을 지내기도 하였다. 先天시기 太平公主 세력을 제거하는 데 참여하였다. 開元 元年(713) 太子少保·同溼隰衛虢等州刺史에 올랐다가 太子太保·司徒로 승진하였다. 開元 22년(735)에 죽자 惠宣太子로 추존되어 睿宗의 능인 橋陵에 배장되었다.

227) 여은태자與隱太子(?~626) : 이름은 李承道이며, 高祖 李淵의 손자, 隱太子 李建成의 둘째 아들이다. 武德 3년(620) 安陸郡王에 책봉되었다. 武德 9년(626) 玄武門의 變이 발생하였을 때 피살되었다.

228) 의덕태자懿德太子(682~701) : 이름은 李重潤 또는 李重照이며, 中宗의 嫡長子다. 武后의 이름을 피휘하여 개명하였다. 高宗에 의해서 皇太孫으로 책봉되었고, 開府하였으나, 中宗이 지위를 잃은 후 太孫府도 폐지되고 서인으로 좌천되어 유폐되었다. 중종이 복위하여 邵王으로 책봉하였다. 측천무후가 참언을 믿고 노하여 杖殺하였다. 神龍 元年(705) 皇太子로 추존되었고, 시호는 懿德이다.

229) 『舊唐書』 권9 「玄宗本紀」에서는 玄宗 天寶 6년에 太廟, 圜丘에 제사하였을 뿐만 아니라 京城에 三皇·五帝廟를 세워 時享祭를 지냈고, 7태자의 묘를 세워 제사하였다고 전한다. "丁亥, 親享太廟. 戊子, 親祀圜丘, 禮畢, 大赦天下, 除絞·斬刑, 但決重杖. 於京城置三皇·五帝廟, 以時享祭. 其章懷·節愍·惠莊·惠文·惠宣等太子, 宜與隱太子·懿德太子同爲一廟. 每日立伏食及設伏於庭, 此後並宜停廢. 五嶽既已封王, 四瀆當昇公位, 封河瀆爲靈源公, 濟瀆爲清源公, 江瀆爲廣源公, 淮瀆爲長源公."

230) 배적裴寂(570~632) : 字는 玄眞이며, 蒲州 桑泉(현재 山西省 臨猗縣) 사람이다. 당나라의 개국공신이며, 재상을 지냈다. 14세에 蒲州主簿로

종의 묘실에는 장손무기長孫無忌[232] · 이정李靖[233] · 두여회杜如晦를

임명되었고, 수나라에 들어와 孝廉으로 천거되어 左親衛를 제수받았다.
齊州司戶參軍, 侍御史 · 駕部承務郞, 晉陽宮副監을 역임하였다. 唐國
公 李淵과 교우하여 晉陽起兵을 함께 도모하였다. 大將軍府長史로 임
명되었으며, 聞喜縣公으로 책봉되었다. 李淵이 長安을 공략할 때 공을
세워 相府長史가 되었다. 당나라가 건국된 후에는 右僕射에 올랐고 魏
國公에 책봉되었다. 병사를 이끌고 宋金剛의 반란을 진압하러 나섰으나
실패하고 회군하였다. 그래도 황제의 신임이 깊어 左僕射에 올랐으며,
「武德律」을 편찬하는 일을 맡았고, 司空으로 승진하였다. 貞觀 3년
(629), 僧人 法雅가 妖言으로 죄를 받았던 일에 연루되어 면직되고 靜
州로 유배갔었는데, 平山羌의 叛亂을 토벌하는 공을 세웠다. 貞觀 6년
(632) 황제의 부름을 받고 돌아오는 길에 죽었다. 工部尙書 · 相州刺史
· 魏國公으로 추증되었다. 『舊唐書』 권57 「裴寂傳」.

231) 유문정劉文靜(568~619) : 字는 肇仁이며, 京兆郡 武功縣(현재 陝西省
武功縣) 사람이다. 당나라의 개국공신이며, 재상을 지냈다. 유문정은 뛰
어난 기질과 재능을 겸비하여 수나라에서 儀同三司 · 晉陽縣令을 지냈
다. 수나라 말기 천하에 대란이 일어나자 裴寂과 李世民에게 연락하여
이연의 기병을 지지하고 突厥과 연락하는 명령을 수행하였다. 군대를
따라 남하하여 虎牙郞將 桑顯和 · 河東通守 屈突通을 격파하였다. 당
나라 건국 후에는 納言을 거쳐 宰相의 자리에 올랐다. 李世民을 따라
西秦 薛仁杲를 평정하였으며, 戶部尙書 · 陝東道行台左僕射를 역임하
고 魯國公에 책봉되었다. 武德 2년(619) 司空 裴寂과 사이가 벌어져
술을 마신 후 실언을 하였는데 이를 소첩이 고발하여 "謀反罪"로 사형
되었다. 太宗 貞觀年間에 官爵이 회복되었으며 高祖廟庭에 배향하였
다. 『舊唐書』 권57 「劉文靜傳」.

232) 장손무기長孫無忌(?~659) : 字는 輔機이며, 河南省 洛陽 사람이다. 본
래 鮮卑族 출신이다. 당나라에서 재상을 지냈으며, 외척이다. 수나라 때
右驍衛將軍 長孫晟의 아들이며, 文德皇后의 同母 兄이다. 母는 北齊
樂安王 高勱의 딸이다. 어려서 아버지를 잃고, 외조부 高士廉에 의해서

양육되었다. 太宗과는 布衣之交를 맺었고, 결혼으로 결합되었다. 晉陽에서 起兵한 후에 秦王 李世民을 따라 四方을 정벌하였고, 그의 心腹이 되었다. 많은 공을 세워 上黨縣公에 책봉되었고, 玄武門의 變에도 참여하였다. 貞觀 연간에 左武侯大將軍, 領吏部尙書·右僕射를 역임하였고, 司空·司徒兼侍中·檢校中書令으로 승진하였다. 趙國公에 세습 책봉되었고, 凌煙閣 제1위 자리에 그의 초상화가 걸렸다. 또 晉王 李治를 지지하여 태자가 되었으며, 高宗 즉위 후에는 太尉·同中書門下三品에 제수되었다. 永徽 연간에는 「貞觀律」을 기초로 『唐律疏議』의 修訂을 주관하였다. 顯慶 4년(659)에 中書令 許敬宗으로부터 무고를 당하여 관작이 삭탈되어 黔州(현재 重慶市 彭水縣)로 유배되었다가 목매어 죽었다. 上元 元年(674)에 관작을 복위시키고, 昭陵에 배장하였다. 『舊唐書』 권65 「長孫無忌傳」.

233) 이정李靖(571~649) : 字는 藥師(일설에는 본명이 藥師라고도 한다)이고, 雍州 三原(현재 陝西省 三原縣) 사람이다. 수말 당초의 군사상에서 뛰어난 업적을 이루었다. 수나라에서는 馬邑郡丞을 지냈다. 晉陽에서 起兵한 후에는 唐朝에 힘을 보태어 秦王 李世民을 따라 王世充을 공격하였다. 武德 3년(620)에 趙郡王 李孝恭을 보좌하여 남쪽으로 蕭銑과 輔公祏을 평정하고 嶺南諸部를 초무하였다. 武德 8년(625)에는 북방에서 東突厥의 침입을 방어하였다. 貞觀 3년(629) 定襄道行軍總管으로 여러 장수를 거느리고 北征하러 나갔는데, 정예 기병 3천으로 야간에 定襄을 기습하여 당시 동돌궐의 칸 頡利可汗의 세력은 궤멸되어 陰山으로 도망갔다. 이로써 일거에 東突厥을 점령하여 당나라의 영역이 陰山으로부터 북쪽으로 큰 사막에 도달할 정도로 확대되었다. 이 공으로 尙書右僕射에 제수되었고, 代國公에 책봉되었다. 貞觀 9년(635) 다시 군사를 거느리고 서쪽으로 吐谷渾 정벌에 나섰다. 후에 衛國公으로 책봉되어 세간에서는 '李衛公'이라고 불렸다. 만년에는 병을 앓아서 칩거하며 정치에 참여하지 않았다. 貞觀 17년(643) 凌煙閣 24공신 중의 하나가 되었다. 貞觀 23년(649) 79세에 병사하였다. 司徒·幷州都督으로 추증되었고, 시호는 景武다. 昭陵에 배장되었고, 肅宗 때에 玄宗이 건립한 武成

더하고, 고종의 묘실에는 저수량褚遂良[234]·고계보高季輔[235]·유인궤

王廟에 배향되었다. 武成王廟는 姜太公을 비롯한 역대 훌륭한 장수들을 모신 사당이다. 李靖은 당대 전술과 병법에 뛰어나『六軍鏡』『衛公兵法』을 지었다고 하나 지금은 전해지지 않는다.『舊唐書』권67「李靖傳」.

234) 저수량褚遂良(596~659) : 字는 登善이며, 杭州 錢唐(현재 浙江省 杭州市) 사람이다. 당나라에서 재상을 지냈다. 書法家로도 유명하며 弘文館學士 褚亮之의 아들이다. 河南 褚氏 출신으로 박학다식하고 文史에 정통하였다. 수나라 말기에 西秦 霸王薛擧를 따라서 通事舍人을 지냈으며 당나라로 귀순한 후에 太宗에게 중용되었다. 諫議大夫·黃門侍郎을 역임하였고, 中書令에 올라 朝政大權을 장악하였다. 貞觀 23년(649) 司空 長孫無忌와 함께 輔政을 명하는 遺詔를 받았다. 高宗이 즉위한 후 右僕射에 올라 河南郡公으로 책봉되었다. 同州刺史·吏部尙書를 지냈으며 수차례 右僕射에 올랐고, 參知政事를 지냈다. 측천무후의 책봉에 반대하여 潭州(현재 長沙)都督으로 좌천되었다. 측천무후가 집권한 후에는 桂州(현재 桂林)都督으로 옮겨졌고, 愛州(현재 越南 淸化)刺史로 재차 좌천되었다. 顯慶 4년(659) 64세로 죽었다. 神龍 정변으로 중종이 복위한 후 右僕射로 추증되었고, 시호는 文忠이라 하였다. 天寶 6년(747) 高宗廟庭에 배향되었고, 太尉로 추증되었다. 褚遂良은 서법에도 능하여 歐陽詢·虞世南·薛稷 등과 함께 "初唐四大家"로 칭송된다. 〈孟法師碑〉〈雁塔聖敎序〉 등이 있다.『舊唐書』권80「褚遂良傳」.

235) 고계보高季輔(596~654) : 본명은 高馮이고, 字는 季輔이다. 渤海 脩縣(현재 河北省 景縣) 사람이다. 당나라 초에 재상을 지냈다. 北魏의 光祿大夫 高祐의 4世孫이며, 渤海 高氏다. 수나라 말기에 李密의 起義에 참여하였다. 武德 元年(618) 당나라에 귀순하여 陟州戶曹參軍에 제수되었다. 太宗 즉위 후에는 監察御史가 되어 大臣들을 감찰하였으며, 中書舍人이 되어 時政을 피력하였다. 檢校吏部侍郎을 지낼 때는 人才 선발을 잘하여 太宗의 신임을 받았다. 晉王 李治가 皇太子가 되자 東宮屬官으로 태자의 監國 때 보좌하였다. 高宗 즉위 후 中書令·檢校吏

劉仁軌²³⁶⁾를 더하고, 중종의 묘실에는 적인걸狄仁傑²³⁷⁾·위원충魏元

部尙書·監修國史에 올랐으며, 㵎縣公에 책봉되었다. 侍中·太子少保
로 승진하였다. 永徽 4년(654) 58세에 죽었다. 開府儀同三司·荊州都督
으로 추증되었고, 시호는 憲이다. 高宗廟廷에 배향되었다. 『舊唐書』 권
78 「高季輔傳」.

236) 유인궤劉仁軌(601~685) : 字는 正則이고 汴州 尉氏(현재 河南省 尉氏
縣 張市鎭) 사람이다. 당나라에서 재상을 지냈으며 名將이다. 後漢의
章帝 劉炟의 후손으로 알려져 있다. 尉氏 劉氏로 어려서는 빈곤하였으
나 학문을 좋아하여 文史를 두루 섭렵하였다. 太宗 때에는 直言敢諫으
로 유명했으며 점차 관직이 높아져 給事中에까지 이르렀다. 高宗 즉위
후에는 靑州刺史·帶方州刺史·同中書門下三品 등을 역임하였다. 백
제와의 전쟁에서 백제에 鎭守하였고, 白江口 전쟁에서 倭와 百濟의 연
합군을 물리쳤다. 洮河道行軍鎭守大使로 吐蕃의 방어를 맡기도 하였
다. 측천무후의 집정 시기에는 西京留守를 맡아 樂城郡公에 책봉되었
다. 垂拱 元年(685) 84세에 죽었다. 開府儀同三司·幷州大都督에 추증
되었다. 中宗 즉위 후에 太尉로 높여 추증되었고, 玄宗 때에 시호 文獻
을 받았다. 高宗廟廷에 배향되었다. 『行年記』 『永徽留本司格後本』을
찬하였다고 하나, 지금은 전해지지 않는다. 『舊唐書』 「劉仁軌傳」과 「經
籍志」에 기록이 남아 있다. 『舊唐書』 권84 「劉仁軌傳」.

237) 적인걸狄仁傑(630~700) : 字는 懷英이며, 幷州 晉陽(현재 山西省 太原
市) 사람이다. 측천무후 시기에 재상을 지냈다. 太原 狄氏로 일찍이 明
經으로 及第하였다. 汴州判佐·幷州法曹·大理寺丞·侍御史·度支郎
中·寧州刺史·冬官侍郎·文昌右丞·豫州刺史·復州刺史·洛州司馬
등의 관직을 역임하였다. 權臣들을 두려워하지 않았다. 天授 2년(691)
地官侍郎·判尙書·同鳳閣鸞臺平章事에 제수되었다. 얼마 지나지 않
아서 來俊臣에게 모함을 받아 관직을 빼앗기고 하옥되었다가 彭澤縣令
으로 좌천되었다. 神功 元年(697) 다시 재상에 올라 鸞臺侍郎·同平章
事, 納言을 지냈다. 측천무후에게 盧陵王 李顯을 太子로 삼도록 권하여
당나라가 지속될 수 있게 하였다. 久視 元年(700) 內史로 승진하였다가

忠[238]·왕동교王同皎[239) 등 11인을 더하도록 하였다. 대제사에서는
희생하는 성독犧牲의 수를 줄였다. 10년에는 태묘에 내관을 설치하

병사하였다. 文昌右相으로 추증되었고 시호는 文惠다. 당나라로 회복된
후에 司空·梁國公으로 추증되었다.『舊唐書』권89「狄仁傑傳」.

238) 위원충魏元忠(?~707) : 본명은 眞宰이며, 字가 元忠이다. 宋州 宋城縣
(현재 河南省 商丘睢陽區) 사람이다. 당나라에서 재상을 지냈다. 당초
太學生이었으나, 兵法을 배웠으며, 殿中侍御史를 지냈다. 高宗·則天
武后·中宗 3대에 걸쳐 관직에 나갔으며 두 번이나 재상의 자리에 있었
다. 정치와 군사 방면에서 뛰어나 徐敬業(李敬業)과 함께 揚州叛亂을
평정하였다. 측천무후 만년에 張昌宗·張易之의 모함을 받아서 高要縣
尉로 좌천되었다가 中宗 복위 후에 右僕射兼中書令·光祿大夫에 오르
고 齊國公에 책봉되었다. 太子 李重俊이 일으킨 韋后 및 武三思 주살
사건에 연루되어 思州郡務川縣尉로 좌천되었다. 景龍 元年(707) 70세
에 涪陵(현재 重慶市)에서 죽었다. 尙書左僕射 齊國公·本州刺史에
추증되었고, 中宗의 능인 定陵에 배장되었다. 시호는 貞이다.『舊唐書』
권92「魏元忠傳」.

239) 왕동교王同皎(?~706) : 相州 安陽縣(현재 河南省 安陽市) 사람이다. 당
나라 중시의 관리, 외척이며, 神龍政變의 공신 중의 하나다. 東晉 丞相
王導之의 후손이고, 南陳 駙馬都尉 王寬의 曾孫이며, 中宗의 사위다.
유명한 琅琊 王氏다. 長安年間에 太子 李顯의 딸 安定郡主와 혼인하
여 朝散大夫·典膳郞에 제수되었다. 神龍政變이 발발하였을 때 李顯은
그간의 사정을 알지 못하고 政變 당일 士兵이 도달한 후에야 알고 두려
워 응답을 하지 못했는데, 왕동교가 설득하여 정변을 승인하였다. 中宗
복위 후에 右千牛衛將軍·雲麾將軍 등 요직을 역임하였고, 琅琊郡公
에 책봉되었다. 神龍 2년(706) 宰相 武三思와 韋皇后 세력이 정권을
농단하자, 이들을 몰아낼 계획을 세웠으나 발각되었다. 왕동교는 謀反罪
로 洛陽都亭驛處에서 참수되었다. 睿宗 즉위 후 복권되었으며, 太子少
保 琅琊文烈公으로 추증되었다. 시호는 忠壯이다.『舊唐書』권187上
「忠義傳 王同皎」.

였다. 11년 윤3월에는 제制를 내려, "지금부터 매월 삭망일에는 상식尙食에게 명하여 음식을 만들어 태묘에 올리고, 매 묘실마다 하나의 아반牙盤을 내관이 올리도록 하라. 5일에 한 번 묘실의 문을 열어 청소하라"고 하였다.

其後又有玄宗子靜德太子廟, 肅宗子恭懿太子廟. 孝敬廟在東京太廟院內, 貞順皇后 · 讓皇帝廟在京中. 餘皆四時致祭.

그 후에 또 현종의 아들 정덕태자靖[靜]²⁴⁰⁾德太子²⁴¹⁾ 묘와 숙종의 아들 공의태자恭懿太子²⁴²⁾ 묘를 두었다. 효경묘²⁴³⁾는 낙양 태묘 원

---

240) '靜德太子'라는 표기는 중화서국본 『舊唐書』 「예의지」에서만 나온다. 『舊唐書』 「玄宗諸子列傳」의 기록에 따라 靖德太子로 보아야 할 것으로 생각되어 수정하였다.

241) 정덕태자靖德太子(706~752) : 이름은 李琮이고 玄宗 李隆基의 맏아들이다. 母는 劉華妃다. 睿宗 景雲 元年(710) 皇孫 신분으로 許昌郡王에 책봉되었다. 先天 元年(713) 玄宗 즉위 후에는 郯王으로 승급되어 책봉되었다. 開元 4년(716) 安西大都護를 총관하며 河東 · 關內 · 隴右의 諸蕃의 일을 안무하였다. 慶王으로 다시 책봉되었으며, 이름도 李潭으로 개칭하였다. 開元 15년(727) 涼州都督 · 河西節度使를 총관하였다. 開元 21년(733) 太子太師가 되었으며 李琮이라는 이름을 하사 받았다. 開元 24년(736) 司徒에 올랐으며, 天寶 元年(742)에는 太原牧이 되었다. 天寶 11년(752)에 죽었다. 靖德太子로 추존되었으며, 肅宗이 즉위한 후 奉天皇帝로 추존되었고, 妃竇氏는 恭應皇後로 추존되어 齊陵에 장례하였다.

242) 공의태자恭懿太子 : 이름은 李佋이며, 肅宗의 열두 번째 아들이다. 至德 2년(757)에 興王에 책봉되었다. 上元 元年(760) 8세에 죽었다.

243) 효경묘孝敬廟 : 高宗의 다섯 번째 아들인 孝敬皇帝 李弘(672~675)을

내에 있었으며, 정순황후貞順皇后244), 양황제讓皇帝245)의 묘는 장안

위해서 조성되었다. 李弘은 측천무후의 장자로 고종 시기에 두 번째로 태자에 책봉되었다. 652년 출생하여 655년 대왕에 책봉되었다가 656년 황태자로 책봉되었다. 上元 元年(675) 황제와 측천무후를 따라 낙양에 갔다가 거기서 23세에 죽었다. 고종은 비통하여 태자 李弘에게 황제로 추증하고 시호를 孝敬이라고 하였으며 황제의 예로써 장례하였다. 神龍 初(705) 中宗은 孝敬皇帝上廟號를 義宗이라 하였다. 開元 6년((718) 玄宗은 舊禮에 의거하여 義宗廟號를 없애고 孝敬皇帝라는 시호를 복원하여 祭祀하였다. 『舊唐書』「韋湊列傳」에는 韋湊가 李弘에게 義宗의 칭호를 사용하는 것은 예에 어긋난다는 상주문을 올려, 마침내 義宗이라는 존호는 사용할 수 없었다고 전한다. "四年, 入爲將作大匠. 時有敕復孝敬廟爲義宗, 湊上書曰 "臣聞王者制禮, 是曰規模, 規模之興, 實由師古. 師古之道, 必也正名, 名之興實, 故當相副. 其在宗廟, 禮之大者, 豈可失哉! 禮, 祖有功而宗有德, 祖宗之廟, 百代不毁. … 중략 … 立廟稱宗, 恐非合禮. 況別起寢廟, 不入昭穆, 稽諸祀典, 何義稱宗? 而廟號義宗, 稱之萬代, 以臣庸識, 竊謂不可. 陛下率循典禮, 以闢大猷, 有司所議, 以致此失, 或虧盡善, 豈不惜哉! 望更詳議, 務合於禮" 於是敕太常議, 遂停義宗之號."

244) 정순황후貞順皇后(699~737) : 玄宗의 寵妃이며, 측천무후의 侄孫女다. 이름은 알려져 있지 않다. 並州 文水(현재 山西省 文水縣) 사람이다. 恒定王 武攸止의 딸이고, 母는 鄭國夫人 楊氏다. 아버지가 일찍 죽어 宮中에서 자랐으며 측천무후의 비호를 받았다. 玄宗 즉위 후에 婕妤에 책봉되었다가 權臣 李林甫와 결탁하여 王皇后와 太子 李瑛 兄弟를 몰아내고 惠妃에 책봉되어 皇后와 같은 의전을 받았다. 夏悼王 李一·懷哀王 李敏·壽王 李瑁·盛王 李琦, 上仙公主·鹹宜公主·太華公主를 낳았다. 開元 25년(737) 38세에 죽었다. 皇后로 추증되어 敬陵에 안장되었으며, 시호는 貞順이다. 肅宗 즉위 후 皇后祠享에서 제외되었고, 代宗 즉위 후에는 皇后의 地位에서 퇴출되었다.

245) 양황제讓皇帝(679~742) : 이름은 李憲, 본명은 李成器다. 睿宗의 적장

안에 있었다. 나머지는 모두 사철마다 제사하였다.

자이며, 玄宗의 長兄이다. 母는 肅明皇后 劉氏다. 처음에 皇孫으로써
永平郡王에 책봉되었다. 文明 元年(684)에 皇太子가 되었다. 武周 시
기에 左贊善大夫·壽春王에 제수되었고, 中宗 복위 후에 宗正卿에 올
랐으며, 睿宗 景雲 元年(710) 宋王에 책봉되어 左衛大將軍에 임명되었
다. 황태자의 자리를 거절하여 平王 李隆基에게 황위를 양위하였다. 詩
歌와 音律을 잘하였으며, 羯鼓와 吹笛에도 능했다. 玄宗 즉위 후 太子
太師·司空·雍揚岐澤涇州刺史·寧王을 지냈으며, 조정의 일에 관여하
지 않으며 자중하여 玄宗으로부터 존경을 받았다. 開元 29년(742) 63세
에 죽었다. 皇帝로 추봉되었으며 시호는 讓이다. 惠陵에 안장되었다.

禮儀七
예의 7

김용천 역주

貞觀十四年, 太宗因修禮官奏事之次, 言及喪服, 太宗曰:「同爨尚有緦麻之恩, 而嫂叔無服. 又舅之與姨, 親疏相似, 而服紀有殊, 理未爲得. 宜集學者詳議. 餘有親重而服輕者, 亦附奏聞.」於是侍中魏徵·禮部侍郎令狐德棻等奏議曰:

정관 14년(640), 태종은 수례관修禮官이 일을 아뢰는 기회를 이용해서 상복에 대해 언급하였다. 태종은 다음과 같이 말했다. "한솥밥을 먹은 사람(이모부와 외숙모) 사이에도 오히려 시마의 은혜가 있는데,[1] 형수[嫂]와 시동생[叔] 사이에는 복이 없다.[2] 또 외삼촌[舅,

---

1) 한솥밥을 … 있는데 : 『禮記』「檀弓」上에 "이모부와 외숙모 이 두 사람이 (상대방이 죽었을 때) 서로 복을 하는 것에 대해서는 군자가 언급하지 않았다. 혹자는 '한솥밥을 먹은 경우라면 시마의 복을 한다.'고 하였다. 從母之夫, 舅之妻, 二夫人相爲服, 君子未之言也. 或曰, '同爨緦'"라고 하였다. 이에 대해 정현은 "'二夫人'은 '이 두 사람[此二人]'이라고 말하는 것과 같다. 당시 이모부와 외숙모 두 사람이 동거를 하다가 한 사람이 죽자 복을 한 경우가 있었다. 외조카가 외가에 머물고 있었는데, 이를 비난하였다. 동거를 하면 시마의 친밀감이 생기므로 그렇게 해도 괜찮다. 二夫人猶言此二人也. 時有此二人同居, 死相爲服者, 甥居外家而非之. 以同居生緦之親, 可."고 하였다. 또 주희는 다음과 같이 설명한다. 『예기』에 의하면, '從母'는 어머니의 자매(이모)이고, '舅'는 어머니의 형제(외삼촌)이다. 이모의 남편(이모부)은 외삼촌의 처(외숙모)를 위해 복을 하지 않는다. 예경에 이에 대한 규정이 없기 때문에 '군자가 언급하지 않았다.'고 한 것이다. 당시 우연히 외조카가 외가에 왔다가 이 두 사람이 서로 의지하면서 동거하는 것을 보았다. 그러다가 한 사람이 죽었는데 근거할 만한 경문이 없었다. 이에 어떤 사람이 한솥밥을 먹은 사람들끼리는 시마의 복을 한다는 설을 제시하여 처리하였다. 이 또한 끊을 수 없는 정에 근거하여 變禮를 지극히 한 것이다. 혹자가 물었다. '이모부와 외숙모가 모두 서로에게 복을 하지 않는 것은 무엇 때문인가?' 주자가 대답했다.

'선왕이 예를 제정하면서, 아버지의 친족은 넷이므로 아버지로부터 위로 올라가 족증조부(증조할아버지의 곤제)를 위해서는 시마를 한다.(「喪服」 '시마 3월'장, "族曾祖父母·族祖父母·族父母·族昆弟") 고모의 자식·자매의 자식·딸의 자식은 모두 아버지로부터 미루어나간 것이다.(「喪服」 '시마 3월'장, "姑之子"；"甥"(姊妹之子)；"外孫(女子子之子)" 어머니의 친족은 셋인데 어머니의 아버지·어머니의 어머니·어머니의 형제이다.(「喪服」 '소공 5월장', "爲外祖父母"；「喪服」 '소공 5월장', "從母"；「喪服」 '시마 3월장', "舅") 은혜는 외삼촌에 그치므로 이모부와 외숙모는 모두 서로에게 복을 하지 않는다. 이는 미루어 가지 않기 때문이다. 처의 친족은 둘인데, 처의 아버지·처의 어머니이다.(「喪服」 '시마 3월장', "妻之父母") 문득 보면 잡박하고 혼란하여 기강이 없는 듯 하지만 자세히 보면 모두 의리가 있다. 『朱子語類』 권87, 「小戴禮記」 "從母, 母之姊妹. 舅, 母之兄弟. 從母夫於舅妻無服, 所以禮經不載, 故曰'君子未之言.' 時偶有甥至外家, 見此二人相依同居者, 有喪而無文可據, 於是或人爲同爨緦之說以處之, 此亦原其情之不可已而極禮之變焉耳. 或問, '從母之夫·舅之妻, 皆無服, 何也?' 朱子曰, '先王制禮, 父族四, 故由父而上, 爲族曾祖父緦麻. 姑之子·姊妹之子·女子子之子, 皆由父而推之也. 母族三, 母之父·母之母·母之兄弟, 恩止於舅, 故從母之夫·舅之妻, 皆不爲服, 推不去故也. 妻族二, 妻之父·妻之母. 乍看似乎雜亂無紀, 子細看, 則皆有義存焉.'" 『朱子家禮』 「成服」에는 외삼촌[舅]과 이모[從母] 모두 小功 조항에 수록되어 같은 등급이다.

2) 형수[嫂]와 … 복이 없다 : 『禮記』 「雜記」 下에 "형수[嫂]는 시동생[叔]을 끌어안지 않고, 시동생은 형수를 끌어안지 않는다.嫂不撫叔, 叔不撫嫂." 고 하였다. 정현의 주에서는 "혐의를 멀리고하고 구별하는 것이다.遠別 也."라고 하였고, 陳澔의 『예기집설』에서는 "'끌어안는다[撫]'는 것은 죽었을 때 그 시신을 끌어안는다는 뜻이다. 형수와 시동생 사이에는 혐의를 멀리해야 하기 때문에 모두 끌어안지 않는다.撫, 死而撫其尸也. 嫂·叔宜 遠嫌, 故皆不撫."고 하였다. 『儀禮』 「喪服」 '대공 9월장·전'에서는 "傳에 말한다. 남편의 곤제(시아주버니·시동생)를 위해서 왜 복을 하지 않는가?

시마 3월]과 이모[姨, 소공 5월]는 (나에게) 혈연의 친소관계가 서로 비슷한데도 복을 하는 기간에 차이가 있으니, 이치상 옳지 못하다. 마땅히 학자들을 소집하여 상세하게 의론해야 할 것이다. 그 밖에 혈연관계가 친밀함에도 복이 가벼운 경우가 있다면 또한 함께 덧붙여서 아뢰도록 하라."

이에 시중 위징魏徵,[3] 예부시랑 영호덕분令狐德棻[4] 등이 상주하

그 남편이 아비의 항렬에 속한다면, 처는 모두 어미의 항렬이 된다. 그 남편이 아들의 항렬에 속한다면, 처는 모두 며느리의 항렬이 된다. 동생의 처를 며느리라고 칭한다면, 형수를 또한 어머니라고 칭해야 하는데, 그것이 가능한 일이겠는가? 그러므로 명분이란 사람의 이치에 있어 중대한 것이니, 삼가지 않을 수 있겠는가? 傳曰, 夫之昆弟何以無服也? 其夫屬乎父道者, 妻皆母道也. 其夫屬乎子道者, 妻皆婦道也. 謂弟之妻婦者, 是嫂亦可謂之母乎? 故名者人治之大者也, 可無愼乎?"라고 하였다. 정현의 주에서는 "'道'는 항렬의 뜻이다. 부인은 姓을 버리고 일정한 등급이 없어서 아비 항렬로 시집을 가면 어머 항렬이 되고, 아들 항렬로 시집을 가면 며느리 항렬이 된다는 뜻이다. '동생의 처를 며느리라고 칭한다.'는 것은 낮추고 멀리하기 때문이다. 그러므로 '며느리'라고 부른다. '嫂'는 존엄한 칭호이다. '형수를 또한 어머니라고 칭해야 하는데, 그것이 가능한 일이겠는가?'라고 말한 것은 불가하다는 뜻이다. '嫂'는 '叟'의 뜻과 같으니, '叟'는 노인의 칭호이다. 이것이 남녀의 순서를 구별하는 방법이다. 만약 내가 어머니나 며느리의 복으로 형제의 처를 위해 복을 한다면, 형제의 처는 시아버지나 아들의 복으로 나를 위해 복을 해야 한다. 이는 昭穆의 차례를 어지럽히는 것이다. '道'猶行也. 言婦人棄姓, 無常秩, 嫁於父行, 則爲母行, 嫁於子行, 則爲婦行. '謂弟之妻爲婦'者, 卑遠之. 故謂之 '婦.' '嫂'者, 尊嚴之稱. '是嫂亦可謂之母乎?', 言不可. '嫂'猶叟也, '叟', 老人稱也. 是爲序男女之別爾. 若己以母婦之服服兄弟之妻, 兄弟之妻 以舅子之服服己. 則是亂昭穆之序也."라고 하였다.

3) 위징魏徵(580~643) : 자는 玄成, 祖籍은 巨鹿郡 曲陽縣이다. 直言과 極

여 의론하였다.

臣聞禮所以決嫌疑, 定猶豫, 別同異, 明是非者也. 非從天降, 非從地出, 人情而已矣. 夫親族有九, 服術有六, 隨恩以薄厚, 稱情以立文. 然舅之與姨, 雖爲同氣, 論情度義, 先後實殊. 何則? 舅爲母之本族, 姨乃外戚他族, 求之母族, 姨不在焉, 考之經典, 舅誠爲重. 故周王念齊, 每稱舅甥之國 ; 秦伯懷晉, 實切渭陽之詩. 在舅服止一時, 爲姨居喪五月, 循名喪實, 逐末棄本. 蓋古人之情, 或有未達, 所宜損益, 實在玆乎!

신은 듣건대, 예는 혐의嫌疑를 해결하고, 유예猶豫5)를 결정

諫으로 당 태종을 보좌하여 '貞觀之治'를 이루는 데 큰 역할을 하였으며, 후세 '一代名相'으로 칭송받았다. 관직은 光祿大夫에 이르렀고, 鄭國公에 봉해졌으며, 시호는 文貞이다. 『群書治要』의 총 편집자이며, 『隋書』의 序論, 『梁書』·『陳書』·『齊書』의 總論 등을 저술했다. 그의 언론은 대부분 『정관정요』에 보인다. 그 가운데 가장 유명한 것이 「諫太宗十思疏」이다.

4) 영호덕분令狐德棻(583~666) : 자는 季馨, 宜州 華原 출신이다. 文史를 널리 섭렵하여 어린 나이에 文名을 떨쳤다. 수말에 藥城縣令이 되었고, 당 왕조에서 起居舍人, 禮部侍郎, 國子祭酒, 太常卿을 역임했고, 弘文館·崇賢館의 學士 등의 관직을 겸했다. 梁·陳·北齊·北周 및 隋나라의 正史를 중수하도록 주청하여 받아들여졌다. 『周書』의 주편집자이며, 彭陽郡公에 봉해졌다.

5) 유예猶豫 : '猶豫'는 쌍성어로 음으로 뜻을 취한 것인데, '猶與'로도 쓴다. '猶'와 '與'는 짐승의 이름인데, 둘 모두 나아가고 물러나는 데에 주저함이 많다. 의혹스러워하는 것이 많은 사람이 이와 유사하기 때문에 '猶與'라고 한다. 『禮記』 「曲禮」上에는 '定猶豫'가 "定親疏'로 되어 있다. '定猶豫'는

하고, 동이同異를 구별하고, 시비是非를 밝히는 것입니다.⁶⁾ 이

같은 『禮器』「曲禮」上에 점을 치는 것과 관련해서 등장한다. "거북으로 거북점을 치고 점대로 시초점을 친다. … 백성으로 하여금 혐의를 해결하고, 유예를 결정하게 하는 방법이다.龜爲卜, 筴爲筮. … 所以使民決嫌疑, 定猶與也."라고 하였다. '혐의'는 두 가지 방식이 모두 가능해서 어느 쪽으로 할지 결정하지 못하는 것을 말한다. 예를 들면 도읍을 정할 때 이곳도 도읍으로 가능하고, 저곳도 도읍으로 가능한 경우를 '혐의'라고 한다. '유여'는 두 가지 방식 가운데 어느 쪽으로 할지 망설이는 것을 말한다. 예를 들면 전쟁을 할 경우 싸움을 해야 할지 하지 말아야 할지 망설이는 것을 '유여'라고 한다. 『통전』권92,「總麻成人服三月」, 2514쪽에는 "禮所以決嫌疑, 別同異, 隨恩以薄厚, 稱情以立文."으로 되어 있다.

6) 예는 ~ 것입니다 : 이는 『禮記』「曲禮」上의 문장을 인용한 것이다. ① '嫌'은 그렇게 하면 오해를 살 수 있는 경우를 가리킨다. 가령 첩은 정처를 위해 기년으로 복을 하지만, 정처는 첩을 위해 복을 하지 않는다. 그 이유는 첩을 위해 기년으로 복을 하면 너무 무겁고, 그렇다고 낮추어서 대공으로 복을 하면 시어머니가 며느리를 위해 하는 복(「喪服」'대공 9월장', "嫡婦";「喪服」'소공 5월장', "庶婦")과 같아져 오해를 살 수 있다. 이 경우가 '嫌'에 해당한다. 따라서 이 경우에는 아예 복을 하지 않는다. 이것이 '嫌'을 해결하는 방법이다. '疑'는 어떻게 해야 합당한지 의심스러운 경우를 가리킨다. 공자가 죽었을 때, 제자들이 어떤 상복을 입어야 할지 명확한 기준을 설정할 수 없었다. 자공은 아버지의 상과 같게 하되 상복만 입지 말자고 제의하였다. 이것이 '疑'를 해결하는 방법이다. 『禮記』「檀弓」上. ② '同異'는 예를 행할 때 같게 하거나 차이를 두는 것을 가리킨다. 가령 형제를 위한 복이라도 시집가기 전과 후가 달라지는 것, 배우자의 존비에 따라 달리 하는 것, 신분의 차이에도 불구하고 부모에 대한 삼년상은 천자에서 서인에 이르기까지 동일한 것 등이 여기에 속한다. 또 본래는 같았는데 이제 달라진 경우가 있는데, 고모와 자매가 이에 해당한다. 본래는 달랐는데 이제 같아진 경우는 큰어머니(世母), 작은어머니(叔母), 그리고 며느리가 이에 해당한다. ③ 是非는 어떤 일을 행할 때 예에 합당하게

는 하늘에서 내려온 것도 아니고 땅에서 솟아난 것도 아니니, 인정人情일 뿐입니다.7) 무릇 친족親族에는 아홉 가지가 있고,8) 복술服術(복을 하는 원칙)에는 여섯 가지가 있으니,9) 은恩에

하는 것이 '是'(옳은 것)이고 합당하지 않게 하는 것이 '非'(잘못된 것)이다. 주인이 아직 소렴을 마치지 않은 상황에서 子游가 외투를 벗어 어깨를 드러내고 조문한 것은 예에 합당한 것으로 옳지만, 曾子가 외투를 입고 조문한 것은 예에 어긋난 것으로 그른 것이다. 『禮記』「檀弓」上.

7) 하늘에서 … 뿐입니다 : 『禮記』「三年問」의 문장이다. 또 『禮記』「三年問」에서는 "'삼년상을 하는 것은 무엇 때문인가?' '인정의 경중을 헤아려 규정을 세우고, 그것으로 친족의 무리를 문식하여 친소와 귀천에 따른 절도(절차와 도수)를 구별하는데, 덜거나 더할 수 없다.三年之喪, 何也? 曰, 稱情而立文, 因以飾羣, 別親疏·貴賤之節, 而不可損益也."라고 하였다. 정현의 주에서는 "'稱情而立文'은 인정의 경중을 헤아려서 그 예를 제정한다는 뜻이다. '羣'은 친족의 무리를 말한다. '無易'은 바꾸지 못한다는 뜻과 같다. '飾'은 정을 겉으로 드러내는 것이다.'稱情而立文', 稱人之情輕重, 而制其禮也. '羣'謂親之黨也. '無易', 猶不易也. '飾', 情之章表也.라고 하였다. 『荀子』「禮論」에서는 "상처가 큰 자는 그 날이 오래가고, 아픔이 심한 자는 그 낫는 것이 더디다. 삼년의 상은 인정을 헤아려 규정을 세운 것이다.創巨者, 其日久, 痛甚者, 其愈遲, 三年之喪, 稱情而立文."라고 하였다.

8) 친족親族에는 … 있고 : '九族'을 말한다. 정현과 마융 등에 의하면 자기를 중심으로 위로 4세의 고조에까지 이르고, 아래로 4세의 현손에까지 이르러 9족이 된다. 『尙書』「堯典」의 "(요임금은) 재주와 덕망을 갖춘 사람을 임용하여 구족을 친목하게 하였다.克明俊德, 以親九族."고 한 것에 대해 孔安國의 傳에서는 "고조에서 현손까지의 친족을 화목하게 하였다.以睦高祖玄孫之親."고 하였다. 그러나 夏侯·歐陽氏의 『尙書』, 『白虎通』「宗族」, 何琦, 如淳, 송대의 林之奇, 청대의 孫星衍 등은 父族 4, 母族 3, 妻族 2로 9족이 된다고 하였다.

따라 가벼이 하거나 두터이 하며, 정情을 헤아려서 규정을 만드는 것입니다.

그러나 외삼촌은 이모와 비록 동기同氣(혈연관계의 친속, 남매)이지만 정情[친친親]을 논하고 의義[존존尊]를 헤아려 본다면, 선후에 실로 차이가 있습니다. 왜 그렇겠습니까? 외삼촌은 어머니의 본족이고, 이모는 외척[모족母族] 가운데 다른 친족에 속하기 때문입니다. 어머니의 친족에서 찾더라도 이모는 거기에 포함되지 않으며, 경전에서 고찰해 보더라도 외삼촌이 실로 중합니다. 그러므로 주나라 왕이 제나라를 생각하면서 늘 '외삼촌과 조카 사이의 나라'라고 칭했으며,[10] 진백秦伯이 진晉나

---

9) 복술服術 … 있으니 : 『禮記』「大傳」에 "복을 하는 원칙에는 여섯 가지가 있다. 첫째는 '친친'(친한 이를 친애함)이고, 둘째는 '존존'(존귀한 이를 높임)이며, 셋째는 '명'(명분)이고, 넷째는 '출입'(나가고 들어옴)이고, 다섯째는 '장유'(성년과 미성년)이고, 여섯째는 '종복'(따라서 복을 함)이다. 服術有六, 一曰親親, 二曰尊尊, 三曰名, 四曰出入, 五曰長幼, 六曰從服."라고 하였다. 정현의 주에서는 "술'은 원칙을 뜻한다. '친친'은 부모가 으뜸이고, '존존'은 군주가 으뜸이다. '명'은 세모와 숙모 등이다. '출입'은 여자로서 시집간 자 및 집에 있는 자이다. '장유'는 성인으로 죽은 경우와 미성년으로 죽은 경우이다. '종복'은 남편이 (처를 따라) 처의 부모를 위해 복을 하거나, 처가 (남편을 따라) 남편의 친족을 위해 복을 하는 것과 같은 것이다.'術', 猶道也. '親親', 父母爲首. '尊尊', 君爲首. '名', 世母·叔母之屬也. '出入', 女子子嫁者及在室者. '長幼', 成人及殤也. '從服', 若夫爲妻之父母, 妻爲夫之黨服."라고 하였다.

10) 주나라 왕이 … 칭했으며 : 『春秋左傳』「成公 2年」조에 의하면, 晉侯가 鞏朔을 사신으로 보내 齊나라에서 잡은 포로와 전리품을 周王에게 바치게 했다. 그런데 주왕은 공삭을 접견하지 않고, 單襄公을 보내 사절하면서

라를 그리워했던 것은 실로 「진풍秦風·위양渭陽」의 시에 간절합니다.[11] (그런데) 외삼촌을 위한 복은 단지 한 계절(시마 3월)에 그치고, 이모를 위해서는 5개월 동안(소공 5월) 거상을 하고 있으니,[12] 명분을 따르느라 실질을 잃은 것이며,[13] 말단

"齊나라는 甥舅의 나라이고, 太師(강태공)의 후예이다."라고 하였다. 杜預는 제나라는 대대로 주나라와 혼인을 맺었기 때문에 '생구'(조카와 외삼촌)'라고 한 것이라고 하였다.杜預 注, "齊世與周昏, 故曰'甥舅'."

11) 진백秦伯 … 간절합니다 : 『詩經』「秦風·渭陽」에 "내가 외삼촌을 전송하여 위양에 이르렀네. 무엇을 선물할까? 노거와 승황이로세.我送舅氏, 曰至渭陽. 何以贈之, 路車乘黃."라고 하였다. 외삼촌은 秦 康公의 외삼촌인 晉 文公(重耳)을 가리킨다. 진 문공이 공자이던 시절 망명하여 밖에 있었는데, 秦 穆公이 그를 본국으로 들여보냈다. 秦 康公(嬴罃)은 당시 태자였는데, 공자 중이(문공)를 渭陽에서 전송하면서 이 시를 지었다.

12) 외삼촌을 … 있으니 : 『儀禮』「喪服」 '소공 5월장'에 "이모를 위해 소공 5월로 복을 하는데, 이모도 남녀 외조카들에게 똑같은 복으로 갚아 준다.從母, 丈夫·婦人, 報."고 하였고, '시마 3월장'에 "외삼촌을 위해 시마 3월로 복을 한다.(舅)"고 하였다. '소공 5월장'과 '시마 3월장' 鄭玄의 注에서는 각각 "'종모'는 어머니의 자매이다.從母, 母之姊妹.", "외삼촌은 어머니의 형제이다.母之昆弟."라고 하였다.

13) 명분을 … 것이다 : ① '尊'과 '名'으로 인한 加服과 外親에 대한 緦麻服에 대해서 馬融과 雷次宗은 외할아버지를 위해 소공으로 복을 하는 것은 '尊'으로 인한 加服으로, 이모를 위해 소공으로 복을 하는 것은 '名'으로 인한 加服으로 해석한다. 마융은 "본래 외할아버지와 이모를 위해서는 그의 친족들이 모두 시마로 복을 하는데, 존과 명 때문에 가복을 하여 소공으로 복을 하는 것이다.外祖·從母, 其親皆緦也, 以尊名加, 故小功也."라고 하였다. 뇌차종은 "외할아버지에게는 尊이 있고, 이모에게는 名이 있다. 그러므로 모두 이로 인해서 소공으로 복을 할 수 있다.外祖有尊, 從母有名, 故皆得因此加以小功也."고 하였다. 胡培翬, 『儀禮正義』,

을 쫓느라 근본을 버린 것입니다. 대체로 옛사람의 정에는 간혹 이해하지 못할 것이 있으니, 마땅히 덜고 더해야 할 바가 실로 여기에 있는 것입니다.

記曰:「兄弟之子, 猶子也, 蓋引而進之也;嫂叔之不服, 蓋推而遠之也.」禮:繼父同居, 則爲之期;未嘗同居, 則不爲服. 從母之夫, 舅之妻, 二夫人相爲服. 或曰, 同爨緦. 然則繼父之徒, 並非骨肉, 服重由乎同爨, 恩輕在乎異居. 故知制服雖繫於名, 亦緣恩之厚薄者也. 或有長年之嫂, 遇孩童之叔, 劬勞鞠養, 情若所生, 分饑共寒, 契闊偕老. 譬同居之繼父, 方他人之同爨, 情義之深淺, 寧可同日而言哉! 在其生也, 愛之同於骨肉;及其死也, 則曰推而遠之. 求之本原, 深所未諭. 若推而遠之爲是, 則不可生而共居;生而共居之爲是, 則不可死同行路. 重其生而輕其死, 厚其始而薄其終, 稱情立文, 其義安在? 且事嫂見稱, 載籍非一. 鄭仲虞則恩禮甚篤, 顔弘都則竭誠致感, 馬援則見之必冠, 孔伋則哭之爲位. 此並躬踐敎義, 仁深孝友, 察其所尙之旨, 豈非先覺者歟? 但于其時, 上無哲王, 禮非下之所議, 遂使深情鬱乎千載, 至理藏於萬古, 其來久矣, 豈不惜哉!

『예기禮記』「단궁檀弓」상上에서 "형제의 자식을 위해 자기의 자식[衆子, 자최 부장기]처럼 복을 하니, 이끌어서 나아가게 하는 것이다. 형수[嫂]와 시동생[叔] 사이에 복이 없으니, 밀어서 멀리하는 것이다."[14]라고 하였습니다.

1538쪽 참조.

예에 의하면, 계부의 경우 동거를 하였다면 계부를 위해 기
년으로 복을 하고, 동거한 적이 없다면 복을 하지 않으며,15)

<hr />

14) 형제의 자식 … 것이다 : 『禮記』「檀弓」上에 "형제의 자식들을 위해 자기
의 자식들처럼 복을 하는 것은 이끌어서 나아가게 하는 것이다. 형수와
시동생 사이에 복이 없는 것은 밀어서 멀리하는 것이다. 시집간 고모와
자매에게 박하게 하는 것은 나를 대신하여 후하게 복을 해줄 사람이 있기
때문이다.兄弟之子猶子也, 蓋引而進之也. 嫂叔之無服也, 蓋推而遠之
也. 姑姉妹之薄也, 蓋有受我而厚之者也."라고 하였다. 鄭玄의 注에서
는 "이끌어서 나아가게도 하고 밀어서 멀리하기도 하면서 친족을 중시하
거나 현격하게 구별한다.或引或推, 重親遠別."고 하였고, 陳澔의 『禮記
集說』에서는 "형제의 자식들은 비록 다른 부모에서 나왔지만 恩意상 친
할 만하다. 그러므로 이끌어서 나아가게 하여 나의 자식과 같은 복을 한다.
형수와 시동생의 관계는 동거하기는 하지만 의리상 오해를 살 수 있으므
로, 밀어서 멀리하여 서로 복을 하지 않는다.兄弟之子, 雖異出也, 然在恩
爲可親, 故引而進之, 與子同服. 嫂叔之分, 雖同居也, 然在義爲可嫌,
故推而遠之, 不相爲服."고 하였다.

15) 계부의 경우 … 복을 하고 : 『儀禮』「喪服」 '자최 부장기장'에 "동거한 계
부를 위해 자최 부장기로 복을 한다.繼父同居者."고 하였고, '자최 부장기
장·傳'에서는 "傳에 말한다. 왜 기년으로 복을 하는가? 옛 기록에 '남편이
죽을 당시 처의 나이가 적고 아들이 어리며, 아들에게 대공의 친척이 없어
서 아들을 데리고 다른 사람에게 시집을 갔다. 그런데 재가한 남편에게도
대공의 친족이 없어서, 재가한 남편은 자신의 재물로 묘를 지어서 세시에
아들로 하여금 제사를 지내게 하였는데, 이때 처는 감히 참여하지 못하였
다. 이와 같은 경우라면 계부의 도리를 행한 것이다.'라고 하였다. 同居한
경우에는 자최 기년으로 복을 하고, 異居한 경우라면 자최 3월로 복을
한다. 반드시 동거한 적이 있어야 이거할 수 있으므로 동거한 적이 없다면
이거한 것이 되지 않는다.傳曰, 何以期也? 傳曰, '夫死, 妻穉子幼, 子無
大功之親, 與之適人. 而所適者亦無大功之親, 所適者以其貨財爲之築
宮廟, 歲時使之祀焉, 妻不敢與焉. 若是, 則繼父之道也.' 同居則服齊衰

이모의 남편(이모부)과 외삼촌의 처(외숙모) 두 사람이 서로 복을 해주는 것에 대하여 혹자는 '한솥밥을 먹었다면 시마의 복을 한다.'고 하였습니다.[16] 그렇다면 계부 등은 모두 골육의 친족은 아니지만 복을 무겁게 하는 것(자최 기년)은 한솥밥을 먹었기[同爨] 때문이며, 은혜를 가볍게 하는 것(자최 3월)은 따로 살았기[異居] 때문입니다.[17] 그러므로 상복을 제정하는 것

期, 異居則服齊衰三月. 必嘗同居然後爲異居, 未嘗同居則不爲異居." 고 하였다. 鄭玄의 注에서는 "처의 나이가 적다'는 것은 나이 50세가 되지 않았음을 말한다. '자식이 어리다'는 것은 나이 15세가 되지 않았음을 말한다. '아들에게 대공의 친척이 없다'는 것은 재물을 함께하는 사람을 가리켜 말한 것이다. 아들을 위해 집문 밖에 종묘를 지어 준 것은 신은 자신의 족류가 아니면 제사를 받지 않기 때문이다. 처가 감히 참여하지 못하는 것은 은혜의 관점에서 보면 至親이지만 친족관계가 이미 끊어졌기 때문이다. 남편은 둘일 수가 없다. 이는 은혜를 근거로 복을 하는 것이다. 동거한 적이 없다면 복을 하지 않는다.'妻穉', 謂年未滿五十. '子幼', 謂年十五已下. '子無大功之親', 謂同財者也. 爲之築宮廟於家門之外, 神不歆非族. 妻不敢與焉, 恩雖至親, 族已絶矣. 夫不可二. 此以恩服爾. 未嘗同居則不服之."고 하였다. 胡培翬는 은혜가 있기 때문에 계부에게 복을 한다는 정현의 설을 보충하여 "계부는 본래 친속이 아니다. 다만 그가 자기를 양육해 주었고, 아울러 자기를 위해 사당을 세워주었다. 살아 있는 이와 죽은 이에게 모두 은혜가 있다. 그 때문에 복을 해 주는 것이다. 繼父本非親屬, 特以其養育己, 幷爲己築廟, 於生者死者皆有恩, 故服 之耳."라고 하였다. 胡培翬, 『儀禮正義』, 1432쪽 참조.

16) 이모의 남편 … 하였습니다 :『禮記』「檀弓」上. 앞의 주 1) 참조.

17) 계부 등은 … 때문입니다 :『禮記』「喪服小記」에 "계부에 대해서 동거하지 않았을 경우 (복이 없다.) 반드시 일찍이 동거한 적이 있고, 양쪽 모두 상주가 될 후사가 없으며, 재산을 함께 하고 그 할아버지와 아버지를 제사 지내는 것이 '同居'이다. (개가한 어머니를 따라가서 계부와 함께 살았더

은 비록 명분[名]에 관계되는 것이지만 또한 은혜[恩]의 두텁고 얇음에 연관된 것임을 알 수 있습니다.

　혹 장년의 형수[嫂]가 미성년의 시동생[叔]을 만나서 정성을 다해 양육을 하여 정情이 마치 자신이 낳은 자식과 같아지고, 굶주림을 나누고 추위를 함께 하면서 고생하여 함께 늙어갔다면, 동거한 계부와 비교하거나 한솥밥을 먹은 타인(이모부와 외숙모 사이)들과 대비해보았을 때 그 정의情義의 깊이를 어찌 함께 논할 수 있겠습니까? 살아 있을 적에 골육처럼 사랑했는데 죽었을 때 밀어서 멀리한다면, 그 본원을 탐구해보건대 매우 이해되지 않는 바입니다. 만약 밀어서 멀리하는 것이 옳은 것이라면 살아 있을 때 함께 살아서는 안 되는 것이며, 살아 있을 때 함께 사는 것이 옳은 것이라면, 죽었을 때 모르는 사람처럼 대해서는 안 되는 것입니다. 삶을 중하게 여기면서도 그 죽음을 가볍게 여기고, 그 시작을 두터이 하면서도 그 끝을 가볍게 한다면, 인정을 헤아려 규정을 만든다[稱情立文]는 의리가 어디에 있겠습니까?

─────────────────

라도), 상주가 될 후사가 있는 경우에는 '異居'가 된다.繼父, 不同居也者. 必嘗同居, 皆無主後, 同財而祭其祖禰爲同居. 有主後者爲異居."고 하였다. 鄭玄의 注에서는 "은혜에 따라 복을 하는 차이를 기록한 것이다. 재산을 함께하여 동거하는 은혜를 입었다면 기년으로 복을 한다. 같이 살았더라도 재산을 달리하거나, 예전에는 같이 살았다가 지금 따로 살거나, 계부에게 아들이 있으면, 또한 異居가 되므로 삼월로 복을 한다. 일찍이 같이 산 적이 없다면 복을 하지 않는다.錄恩服深淺也. 見同財則期. 同居異財·故同居今異居及繼父有子, 亦爲異居, 則三月. 未嘗同居則不服."고 하였다.

또 형수를 섬겨서 칭송받았던 사람은 기록에 무수히 많습니다. 정중우鄭仲虞는 형수에 대한 사랑과 예절이 매우 독실했고,[18] 안홍도顔弘都는 형수를 정성껏 섬겨 감동을 일으켰으며,[19] 마원馬援은 형수를 뵐 때마다 반드시 의관을 갖추었고,[20] 공급孔伋은 (형수를 위해) 곡을 할 때 곡위를 마련했습니다.[21]

---

18) 정중우鄭仲虞(?~?) … 독실했고 : 정중우는 이름이 '均'으로 후한 때 사람이다. 仲虞는 그의 자이다. 義를 좋아하는 것이 독실했으며, 과부가 된 형수와 고아가 된 조카를 양육하여 은혜와 예절이 돈독했다. 조카가 성장하자 따로 살게 하였는데, 같은 문을 사용하게 하였으며, 재물을 모두 물려주어 그 어머니를 끝까지 모실 수 있도록 해주었다. 『貞觀政要』권7, 「禮樂」제29 戈直의 注 참조.

19) 안홍도顔弘都(?~?) … 일으켰으며 : 이름은 '含'으로 東晉 때 사람이다. 홍도는 그의 자이다. 東晉 元帝 때 上虞令에 임명되고, 明帝 때 黃門侍郞이 되었으며, 散騎常侍大司農을 역임했다. 成帝 때 蘇峻을 토벌한 공으로 西平縣侯에 봉해지고, 侍中에 임명되었다. 형수 樊씨가 질병으로 실명하자 안함은 마음을 다해 봉양하였다. 의원이 구렁이의 쓸개가 필요하다고 하자, 안함이 거듭 탄식을 하였다. 이때 어떤 어린아이가 주머니를 안함에게 건네주었는데, 열어서 보니 쓸개였다. 약의 효험을 보아 형수의 병이 치료되었다. 『貞觀政要』권7, 「禮樂」제29 戈直의 注 참조.

20) 마원馬援(기원전 14~기원후 49) … 갖추었고 : 字는 文淵, 扶風 사람이다. 전한 이래 명문 출신으로, 처음에는 북방으로 피신하여 목축에 종사했다. 후한 광무제 때 太中大夫, 隴西太守가 되어 羌族·氐族 토벌에 큰 공을 세웠다. 41년 이후 伏波將軍에 임명되어 交趾(북베트남)의 徵側과 徵貳 자매의 반란을 토벌하고, 하노이 부근의 浪泊까지 진출하여 그곳을 평정하였다. 그 공로로 新息侯가 되었고, 45년 이후는 북방의 흉노와 오환 토벌에 활약했다. 그는 공경을 다해 형수를 봉양했는데, 의관을 갖추지 않았으면 감히 집안으로 들어가 뵙지 않았다. 『貞觀政要』권7, 「禮樂」제29 戈直의 注 참조.

이러한 사례들은 모두 몸소 예교와 도의를 실천하여 인의가 깊고 효심과 우애가 돈독한 것입니다. 그 숭상하는 본지를 살펴보건대, 어찌 선각자가 아니겠습니까? 다만 그 당시에 위로는 현명한 군주가 없었고, 예禮는 아랫사람들이 논할 수 있는 바가 아니어서,22) 마침내 깊은 정[深情]이 천년 동안 통하지 않게 되었으며, 지극한 이치가 오랜 세월 동안 감추어지게 되었습니다. 그러한 지가 오래되었으니, 어찌 애석하지 않겠습니까!

今屬欽明在辰, 聖人有作, 五禮詳洽, 一物無遺. 猶且永念愼終, 凝神遐想. 以爲尊卑之敍, 雖煥乎大23)備; 喪紀之制, 或情理未周. 爰命秩宗, 更詳考正. 臣等奉遵明旨, 觸類旁求, 採摭群經, 討論傳記. 或引兼名實,24)[一],25) 無文之

---

21) 공급孔伋(기원전483?~기원전402?) … 마련했습니다 : 공자의 손자로, 字는 子思이다. 『禮記』「檀弓」上에 "증자가 말했다. '소공의 상에 곡위를 마련하지 않는 것은 누추한 동네에서나 하는 예이다. 자사는 형수를 위해 곡할 때 곡위를 마련하였고, (복을 하는 자사의) 부인이 먼저 발을 동동 구르며 뛰었다.'고 하였다.曾子曰, '小功不爲位也者, 是委巷之禮也. 子思之哭嫂也爲位, 婦人倡踊.'"라고 하였다.

22) 예禮는 … 아니어서 : 『中庸』 28장에 "천자가 아니면 예를 논의하지 못하며, 제도를 만들지 못하며, 문자를 심사하여 바로잡지 못한다.非天子, 不議禮, 不制度, 不考文."고 하였다.

23) 大 : 『貞觀政要』 제29편, 「論禮樂」에는 '大'가 '已'로 되어 있다.

24) 或引兼名實 : 『貞觀政要』 제29편, 「論禮樂」에는 이 문장이 "或抑或引, 兼名兼實, 損其有餘, 益其不足."으로 되어 있으며, 『文苑英華』 권767에는 "或損其有餘, 益其不足."으로 되어 있다. 이곳에서는 문맥상 『정관정요』의 문장이 완결성이 있으므로 이에 따라 번역하였다.

禮咸秩, 敦睦之情畢擧[二],26) 變薄俗於旣往, 垂篤義於將
來, 信六籍所不能談, 超百王而獨得者也. 諸儒所守, 互有
異同, 詳求厥中, 申明聖旨.

　　이제 태평하게 다스려지는 때27)에 성인이 또 일어나셨으니,
오례五禮가 상세하게 갖추어져서 한 가지도 빠진 것이 없습니
다. 그럼에도 폐하께서는 길이 생각하여 끝을 삼가시고, 정신
을 집중하여 멀리 사색하시어, 존비의 차서는 비록 환하게 이
미 갖추어졌지만, 상기喪紀의 제도는 혹 인정과 이치에 치밀하
지 못하다고 여기셨습니다. 이에 질종秩宗28)에게 명하시어 상
세히 고증하여 바로잡도록 하셨습니다.

　　신들은 폐하의 밝은 뜻을 받들어서 종류에 따라 널리 찾았
으며, 여러 경문經文을 채집하여 모으고, 전문傳文과 기문記文

25) [교감기 1] "或引兼名實"의 '名' 자는 여러 판본에는 원래 없는데,『冊府
元龜』권585에 의거하여 보충하였다.『文苑英華』권767에는 "或損其有
餘, 益其不足."으로 되어 있다.

26) [교감기 2] "敦睦之情畢擧"의 '畢擧'는 여러 판본에는 원래 '俾'로 되어
있는데,『文苑英華』권767・『冊府元龜』권585에 의거하여 수정하였다.

27) 태평하게 다스려지는 때:『尙書』「堯典」에서 "방훈은 欽明文思로 편안
히 할 바를 편안하게 하였다.放勳, 欽明文思安安."고 하였다. 이에 대해
馬融은 "威儀가 밝게 갖추어진 것을 '欽'이라 하고, 사방을 살펴 다스리는
것을 '明'이라 하고, 천하를 구획하여 다스리는 것을 '文'이라 하고, 道德
이 순수하게 갖추어진 것을 '思'라고 한다.威儀表備, 謂之欽, 照臨四方,
謂之明, 經緯天地, 謂之文, 道德純備, 謂之思."고 하였다. 후대에 '欽明'
은 군주를 칭송하는 말로 사용되었다.

28) 질종秩宗 : 요순 시대에 제사와 의례를 관장하던 관직(『尙書』「舜典」)으로,
왕망 때에는 太常으로 개칭하였다가, 후한 때 다시 질종으로 복구되었다.

에 대해 토론을 벌였습니다. 혹 눌러서 낮추어 복을 하거나 끌어올려서 복을 하도록 하였고, 명분과 실질을 겸하게 하여 남는 것은 덜고 부족한 것은 더하였습니다. 명문 규정이 없는 예까지 모두 질서 지우고, 돈독하고 화목한 인정을 모두 펼칠 수 있도록 하여, 이전에 각박했던 풍속을 변화시켜 미래에 돈독한 의리를 드리울 수 있도록 하였으니, 진실로 육경에서 담론하지 못하던 바이며, 백대의 왕조를 뛰어넘어 홀로 얻은 것입니다. 유자들이 주장하는 바는 서로 차이가 있었으나, 그 절충점을 상세히 탐구하여 폐하의 뜻을 거듭 밝히고자 하였습니다.

　　謹按曾祖父母舊服齊衰三月, 請加爲齊衰五月. 嫡子婦舊服大功, 請加爲期. 衆子婦小功, 今請與兄弟子婦同爲大功九月. 嫂叔舊無服, 今請服小功五月報. 其弟妻及夫兄, 亦小功五月. 舅服緦麻, 請與從母同服小功.

　　삼가 살펴보건대, 옛날에는 증조부모를 위해 자최 3월로 복을 하였는데,[29] 청컨대 가복을 하여 자최 5월로 하도록 하소서.

---

29) 증조부모를 … 하였는데 :『儀禮』「喪服」'자최 3월장'에 "증조부모를 위해 자최 3월로 복을 한다.曾祖父母."고 하였고, '자최 3월장·전'에서는 "왜 자최 3월로 복을 하는가? 소공은 형제 사이에 하는 복이다. 형제 사이에 하는 복으로 감히 지존을 위해 복을 하지 못하기 때문이다.傳曰, 何以齊衰三月也? 小功者, 兄弟之服也. 不敢以兄弟之服, 服至尊也."라고 하였다. 정현의 주에서는 "바야흐로 '소공'을 말한 것은 복의 수가 5에서 끝나니, 고조를 위해 시마의 복을 하고, 증조를 위해 소공의 복을 해야 하기 때문이다. 조부를 위한 복이 기년복이라는 사실에 근거하면 증조는

옛날에는 적자의 처[嫡子婦, 嫡婦, 맏며느리]를 위해 대공으로
복을 하였는데,[30] 청컨대 가복을 하여 기년으로 하도록 하소
서. (옛날에는) 중자의 처[衆子婦, 庶婦, 맏며느리 이외의 며느
리들]를 위해 소공으로 복을 하였는데,[31] 이제 청컨대 형제의
아들의 처[兄弟子婦, 조카며느리]와 똑같이 대공 9월로 복을 하
도록 하소서.[32] 옛날에는 형수[嫂]와 시동생[叔] 사이에 복이

대공, 고조는 소공이어야 한다. 고조와 증조는 모두 소공에서 차이가 나므
로 증손과 현손은 그들을 위해 같은 복을 하기 때문이다. 상복을 무겁게
한 것은 존존 때문이다. 기간을 줄인 것은 은의가 감쇄하기 때문이다.正言
'小功'者, 服之數盡於五, 則高祖宜緦麻, 曾祖宜小功也. 據祖期, 則曾
祖宜大功, 高祖宜小功也. 高祖·曾祖皆有小功之差, 則曾孫·玄孫爲之
服同也. 重其衰麻, 尊尊也. 減其日月, 恩殺也."라고 하였다.

30) 적자의 처 … 하였는데 : 『儀禮』「喪服」'대공 9월장'에 "적부를 위해 대공
9월로 복을 한다.(適婦)"고 하였다. 정현의 주에서는 "'적부'는 적자의
처이다.適婦, 適子之妻."라고 하였다.

31) 중자의 처 … 하였는데 : 『儀禮』「喪服」'소공 5월장'에 "시부모가 서부를
위해 소공 5월로 복을 한다.庶婦"고 하였다. 정현의 주에서는 "남편이
앞으로 重을 받을 사람이 아니기 때문이다.夫將不受重者."라고 하였다.
樊繼公은 "庶婦는 시부모를 위해 기년으로 복을 하는데, 시부모가 그녀
에게 두 등급 낮추어서 소공으로 복을 하는 것은 適婦와 구별하기 위한
것이다.庶婦爲舅姑期, 舅姑乃再降之爲小功者, 所以別於適婦也."라고
하였다. 『禮記』「喪服小記」에 "적부가 시부모의 후사가 되지 못하면(남
편이 폐질 등으로 죽어 자식이 없어서 重을 받을 사람이 없는 경우) 시어
머니는 그녀를 위해 소공으로 복을 한다.適婦不爲舅後者, 則姑爲之小
功."고 하였다. 호배휘, 『의례정의』, 1546쪽 참조.

32) 형제의 자부 … 하소서 : 『儀禮』「喪服」편에 조카며느리[兄弟之子婦]에
대한 복의 규정은 없다. 다만 앞에서 조카[兄弟之子]를 위해 자최 기년으

없었는데,33) 이제 청컨대 소공 5월로 보복報服을 하도록 하소

로 복을 한다고 하였으며, 그의 아내인 조카며느리[兄弟之子婦]에 대해
서는 이보다 한 등급을 낮추어 대공 9월로 복을 하는 것으로 이해한 듯하
다. 실제로 『政和禮』에는 "大功九月, 爲兄弟子之婦."라고 하였고, 『朱子
家禮』에서도 "大功九月, 爲兄弟子之婦."라고 하였으며, 『명사』「예지」에
서도 "大功九月, 爲兄弟之子婦."라고 규정하였다.

33) 옛날에는 … 없었는데 : 『儀禮』「喪服」 '대공 9월장·전'에 "傳에 말한다.
왜 대공으로 복을 하는가? 남편을 따라서 복을 하는 것이기 때문이다.
남편의 곤제에 대해서는 왜 복의 규정이 없는가? 그 남편이 아비의 항렬에
속한다면, 처는 모두 어미의 항렬이 된다. 그 남편이 아들의 항렬에 속한다
면, 처는 모두 며느리의 항렬이 된다. 동생의 처를 며느리라고 칭한다면,
형수를 또한 어머니라고 칭해야 하는데, 그것이 가능한 일이겠는가? 그러
므로 명분이란 사람의 이치에 있어 중대한 것이니, 삼가지 않을 수 있겠는
가?傳曰, 何以大功也? 從服也. 夫之昆弟何以無服也? 其夫屬乎父道
者, 妻皆母道也. 其夫屬乎子道者, 妻皆婦道也. 謂弟之妻婦者, 是嫂亦
可謂之母乎? 故名者人治之大者也, 可無愼乎?"라고 하였다. 정현의 주
에서는 "'道'는 항렬[行]의 뜻이다. 부인은 姓을 버리고 일정한 등급이
없어서 아비 항렬로 시집가면 어머니 항렬이 되고, 아들 항렬로 시집가면
며느리 항렬이 된다는 뜻이다. '동생의 처를 며느리라고 칭한다.'는 것은
낮추고 멀리하기 때문이다. 그러므로 '며느리'라고 부른다. '嫂'는 존엄한
칭호이다. '형수를 또한 어머니라고 칭해야 하는데, 그것이 가능한 일이겠
는가?'라고 말한 것은 불가하다는 뜻이다. '嫂'는 叟의 뜻과 같으니, '叟'는
노인의 칭호이다. 이것이 남녀의 순서를 구별하는 방법이다. 만약 내가
어머니나 며느리의 복으로 형제의 처를 위해 복을 한다면, 형제의 처는
시아버지나 아들의 복으로 나를 위해 복을 해야 한다. 이는 소목의 차례를
어지럽히는 것이다.道猶行也. 言婦人棄姓, 無常秩, 嫁於父行, 則爲母
行, 嫁於子行, 則爲婦行. '謂弟之妻爲婦'者, 卑遠. 故謂之'婦.' '嫂'者,
尊嚴之稱. '是嫂亦可謂之母乎?', 言不可. '嫂'猶叟也, '叟', 老人稱也.
是爲序男女之別爾. 若己以母婦之服服兄弟之妻, 兄弟之妻以舅子之

서. 동생의 처(제수) 및 남편의 형(시아주버니)을 위해서 역시 소공 5월로 복을 하도록 하소서. (옛날에는) 외삼촌을 위해 시마로 복을 하였는데,34) 청컨대 이모와 마찬가지로 소공으로 복을 하도록 하소서.35)

制可之.

(태종은) 제서制書를 내려 허락하였다.

顯慶二年九月, 修禮官長孫無忌等又奏曰: 「依古喪服, 甥爲舅緦麻, 舅報甥亦同此制. 貞觀年中, 八座議奏: 『舅服同姨, 小功五月.』 而今律疏, 舅報於甥, 服猶三月. 謹按旁尊之服, 禮無不報, 已非正尊, 不敢降也. 故甥爲從母五月, 從母報甥小功, 甥爲舅緦麻, 舅亦報甥三月, 是其義矣. 今甥爲舅使同從母之喪, 則舅宜進甥以同從母之報. 修律疏人不知禮意, 舅報甥服, 尚止緦麻, 於例不通, 禮須改正. 今請修改律疏, 舅報甥亦小功[三].36)」 又曰: 「庶母古

服服己. 則是亂昭穆之序也. ‘治’猶理也. 父母兄弟夫婦之理, 人倫之大者, 可不愼乎?"라고 하였다.

34) 외삼촌을 … 하였는데:『儀禮』「喪服」‘시마 3월장’에 "외삼촌을 위해 시마 3월로 복을 한다.舅"고 하였다. 정현의 주에서는 "외삼촌은 어머니의 곤제이다.母之昆弟."라고 하였다.

35) 삼가 살펴보건대 … 하소서:『貞觀政要』제29편,「論禮樂」에 의하면 이 의론은 모두 魏徵의 말이다. "此竝魏徵之詞也."

36) [교감기 3] "舅報甥亦小功"의 ‘報’자는 원래 ‘服’으로 되어 있는데,『通

禮緦麻, 新禮無服. 謹按庶母之子, 卽是己昆季, 爲之杖期[四],37)
而己與之無服. 同氣之內, 吉凶頓殊, 求之禮情, 深非至理. 請依典
故, 爲服緦麻.」制又從之.

(고종) 현경 2년(657) 9월, 수례관 장손무기長孫無忌38) 등이 또 상
주하여 말했다.

　　고례의 상복 제도에 의하면, 외조카는 외삼촌을 위해 시마
　　삼월로 복을 하고, 외삼촌도 외조카를 위해 마찬가지로 시마
　　삼월로 갚아주어 복을 하였습니다.39) 정관 연간(640)에 팔좌八

　　典』권92·『唐會要』권37·殘宋本『冊府元龜』권585에 의거하여 수정하
　　였다.

37) [교감기 4] "爲之杖期"의 '期' 자는 여러 판본에는 원래 '齊'로 되어 있는
　　데, 『唐會要』권37에 의거하여 수정하였다.

38) 장손무기長孫無忌(594~659) : 字는 輔機, 본관은 河南郡 洛陽縣이다. 唐
　　의 凌煙閣 24 공신 가운데 첫 번째로, 初唐을 대표하는 정치가이자, 태종
　　의 長孫皇后의 오빠이다. 장손무기는 학문을 좋아하고, 文章과 史書에
　　정통했다. 626년 '玄武門 變' 때 房玄齡·杜如晦 등과 함께 습격 계획
　　세웠다. 太宗 즉위 후 左武侯大將軍이 되었다. 627년, 吏部尙書, 齊國公
　　에 봉해졌다. 649년, 태종 임종 때 李治(고종)의 후견과 輔政을 의탁 받았
　　다. 고종 즉위 후 太尉로 승진, 中書令을 檢校하고, 門下省과 尙書省을
　　통령했다. 武照가 황후로 책봉된 후, 657년에 褚遂良·來濟 등의 모반
　　무고로 좌천되었다. 659년, 許敬宗의 농간으로 官爵을 삭탈당하고 黔州
　　(귀주성)로 유배되었고, 마침내 자살했다. 『唐律疏義』, 『隋書』의 편찬자
　　로 알려져 있다.

39) 외조카는 … 하였습니다 : 『儀禮』「喪服」'시마 3월장'에 "외조카를 위해
　　시마 3월로 복을 한다.甥"고 하였고, '시마 3월장·전'에서는 "傳에 말한
　　다. 외조카란 누구인가? 나를 외삼촌이라 부르는 이를 나는 외조카라고

座40)들이 의론하여 "외삼촌을 위한 복은 이모와 똑같이 소공 5월로 복을 해야 한다."고 상주하였습니다. 그런데 지금의『율소律疏』41)에서는 외삼촌은 외조카를 위해 갚아주기는 하지만, 복은 여전히 3월로 하는 것으로 되어 있습니다.42)

부른다. 왜 시마 3월로 복을 하는가? 똑같이 갚아 주는 것이다.傳曰, '甥者何也? 謂吾舅者, 吾謂之甥. 何以緦也? 報之也.'"라고 하였다.

40) 팔좌八座: 후한 시대에는 六曹尙書에 尙書令·尙書僕射를 더해 '팔좌'라 했고, 삼국시대 魏와 남조의 宋·齊에서는 五曹尙書가 있을 뿐이었는데, 여기에 尙書令과 尙書左僕射·尙書右僕射를 합해 '팔좌'라 했다. 隋·唐에서는 六部尙書에 尙書令·尙書左右僕射를 더해 '팔좌'라 했다.『通典』권22「職官」4.

41)『율소律疏』: 태종 정관 원년(627)에 長孫無忌·房玄齡 등에게 새로운 법전을 편찬하게 하였는데 10년 만에『貞觀律』을 완성했다. 고종 영휘 2년(651) 재판에 있어서 법률해석의 통일을 기하고 明法科 수험생을 위하여 太尉 長孫無忌, 司空 李勣 등 19명에게 새로운 법전을 편찬하도록 하였다. 영휘 2년(651) 장손무기, 李勣 등은『정관율』을 기초로 수정을 가하게 하여 律 12권을 새롭게 편찬했다. 이것이『永徽律』이다.『영휘율』은『정관율』과 그 내용에 있어 커다란 차이가 없어『정관율』에 대한 계승과 보충의 성격을 띤다. 영휘 3년(652)에 다시 律學通才와 신료들에게『영휘율』에 대한 축조해석을 가하여 보고하도록 하였다. 이에 晉代의 律文에 대한 張斐, 杜預 등의 주석의 성과를 바탕으로 1년여에 걸쳐『律疏』30권을 편찬하여 상주하였고, 영휘 4년(653)에 고종의 비준을 거쳐『영휘율』과 합편하여 義疏를 律文의 뒤에 나누어 덧붙여서 반포하였다. 疏文이 모두 '疏議曰'로 시작하기 때문에 일반적으로『唐律疏議』라 칭한다.

42) 그런데 지금의『율소律疏』… 되어 있습니다:『당률소의』제183조 '戶婚'의 律文에 "무릇 일찍이 袒免親의 妻였는데 혼인한 경우에는 각각 杖刑 100대에 처한다. 緦麻親 및 舅·甥의 妻였다면 徒刑 1년에 처하고, 小功親 이상이면 姦罪로 논죄한다. 妾이었다면 각각 2등을 감한다. 모두 이혼

삼가 살펴보건대, 예에 의하면 방존旁尊(방계의 존)의 복은 갚아주지[報] 않는 경우가 없으니, 이미 (내가) 정존이 아니라면 감히 (상대를) 낮추지 못하는 것입니다.43) 그러므로 외조카는 이모를 위해 소공 5월로 복을 하고, 이모도 외조카를 위해 소공 5월로 갚아 주며, 외조카는 외삼촌을 위해 시마 3월로 복을 하고 외삼촌도 외조카를 위해 시마 3월로 복을 하는 것이

시킨다.諸嘗爲祖免親之妻, 而嫁娶者, 各杖一百, 緦麻及舅甥妻, 徒一年, 小功以上, 以姦論. 妾, 各減二等. 竝離之."라고 규정하여 외삼촌을 시마복으로 규정하였고, 疏議에서는 "'緦麻 및 舅·甥의 妻'라는 것은 同姓 緦麻親의 妻 및 舅의 妻 또는 外甥의 妻를 말한다.緦麻及舅甥妻, 謂同姓緦麻之妻及爲舅妻."라고 해석하였다.

43) 방존 … 것입니다 : 『儀禮』「喪服」'자최 부장기장·전'에서 "傳에 말한다. 큰아버지·작은아버지를 위해 왜 기년으로 복을 하는가? 존귀한 분과 한 몸이기 때문이다. 그렇다면 곤제의 아들을 위해 왜 또한 기년으로 복을 하는가? (내가) 방계로 존이어서 그 존을 적용할 수 없기 때문에 상대방이 나를 위해 입어 주는 복으로 갚아 주는 것이다.傳曰, 世父·叔父何以期也? 與尊者一體也. 然則昆弟之子何以亦期? 旁尊也, 不足以加尊焉, 故報之也."라고 하였다. 오계공은 "곤제의 아들에 대한 本服은 대공이다. 큰아버지·작은아버지가 본복으로 복을 하지 않고, 그들이 나를 위해 加隆하는 복으로 갚아 주는 것은 내가 正尊이 아니어서 그들에게 존을 적용할 수 없기 때문이다.敖氏云, 昆弟之子, 本服亦大功. 世叔父不以本服服之, 而報以其爲己加隆之服者, 以己非正尊, 不足以尊加之故也."라고 하였다. 이에 대해 호배휘는 "정존이라면 존을 적용시켜 비천한 이에게 낮출 수 있다. 예를 들면 손자가 할아버지를 위해 기년의 복을 하지만, 할아버지는 손자를 위해 단지 대공의 복을 하는 경우이다.今案, 正尊則可以加尊而降卑, 如孫爲祖期, 而祖但爲孫大功是已."라고 보충 설명하였다. 호배휘, 『의례정의』, 1410쪽 참조.

니, 이것이 의리입니다.

그런데 이제 외조카가 외삼촌을 위해 이모의 상을 당했을 때와 똑같이 (소공 5월로) 복을 하게 하였으므로, 외삼촌도 마땅히 외조카를 올려서 이모가 외조카에게 갚아주는 것과 똑같이 (소공 5월로) 복을 하게 해야 합니다. 『율소』를 수찬한 사람들이 예의 본지를 알지 못하고,[44] 외삼촌이 외조카에게 보복報服을 할 때 여전히 시마 3월로 그치게 했던 것은,[45] 체례에 있

---

44) 『율소』를 … 알지 못하고 : 영휘 3년 652년 『율소』의 완성을 주도한 인물이 장손무기이다. 그런데 이곳에서 상주문을 올린 장손무기 스스로가 『율소』를 수찬한 사람들은 "예의 본지를 알지 못하였다."고 발언한 것은 무언가 이상하다. 『冊府元龜』 권855 「掌禮部」 '奏議1'에는 許敬宗이 이곳의 상주문을 올린 것으로 되어 있다. "敬宗等又奏曰, 依古喪服, 甥爲舅緦麻, 舅報甥亦同制 … ." 『정관례』의 '節文未盡'을 비판하면서 658년 『顯慶禮』의 성립을 주도하고, 무후의 책립을 모사하여 장손무기를 失勢케 한 인물이 허경종이라는 것을 염두에 둔다면, 『율소』의 수찬자를 '不知禮意'로 비판한 발언의 당사자가 허경종일 가능성도 높아 보인다.

45) 『율소』를 … 했던 것은 : 『唐律疏議』 권1, 「名例」, '十惡', "열 번째가 내란이다. 十曰內亂."라고 하였는데, 注에 "小功 이상의 친족을 간음한 행위를 말한다. 謂姦小功以上親."고 하였고, 疏議에서는 "'小功 이상의 친족을 간음한 행위.'라는 것은 禮에 의하면 남자가 小功服을 입어야 할 친족 부인과 간통한 경우를 말한다. 만약 부인이 남자에 대하여 비록 小功服이 있으나, 남자는 緦麻服으로 입어야 하는 경우에는 그렇지 않다. 외손녀가 외조부에게 또는 甥姪女가 외숙에 대한 경우 등을 말한다. 姦小功以上親者, 謂據禮男子爲婦人著小功服而姦者. 若婦人爲男夫, 雖有小功之服, 男子爲報服緦麻者, 非謂外孫女於外祖父及外甥於舅之類."고 하였다. 외조카와 외삼촌의 복제는 唐禮와 古禮가 다르다. 고례에서 외조카는 외삼촌을 위해 시마의 복을 하고, 외삼촌도 외조카를 위해 마찬가지로

어 통하지 않는 것이니, 예의 조문을 개정해야 합니다. 이제 청
컨대, 『율소』를 수정하여 외삼촌이 외조카를 위해 보복을 할
때에도 소공 5월로 하도록 하소서.

또 의론하여 말했다.

고례에서는 서모庶母를 위해 시마로 복을 하였는데,46) 『신례

시마로 보복을 한다. 앞에서 보았듯이 唐 太宗 貞觀 연간(640)의 修禮
때 외조카는 외삼촌을 위해 이모를 위한 복과 똑같이 소공 5월복을 하는
것으로 바꾸었지만, 외삼촌은 조카를 위해서 여전히 시마로 報服을 하는
것으로 정했다. 이 때문에 『율소』에서 외조카와 외삼촌을 사례로 들어서
외조카는 외삼촌을 위해 소공의 복을 하지만, 외삼촌은 보복으로 시마에
그치므로, '남자가 부인(여자)을 위해 소공의 복을 입는 것'과 다르다고
한 것이다.

46) 서모庶母를 … 하였는데 : 『儀禮』「喪服」 '시마 3월장'에서 "사가 서모를
위해 시마 3월로 복을 한다.士爲庶母."고 하였고, '시마 3월장·전'에서는
"傳에 말한다. 왜 시마 3월로 복을 하는가? 어머니라는 명분[名] 때문에
복을 하는 것이다. 대부 이상은 서모를 위해 복을 하지 않는다.傳曰, 何以
緦也? 以名服也. 大夫以上, 爲庶母無服."고 하였다. 이에 대해 賀循은
"'庶母'는 사인 아버지의 첩.庶母, 士父之妾也."이라고 하였다. 雷次宗은
五服의 규정 가운데 복을 하는 주체를 말하지 않는 것은 모두 '士'의
신분인데, 이곳에서 복의 주체로서 '士'를 언급한 것은 "(복의 규정 가운
데) 이 경문에서만 '사'라고 말한 것은 왜인가? 대부 이상은 서모에 대한
복이 없다. 서인에게는 첩이 없기 때문에 서모도 없다. 서모를 위해 복을
하는 경우는 사뿐이다.此獨言士, 何乎? 蓋大夫以上, 庶母無服, 庶人無
妾, 則無庶母. 爲庶母者, 唯士而已."라고 하였다. 호배휘, 『의례정의』,
1560~1561쪽 참조. 『開元禮』에서는 '庶母'를 위해 義服으로 '시마 3월'로
복을 하는 것으로 규정한다.

新禮』47)에서는 복을 하지 않는 것으로 되어 있습니다. 삼가 살펴보건대, 서모의 자식은 곧 자기의 곤제昆弟입니다. 그 곤제가 자신의 친모를 위해 자최 장기로 복을 하고 있는데,48) 자기는 그녀를 위해 복을 해주지 않습니다. 동기同氣(같은 아버지의 혈통) 사이에 길흉이 완전히 다른 것은 예의 정리에 비추어 볼 때 지극한 이치가 매우 아닙니다. 청컨대, 전고典故에 의거하여 시마 3월로 복을 하도록 하소서.

제서를 내려 또 이에 따랐다.

---

47) 『신례新禮』:『貞觀禮』를 말한다. 『구당서』 권46 「經籍志」 '禮部'에 "『大唐新禮』 100권, 房玄齡 등 撰"으로, 『신당서』 권58 「藝文志」 '史部 儀注類'에는 "『大唐儀禮』 100권, 長孫無忌·房玄齡·魏徵 … 于志寧 등 撰'으로 각각 저록되어 있다. 수 문제의 『開皇禮』와 대비할 때는 '대당신례'라 칭하고, 『顯慶禮』를 '大唐後禮'라 칭하는 것과 대비해서는 『貞觀禮』를 '大唐前禮'라고 칭한다.

48) 그 곤제가 … 있는데 : 이곳에서는 '父在爲母'의 규정을 적용시킨 것이다. 『儀禮』 「喪服」 '자최 3년장·전'에 대한 정현의 주에 "대부의 첩의 자식이 아버지가 살아 계실 때 어머니를 위해 대공의 복을 하기 때문에, 사의 첩의 자식은 어머니를 위해 기년의 복을 한다. 아버지가 돌아가셨다면 모두 (3년의 복으로 情意를) 펼 수 있다.大夫之妾子, 父在爲母大功, 則士之妾子, 爲母期矣. 父卒則皆得伸也."고 하였다. 호배휘는 '대부의 첩의 자식이 아버지 생존 중에 어머니를 위해 대공의 복을 한다.'는 규정은 '大功章'에 보이며, '사의 첩의 자식이 어머니를 위해 기년의 복을 한다.'는 것은 경에 명문규정은 없지만 '자최 장기장'의 '父在爲母' 조항에 들어갈 수 있는 것이라고 하였다. 호배휘, 『의례정의』, 1390쪽 참조.

龍朔二年八月, 所49)司奏:「司文正卿蕭嗣業[五],50) 嫡繼母改
嫁身亡, 請申心制. 據令, 繼母改嫁及爲長子, 並不解官.51)」旣而
有敕:「雖云嫡母, 終是繼母, 據禮緣情, 須有定制. 付所司議定奏
聞.」司禮太常伯隴西郡王博乂等奏稱:

(고종) 용삭 2년(662) 8월, 담당관이 상주하여 "사문정경司文正卿
소사업蕭嗣業52)이 적모인 계모가 개가한 후 사망하자 심상心喪의 복

---

49) 所 : 『唐會要』 권37 「服紀」上 788쪽 및 『冊府元龜』 권586 「奏議」 제14에
는 '所'가 '有'로 되어 있다.

50) [교감기 5] "司文正卿蕭嗣業"의 '司'자는 여러 판본에 '同'으로 되어 있
는데, 『冊府元龜』 권586에 의거하여 수정하였다. 『舊唐書』 권42 「職官
志」를 살펴보면, "고종 용삭 2년 여러 부처와 관명을 고치면서, 鴻臚卿을
司文正卿으로 고쳤다.高宗龍朔二年改百司及官名"라고 하였다.

51) 繼母改嫁, 及爲長子, 並不解官 : 上海古籍出版社本(2005) 『唐會要』 권
37, 「服紀上」, 788쪽과 徐乾學, 『讀禮通考』 권8, 「喪期」 8 등 이 문장을
인용한 대부분의 서적에서도 '繼母改嫁, 及爲長子, 並不解官.'으로 되어
있으며, 『通典』 권89 「凶禮」11에서는 '繼母改嫁, 並不解官,'으로 간략
인용하고 있다. 그러나 『冊府元龜』 권586 「奏議」 제14와 문연각 『사고전
서』본 『唐會要』에는 '繼母改嫁, 及父爲長子, 並不改[解]官.'으로 되어
있다. 그런데 뒤에서 보듯이, 현종 개원 5년(717)에 올린 元行沖의 상주문
에는 "아버지가 적자를 위해 참최 3년으로 복을 하는데도 관직에서 물러
나지 않는다.父爲嫡子三年斬衰, 而不去職."고 하였다. 즉 '唐令'에서는
아버지가 적자를 위해 참최 삼년의 복을 할 경우 해관하지 않는 것으로
규정했음을 알 수 있다. 또한 이곳의 마지막 구 앞머리의 '並(모두)' 자를
고려한다면, '並' 앞에는 적어도 두 가지 이상의 사례가 적시되어야 한다.
따라서 '及爲長子'는 '及父爲長子'의 잘못으로 보는 것이 타당할 듯하다.

52) 소사업蕭嗣業 : 西梁 明帝 蕭巋(재위 562~585)의 증손, 南海王 蕭珣의
손자, 蕭鉅의 아들이다. 어렸을 때 수 양제를 따랐지만, 후에 대고모 蕭皇

제53)를 펼 수 있도록 청하였습니다. '영(令)'에 의하면, 계모가 개가를 한 경우 및 아버지가 장자를 위해 복을 할 경우에는 모두 해관을 하지 않습니다."라고 하였다. 얼마 후 조칙을 내려, "비록 적모라고 하지만 끝내 계모일 뿐이다. 예문에 의거하고 정리에 비추어서 정제定制가 있어야 할 것이다. 담당 부서에 교부하여 의론하여 정해서 보고하도록 하라."고 하였다. 사례태상백司禮太常伯 농서군왕隴西郡王 이박예李博乂54) 등이 상주하여 말했다.

<hr />

后를 따라 동돌궐로 들어갔다. 정관 9년(635) 귀국하자, 태종은 그가 돌궐의 상황을 잘 알고 있다고 생각하여 突厥部衆을 이끌게 하였다. 이어서 鴻臚卿에 임명하였고, 單于都護府 長史를 겸하게 하였다. 고종 調露 원년(679), 돌궐의 수령 阿史德溫傳와 奉職의 두 부락이 잇달아 당에 반란을 일으키자 고종은 鴻臚卿 蕭嗣業과 右千牛將軍 李景嘉를 보내어 토벌하도록 하였지만 溫傳에게 패하여 병사 만 여명이 전사했다. 소사업은 죽음을 면했지만 桂州로 유배되었다. 고종 용삭 2년(662)에 '鴻臚卿'을 '司文正卿'으로 개칭하였다.

53) 심상心喪의 복제 : '心制'는 심상의 복제를 말한다. 음악을 듣지 않고, 술과 고기 음식을 먹지 않고, 吉席에 참여하지 않는데, 다만 흉복을 착용하지 않는 복상을 말한다. 본래 스승이 돌아가셨을 때 제자들이 상복을 입지 않은 채로 마음으로 애도하는 심상을 했지만, 후대에는 아버지 생존 중에 어머니가 돌아가시거나, 개가한 친모·계모·양모를 위해, 적손이 조부 생존 중에 조모를 위해 정해진 服紀를 마치고 심상으로 3년을 채웠다.

54) 이박예李博乂(?~671) : 고조 이연의 조카로, 李湛(이연의 둘째 형)의 둘째 아들이다. 隴西王에 봉해졌다. 고종 때 宗正卿·禮部尚書를 역임했다. 妓妾이 수백 명이나 되었는데 모두 비단옷을 입고 아침저녁으로 弦歌를 즐기면서 사치함이 극에 달했다고 한다.

緬尋喪服, 母名斯定, 嫡·繼·慈·養, 皆在其中. 惟出母
制, 特言出妻之子, 明非生己, 則皆無服. 是以令云母嫁, 又
云出妻之子. 出言其子, 以著所生, 嫁卽言母, 通包養·嫡,
俱當解任, 並合心喪. 其不解者, 惟有繼母之嫁. 繼母爲名,
正據前妻之子 ; 嫡於諸孽, 禮無繼母之文. 甲令今旣見行, 嗣
業理申心制. 然奉敕議定, 方垂永則, 令有不安[六],55) 亦
須釐正. 竊以嫡·繼·慈·養, 皆非所生, 並同行路[七].56) 嫁
雖比出稍輕, 於父終爲義絶. 繼母之嫁, 旣殊親母, 慈·嫡義
絶, 豈合心喪? 望請凡非所生, 父卒而嫁, 爲父後者無服, 非
承重者杖期, 並不心喪, 一同繼母. 有符情禮, 無玷舊章.

살펴보건대, 『의례』「상복」편에는 '어머니[母]'의 명칭이 정
해져 있으니, '적嫡' '계繼' '자慈' '양養'이 모두 그 (어머니의
범주) 안에 포함됩니다. 다만 '출모出母'의 복제와 관련해서는
특별히 '쫓겨난 처의 자식[出妻之子]'57)이라고 하여 자기를 낳

---

55) [교감기 6] "令有不安"의 '令' 자는 여러 판본에 '今'으로 되어 있는데,
『唐會要』권37·殘宋本 『冊府元龜』권586에 의거하여 수정하였다.

56) [교감기 7] "並同行路"는 『唐會要』권37에 이 구 앞에 "出之與嫁" 4자가
더 있다.

57) 쫓겨난 처의 자식[出妻之子] : 『儀禮』「喪服」'자최 장기장'에 "쫓겨난
처의 아들이 어머니를 위해 자최 장기로 복을 한다.出妻之子爲母."고
하였다. '쫓겨난 어머니[出母]'라고 하지 않고 '쫓겨난 처의 아들이 어머
니를 위해서'라고 한 것에 대해서 뇌차종은 아들이 어머니를 쫓아내는
도리가 없기 때문에 남편과 연결시켜 '쫓겨난 처의 아들'이라 한 것으로
해석한다. 마융은 七出의 금법을 범해서 쫓겨난 어머니를 위해 기년의
복을 하는 것이라고 하였다. 호배휘, 『의례정의』, 1401쪽 참조.

아준 어머니가 아니라면 모두 복을 하지 않는다는 뜻을 밝혔습니다. 이 때문에 '영令'에서 '어머니가 개가하다[母嫁]'라는 항목을 말하였고, 또 다시 '쫓겨난 처의 아들[出妻之子]'이라는 항목을 말하였던 것입니다. '쫓겨나다[出]'에 '그의 자식[其子]'이라고 말하여 낳은 자식임을 밝혔고, '개가하다[嫁]'에는 곧 '어머니[母]'라고 말하여 '양養' '적嫡'을 통틀어 포함시켰으니, 모두 관직을 해임하고 아울러 심상을 하도록 해야 합니다. 해임을 하지 않는 경우는 오직 계모가 개가했을 때 뿐입니다. '계모繼母'라는 명칭은 단지 전처의 자식에 의거하여 말한 것이며,58) '적嫡'은 여러 첩들에 대비하여 말한 것이니,59) 예禮에 (적장자가 개가한) 계모를 위해 복을 한다는 명문규정은 없습

---

58) '계모'라는 … 것이며 : '계모'는 전처의 자식 즉 첫 번째 嫡夫人의 자식이 친모가 돌아가신 후 새로 들어온 어머니에 대한 칭호이다. 그 첫 번째 적부인의 자식 즉 적자는 아버지가 돌아가신 후 후사를 잇게 되므로 그 계모가 개가를 했을 때 따라가지 않으며, 따라서 복을 할 이유도 없다. 『통전』에 의하면, 이곳의 소사업은 적자가 아닌 서자 출신이므로 그에게 계모란 애초부터 존재하지 않는다. 『通典』 권89, 「凶禮」 11, 2453~2454쪽에서 '서자가 적모인 계모가 개가를 했을 때의 복제 논의(庶子爲嫡母繼母改嫁服議)'의 사례로 蕭嗣業의 경우를 예시하고 있는 것으로 볼 때 소사업은 첩의 자식(서자)이었을 것으로 추측된다. 죽은 이는 소사업의 계모가 아니며, 죽을 당시 적모였으므로, '令'의 규정(적모·자모·양모 해관 심상)에 따라 관직을 해임하고 심상을 해야 한다는 주장이 제기되었다.

59) 嫡于諸孽 : 『通典』 권89 「凶禮」 11, 2454쪽에는 '嫡于諸孽'이 '嫡於諸嬖'으로 되어 있다. 이곳에서 '嬖'는 첩을 가리킨다. 『列女傳』 「孽嬖傳」 顔師古의 注에 "孽은 많다는 뜻이고, '嬖'은 총애한다는 뜻이다. 孽, 庶也. 嬖, 愛也."라고 하였다. 즉 孽嬖는 寵妾을 뜻한다.

니다.[60] 법령이 이제 이미 시행되고 있으니, (이러한 개념규정에 따르면 죽은 이는 적모이므로) 소사업은 이치상 심상의 복을 펼쳐야 합니다. 그러나 칙명을 받들어 의론을 확정해야 비로소 영원한 법칙을 전할 수 있으니, '영'에 타당하지 못한 바가 있다면 또한 수정을 해야 합니다.

신은 생각건대, 적적(嫡)·계계(繼)·자자(慈)·양양(養)은 모두 낳아준 어머니가 아니니,[61] 모두 길을 지나가는 모르는 사람과 마찬가지입

---

60) 예禮에 … 없습니다 : 『儀禮』「喪服」 '자최 장기장'에 "아버지가 돌아가시고 계모가 개가를 했을 때 아들이 계모를 따라간 경우에 계모를 위해 자최 장기로 복을 하는데, 계모가 자신을 위해 해주는 복으로 갚는 것이다. 父卒, 繼母嫁, 從, 爲之服, 報."라고 하였다. 萬斯大는 "자신이 아버지의 후사가 되었으면서도 이미 어머니를 따라갔다면 이미 예의 규정대로 후사의 일을 행할 수 없게 된 것이다. (어머니에 대한) 복을 하지 않을 수 없다. 만일 예의 규정대로 후사의 일을 할 수 있다면, 이미 능히 스스로 자립한 것으로 계모를 따라가지 않았을 것이다. 따라가지 않았다면 또 무슨 복을 하겠는가?萬氏斯大云, 身爲父後, 業從母往, 已不能如常禮行爲後事, 其服自不容無. 果能如禮爲父後, 則已克自立, 不從繼母往矣, 不從又奚服哉?"라고 하였다. 즉 계모를 따라가지 않은 경우에는 복을 하지 않는다.

61) 적적嫡 … 아니니 : 『唐律疏議』 권6, 「名例」6에 "그 적모·계모·자모 및 만약 양육을 해준 자가 있을 경우 친모와 동일한 복을 한다.其嫡·繼·慈母, 若養者, 與親同."라고 하였다. 疏議에서는 다음과 같이 말했다. "'嫡'은 적모를 가리킨다. 『좌전』의 두예 주에 '元妃'는 첫 번째의 嫡夫人이다'라고 하였다. ① 서자는 그녀에 대해서 '嫡'이라고 칭한다. '繼母'는 적모가 죽거나 쫓겨난 후 아버지가 재취한 경우 계모가 된다는 뜻이다. '慈母'는 『儀禮』「喪服」 '자최 삼년장·傳'에 따르면 첩 가운데 자식이 없는 사람과 첩의 자식 가운데 어머니가 없는 사람이 있을 경우, 아버지가 모자의 관계

니다. 개가는 비록 쫓겨나는 것에 비한다면 조금 가볍지만, 아버지의 입장에서는 끝내 의리가 끊어진 것입니다. 계모가 개가를 했다면 이미 친모가 개가한 경우와 달리하며,[62] 자모·적모

를 맺도록 명하니, 이를 '慈母'라고 칭한다. ② 아버지가 명을 하지 않은 경우, 『의례』에 따라 소공으로 복을 하여 친모와 동일하게 하지 않는다. ③ '만약 양육을 해주었을 경우[若養者]'란 아이가 없어 동종의 자식을 양육해준 경우를 가리킨다. '慈母' 앞부분은 단지 어머니[母]만을 논한 것이고, '만약 양육을 해주었을 경우[若養者]'는 아버지를 함께 논한 것이다. 그러므로 '만약[若]'이라는 글자를 덧붙여 구별하여 모두 친모와 동일하게 복을 하는 것이다. 嫡謂嫡母. 左傳注云, '元妃, 始嫡夫人,' 庶子於之稱嫡. 繼母者, 謂嫡母或亡或出, 父再娶者, 爲繼母. 慈母者, 依禮, 妾之無子者, 妾子之無母者, 父命爲母子, 是名慈母. 非父命者, 依禮, 服小功, 不同親母. '若養者', 謂無兒, 養同宗之子者. 慈母以上, 但論母, 若養者, 即并通父. 故加'若'字以別之, 並與親同." ①『좌전』'은공 원년'조에 "惠公元妃孟子."라고 하였는데 杜預의 注에서는 "元妃, 始適婦人."이라고 하였다. '始適婦人'은 첫 번째 장가를 들었을 때의 正夫人을 말한다. ②『儀禮』「喪服」'자최 삼년장'에 "자모를 위해서 친모와 마찬가지로 자최 3년으로 복을 한다. 慈母如母."라고 하였고, 『儀禮』「喪服」'자최 삼년장·전'에 "傳에 말한다. 자모는 누구인가? 옛 기록에 '첩 가운데 자식이 없는 사람과 첩의 자식 가운데 어머니가 없는 사람이 있을 경우, 아버지가 첩에게 그를 자식으로 삼으라고 명하고, 자식에게 어머니로 모시라고 명한다.'라고 하였다. 이와 같다면 살아 계실 때는 친어머니처럼 봉양하고, 돌아가시면 친어머니처럼 3년상을 지내는데, 이는 아버지의 명을 귀하게 여기기 때문이다. 傳曰, 慈母者何也? 傳曰, '妾之無子者, 妾子之無母者, 父命妾曰, 女以爲子, 命子曰, 女以爲母.' 若是, 則生養之終其身如母, 死則喪之三年如母, 貴父之命也."라고 하였다. ③『儀禮』「喪服」'소공 5월장'에 "적처의 자식은 자기를 양육해 준 서모를 위해 소공 5월로 복을 한다. 君子子爲庶母慈己者."라고 하였다.

가 개가한 경우도 의리가 끊어진 것이니, 어찌 심상을 해야겠습니까? 바라건대, 무릇 낳아준 어머니가 아닌데 아버지가 돌아가신 후 개가를 하였다면, 아버지의 후사가 된 자는 복을 하지 않고, 중重(종묘제사의 주재자)을 계승한 자가 아니면 장기杖期로 복을 하되 모두 심상을 하지 않도록 하여 모두 계모가 개가한 경우와 같게 하소서.63) 이것이 정情[親]과 예禮[尊]에 부합하는 것으로, 옛 법도를 이지러뜨리지 않게 하는 방법입니다.

又心喪之制, 惟施服屈[八],64) 杖期之服, 不應解官. 而

---

62) 계모가 … 달리하며 : 『儀禮』「喪服」편에는 '친모가 개가했을 경우'의 복제 규정은 없다. 그러나 전한 선제 시기의 '석거각논의'에서 이미 이 문제는 논란의 대상이 되었다. 소망지는 '出母'의 규정을 적용하여 아들이 장자라면 복을 하지 않지만 그렇지 않을 경우 期年의 복을 해야 한다고 주장했고, 위현성은 어머니의 재가는 親의 관계가 지속될 수 없는 중대한 사안이므로 '無服'이지만, 남편을 잃은 젊은 아내가 어린 아들을 데리고 재가한 경우 기년의 복을 한다고 주장하였고, 여자의 부득이한 상황을 고려하여 자최 3년의 정복을 해야 한다는 소수의 의견도 제기되었다. 김용천, 「『石渠禮論』의 分析과 前漢시대 禮治 理念」(『동방학지』 137, 2007), 233-236쪽 참조. 당대의 규정은 좀 더 확인해볼 필요가 있다. 다만 '슈'에는 계모의 경우 해관하지 않는 반면 친모의 경우에는 해관이 가능하다고 하였으므로, '부졸위모'의 자최 3년복으로 규정했을 가능성이 있다.

63) 계모를 … 하소서 : 『儀禮』「喪服」 '자최 장기장'에 "아버지가 돌아가시고 계모가 개가를 했을 때 아들이 계모를 따라간 경우에 계모를 위해 자최 장기로 복을 하는데, 계모가 자신을 위해 해 주는 복으로 갚는 것이다.父卒, 繼母嫁, 從, 爲之服, 報."라고 하였다.

64) [교감기 8] "惟施服屈"는 『唐會要』 권37·『冊府元龜』 권586에는 '服屈'

令文三年齊斬, 亦入心喪之例;杖期解官, 又有妻喪之舛.
又依禮, 庶子爲其母緦麻三月. 旣是所生母服[九],65) 準例
亦合解官. 令文漏而不言, 於事終須修附. 旣與嫡母等嫁同
一令條[一〇],66) 總議請改, 理爲允愜者.

　또 심상의 복제는 오직 굽혀서 강복으로 복을 할 경우에만
해당하니, (본복인) 자최 장기로 복을 할 경우에는 해관을 해서
는 안 됩니다.67) 그런데 '영'의 조문에는 자최 3년·참최 3년의
복을 또한 심상의 체례에 넣었으며,68) 장기杖期의 복을 할 경
우 해관하는 규정에는 또 처를 위해 복을 하는 경우가 잘못
들어가 있습니다.69) 또 예에 의하면, 서자(로서 아버지의 후사

이 '厭降'으로 되어 있다.

65) [교감기 9] "旣是所生母服"의 '母' 자는 여러 판본에는 원래 '無'로 되어
　　있는데,『通典』권89·『冊府元龜』권586에 의거하여 수정하였다.

66) [교감기 10] "同一令條"의 '令' 자는 여러 판본에는 원래 없는데,『通典』
　　권89·『唐會要』권37에 의거하여 보충하였다.

67) 심상의 복제는… 안 됩니다 : 아버지가 돌아가셨을 경우 어머니를 위해
　　자최 3년의 복을 하지만[父卒爲母], 아버지가 살아 계실 경우 아버지의
　　존에 굽혀서 어머니를 위해 3년의 정의를 펼치지 못하고 굽혀서 자최
　　기년의 강복을 한다[父在爲母]. 이 경우 기년의 복을 마친 후 심상으로
　　3년을 채운다는 뜻이다.

68) 그런데 … 넣었으며 : 아버지[父]를 위한 '참최 3년'의 복과 아버지가 돌아
　　가셨을 경우 어머니[父卒爲母]를 위한 '자최 3년'의 복은 모두 상복을
　　입은 채로 상기를 마쳐야 한다. 그런데 '令'에서는 기년의 복을 마친 후
　　모두 심상을 한다고 규정하였기 때문에 이를 비판한 것이다.

69) 장기杖期로 … 있습니다 : 처에 대한 복은 자최 장기가 그 본복이다. '강복
　　으로 장기의 복을 할 경우 심상을 한다.'는 원칙에 위배됨을 비판한 것이다.

가 된 자)는 그 친모를 위해 시마 3월로 복을 합니다.70) 낳아준
어머니를 위한 복이므로 체례에 준거하여 또한 관직을 해임해
야 합니다. 영令의 조문에는 빠뜨려 언급하지 않았으니, 사리에
비추어 본다면 끝내 수정을 가하여 덧붙여 넣어야 합니다. 이미
적모 등이 개가를 한 경우를 포함하여 관련한 동일한 영의 조
문은 모두 의론하여 개정하는 것이 이치에 타당할 것입니다.

依集文武官九品已上議. 得司衛正卿房仁裕等七百三十六
人議, 請一依司禮狀, 嗣業不解官. 得右金吾衛將軍薛孤吳
仁等二十六人議, 請解嗣業官, 不同司禮狀者. 母非所生,
出嫁義絶, 仍令解職, 有紊緣情. 杖期解官, 不甄妻服, 三年
齊斬, 謬曰心喪. 庶子爲母緦麻, 漏其中制. 此並令文疏舛,
理難因襲. 依房仁裕等議, 緫加修附, 垂之不朽. 其禮及律疏
有相關涉者, 亦請準此改正. 嗣業旣非嫡母改醮[一一],71)
不合解官.

---

70) 그 친모를 위해 … 합니다:『儀禮』「喪服」'시마 3월장'에 "서자로서 아버
지의 후사가 된 사람이 친어머니를 위해 시마 3월로 복을 한다.庶子爲父
後者, 爲其母."고 하였고, '시마 3월장·전'에는 "傳에 말한다. 왜 시마
3월로 복을 하는가? 옛 기록에 '존귀한 이(아버지)와 한 몸이 되었다면
감히 사친(친어머니)에 대하여 복을 하지 않는다.'고 하였다. 그렇다면
왜 시마로 복을 하는가? 궁중에서 죽은 사람이 있다면 그를 위해 3개월
동안 제사를 거행하지 않는다. 이를 이용해서 시마로 복을 하는 것이다.傳
曰, 何以緦也? 傳曰, '與尊者爲一體, 不敢服其私親也.' 然則何以服緦
也? 有死於宮中者, 則爲之三月不擧祭. 因是以服緦也."라고 하였다.
71) [교감기 11] "嗣業旣非嫡母改醮"의 '旣非'는 여러 판본에는 원래 없는
데,『唐會要』권37에 의거하여 보충하였다.

소집된 문무관 9품 이상의 의론에 의하면, 사위정경司衛正卿[72] 방인유房仁裕[73] 등 736명은 의론하여 사례관司禮官의 상주에 의거하여 소사업을 관직에서 해임하지 않도록 청하였고, 우금오위장군右金吾衛將軍[74] 설고오인薛孤吳仁[75] 등 26인은 의론하여 소사업의 관직을 해임하도록 청하여 사례관의 상주와 같지 않았습니다.

낳아준 어머니도 아니고, 출가하였다면 의리가 끊어진 것인데, 여전히 관직을 해임하도록 한다면, 정情에 따라 복제를 제정하는 원칙을 문란하게 할 것입니다. 장기로 복을 할 경우 해관하는 것은 처를 위해 복을 하는 것과는 무관하며, 자최 3년과 참최 3년의 복에 대해서는 잘못 '심상'의 체례에 넣은 것입

---

72) 사위정경司衛正卿 : 秦 때 처음 衛尉를 설치하여 궁문의 위둔병을 관장하게 했는대, 역대로 계속 설치되었다. 당 고종 용삭 2년(662)에 衛尉寺를 司衛寺로 개칭하고, 司衛寺 正卿과 司衛寺 大夫를 두었다. 咸亨 원년(670)에 다시 衛尉卿으로 복구하였다.

73) 방인유房仁裕 : 齊州 臨淄 사람으로, 방현령의 族兄이다. 당 고종 초에 관직이 左領軍大將軍에 이르렀다. 永徽 2년(651), 어머니 李氏가 죽자 관직에서 물러났다. 顯慶 연간에 사망했는데, 나이 76세였다. 乾封 2년(667)에 左驍衛大將軍·使持節都로 추증되었고, 昭陵에 배장되었다.

74) 우금오위장군右金吾衛將軍 : 禁衛軍의 지휘기구로, 당대 16衛의 하나이다. 龍朔 2년(662)에 右侯衛로 개칭하여 설치했다. 大將軍 1인, 將軍 2인으로 左金吾衛와 함께 宮中과 京城의 순찰을 관장하였으며, 貞元 2년(786)에 대장군 위에 上將軍 1인을 설치했다.

75) 설고오인薛孤吳仁 : 薛孤吳라고도 한다. 당 태종 정관 9년(635)에 李靖을 따라 吐穀渾을 공격하여 대파한 공으로 左武侯將軍이 되었다. 정관 20(646) 薛延陀를 멸하는 데에 전공을 세웠다. 후에 朔方郡公에 봉해졌다.

니다. (후사가 된) 서자가 친모를 위해 시마의 복을 하는 경우에 대해서는 중용의 복제를 유실하여 (심상의 체례에) 빠뜨린 것입니다. 이러한 것들은 모두 영슈의 조문이 엉성하고 어긋남이 있는 것이니, 이치에 비추어 볼 때 계승하여 따르기 어렵습니다. 방인유 등의 의론에 의거하여 모두 수정을 가하여 덧붙여 넣어 영원히 전해야 할 것입니다. 그 예禮 및 『율소律疏』 가운데 이와 관계되는 것들은 또한 이에 준거하여 개정하소서. 소사업의 경우는 이미 적모가 개가한 경우가 아니니 해관을 해서는 안 됩니다.

詔從之.

조칙을 내려 이 의론에 따랐다.

上元元年, 天后上表曰:「至如父在爲母服止一期, 雖心喪三年, 服由尊降. 竊謂子之於母, 慈愛特深, 非母不生, 非母不育. 推燥居濕, 咽苦吐甘, 生養勞瘁, 恩斯極矣! 所以禽獸之情, 猶知其母, 三年在懷, 理宜崇報. 若父在爲母服止一期, 尊父之敬雖周, 報母之慈有闕[一二].76) 且齊斬之制, 足爲差減, 更令周以一期, 恐傷人子之志. 今請父在爲母終三年之服.」高宗下詔, 依議行焉.

고종 상원 원년(674), 천후天后(무황후의 존호)가 표를 올려 말했다.

---

76) [교감기 12] "報母之慈有闕"의 '報' 자는 여러 판본에는 원래 '服'으로 되어 있는데, 『唐會要』 권37・『冊府元龜』 권564에 의거하여 수정하였다.

아버지가 살아 계실 경우 어머니를 위해 단지 기년으로 복을 하는 것은 비록 심상 3년을 하더라도 복은 (아버지의) 존에 눌려서 낮추어서 합니다. 신은 생각건대, 어머니는 자식에 대해서 사랑하는 마음이 특히 깊으니, 어머니가 아니면 낳을 수 없고, 어머니가 아니면 양육할 수 없기 때문입니다. 따스한 곳을 아이에게 양보하고 자기는 축축한 곳에서 잠을 자며, 쓴 음식은 삼키고 단 음식은 토해내며, 낳고 기르시느라 고생하고 병드셨으니, 은혜가 지극한 것입니다.[77] 그러므로 금수의 마음조차도 오히려 자기 어미를 알아보니, 3년 동안 품에 안고 키웠으므로 이치에 비추어볼 때 마땅히 높이 보답을 해야 합니다. 만약 아버지가 살아 계실 경우 어머니를 위해 단지 기년으로 복을 한다면, 아버지를 높이는 공경함은 비록 엄밀하지만, 어머니의 자애로움에 보답하는 데에는 결함이 있습니다. 또 자최·참최의 복제만으로도 차등을 표현하기에 충분한데, 또 다시 기년으로 복을 하게 한다면 자식의 마음을 해치게 될까 염려됩니다. 이제 청컨대, 아버지가 살아 계실 경우에도 어머니를 위해 삼년의 복을 마치도록 해 주소서.[78]

고종은 조서를 내려 의론에 의거하여 시행하도록 하였다.

---

77) 어머니가 아니면 … 깊은 것입니다 : 『孝經援神契』에 "母之於子也, 鞠養殷勤, 推燥居溼, 絶少分甘也."의 문장을 인용한 것이다.

78) 아버지가 … 주소서 : 『唐律』·『開元禮』·『政和』·『書儀』·『朱子家禮』에 모두 '爲母 齊衰三年'으로, 명대의 『孝慈錄』에서는 '斬衰三年'으로 규정하였다.

開元五年, 右補闕盧履冰上言:「准禮, 父在爲母一周除靈, 三
年心喪. 則天皇后請同父沒之服, 三年然始除靈. 雖則權行, 有紊
彝典. 今陛下孝理天下, 動合禮經, 請仍舊章, 庶協通典.」於是下
制令百官詳議; 幷舅及嫂叔服不依舊禮, 亦合議定. 刑部郎中田
再思建議曰:

(현종) 개원 5년(717), 우보궐右補闕[79] 노이빙盧履冰[80]이 상서하
여 말했다.

예에 의하면, 아버지가 살아 계실 때 어머니를 위해 복을 할
경우 1년 만에 영좌靈座를 철거하고,[81] 삼년 심상을 합니다. 측
천황후께서는 아버지가 돌아가셨을 경우의 복과 똑같이 하여
3년 이후에 비로소 영좌를 철거하도록 청하였습니다. 비록 임

---

79) 우보궐右補闕 : 무측천 垂拱 원년(685)에 2인을 설치하였는데, 從7品上
으로, 황제에게 간언을 하고 인재를 추천하는 일을 관장하였다. 天授 2년
(691)에는 5인으로 증원했다. 左補闕은 문하성에 속하고, 右補闕은 中書
省에 속했다.
80) 노이빙盧履冰 : 幽州 范陽 사람으로, 元魏 都官尙書 義僖의 5대손이다.
개원 5년(717), 右補闕이 되었다. 『新唐書』 권191, 「盧履冰列傳」 참조.
81) 영좌靈座를 철거하고 : 입관을 하고 관보를 덮은 다음 관을 제자리로 옮겨
병풍으로 가린다. 그 앞이나 가까운 대청, 정결한 위치에 영좌를 마련하여
촛불을 밝힌다. 영좌의 앞에 향탁을 놓고 향을 사르며 영좌의 오른쪽에
명정을 만들어 세운다. 장례를 마친 후 상복을 벗는 날에 靈座를 철거하고
靈牌를 불태워서 복상 기간이 끝났음을 보여준다. 이를 '除靈'이라 한다.
『南齊書』 「豫章文獻王嶷傳」에 "장례를 마치고 영좌를 제거하면 나의
평소 타던 수레와 일산을 사용할 수 있다.葬後除靈, 可施吾常所乘轝扇
繖."고 하였다.

시적으로 시행한 것이지만 떳떳한 법도를 문란하게 한 것입니다. 이제 폐하께서는 효로 천하를 다스리시어, 행동마다 예의 법도에 합치하고 계십니다. 청컨대 고례古禮에 의거하여 공통된 법전에 합치하도록 하소서.

이에 제서制書를 내려 백관으로 하여금 상세하게 의론하게 하였고, 아울러 외삼촌 및 형수와 시동생 사이의 복은 고례에 의거하지 않고 또한 의론하여 정하도록 하였다.[82] 형부낭중刑部郎中 전재사田再思가 의론을 세워 말했다.

> 乾尊坤卑, 天一地二, 陰陽之位分矣, 夫婦之道配焉. 至若死喪之威, 隆殺之等, 禮經五服之制, 齊斬有殊, 考妣三年之喪, 貴賤無隔, 以報免懷之慈, 以酬罔極之恩者也.

건乾은 높고 곤坤은 낮으며, 하늘의 수는 1이고 땅의 수는 2이니, 음양의 위치가 나누어지고, 부부의 도가 거기에 짝합니다.[83] 사상死喪의 위의, 융쇄隆殺의 등급, 예경 오복의 제도, 자최와 참최의 구별, 부모 삼년의 상 등에 이르러서는 귀천에 차이가 없으니, 그것으로 품 안에서 벗어나게 해주신 자애로움에 보답하고, 끝없는 은혜를 갚는 것입니다.

---

82) 제서制書를 … 하였다 : 『신당서』 권191 「노이빙열전」에 의하면 현종은 노이빙의 의론에 의문을 품었다.

83) 건乾은 … 짝합니다 : 『周易』 「繫辭上傳」에 "天尊地卑, 乾坤定矣, 卑高以陳, 貴賤位矣."; "天一地二, 天三地四, 天五地六, 天七地八, 天九地十."이라 하였다.

稽之上古, 喪期無數, 暨乎中葉, 方有歲年. 禮云:「五帝
殊時, 不相沿樂;三王異代, 不相襲禮.」白虎通云:「質文
再而變, 正朔三而復.」自周公制禮之後, 孔父刊經已來, 爰
殊厭降之儀, 以標服紀之節. 重輕從俗, 斟酌隨時. 故知禮
不從天而降, 不由地而出也, 在人消息, 爲適時之中耳. 春
秋諸國, 魯最知禮, 以周公之後, 孔子之邦也. 晉韓起來聘,
言「周禮盡在魯矣」. 齊仲孫來盟, 言「魯猶秉周禮」. 尚有子
張問高宗諒陰三年, 子思不聽其子服出母, 子游謂同母異父
昆弟之服大功, 子夏謂合從齊衰之制. 此等並四科之數, 十
哲之人, 高步孔門, 親承聖訓, 及遇喪事, 猶此致疑, 卽明自
古已來, 升降不一者也.

상고시대에서 고찰해보건대, 상을 치르는 기간에 정해진 수
가 없었고, 중엽에 이르러 비로소 햇수가 생기게 되었습니다.
『예기』「악기」에 "오제五帝는 처한 때가 달랐으므로 음악을 서
로 습용하지 않았고, 삼왕三王은 처한 시대가 달랐으므로 예제
를 서로 습용하지 않았다."고 하였습니다. 『백호통』「삼정三正」
에서는 "질질質과 문文은 두 가지로 변하고, 정삭正朔은 세 가지
로 되풀이 된다."고 하였습니다.

주공이 예를 제정한 이후, 공자가 경經을 산삭하여 정리한
이래로 압강厭降84)의 의절을 달리하고 상기喪期의 한도를 표

---

84) 압강厭降 : 복을 낮추는 경우에는 '厭降'과 '奪降'의 두 가지가 있다. '압
    강'은 내가 존귀한 사람의 존에 눌려서 상대방을 낮추어 복을 하는 것을
    말한다. 아버지가 살아 계실 경우, 아버지의 존에 눌려서 어머니를 위해
    자최 3년의 복을 하지 못하고 자최 장기로 낮추어 복을 하거나, 쫓겨난

시하였으며, 시속에 따라 무겁게 복을 하거나 가볍게 복을 하도록 하였으며, 시대에 따라서 짐작하도록 하였습니다. 그러므로 예禮는 하늘에서 내려온 것도 아니며 땅에서 솟아난 것도 아니니, 변화시키는 것은 사람에 달려 있어 시중時中에 맞게 할 뿐임을 알 수 있습니다.

춘추시대 열국 가운데 노나라가 예를 가장 잘 알았으니, 주공의 후손이며 공자의 나라였기 때문입니다. 진晉나라의 한기韓起가 노나라로 빙문을 왔을 때 "주나라의 예가 모두 노나라에 있구나!"85)라고 하였고, 제나라의 대부 중손仲孫이 노나라에 와서 회맹을 할 때, "노나라는 여전히 주나라 예를 지키고 있구나!"86)라고 하였습니다. 또한 자장子張은 공자에게 은나라 고종의 '양음諒陰 삼년'에 대해서 질문을 하였고,87) 자사子思는

어머니에 대해서 아버지가 복을 하지 않기 때문에 그 자식도 아버지의 존에 눌러 어머니에게 복을 하지 못하는 경우가 그것이다. '존강'은 나의 존귀함을 이유로 상대방에게 낮추어 복을 하는 것을 말한다. 군주의 적처는 군주와 한 몸이므로 자신의 장자를 위해서만 자최 3년의 복을 하지만 나머지 아들들에 대해서는 자신의 존을 이유로 자최 부장기로 낮추어 복을 하는 경우가 그것이다.

85) 진晉나라의 … 있구나 : 『春秋左傳』「昭公 2年」조에 "봄에, 진후가 한선자를 보내어 노나라에 와서 빙문을 하고, 또 집정이 된 것을 고하기 위해 노나라 군주를 조견한 것이니 예이다. 한선자가 태사씨의 집에 가서 책을 구경할 때, 『역상』과 『노춘추』를 보고서 '주나라의 예가 모두 노나라에 있구나.'라고 하였다. 春, 晉侯使韓宣子來聘. 且告爲政而來見, 禮也. 觀書於大史氏, 見『易象』與『魯春秋』曰, '周禮盡在魯矣'."고 하였다.

86) 노나라는 … 있구나 : 『춘추좌전』「閔公 원년」조.

87) 자장子張은 … 하였고 : 『논어』「憲問」에 "자장이 말했다. 『상서』에 '고종

그의 아들이 쫓겨난 어머니에게 복을 하는 것을 허락하지 않았
고,[88] 자유子遊는 동복의 곤제를 위해 대공으로 복을 한다고 하
였으며, 자하子夏는 자최의 복을 해야 한다고 말하였습니다.[89]
이들은 모두 사과[四科90]로 꼽히는 사람들이며 십철十哲[91]의

이 양음에서 3년 동안 말을 하지 않았다.'고 했는데, 무슨 뜻입니까?子張
曰,『書』云 '高宗諒陰三年不言', 何謂也?"라고 하였다.

88) 자사子思는 … 않았고 :『禮記』「檀弓」上에 "자상(자사의 아들)이 어머니
가 돌아가셨는데도 복을 하지 않자, 문인이 자사에게 물었다. '예전에 선
생의 선군자(공자)께서는 쫓겨난 어머니를 위해 복을 하게 하였습니까?'
'그렇다.' '그런데 선생께서 백(자상)에게 복을 하지 못하게 한 것은 왜입
니까?' 자사가 말했다. '옛날 나의 선군자께서는 도리에 어긋난 바가 없으
셨다. 도에 비추어 높여야 하면 높이고, 도에 비추어 낮추어야 하면 낮추셨
다. 나야 어찌 그렇게 할 수 있겠는가? 나의 아내가 되는 사람은 백에게는
어머니가 되고, 나의 아내가 되지 않는 사람은 백에게 어머니가 되지 않는
다.' 따라서 공씨 집안에서 쫓겨난 어머니를 위해 복을 하지 않은 것은
자사로부터 시작되었다.子上之母死而不喪, 門人問諸子思曰, "昔者子
之先君子喪出母乎?" 曰, "然." "子之不使白也喪之, 何也?" 子思曰,
"昔者吾先君子無所失道, 道隆則從而隆, 道汚則從而汚. 伋則安能? 爲
伋也妻者, 是爲白也母, 不爲伋也妻者, 是不爲白也母." 故孔氏之不喪
出母, 自子思始也."라고 하였다.

89) 자유子遊는 … 말하였습니다 :『禮記』「檀弓」上에 "공숙목이 동복형제가
죽자 자유에게 어떤 복을 해야 할 지를 물었다. 자유가 '대공일 것이다!'라
고 대답했다. 적의가 동복형제가 죽자 자하에게 물었다. 자하가 '나는 그
것에 관해 들어본 적이 없다. 노나라 사람은 그 경우 자최를 하였다.'라고
하자, 적의가 자최를 입었다. 지금의 자최복은 적의의 질문으로 인해서
입게 된 것이다.公叔木有同母異父之昆弟死, 問於子游, 子游曰, '其大
功乎! 狄儀有同母異父之昆弟死, 問於子夏. 子夏曰, "我未之前聞也.
魯人則爲之齊衰." 狄儀行齊衰. 今之齊衰, 狄儀之問也."라고 하였다.

사람들로서, 공자의 문하에서 높이 올라 직접 성인의 가르침을 배웠지만, 상사喪事에 관한 일을 만날 때는 오히려 이러한 의혹을 낳았습니다. 즉 예로부터 복을 높이고 낮추는 것은 통일되지 않았음이 분명한 것입니다.

　三年之制, 說者紛然. 鄭玄以爲二十七月, 王肅以爲二十五月. 又改葬之服, 鄭云服緦三月, 王云訖葬而除. 又繼母出嫁, 鄭云皆服, 王云從于繼育[一三],92) 乃爲之服. 又無服之殤, 鄭云子生一月, 哭之一日 ; 王云以哭之一日易服之月[一四].93)　鄭 · 王祖經宗傳, 各有異同 ; 荀摯釆古求遺, 互爲損益. 方知去聖漸遠, 殘缺彌多. 故曰會禮之家, 名爲聚訟, 寧有定哉! 而父在爲母三年, 行之已踰四紀, 出自高宗大帝之代, 不從則天皇后之朝. 大帝御極之辰, 中宮獻書

90) 사과四科 : 德行 · 言語 · 政事 · 文學을 말한다. 『논어』 「先進」에 "덕행에는 안연 · 민자건 · 염백우 · 중궁이었다. 언어에는 재아 · 자공이었다. 정사에는 염유 · 계로였다. 문학에는 자유 · 자하였다.德行, 閔子騫 · 冉伯牛 · 仲弓. 言語, 宰我 · 子貢. 政事, 冉有 · 季路. 文學, 子游 · 子夏."라고 하였다.

91) 십철十哲 : 공자의 10명의 제자. 顔淵 · 閔子騫 · 冉伯牛 · 仲弓 · 宰我 · 子貢 · 冉有 · 季路 · 子游 · 子夏이다. 당나라 때부터 제도화되어 孔廟에 從祀하였다.

92) [교감기 13] "從于繼育"은 聞本 · 殿本 · 懼盈齋本 · 廣本 모두 같다. 『唐會要』 권37 · 『冊府元龜』 권588 · 『唐文粹』 권42 · 『全唐文』 권303에는 '于'가 '子'로 되어 있다. 局本에는 이 구절이 "從母寄育"으로 되어 있다.

93) [교감기 14] "以哭之一日易服之月"은 『唐會要』 권37 · 『冊府元龜』 권588 · 『全唐文』 권303에는 모두 '一'자가 없고, 『冊府元龜』에는 '日' 다음에 '爲'자가 있다.

之日, 往時參議, 將可施行, 編之於格, 服之已久. 前王所
是, 疏而爲律 ; 後王所是, 著而爲令. 何必乖先帝之旨, 阻
人子之情, 虧純孝之心, 背德義之本? 有何妨於聖化, 有何
紊於彝倫, 而欲服之周年, 與伯叔母齊焉, 與姑姊妹同焉?
夫三年之喪, 如白駒之過隙, 君子喪親, 有終身之憂, 何況
再周乎!

　　삼년의 복제에 대해서는 주장이 분분합니다. 정현은 27개월
이라고 하였고, 왕숙은 25개월이라고 하였습니다. 또 개장改葬
할 때의 복에 대해서 정현은 시마 3월로 복을 한다고 하였
고,94) 왕숙은 장례를 마치면 상복을 벗는다고 하였습니다.95)

----

94) 개장할 때 … 하였고 : 『의례』「상복·기」에 "개장을 할 때는 시마 3월로
　　복을 한다.改葬, 緦."라고 하였다. 정현의 주에서는, "분묘가 다른 이유로
　　붕괴되어 시신과 널이 망실되려는 경우를 말한다. '改葬'이란 관물이 훼손
　　되어 장례 때처럼 다시 설치하는 것임이 분명하다. 전을 올리는 것은 대렴
　　때와 같으며, 사당에서 사당으로 옮길 때와 분묘에서 분묘로 옮길 때 그
　　예는 동일해야 한다. 시마를 하는 경우는 신하가 군주를 위하여, 아들이
　　아버지를 위하여, 아내가 남편을 위하여 하는 경우이다. 반드시 시마를
　　해야 하는 이유는 몸소 시신과 널을 보게 되므로 복을 하지 않을 수 없기
　　때문에 시마 3월을 하고 상복을 벗는다.謂墳墓以他故崩壞, 將亡失尸柩
　　也. 言'改葬'者, 明棺物毁敗, 改設之, 如葬時也. 其奠如大斂, 從廟之廟,
　　從墓之墓, 禮宜同也. 服緦者, 臣爲君也, 子爲父也, 妻爲夫也. 必服緦
　　者, 親見尸, 不可以無服, 緦三月而除之."고 하였다.
95) 왕숙은 … 하였습니다 : 戴德은 시마를 착용하고 장례를 치르는데, 장례
　　를 마치면 시마의 복을 벗는 것으로, 이는 자식이 아버지를 위해, 처가
　　남편을 위해, 신하가 군주를 위해, 손자가 할아버지를 위해 하는 경우이
　　고, 나머지 친족은 모두 弔服을 한다고 하였다.『通典』권102「凶禮」24,

또 계모가 개가를 할 경우, 정현은 모두 복을 한다고 하였고, 왕숙은 계모를 따라가 양육을 받았을 경우에만 그녀를 위해 복을 한다고 하였습니다.[96] 또 무복의 상[無服之殤]에 대해서, 정

「改葬服議」“緦麻其而葬, 葬而除, 謂子爲父, 妻妾爲夫, 臣爲君, 孫爲祖後也, 無遣奠之禮, 其餘親皆弔服.” 마융은 관을 분묘에서 분묘로 옮기고, 그 일이 끝나면 3개월을 기다리지 않고 상복을 벗으며, 삼년복을 하는 사람만 시마의 복을 하고 기년 이하는 복을 하지 않는다고 하였다. 『通典』 권102, 凶禮24, 「改葬服議」, 原注, “從墓之墓, 事已而除, 不必三月. 唯三年者服緦, 周以下無服.” 王肅은 본래 삼년의 복을 하는 자는 길에 원근이 있거나 어려운 일이 있을 수도 있으므로 장례를 마치면 상복을 벗고 3개월의 기한을 기다리지 않는다고 하였다.通典』 권102, 凶禮24, 「改葬服議」, 原注, “本有三年之服者, 道有遠, 近或有艱, 故旣葬而除, 不得待有三月之限.”

96) 또 계모가 … 하였습니다 : 『儀禮』 「喪服」 ‘자최 장기장’에 “아버지가 돌아가시고 계모가 개가를 했을 경우, 아들은 따라가 계모를 위해 자최 장기로 복을 하는데, 계모가 자신을 위해 해 주는 복으로 갚는 것이다.父卒, 繼母嫁, 從爲之服, 報”라고 하였고, ‘자최 장기장·전’에서는 “傳에 말한다. 왜 기년으로 복을 하는가? 끝까지 다하는 것을 귀하게 여기기 때문이다.傳曰, 何以期也? 貴終也.”라고 하였다. 정현의 주에는 “모자의 관계였으므로 그 은혜를 끝마치는 것을 귀하게 여기기 때문이다.嘗爲母子, 貴終其恩.”라고 하였다. 皇密은 다음과 같이 말했다. “한 번 그와 더불어 나란히 하였다면, 종신토록 바꾸지 않는 것이다. 그러므로 죽으면 묘혈을 함께 하여 두 번 결혼하는 의리가 없다. 그렇다면 예에서 그 재가를 허락한 것은 왜인가? 대공의 친도 없는데다 자기는 경제적 능력이 없고 자식은 어려서 스스로 먹고살 수 없다. 그래서 그 아이를 껴안고 함께 다른 사람에게 간 경우를 말한다.”『通典』 권89, 「凶禮」11, ‘齊縗杖周衰’, 2453쪽, “皇密云 … 夫一與之齊, 則終身不改, 故死則同穴, 無再醮之義. 然則禮許其嫁, 謂無大功之親, 己稚子幼, 不能自存, 故攜其孤孩與之適人.”

현은 자식이 태어난 지 한 달이 지나 죽었다면 하루 곡을 한다
고 하였고, 왕숙은 곡을 하는 날수로 복을 하는 달수를 바꾼다
고 하였습니다.[97]

정현과 왕숙은 경經을 조祖로 삼고 전傳을 종宗으로 삼았지
만, 해석에 각각 차이가 있었습니다. 순의荀顗[98]와 지우摯虞[99]

---

97) 무복의 상 … 하였다 : 『儀禮』「喪服」 '대공상·전'에 "8세 미만에 죽으면
모두 무복의 상이라고 한다. 무복의 상은 태어난 후의 달수로 곡을 하는
날수를 정한다. 태어난 후의 달수로 곡을 하는 날수를 정하는 殤의 경우에
는 애통하게 곡을 할 뿐 상복은 없다.不滿八歲以下皆爲無服之殤. 無服
之殤以日易月. 以日易月之殤, 殤而無服."고 하였고, 정현의 주에서는
"'태어난 후의 달수로 곡을 하는 날수를 정한다.'는 것은 태어난 지 한
달이 되었을 경우에는 하루 곡을 한다는 뜻이다.'以日易月'謂生一月者
哭之一日也."라고 하였다.

98) 순의荀顗(205~274) : 자는 景倩이며, 穎川 출신으로 荀彧의 아들이다.
위나라 때 蔭仕로 中郞이 되었고, 사마의의 신임을 얻어 侍中으로 승진
하였다. 관구검을 토벌할 때 공을 세워 萬歲亭侯에 봉해졌다. 晉 文帝
시기에 羊祜 등과 함께 『周禮』의 오례 체계에 따라 『新禮』를 제정하였
다. 太康 초년에 摯虞가 이를 교감하고 元康 원년(291)에 『新禮』 165편
을 15편으로 정리하였지만, 완성을 보지 못하였다. 『決疑注』는 그 遺事
이다.

99) 지우摯虞(250~300) : 서진의 저명한 예학자로 字는 仲治이고 京兆 長
安 사람이다. 泰始 연간에 賢良으로 천거되어 中郞에 배수되었다가
太子舍人으로 발탁되었고 聞喜令, 尙書郞을 거쳤으며, 秘書監, 衛尉
卿, 光祿勳太常卿을 역임했다. 서진 말기에 동란을 만나 餓死했다고
전한다. 『三輔決錄注』 7권, 『文章流別志論』 2권, 集 10권이 있다. 『決
疑』는 西晉의 摯虞가 지은 각종 의례에 대한 해설서로 원명은 『決疑要
注』이다. 『隋書』「經籍志」 '儀注'조에 '『決疑要注』 1권, 摯虞 撰'으로
저록되어 있다.

는 옛 것을 채집하고 잃어버린 것을 찾아내어 서로 덜고 더하였으니, 바야흐로 성인과의 거리가 점점 멀어질수록 잔결이 더욱 더 많아지리라는 것을 알았기 때문입니다. 그러므로 "예제에 통달했다는 학자들은 명분상으로는 논쟁을 벌이는 것이라고 말하지만, 어찌 결정이 도출되겠는가!"[100]라고 말했던 것입니다.

그런데 아버지가 살아 계실 경우 어머니를 위해 3년의 복을 하는 것은 시행한 지 이미 4기紀(48년)가 지났으니,[101] 고종 대제大帝의 시대에 나온 것으로 측천황후의 조정에서 나온 것이 아닙니다. 대제(고종)께서 재위 하시던 때가 중궁中宮(무황후)이 글을 올렸던 날입니다. 과거에 의론한 것 가운데 장차 시행

---

100) 예제에 … 도출되겠는가: 후한 장제가 元和 2년(85), 신하들에게 예제 개정에 대한 자문을 구할 때, "속담에 '길가에 집을 지으면 3년이 지나도 완성하지 못한다.'고 하였다. 예제에 통달했다는 학자들은 명분상으로는 논쟁을 벌이고 있다고 말하지만 실제로는 서로 시기하고 질투하여 결론을 내리지 못하는 것이다. 옛날에 요임금이 〈대장大章(요임금의 덕을 칭송한 악곡)〉을 지을 때 夔 한 사람이면 충분했다.『後漢書』권35「曹褒傳」"帝曰, 諺言'作舍道邊, 三年不成.' 會禮之家, 名爲聚訟, 互生疑異, 筆不得下. 昔堯作「大章」. 一夔足矣.""고 하였다.

101) 아버지가 … 지났으니: 紀는 기년의 단위로, 12년이 1紀이다.『尙書』「畢命」의 "旣歷三紀"에 대한 공안국의 전에, "12년을 1기라고 한다.十二年曰紀."고 하였다. 따라서 4기는 48년이 된다. 측천무후가 '父在爲母, 齊衰三年'을 제기했던 것은 고종 상원 원년(674)의 일이고, 垂拱 말년(688)에 '垂拱格'에 편입함으로써 공식화되었다. 따라서 노이빙이 상서한 개원 5년(717)까지의 시차는 30년이고, 674년을 기점으로 잡는다면 44년이 된다.

할 만한 것들을 격格으로 편찬하였으니, 시행한 지가 이미 오래되었습니다. 전왕이 옳다고 인정한 것은 소疏를 붙여 율律로 만들고, 후왕이 옳다고 인정한 것은 기록하여 영令으로 만드는 것입니다. 어찌 반드시 선제先帝의 뜻을 어기고 자식의 정을 가로막으며, 순효純孝의 마음을 어그러뜨리고 덕의德義의 근본을 위배해야겠습니까? 어찌 성화聖化를 방해하고 이륜彝倫을 문란하게 하면서까지 기년으로 복을 하여 백모·숙모와 나란하게 하고,102) 시집간 고모·손위누이·손아래누이와 똑같게 해야겠습니까?103) 무릇 삼년의 상은 준마가 틈새를 지나가는 것처럼 순간일 뿐입니다.104) 군자가 부모를 잃으면 종신토록 근

---

102) 백모·숙모와 나란하게 하고 : 『儀禮』「喪服」'자최 부장기장'에 "큰아버지·큰어머니, 작은아버지·작은어머니를 위해 자최 부장기로 복을 한다. 世父母·叔父母."고 하였다.

103) 시집간 고모·손위누이·손아래누이 : 『儀禮』「喪服」'자최 부장기장'에 "시집간 고모·손위누이·손아래누이·딸에게 제사를 주관할 사람이 없을 경우 그녀들을 위해 자최 부장기로 복을 한다. 고모와 손위누이·손아래누이도 똑같은 복으로 갚아 준다.姑·姊妹·女子子, 適人, 無主者. 姑·姊妹報"고 하였다.

104) 삼년의 상은 … 뿐입니다 : 『장자』「知北遊」에 "사람이 하늘과 땅 사이에서 살아간다는 것은 마치 준마가 틈새를 지나가는 것과 같아서 순식간일 뿐이다. 쑥쑥 자라나서 생성되지 않음이 없으며, 흘러가서 죽음으로 들어가지 않음이 없다. 변화한 후에 태어나고, 다시 변화하여 죽게 된다. 태어난 사람은 죽은 이를 슬퍼하고, 살아 있는 이는 죽은 이를 비통해한다. 하늘의 활 통에서 풀려나고, 하늘의 칼집에서 떨어진 것과 같아서 흩날리고 굴러서 혼백이 막 돌아가게 되면 마침내 몸이 함께 따르게 되니, 이것이 크게 돌아가는 것이다.人生天地之間, 若白駒之過隙, 忽然

심 속에 살아가는데, 그깟 2년이야 어찌 길다하겠습니까!

　　夫禮者, 體也, 履也, 示之以跡. 孝者, 畜也, 養也, 因之以
心. 小人不恥不仁, 不畏不義. 服之有制, 使愚人企及；衣
之以衰, 使見之摧痛. 以此防人, 人猶有朝死而夕忘者；以
此制人, 人猶有釋服而從吉者. 方今漸歸古朴, 須敦孝義,
抑賢引愚, 理資寧戚, 食稻衣錦, 所不忍聞.

　　무릇 '예禮'는 본받는다[體]는 뜻이며, 밟는다[履]는 뜻이니,
행적으로 보여주는 것입니다.[105] '효孝'는 간직한다[畜]는 뜻이
며, 봉양한다[養]는 뜻이니, 마음으로 잇는 것입니다.[106] 소인
은 인하지 못함을 부끄러워하지 않고, 의롭지 못함을 두려워하

而已. 注然勃然, 莫不出焉. 油然漻然, 莫不入焉. 已化而生, 又化而死.
生物哀之, 人類悲之. 解其天弢, 墮其天帙. 紛乎宛乎, 魂魄將往, 乃身
從之. 乃大歸乎！"라고 하였다.

105) '예禮'는 … 것입니다 : 정현의 「禮序」에 "예란 본받는다는 뜻이고, 밟는
다는 뜻이니, 마음으로 수렴하는 것을 '체'라고 하고, 밟고서 행하는 것을
'리'라고 한다.禮者, 體也, 履也, 統之於心曰體, 踐而行之曰履."고 하였
다. 가공언에 의하면, 정현이 '禮' 한 글자를 두 가지 뜻으로 해석한 데에
는 이유가 있다. 마음으로 수렴하는 것을 '체'라고 명명한 것은『주례』를
가리킨다. 밟고서 행하는 것을 '리'라고 명명한 것은『의례』를 가리킨다.
'體'를 '禮'로 해석하고, '履'를 '儀'로 해석하여 禮와 儀를 구별하기 위
한 것이다.

106) '효孝'는 … 것입니다 :『禮記』「祭統」에 "제사는 다 못한 봉양을 뒤쫓아
행하여 효를 이어가는 것이다. 효란 '간직한다[畜]'는 뜻이다. 도에 따르
고 윤서를 거스르지 않는 것, 이것을 '간직한다[畜]'라고 한다.祭者, 所
以追養繼孝也. 孝者, 畜也, 順於道, 不逆於倫, 是之謂畜."고 하였다.

지 않습니다. 복상 기간에 제한을 두는 것은 어리석은 사람으로 하여금 발돋움하여 미치게 하려는 것이며, 최복을 착용하는 것은 무너지고 고통스러운 마음을 드러내게 하려는 것입니다.107) 이처럼 사람의 마음을 예방하려하지만 여전히 아침에 죽었는데 저녁에 잊어버리는 사람들도 있으며, 이처럼 사람의 행동을 제한하려하지만 여전히 상복을 벗고 길례를 따르는 사람들도 있습니다. 바야흐로 이제 점차 옛스럽고 질박함으로 되돌아가고 있으니, 효의를 돈독히 하여 현능한 사람을 누르고 우매한 사람을 이끌어 인도해야 합니다. 이치상 차라리 슬퍼하기만 할지언정108) 쌀밥 먹고 비단옷 입는 것109)은 차마 받아들

---

107) 최복을 … 것입니다 : 『白虎通』 「喪服」에 "상례에 반드시 최복과 마질을 착용하는 것은 무엇 때문인가? 슬픈 마음에 부합시키기 위한 것이다. 의복으로 마음을 문식하여 마음과 용모가 서로 짝하고, 안과 밖이 서로 응한다. 그러므로 길례와 흉례에 의복을 달리하고, 노래와 곡읍에 소리를 달리한다. 마음의 정성을 드러내기 위한 것이다.喪禮必制衰麻何？以副意也. 服以飾情, 情貌相配, 中外相應. 故吉凶不同服, 歌哭不同聲, 所以表中誠也."라고 하였다.

108) 차라리 … 할지언정 : 『論語』 「八佾」에 "예는 사치하게 할 바에는 차라리 검소하게 해야 하고, 상은 형식만 잘 치르기보다는 차라리 슬퍼해야 한다.禮, 與其奢也, 寧儉, 喪, 與其易也, 寧戚."고 하였다.

109) 쌀밥 먹고 비단옷 입는 것 : 『논어』 「陽貨」에 "재아가 물었다. '삼년상은 기년만 하더라도 너무 오래인 것 같습니다.' …공자가 말했다. '쌀밥 먹고 비단옷 입는 것이 너에게는 편하더냐?' 재아가 대답했다. '편안합니다.' 공자가 말했다. '네가 편안하면 그렇게 해라. 군자가 거상할 때는 맛있는 것을 먹어도 달지 않고 음악을 들어도 즐겁지 않으며, 거처함에 편안하지 않다. 그래서 (예와 음악을) 하지 않는 것이다. 이제 네가 편안하다면

이지 못하겠습니다.

若以庶事朝儀, 一依周禮, 則古之人臣見君也, 公卿大夫
贄羔鴈·珪璧, 今何故不依乎? 周之用刑也, 墨·劓·宮·刖,
今何故不行乎? 周則侯·甸·男·衛, 朝聘有數, 今何故不行
乎? 周則不五十不仕, 七十不入朝, 今何故不依乎? 周則井·
邑·丘·甸, 以立征稅, 今何故不行乎? 周則分土五等, 父死
子及, 今何故不行乎? 周則冠冕衣裳, 乘車而戰, 今何故不
行乎? 周則三老五更, 膠序養老, 今何故不行乎? 諸如此例,
不可勝述. 何獨孝思之事, 愛一年之服於其母乎? 可爲痛心,
可爲慟哭者!

만약 민간의 일이나 조정의 의식을 한결같이 주나라의 예제
에 의거한다면, 옛날의 신하들은 군주를 알현할 적에 (자신의
신분을 나타내는 예물로) 공경·대부는 새끼 양·기러기와 규
벽珪璧을 잡았는데,[110] 지금은 무엇 때문에 이에 따르지 않겠

그렇게 하라.'宰我問, '三年之喪, 期已久矣.' … 子曰, '食夫稻, 衣夫錦,
於女安乎?' 曰, '安.' 女安則爲之, 夫君子之居喪, 食旨不甘, 聞樂不樂,
居處不安, 故不爲也. 今女安則爲之."고 하였다.

110) 옛날의 신하들은 … 잡았는데 : 신하가 군주를 알현할 때는 각기 다른 예
물을 잡고서 자신의 신분을 표시한다. 『周禮』 「春官·大宗伯」에 "孤는
짐승가죽과 비단을 잡고, 卿은 새끼 양을 잡고, 大夫는 기러기를 잡고,
士는 꿩을 잡고, 庶人은 따오기를 잡고, 工人과 商人은 닭을 잡는다.孤
執皮帛, 卿執羔, 大夫執雁, 士執雉, 庶人執鶩, 工商執雞."고 하였다.
또 타국으로 빙문을 가서 주국의 군주를 알현할 때에는 圭나 璧 등의
규옥을 잡는다. 『周禮』 「春官·典瑞」에 "문식을 새겨 넣은 琭圭·琭璋

습니까? 주나라에서는 형벌을 쓸 적에 묵墨(자자형)·의劓(코 베는 형벌)·궁宮(궁형)·월刖(발꿈치를 자르는 형벌)이 있었는 데, 지금은 무엇 때문에 시행하지 않겠습니까? 주나라에서는 후侯·전甸·남男·위衛의 구역이 있었으며,[111] 조빙을 하는 데 에 횟수가 있었는데, 지금은 무엇 때문에 시행하지 않겠습니 까? 주나라에서는 50세가 되지 않으면 벼슬을 하지 않고, 70세 가 되면 조정에 들어가지 않았는데, 지금은 무엇 때문에 이에 따르지 않겠습니까? 주나라에서는 정井·읍邑·구丘·전甸을 조성하여 세금을 거두었는데,[112] 지금은 무엇 때문에 시행하지 않겠습니까? 주나라에서는 토지를 분봉하여 5등급의 작위를 만들고, 아버지가 죽으면 아들이 계승하였는데, 지금은 무엇 때문에 시행하지 않겠습니까? 주나라에서는 면관을 쓰고 갖옷 을 입었으며 수레를 타고 전쟁을 하였는데, 지금은 무엇 때문

·瑑璧·瑑琮은 모두 2가지 채색의 비단실로 빙 돌려서 한 줄의 동그란 문양을 장식하여 만든 옥 받침대[繅]위에 올려놓고 覜·聘을 행할 때 사용한다.瑑圭·璋·璧·琮, 繅皆二采一就, 以覜聘.”고 하였다.

111) 후侯 … 있었으며 :『國語』「周語」上의 韋昭 注에 “侯는 侯圻이다. 衛는 衛圻이다. 侯圻에서 衛圻까지는 그 사이가 무릇 5圻이다. 圻는 500里이 니, 2,500리로서 중국의 경계이다. 侯圻의 밖을 ‘甸圻’라 하고, 甸圻의 밖을 ‘男圻’라 하고, 男圻의 밖을 ‘采圻’라 하고, 采圻의 밖을 ‘衛圻’라 고 한다.”고 하였다.

112) 정井 … 거두었는데 :『周禮』「地官·小司徒」에 “田野를 井法과 牧法으 로 획분하여 9夫가 경작하는 땅을 1井으로 한다. 4井이 1邑이 되고, 4邑 이 1丘가 되고, 4丘가 1甸이 되고, 4甸이 1縣이 되고, 4縣이 1都가 된다. 乃井牧其田野, 九夫爲井, 四井爲邑, 四邑爲丘, 四丘爲甸, 四甸爲縣, 四縣爲都也.”고 하였다.

에 시행하지 않겠습니까? 주나라에서는 삼로三老·오경五更[113]
이 있었으며, 학교에서 노인을 봉양했는데,[114] 지금은 무엇 때
문에 시행하지 않겠습니까? 이러한 사례는 이루다 기술할 수
없습니다. 무엇 때문에 홀로 부모에게 효도를 하는 일에 있어
서만 그 어머니에 대해 일 년의 복을 아끼려합니까? 마음이
애통하고, 통곡할 뿐입니다.

　　詩云:「哀哀父母, 生我劬勞.」禮云:「父之親子也, 親賢
而下無能;母之親子也, 賢則親之, 無能則憐之.」阮嗣宗晉
代之英才, 方外之高士, 以爲母重於父. 據齊斬升數, 麤細
已降, 何忍服之節制, 減至於周? 豈後代之士, 盡慚於古. 循
古未必是, 依今未必非也.

　　『시경』「소아·요아蓼莪」에서 "슬프고 슬프도다, 부모님이시
여, 나를 낳으시느라 고생하셨네."라고 하였습니다.『예기』「표
기表記」에서는 "아버지가 자식을 친애할 때에는 현명한 자식

---

113) 삼로三老·오경五更 : '三老'와 '五更'은 鄕官의 관명으로, 연로하여 관
　　직을 그만둔 사람들이다. 천자는 이들을 부형으로 봉양하여 천하에 효제
　　의 도를 보여준다. '3'과 '5'의 명칭은 三辰과 五星에서 그 상을 취한
　　것으로 하늘이 삼신과 오성을 통해 세상을 비추기 때문이다.『漢書』「禮
　　樂志」에 "벽옹에서 삼로와 오경을 봉양한다.養三老五更於辟雍."고 하
　　였다. 顔師古의 주에서는 李奇의 말을 인용하여 "왕자는 아버지로 삼로
　　를 섬기고, 형으로 오경을 섬긴다.王者父事三老, 兄事五更."고 하였다.
114) 학교에서 … 봉양하는데 :『禮記』「內則」에 "주나라는 동교에서 국로에
　　게 양로의 예를 행하였고, 우상에서 서로에게 양로의 예를 행하였다.周
　　人養國老於東膠, 養庶老於虞庠."고 하였다.

을 친애하고 무능한 자식을 낮추어 대한다. 어머니가 자식을 친애할 때에는 현명하면 친애하고 무능하면 가련하게 여긴다."고 하였습니다. 완사종阮嗣宗[완적阮籍(210~263)]은 진晉나라 시대의 빼어난 인재로 방외方外의 고결한 선비였는데, 어머니가 아버지보다 중하다고 하였습니다. 자최와 참최를 만드는 베의 승수升數를 비교한다면 거칠고 세밀함의 정도에서 이미 낮춘 것인데, 어찌 차마 복의 제도를 제한하여 기년으로까지 감쇄할 수 있겠습니까? 어찌 후대의 선비들이 모두 옛날 사람보다 부끄러운 것이겠습니까? 옛 것을 따르는 것이 반드시 옳은 것도 아니며, 오늘날에 의거하는 것이 반드시 잘못된 것도 아닙니다.

又同爨服緦, 禮經明義. 嫂叔遠別, 同諸路人. 引而進之, 觸類而長. 猶子咸衣苴杖[一五],[115] 季父不服緦麻, 推遠之情有餘, 睦親之義未足. 又母之昆弟, 情切渭陽, 翟酺訟舅之冤, 甯氏宅甥之相, 我之出也, 義亦殷焉. 不同從母之尊, 遂降小功之服, 依諸古禮, 有爽俗情. 今貶舅而宗姨, 是陋今而榮古. 此並太宗之制也, 行之百年矣, 輒爲刊復, 實用有疑.

또 한솥밥을 먹은 사람(이모부와 외숙모)이 서로 시마의 복

---

115) [교감기 15] "猶子咸衣苴杖"의 '衣' 자는 여러 판본에 원래 '依'로 되어 있는데, 『冊府元龜』 권588 · 『唐文粹』 권42 · 『全唐文』 권303에 의거하여 수정하였다. 殘宋本 『冊府元龜』에는 '依'로 되어 있다.

을 하는 것은 예경禮經의 분명한 의리입니다. 형수와 시동생이 서로 멀리 구별하여 길가는 모르는 사람처럼 여기고 있으니, 이끌어서 나아가게 하고 동류로 이어서 확장하게 해야 합니다.[116] (형제의 자식도) 친자식처럼 여겨 모두 암마와 숫마로 만든 무거운 최복을 입어주는데 계부季父(繼父)를 위해서 시마의 복도 입어주지 않는다면, 밀어서 멀리하는 정에는 넉넉하고, 친한 이를 화목하게 하는 의리에는 부족한 것입니다.

또 어머니의 곤제(외삼촌)에 대해서는 그 정이 「진풍秦風·위양渭陽」의 시에 간절하게 표현되었으며, 적포翟酺[117]는 외삼촌의 억울함을 호소하였고, 영씨寧氏는 외조카가 현귀하게 될 것을 점쳤으니,[118] 자기의 마음에서 우러나온 것으로 의리가 또한 성대한 것입니다. 그런데 이모의 존귀함만 같지 못하게 하여 마침내 소공의 복보다 낮추었으니, 고례古禮에 의거하

---

116) 이끌어서 … 합니다:『周易』「繫辭上傳」에 보이는 문장이다. "이끌어서 펼치며, 종류에 따라 확장하면, 천하의 능사가 다할 것이다.引而伸之, 觸類而長之, 天下之能事畢矣."

117) 적포翟酺: 자는 子超, 廣漢 雒 출신으로, 후한시대 사람이다.『老子』의 학을 좋아하였는데, 특히 圖緯·天文·曆算에 밝았다. 외삼촌의 원수에 보복을 하고 長安으로 도망쳤다가 후에 涼州에서 양을 키우다가 사면을 받고 돌아와서 議郞에 제수되었고, 侍中으로까지 승진했다. 安帝 때에 尙書에 보임되었다.

118) 영씨寧氏는 … 점쳤으니: 魏舒는 어릴 때 고아가 되어 외가인 寧氏 집에서 자랐다. 영씨가 집을 짓는데 집터를 점치는 자[相宅者]가 이 집에서 귀한 조카가 나타날 것이라고 예언하였다. 후에 위서는 司徒의 지위까지 올랐다.『晉書』권41「魏舒列傳」.

는 것은 세속의 정에 어긋남이 있습니다. 이제 외삼촌을 낮추고 이모를 존숭하는 것은 오늘날을 누추하게 여기고 옛날을 영광스럽게 생각하는 것입니다. 이는 모두 태종 때의 제도로서 시행한 지 백년이 되었으니,[119] 갑작스럽게 수정하여 뒤집는다면, 실제로 시행할 때 의문이 생겨날 것입니다.

於是紛議不定. 履冰又上疏曰:「禮: 父在, 爲母十一月而練, 十三月而祥, 十五月而禫, 心喪三年. 上元中, 則天皇后上表, 請同父沒之服, 亦未有行. 至垂拱年中, 始編入格, 易代之後, 俗乃通行. 臣開元五年, 頻請仍舊. 恩敕幷嫂叔舅姨之服, 亦付所司詳議. 諸司所議, 同異相參. 所司惟執齊斬之文, 又曰亦合典禮. 竊見新修之格, 猶依垂拱之僞, 致有祖父母安存, 子孫之妻亡沒, 下房筵几, 亦立再周, 甚無謂也. 據周易家人卦云:『利女貞, 女正位于內, 男正位于外. 男女正, 天地之大義. 家人有嚴君焉, 父母之謂也. 父父·子子·兄兄·弟弟·夫夫·婦婦, 家道正而天下正矣.』禮:『女在室, 以父爲天; 出嫁, 以夫爲天.』又:『在家從父, 出嫁從夫, 夫死從子.』本無自專抗尊之法. 卽喪服四制云:『天無二日, 土無二王, 國無二君, 家無二尊, 以一理之也. 故父在爲母服周者, 避二尊也.』伏惟陛下正持家國, 孝理天下, 而不斷在宸衷, 詳正此禮, 無隨末俗, 顧念兒女之情. 臣恐後代復有婦奪夫政之敗者.」

이에 의론이 분분하여 결론이 나오지 않았다. 노이빙盧履冰이 또

---

119) 이는 … 되었으니: 태종 정관 14년(640)에 외삼촌을 위해 시마 3월에서 소공 5월로 가복하는 것으로로 결정되었다.

상소하여 말했다.

『예』에 의하면, 아버지가 살아 계실 경우 어머니를 위해 복을 할 때, 11개월에 연제를 지내고, 13개월에 상제를 지내고, 15개월에 담제를 지낸 후 심상 삼년을 합니다. (고종) 상원上元 연간(674)에 측천황후께서 표를 올려 아버지가 돌아가셨을 경우와 동일한 복을 하도록 청하였으나, 또한 시행되지 못하였습니다. 수공垂拱 원년(685)에 이르러 처음으로 격格에 편입하였고, 왕조가 교체된(690) 후에야 비로소 민간에서 통행되었습니다.

신은 개원 5년(717)에 거듭해서 고례에 따를 것을 청했습니다. 폐하께서는 칙서를 내려서 형수와 시동생 사이의 복·외삼촌과 이모에 대한 복까지 함께 담당 관서에 교부하여 상세하게 의론하도록 하셨습니다. 각 관서에서 의론한 바는 서로 엇갈렸습니다. 담당 관서에서는 단지 자최와 참최의 조문만을 움켜쥐고, 또 "또한 전례典禮에 부합한다."고 말하였습니다.

신이 살펴보건대, 새로이 개수한 격格[120])에는 오히려 수공 연간의 잘못에 의거하여 조부모가 편안히 살아계시고 자손의 처가 죽었을 경우 아랫방에 자리와 안석을 설치하고,[121]) 또한

---

120) 새로이 개수한 격格 : 당 현종 개원 3년(715) 黃門監 盧懷愼 등에게 格式令을 刪定하도록 명하여 『開元格』 6권을 완성하였다. 이것이 일명 『開元前格』이다. 또 개원 7년(717) 3월에는 吏部尙書 宋璟 등이 令格을 修撰하였는데, 이를 『開元後格』이라 한다. 따라서 이곳의 '새로이 개수한 격'은 '개원전격'을 말한다.

121) 아랫방에 자리와 안석을 설치하고 : 장례를 마치고 우제를 지낼 때 시동을 세우고, 당 위 서쪽 벽[西序] 아래에 흰색의 안석[素几]과 갈대자리

2년 동안이나 세워두도록 규정하고 있으니, 심히 할 말이 없습니다.

『주역』 '가인家人'괘에 "여자의 곧음이 이로우니, 여자는 안에서 위치를 바르게 하고, 남자는 밖에서 위치를 바르게 하니, 남자와 여자의 바름이 천지의 대의이다. 가인家人의 도道에 엄한 군주가 있으니, 부모를 말한다. 아버지는 아버지답고, 자식은 자식답고, 형은 형답고, 아우는 아우답고, 남편은 남편답고, 부인은 부인다우니, 집안의 도리가 바르게 되면 천하가 바르게 되리라."고 하였습니다. 『대대예기大戴禮記』 「본명本命」에서 "여자는 시집을 가기 전에는 아버지를 하늘로 섬기고, 출가한 후에는 남편을 하늘로 섬긴다."고 하였습니다. 또 "집에 있을 때에는 아버지를 따르고, 출가해서는 남편을 따르고, 남편이 죽으면 아들을 따른다."고 하였습니다. 본래 존귀한 이에게 함부로 항거하는 법이 없습니다. 즉 『예기』 「상복사제喪服四制」에서 "하늘에는 두 태양이 없고, 땅에는 두 왕이 없으며, 나라에는 두 군주가 없고, 집에는 두 존귀한 이가 없으니, 한 사람이 다스리는 것이다. 그러므로 아버지가 살아 계실 때 어머니를 위해 기년으로 복을 하는 것은 두 존귀한 이가 있음을 피하는 것이다."라고 하였습니다.

엎드려 생각건대, 폐하께서는 올바름으로 집안과 나라를 다스리시고 효로 천하를 다스리시며, 성심으로 부단히 이 예를

[葦席]를 진설하여 귀신이 의지하도록 한다. 상례는 이때부터 죽은 이를 귀신으로 섬기게 된다. 상이 끝나면 안석과 자리를 철거한다. 『儀禮』 「士虞禮」 참조.

상세하게 바로잡으시어 말세의 풍속을 따르지 않고 계십니다. 다만 여자 아이의 정을 생각하신다면, 신은 후대에 다시 부인 이 남편의 정치를 탈취하는 잘못이 생겨날까 두렵습니다.

疏奏未報. 履冰又上奏曰 :

소주疏奏(신하가 황제에게 올리는 진언)에 대한 비답이 내리지 않 았다. 노이빙이 또 상주하여 말했다.

臣聞夫婦之道, 人倫之始. 尊卑法於天地, 動靜合於陰陽, [一六]122) 陰陽和而天地生成, 夫婦正而人倫式序. 自家刑 國, 牝雞無晨, 四德之禮不愆, 三從之義斯在. 卽喪服四制 云:「天無二日, 土無二王, 國無二君, 家無二尊, 以一理之 也. 故父在爲母服周者, 見無二尊也.」準舊儀, 父在爲母一 周除靈, 再周心喪. 父必三年而後娶者, 達子之志焉. 豈先 聖無情於所生, 固有意於家國者矣[一七].123)

신은 듣건대, 부부의 도는 인륜의 시작입니다. 존귀함과 비 천함은 하늘과 땅에서 본받고, 움직임과 고요함은 음과 양에

---

122) [교감기 16] "尊卑法於天地動靜合於陰陽"의 '天地動靜合於'는 여러 판본에는 원래 없는데,『唐會要』권37·『冊府元龜』권588·『全唐文』권 335에 의거하여 보충하였다.

123) [교감기 17] "固有意於家國者矣"의 '家國'은 여러 판본에는 원래 '國 家'로 되어 있는데,『唐會要』권37·『冊府元龜』권588에 의거하여 수정 하였다.

부합하니, 음과 양이 조화를 이루면 하늘과 땅이 생성되고, 남편과 부인이 바르면 인륜이 질서를 잡게 됩니다. 집안에서 나라에 모범을 보이면 암탉이 새벽에 우는 일이 없으며, 사덕四德[124]의 예가 어그러지지 않으면 삼종三從의 의리가 여기에 있게 됩니다. 즉 『예기』「상복사제」에서 "하늘에는 두 태양이 없고 땅에는 두 왕이 없으며, 나라에는 두 군주가 없고 집에는 두 존귀한 이가 없으니, 한 사람이 다스리는 것이다. 그러므로 아버지가 살아 계실 때 어머니를 위해 기년으로 복을 하는 것은 두 존귀한 이가 없음을 보이는 것이다."라고 하였습니다.

옛 의주에 의하면, 아버지가 살아 계실 경우 어머니를 위해 복을 할 때 1년 만에 영좌靈座를 철거하고, 2년(만 1년) 동안 심상을 합니다. 아버지가 반드시 3년이 지난 뒤에야 아내를 맞이하는 것은 (심상을 하고 있는) 아들의 뜻을 이루어주려는 것입니다.[125] 어찌 선성先聖이 낳은 자식에게 정이 없었겠습니

---

124) 사덕四德 : 부녀자가 갖추어야 할 婦德·婦言·婦容·婦功의 4가지 덕행을 말한다. 『周禮』「天官·九嬪」 참조.
125) 아버지가 … 것입니다 : 『儀禮』「喪服」'자최 장기장'에 "아버지가 살아 계실 경우 어머니를 위해 자최 장기로 복을 한다.父在爲母."고 하였고, '자최 장기장·전'에서는 "傳에 말한다. 왜 기년으로 복을 하는가? 굽히기 때문이다. 지존(아버지)이 계시기 때문에 감히 사존(어머니)에 대하여 정의를 펴지 못하는 것이다. 아버지가 반드시 3년이 지난 뒤에야 아내를 맞이하는 것은 아들의 뜻을 이루어주기 위해서이다.傳曰, 何以期也? 屈也. 至尊在, 不敢伸其私尊也. 父必三年然後娶, 達子之志也."라고 하였다. 가공언은 "아들이 어머니에 대해 굽혀서 기년의 복을 하지만, 심상은 오히려 3년을 한다. 그러므로 아버지는 비록 처를 위해 기년을 하고

까? 본디 나라에 뜻을 두었던 것입니다.

原夫上元肇年, 則天已潛秉政, 將圖僭簒, 預自崇先. 請
升慈愛之喪, 以抗尊嚴之禮, 雖齊斬之儀不改, 而几筵之制
遂同. 數年之間, 尚未通用. 天皇晏駕, 中宗蒙塵. 垂拱之
末, 果行聖母之僞符 ; 載初之元, 遂啓易代之深釁. 孝和雖
名反正, 韋氏復效晨鳴. 孝和非意暴崩, 韋氏旋卽稱制. 不
蒙陛下英算, 宗廟何由克復? 易云「臣弑其君, 子弑其父, 非
一朝一夕之故.」其斯之謂矣. 臣謹尋禮意, 防杜實深, 若不
早圖刊正, 何以垂戒於後? 所以薄言禮敎, 請依舊章, 恩敕
通明, 蒙付所司詳議.

저 상원上元 원년(674)의 일을 고찰해보건대, 측천은 이미
은밀히 권력을 장악했으며, 장차 찬탈을 도모하기 위해 미리
스스로 선조를 높였던 것입니다.[126] (측천은) 어머니[慈愛]의

복을 벗지만, 3년이 지나야 비로소 아내를 맞이하는 것은 아들의 심상하
는 뜻을 소통시켜 주기 위한 것이다.子於母屈而期, 心喪猶三年, 故父
雖爲妻期而除, 三年乃娶者, 通達子之心喪之志故也."라고 하였다. 주
희는 "아버지가 살아 계실 때 어머니를 위해 기년의 복을 하는 것은 어
머니에게 박하게 하려는 것이 아니다. 다만 尊이 그 아버지에게 있기
때문에 다시 존이 어머니에게 있을 수 없기 때문이다. 그러나 또한 반드
시 심상 3년을 한다.朱子云, "父在爲母期, 非是薄於母, 只爲尊在其父,
不可復尊在母, 然亦須心喪三年."고 하였다.『의례주소』, 658쪽 및 『의
례정의』, 1397쪽 참조. '心喪說'에 대해서는 藤川正數,「諒闇の心喪制
について」,『魏晉時代における喪服禮の硏究』(敬文社, 1960), 302-327
쪽 참조.
126) 측천은 … 것입니다 : 측천무후는 황후에 책봉된 이듬해 656년에 친정아

상喪을 올려서 아버지[尊嚴]의 예禮에 필적하게 하고, 비록 자
최와 참최의 의절을 바꾸지는 않았지만 안석과 자리의 제도는
마침내 똑같이 하도록 청하였습니다. 그러나 수년 동안 여전히
통용되지는 못하였습니다.

천황天皇(고종)께서 승하하시고[晏駕],[127] 중종께서는 몽진
을 떠나셨습니다.[128] 수공垂拱 연간(685~688) 말에는 성모聖母
의 거짓 부신[僞符]을 조작했으며,[129] 재초載初 원년(690)에 드
디어 왕조를 교체하는 깊은 화란의 씨앗을 열었습니다. 효화孝
和(중종) 황제께서는 비록 명분상으로는 반정을 하였지만

버지인 武士彠에게 周國公의 관작을 추증하고, 684에는 武氏의 七廟를
세웠다.

127) 승하하시고[晏駕] : 천자의 붕어를 '晏駕'라고 한다. 천자는 새벽에 일어
나야 하는데 아직 일어나지 않아서 늦게라도 천자의 수레가 오리라고
기대하는 마음에서 그렇게 칭하였다.

128) 중종께서는 몽진을 떠나셨습니다 : 고종이 683년 12월 27일에 붕어하고,
7일 후 684년 1월 3일에 중종이, 황제에 올랐으나, 태후 무씨(측천)에 의
해서 684년 2월 26일에 폐위되어 廬陵王으로 지위가 격하되고 房州에
안치되었다.

129) 수공垂拱 … 조작했으며 : 垂拱 4년(688) 4월 唐同泰가 洛水에서 瑞石
을 위조하여 바쳤는데, 그 돌에는 '聖母臨人, 永昌帝業'이라는 문자가
새겨 있었다. 이에 그 돌을 '寶圖'라 하였고, 5月에 측천을 '聖母神皇'이
라 존호하였다. 이어서 '寶圖'를 '天授聖圖'라 개칭하고, 洛水 근처에
永昌縣을 설치했다. 그 해 12월에 측천은 직접 낙수에 배알하여 寶圖를
받는 의식을 거행하였다. 배알한 낙수의 제단 앞에 비를 세웠는데, 이를
'天授聖圖之表'라고 하였다. 이듬해(689) '永昌'으로 개원하였다. 『舊唐
書』 권24, 「禮儀志」4.

(705), 위씨韋氏(위황후)[130]가 다시 새벽 닭 울음소리를 드러냈습니다. 효화황제께서 뜻하지 않게 갑자기 붕어하시니(710), 위씨가 곧바로 칭제稱制(섭정)를 하였습니다. 폐하께서 영명한 지모를 발휘하지 않으셨다면, 종묘를 어떻게 회복할 수 있었겠습니까? 『주역周易』「문언전文言傳」에서 "신하가 자기 군주를 시해하고, 자식이 자기 부모를 시해하는 것은 아침저녁 사이에 이루어진 변고가 아니다."라고 한 것은 이를 두고 하는 말입니다.

신은 삼가 생각건대, 예의는 은미할 때 미리 방비하고 틀어막는 뜻이 실로 깊은 것입니다. 만약 일찍 교정하여 바로잡고자 도모하지 않는다면, 어떻게 후세에 경계를 드리울 수 있겠습니까? 그러므로 보잘 것 없는 지식으로 예교에 대해 말한 것이니, 청컨대 옛 법도에 의거하소서. 폐하의 칙령은 통효하고 명료하시니, 담당 관서에 교부하여 상세하게 의론하게 해주소서.

且臣所獻者, 蓋請正夫婦之綱, 豈忘母子之道. 諸議多不討其本源, 所非議者, 大凡祇論罔極之恩 ; 喪也寧戚 ; 禽獸識母而不識父 ; 秦燔書後禮經殘缺, 後儒續集, 不足可憑 ; 豈得與伯叔母服同, 豈得與姑姊妹制等 ; 三王不相襲禮, 五

---

130) 위씨韋氏(위황후, 660~710) : 중종의 위황후로서, 侍中 韋玄貞의 딸이다. 705년 중종이 복위하자, 위씨도 다시 황후가 되어 女帝에 오르려는 정치적 야망이 있었다. 710년 딸 安樂공주와 모의하여 중종을 독살하고, 北海王 李重茂를 황제[殤帝]로 앉히고 정권을 장악하였다. 그러나 그해 楚王 李隆基(현종)에 의해 죽임을 당했다.

帝不相沿樂；齊斬足爲升降，歲年何忍不同：此並道聽途說之言，未習先王之旨，又安足以議經邦理俗之禮手？臣請據經義以明之. 所云「罔極之恩」者，春秋祭祀，以時思之. 君子有終身之憂，霜露之感，豈止一二周之服哉！故聖人恐有朝死而夕忘，曾鳥獸之不若，爲立中制，使賢不肖共成文理而已. 所云「喪也寧戚」者，孔子答林放之問. 至如太奢太儉，太易太戚，皆非禮中. 苟不得中，名爲俱失，不如太儉太戚焉. 毀而滅性，猶愈於朝死夕忘焉. 此論臨喪哀毀之容，豈比於同宗異姓之服？所云「禽獸識母而不識父」者，禽獸群居而聚麀，而無家國之禮，少雖知親愛其母，長不解尊嚴其父. 引此爲諭，則亦禽獸之不若手！所云「秦燔書後禮經殘缺，後儒續集，不足可憑」者，人間或有遺逸，豈亦家戶到而燔之？假若盡燔，苟不可信，則墳典都謬，庠序徒立，非聖之談，復云安屬？所云「與伯叔姑姊服同」者，伯叔姑姊有筵杖之制・[一八]131)三年心喪手？所云「五帝不相沿樂，三王不相襲禮」，誠哉是言！此是則天懷私苞禍之情，豈可復相沿樂襲禮手？所云「齊斬足爲升降」者，母齊父斬，不易之禮.

또 신이 글을 올린 뜻은 대체로 부부의 벼리를 바로잡기를 청하는 것이니, 어찌 모자의 도리를 잊어서이겠습니까? 의론하는 자들은 대부분 그 본원을 탐구하지 않고, 비난하여 의론하는 자들은 대체로 단지 '끝없는 은정恩情', '상례는 차라리 슬퍼해야 한다.', '금수는 어머니를 인식하지만 아버지를 인식

---

131) [교감기 18] "所云與伯叔姑姊服同者伯叔姑姊有筵杖之制"에서 2개의 '姊' 자 다음에 『冊府元龜』 권588에는 모두 '妹' 자가 있다.

하지 못한다.', '진시황이 책을 불태운 후 예경이 잔결되었으니, 후대 유학자들이 수집하여 편정한 것은 믿을 만한 것이 못된다.', '어찌 (어머니를 위해) 백부·숙부·시집간 고모·손위누이·손아래누이와 똑같이 (자최 부장기로) 복을 할 수 있겠는가?', '어찌 (어머니를 위해) 시집간 고모·손위누이·손아래누이와 복제를 동등하게 (자최 부장기로) 할 수 있겠는가?', '삼왕三王은 예제를 서로 습용하지 않았고, 오제五帝는 음악을 서로 습용하지 않았다.', '참최와 자최로 존비의 높이고 낮추는 뜻을 충분히 표현할 수 있으니, 복상하는 햇수를 어떻게 차마 다르게 할 수 있겠는가?'만을 논하고 있습니다. 이러한 것들은 모두 길거리에서 주워들은 말들로, 선왕의 본뜻을 이해하지 못한 것입니다.

또 이러한 사람들이 어찌 나라를 경영하고 풍속을 다스리는 예를 의론할 수 있겠습니까? 신은 청컨대 경의經義에 의거하여 밝혀보고자 합니다. 그들이 말하는 '끝없는 은혜'라는 것은 봄과 가을에 제사를 지내어 때때로 그리워하는 것을 말합니다. 군자는 종신토록 근심하는 것이 있으니, 서리와 이슬을 밟을 때 느끼는 슬픈 감정[132]이 어찌 1~2년의 복으로 그치겠습니

---

132) 서리와 … 감정 : 『禮記』「祭義」에 "서리와 이슬이 내리면, 군자는 그것을 밟을 때 반드시 슬퍼지는 마음이 생긴다. 추위 때문에 그렇게 된다는 뜻이 아니다. 봄에 비와 이슬이 내려 땅을 적시면, 군자는 그것을 밟을 때 반드시 놀라는 마음이 생긴다. (돌아가신 분을) 마치 직접 만날 것 같기 때문이다.霜露既降, 君子履之, 必有悽愴之心, 非其寒之謂也. 春, 雨露既濡, 君子履之, 必有怵惕之心, 如將見之."라고 하였다.

까! 그러므로 성인은 아침에 죽었는데 저녁에 잊어버려서 금
수만도 못할까 두려워했습니다. 이 때문에 중도에 맞는 예제를
세워서 현명한 사람과 불초한 사람이 모두 문리文理[예의禮儀]
를 충분히 이루도록 할 뿐이었습니다.

그들이 말하는 '상례는 차라리 슬퍼해야 한다.'는 것은 공자
가 임방林放의 질문에 답한 말입니다.[133] 지나치게 사치하거나
지나치게 검소한 것, 지나치게 형식만 갖추거나 지나치게 슬퍼
하는 것들은 모두 예의 중용이 아닙니다. 만일 중용을 얻지 못
한다면 명분을 모두 잃은 것이지만, 지나치게 검소하거나 지나
치게 슬픈 것이 낫다는 뜻입니다. 몸을 훼손하여 생명을 잃는
것이 오히려 아침에 죽었는데 저녁에 잊어버리는 것보다 낫습
니다. 이는 상에 임해서 슬퍼하고 몸을 훼손하는 모습을 논한
것이니, 어찌 동종同宗과 이성異姓에 대한 복의 차등과 비교할
수 있겠습니까?

그들이 말하는 '금수는 어머니는 인식하지만 아버지는 인식
하지 못한다.'는 것은 금수는 무리지어 살지만 아비와 새끼가
함께 암컷과 교미하고 국가의 예가 없으며,[134] 어렸을 때는 비

---

133) 그들이 … 말입니다 : 『論語』「八佾」에 "임방이 예의 근본에 대해서 물었
다. 공자가 말하였다. '훌륭하다, 질문이여! 예는 사치스럽게 잘 차리기
만 할 바에는 차라리 검소하게 하고, 상은 형식만 잘 갖출 바에는 차라리
슬퍼해야 한다. 林放, 問禮之本. 子曰, '大哉, 問! 禮, 與其奢也, 寧儉,
喪, 與其易也, 寧戚.'"라고 하였다.

134) 금수는 … 없으며 : 『禮記』「曲禮」上에 "앵무새는 말을 할 수 있지만 새
에서 벗어나지 못하고, 성성이는 말을 할 수 있지만 금수에서 벗어나지
못한다. 이제 사람으로서 예가 없다면, 비록 말을 할 수 있다고 해도 또

록 그 어미를 친애하지만 성장해서는 그 아버지를 존경할 줄을 모른다는 뜻입니다. 이를 인용하여 비유로 삼은 것은 또한 금수만도 못한 것입니다!

그들은 '진시황이 책을 불태운 이후 예경이 잔결되었으니, 후대 유학자들이 수집하여 편정한 것은 믿을 만한 것이 못된다.'고 하였습니다. 인간 세상에서 혹 잃어버린 것이 있을 수 있지만, 어찌 또한 집집마다 찾아가서 불태웠겠습니까? 설령 모두 불태워서 진실로 믿을 수 없는 것이라면, 삼분三墳·오전五典은 모두 거짓된 것이며, 학교를 헛되이 세운다한들 성인의 말씀을 가르치는 것이 아니니, 다시 어디에 의탁한다는 말입니까?

그들은 '(어머니를 위한 복을) 백부·숙부·시집간 고모·손위누이·손아래누이와 똑같이 (자최부장기로) 복을 할 수 있겠는가?'라고 말하였습니다. 백부·숙부·시집간 고모·손위누이·손아래누이에게 자리를 펼치고 지팡이를 짚는 제도와 삼년 심상이 있습니까?

그들은 '오제는 음악을 서로 습용하지 않았고, 예제를 서로 습용하지 않았다.'고 말했는데, 이 말은 진실입니다. 이는 측천이 사심을 품고 화를 껴안았던 마음이니, 어찌 다시 (측천의) 음악을 계승하고 예제를 습용할 수 있겠습니까?

그들은 '참최와 자최로 존비의 높이고 낮추는 것을 충분히

한 금수의 마음이 아니겠는가? 대체로 금수는 예가 없다. 그러므로 아비와 새끼가 함께 한 암컷과 교미한다.鸚鵡能言, 不離飛鳥. 猩猩能言, 不離禽獸. 今人而無禮, 雖能言, 不亦禽獸之心乎? 夫唯禽獸無禮, 故父子聚麀."고 하였다.

표현할 수 있다.'고 하였습니다. 어머니를 위해 자최로 복을 하고 아버지를 위해 참최로 복은 하는 것은 바뀔 수 없는 예제입니다.

按三年問云:「將由修飾之君子與[一九],135) 三年之喪, 若駟之過隙, 遂之, 則是無窮也. 然則何以周也? 曰 : 至親以周斷. 是何也? 曰 : 天地則已易矣, 四時則已變矣, 其在天地之中者, 莫不更始焉, 以是象之也. 然則何以三年? 曰 : 加重焉耳.」 故父加至再周, 父在爲母加三年心喪. 今者還同父沒之制, 則尊厭之律安施? 喪服四制又曰 :「凡禮之大體, 體天地, 法四時, 則陰陽, 順人情, 故謂之禮.」訾之者是不知禮之所由生. 非徒不識禮之所由制, 亦恐未達孝子之通義.

살펴보건대, 『예기』「삼년문三年問」에서 "장차 닦고 문식하는 군자를 따르겠는가? 삼년의 상은 마치 네 마리 말이 끄는 수레가 틈새를 지나가는 것처럼 빠르게 흘러가지만, 복을 벗지 않고 끝까지 이루게 한다면, 끝날 날이 없게 된다. '그렇다면 왜 기년으로 복을 하는가?' '지극히 가까운 친족이라도 기년으로 끊는 것이다.' '이는 무엇 때문인가?' '하늘과 땅의 기운이 이미 바뀌었고, 네 계절이 이미 변하였기 때문이다. 하늘과 땅 사이에 존재하는 것 가운데 다시 시작하지 않는 것이 없다. 이

---

135) [교감기 19] "將由修飾之君子與"에서 '與' 자는 여러 판본에는 원래 '喩'로 되어 있는데, 『冊府元龜』 권588 및 『禮記』「三年問」 원문에 의거하여 수정하였다.

를 본떠서 (기년으로 복을 하는) 것이다.' 그렇다면 왜 3년으로 복을 하는가? '더욱 중하게 하는 것일 뿐이다."라고 하였습니다. 그러므로 아버지를 위해 더하여 기년의 복을 두 번하게 된 것이니, 아버지가 살아 계실 경우 어머니를 위해 더하여 삼년의 심상을 하는 것입니다. 이제 또한 아버지가 돌아가셨을 경우의 복제와 똑같이 한다면, 존압尊厭의 율을 어디에다 시행하겠습니까?

『예기』「상복사제」에서 또 "무릇 예의 대요는 하늘과 땅을 본받고, 네 계절을 법도로 삼고, 음과 양을 법칙으로 삼고, 인정에 따르는 것이다. 그러므로 '예禮'라고 한다."고 하였습니다. 이를 헐뜯는 자는 예가 생겨난 유래를 모르는 것입니다. 예가 제정된 유래를 알지 못할 뿐 아니라, 또한 아마도 효자의 공통된 의리조차 이해하지 못할 것입니다.

臣謹按孝經, 以明陛下孝治之合至德要道, 請論世俗訾禮之徒. 夫至德謂孝悌, 要道謂禮樂. 「移風易俗, 莫善於樂, 安上治民, 莫善於禮.」 又禮有「無體之禮, 無聲之樂」. 按孝經援神契云:「天子孝曰就, 就之爲言成也. 天子德被天下, 澤及萬物, 始終成就, 則其親獲安, 故曰就也. 諸侯孝曰度, 度者法也. 諸侯居國, 能奉天子法度, 得不危溢, 則其親獲安, 故曰度也. 卿大夫孝曰譽, 譽之爲言名也. 卿大夫言行布滿, 能無惡稱, 譽達遐邇, 則其親獲安, 故曰譽也. 士孝曰究, 究者以明審爲義. 士始升朝, 辭親入仕, 能審資父事君之禮, 則其親獲安, 故曰究也. 庶人孝曰畜, 畜者含畜爲義.

庶人含情受朴, 躬耕力作, 以畜其德, 則其親獲安, 故曰畜
也.」陛下以韋氏構逆, 中宗降禍, 宸衷哀憤, 睿情卓烈. 初
無一旅之衆, 遂殄九重之妖, 定社稷於阽危, 拯宗枝於塗炭.
此陛下孝悌之至, 通於神明, 光於四海, 無所不通. 使諸侯
得守其法度, 卿大夫得盡其言行, 士得資親以事君, 庶人得
用天而分地. 此陛下無體之禮, 以安上理人也. 上元以來,
政由武氏[二〇],136) 文明之後, 法在凶人. 賊害宗親, 誅滅
良善, 勳階歲累, 酺赦年頻. 佞之則榮華, 正之則遷謫. 神龍
·景雲之際, 其事尤繁;先天·開元之間, 斯弊都革. 此陛下
之無聲之樂, 以移風易俗也.

　　신은 삼가 살펴보건대,『효경』은 폐하께서 효로 천하를 다스
리는 것이 지덕至德과 요도要道에 부합함을 밝히고 있으니, 청
컨대 세속 사람 가운데 예를 헐뜯고자 하는 무리들을 논박하소
서. 무릇 지덕은 효제孝悌를 가리키며, 요도는 예악禮樂을 가리
킵니다. 『효경』「광요도장廣要道章」에서 "기풍을 변화시키고
습속을 바꾸는 데는 음악보다 좋은 것이 없고, 윗사람을 안정
시키고 백성을 다스리는 데는 예보다 좋은 것이 없다."고 하였
습니다. 또 『예기』「공자한거孔子閒居」에서 "형체 없는 예와
소리 없는 음악"이 있다고 하였습니다.

　　살펴보건대,『효경원신계孝經援神契』에서 "천자의 효를 '취

---

136) [교감기 20] "政由武氏"는 殿本·懼盈齋本·局本·廣本에는 모두 같다.
聞本·『冊府元龜』권588·『全唐文』권335에는 '武氏'가 '甯氏'로 되어
있다. 『舊唐書補校』는 '甯'자는 "당연히 원문이며,『좌전』의 어구를 사
용한 것"이라고 하였다.

就’라 하니, ‘취’라는 글자는 이룬다[成]는 뜻이다. 천자가 덕을 천하에 베풀고 은택을 만물에까지 미치게 하여 처음부터 끝까지 성취한다면, 그 친족들이 편안함을 얻게 될 것이다. 그러므로 ‘취’라고 하는 것이다. 제후의 효를 ‘도度’라고 하니, ‘도’는 법도[法]라는 뜻이다. 제후가 도성에 거주하면서 천자의 법도를 받들어 위태롭거나 넘치지 않게 할 수 있다면, 그 친족들이 편안함을 얻을 수 있다. 그러므로 ‘도’라고 하는 것이다. 경대부의 효를 ‘예譽’라고 하니, ‘예’라는 글자는 명성[名]이라는 뜻이다. 경대부는 말과 행동이 곳곳에 가득 차 있으니, 남을 험담하는 말을 하지 않아서 명성이 원근에 이르게 되면, 그 친족들이 편안함을 얻을 수 있다. 그러므로 ‘예’라고 하는 것이다. 사의 효를 ‘구究’라고 하니, ‘구’란 밝게 살피는 것으로 의리를 삼는다는 뜻이다. 사가 처음 조정에 올라서 친한 사람의 벼슬 청탁을 물리치고, 아버지가 군주를 섬기던 예를 잘 살펴서 바탕으로 삼을 수 있다면, 그 친족들이 편안함을 얻을 수 있다. 그러므로 ‘구’라고 하는 것이다. 서인의 효를 ‘휵畜’이라고 하니, ‘휵’이란 머금고 기르는 것으로 의리를 삼는다는 뜻이다. 서인이 감정을 머금고 질박함을 익혀서 몸소 밭을 갈고 힘써 제작하여 그 덕을 기른다면 그 친족들이 편안함을 얻을 수 있다. 그러므로 ‘휵’이라 하는 것이다.”라고 하였습니다.

폐하께서는 위씨韋氏가 역모를 일으켜 중종中宗께서 화를 당하셨을 때 마음이 서글프고 감정이 북받쳤습니다. 처음에는 한 줌의 병사도 없었는데 마침내 구중궁궐의 요물을 모조리 죽이시어, 사직을 위태로움 속에서 안정시키시고 종손宗孫과 지손支孫을 도탄 속에서 구해내셨습니다. 이는 폐하의 효제의 지극함이 신명(귀신)에 통하고 사해에까지 퍼져서 이르지 않음이 없었기 때문입니다.[137] 제후들로 하여금 그 법도를 지키게 하고 경대부들로 하여금 그 언행을 극진하게 하며, 사들로 하여금 아버지 섬기는 마음에서 취하여 군주를 섬기게 하며, 서인들로 하여금 천시에 순응하여 땅을 나누어 경작할 수 있게 하였습니다. 이것이 폐하의 '형체 없는 예[無體之禮]'이니, 이것으로 윗사람을 안정시키고 백성들을 다스리셨습니다.

(고종) 상원(674~676) 연간 이래 정치는 무씨武氏로부터 나왔으며, (예종) 문명文明(684) 연간 이후에는 법령이 흉악한 사람들 손에 장악되었습니다. 종친들을 해치고, 선량한 사람들을 주멸하였으며, 훈작과 관품이 해마다 높아졌고, 연회와 사면이 매년 빈번했습니다. 아첨하면 영화를 누리고, 바로잡으려 하면 유배를 당했습니다. 무측천의 신룡神龍(705~707) 연간과 예종의 경운景雲(710~712) 연간에는 그러한 일이 더욱 빈번했는데, 현종 선천先天(712~713)·개원開元(713~741) 연간에 이러한 폐단들을 모두 개혁하였습니다. 이것이 폐하의 '소리 없는 음악[無聲之樂]'으로, 이것으로 기풍을 변화시키고 습속을 바꾸셨습니다.

臣前狀單略, 議者未識臣之懇誠. 謹具狀重進, 請付中書門下商量處分. 臣言若讜, 然敢側足於軒墀 ; 臣言不忠, 伏

---

137) 효제의 지극함이 … 때문입니다 : 『孝經』「感應章」의 문장이다.

請竄跡於荒裔.

신이 지난번 올린 장狀은 간략하기 때문에 의론하는 자들이 신의 간절한 정성을 알지 못하였습니다. 삼가 장을 갖추어 거듭 올리오니, 청컨대 중서문하에 교부하시어 논의하여 처분하게 해 주소서. 신의 말이 올바른 말이라면 감히 조심스레 대전 앞에 발을 내딛겠습니다만, 신의 말이 불충한 것이라면 엎드려 청컨대 먼 변방으로 유배를 보내주소서.

左散騎常侍元行冲奏議曰:「天地之性, 惟人最靈者, 蓋以智周萬物, 惟睿作聖, 明貴賤, 辨尊卑, 遠嫌疑, 分情理也. 是以古之聖人, 徵性識本, 緣情制服, 有申有厭. 天父·天夫, 故斬衰三年, 情理俱盡者, 因心立極也. 生則齊體, 死則同穴, 比陰陽而配合, 同兩儀而成化. 而妻喪杖期, 情禮俱殺者, 蓋以遠嫌疑, 尊乾道也. 父爲嫡子三年斬衰, 而不去職者, 蓋尊祖重嫡, 崇禮殺情也. 資於事父以事君, 孝莫大於嚴父. 故父在, 爲母罷職齊周而心喪三年, 謂之尊厭者, 則情申而禮殺也. 斯制也, 可以異於飛走, 別於華夷. 義·農·堯·舜, 莫之易也;文·武·周·孔, 同所尊也. 今若捨尊厭之重, 虧嚴父之義, 略純素之嫌, 貽非聖之責, 則事不師古, 有傷名敎矣. 姨兼從母之名, 卽母之女黨, 加於舅服, 有理存焉. 嫂叔不服, 避嫌疑也. 若引同爨之緦, 以忘推遠之跡, 旣乖前聖, 亦謂難從. 謹詳三者之疑, 並請依古爲當.」自是百僚議竟不決[二一].138)

---

138) [교감기 21] "自是百僚議竟不決"의 '議' 자는 여러 판본에는 원래 없는데, 『通典』 권89·『唐會要』 권37·『冊府元龜』 권588에 의거하여 보충하였다.

좌산기상시 원행충元行沖139)이 상주하여 의론하였다.

천지 사이의 생명 가운데 인간이 가장 신령한 것은 지혜로 만물을 두루 알고, 슬기로 성인이 될 수 있기 때문이니, 귀천貴賤을 밝히고 존비尊卑를 변별하며, 혐의嫌疑를 멀리하고, 정리情理를 구분합니다. 이 때문에 옛 성인은 본성에서 징험하여 근본을 인식하고 인정에 의거하여 상복을 제정하였으니, 펼쳐서 복을 하는 경우도 있고 억눌러서 복을 하는 경우도 있습니다. 아버지를 하늘로 섬기고, 남편을 하늘로 섬깁니다. 그러므로 참최 삼년으로 복을 하여 감정[情]과 이치[理: 禮]를 모두 극진하게 하는 것은 대체로 마음에 의거하여 법칙을 세우는 것입니다. 살아 있을 때는 몸을 나란히 하고 죽어서는 무덤을 함께하니, 음과 양을 나란히 하여 짝하고, 하늘과 땅을 함께하여 교화를 이루는 것입니다. 그런데 처의 상에서 장기杖期로 복을 하여 정情[친親]과 예禮[존尊]를 모두 감쇄하는 것은 대체로 혐의를 멀리하고 하늘의 도를 높이려는 것입니다.

아버지가 적자를 위해 참최 3년으로 복을 하지만 관직에서 물러나지 않는 것은 대체로 선조를 존숭하고 적자를 중시하기 때문이니, 예禮를 높이고 정情을 감쇄하는 것입니다. 아버지

---

139) 원행충元行沖(653~729) : 이름은 澹, 行沖은 그의 字이다. 河南 洛陽 출신으로, 북위 황족 常山 康王 拓跋素의 후예이다. 어려서 고아가 되어 외할아버지 韋弘機의 집에서 자랐다. 박학다식하였는데, 특히 音律과 訓詁에 뛰어났다. 당나라 睿宗 때 褚無量을 이어서 麗正殿에서 四部書를 교정하여 고금의 書目을 찬정하도록 표를 올렸다. 玄宗의 自注『孝經』에 疏를 담았다. 저서로『魏典』,『群書四錄』등이 있다.

섬기는 마음에서 취하여 군주를 섬기니, 효는 아버지를 높이는 것보다 큰 것이 없습니다. 그러므로 아버지가 살아 계시고 어머니를 위해 복을 할 경우에는 관직을 그만두고 자최 기년으로 복을 하고 심상 삼년을 합니다. 이를 존압尊厭(아버지의 존에 눌려서 낮추어 복을 함)이라고 하니, 정은 펼치지만 예는 감쇄하는 것입니다. 이러한 제도는 금수와 차별하고, 화이를 구별할 수 있는 것입니다. 복희·신농·요임금·순임금도 이를 바꾸지 않았으며, 문왕·무왕·주공·공자께서 함께 존중했던 바입니다. 이제 만약 존압의 중함을 버려서 아버지를 높이는 의리를 어그러뜨리고, 준소純素[140]의 혐의를 소홀히 하여 성인을 비난했다는 질책을 남긴다면, 일을 행하는 데 고례를 스승으로 삼지 않는 것으로 명교를 해치는 것입니다.

　'이姨'는 종모從母를 겸하는 명칭이니, 곧 어머니의 여자 친족으로 외삼촌의 복보다 무겁게 하더라도 거기에는 이치가 존재합니다. 형수와 시동생이 복을 하지 않는 것은 혐의를 피하

---

140) 준소純素 : 흰색 비단으로 관이나 옷의 가선장식을 하는 것을 말한다. 『禮記』「曲禮」上에 의하면 자식은 부모가 생존해 계실 때는 흰색비단으로 가선장식을 하지 않는데, 흰색 가선장식은 거상을 상징하기 때문이다. 喪事는 문식보다 질박한 정을 중시하기 때문에 무거운 상일수록 가공하지 않는 것으로 상복의 표식을 삼는다. 거상을 할 때, 大祥 이전에는 가선장식을 하지 않고, 대상제를 마친 후 흰색 비단으로 가선장식을 하며, 탈상한 후 평상복으로 돌아온다. 아버지가 살아 계실 때 어머니가 돌아가시면, 11개월에 연제를 지내고, 13개월에 대상제를 지내고, 15개월에 담제를 지낸다. 『禮記』「雜記」下 "期之喪十一月而練, 十三月而祥, 十五月而禫."

는 것입니다. 만일 한솥밥을 먹은 이모부와 외숙모 사이에 하는 시마복을 끌어들여서 밀어내어 멀리하는 자취를 잊어버린다면 옛 성인의 뜻과 괴리되는 것이니, 또한 따르기 어렵다고 할 수 있습니다. 삼가 이 세 가지 의혹을 상세히 살펴보건대, 모두 고례에 의거할 것을 청하는 것이 합당합니다.

이후 백관들의 의론은 끝내 결론을 내리지 못하였다.

至七年八月, 下敕曰:「惟周公制禮, 當歷代不刊; 況子夏爲傳, 乃孔門所受. 格條之內, 有父在爲母齊衰三年, 此有爲而爲, 非尊厭之義. 與其改作, 不如師古, 諸服紀宜一依喪服文.」自是卿士之家, 父在爲母行服不同: 或旣周而禫, 禫服六十日釋服, 心喪三年者; 或有旣周而禫, 禫服終三年者; 或有依上元之制, 齊衰三年者. 時議者是非紛然, 元行沖謂人曰:「聖人制厭降之禮, 豈不知母恩之深也, 以尊祖貴禰, 欲其遠別禽獸, 近異夷狄故也. 人情易搖, 淺識者衆. 一紊其度, 其可止乎!」二十年, 中書令蕭嵩與學士改修定五禮, 又議請依上元敕, 父在爲母齊衰三年爲定. 及頒禮, 乃一依行焉.

(현종 개원) 7년(719) 8월에 조칙을 내려 다음과 같이 말하였다. "생각건대, 주공이 제정한 예는 역대로 정정할 수 없었으며, 더구나 자하子夏가 지은 『상복전喪服傳』은 공자의 문하에서 전수한 것이다. 격格의 조문 가운데에 '아버지가 살아 계실 경우 어머니를 위해 자최 삼년으로 복을 한다.'는 규정이 있다. 이는 까닭이 있어서 규정한 것이지만, 존압尊厭의 의리가 아니다. 이렇게 개정하는 것은 고례를

스승으로 삼는 것만 못하니, 여러 복상의 기간은 마땅히 모두 「상
복」의 명문 규정에 의거해야 할 것이다."

(그러나) 이후 관리들의 집안에서는 아버지가 살아 계실 경우 어
머니를 위해 복을 하는 방식이 제각각이었다. 1년이 지난 후에 담제
를 지내고, 담제의 복을 입은 지 60일 만에 상복을 벗고 심상 삼년
을 하는 경우도 있었으며, 1년이 지난 후에 담제의 복을 입은 채로
3년을 마치는 경우도 있었으며, 상원(674)의 복제에 의거하여 자최
삼년으로 복을 하는 경우도 있었다. 당시 의론하는 자들은 시비가
분분하였다.

원행충은 어떤 사람에게 "성인이 압강厭降의 예를 제정한 것이
어찌 어머니의 은혜가 깊다는 것을 몰라서 그랬겠는가? 선조를 높
이고 아버지를 귀하게 여겨서 멀리는 금수와 구별하고, 가까이로는
이적과 달리하고자 했기 때문이다. 사람의 감정은 흔들리기 쉽고,
식견이 얕은 자는 많다. 한번 그 법도를 문란하게 하면 어찌 중지시
킬 수가 있겠는가!"라고 말하였다.

(현종 개원) 20년(732), 중서령中書令 소숭蕭嵩[141]이 학사學士들과
더불어 오례五禮를 개수하여 제정했고, 또 상원 연간(674)의 조칙에
의거하여 아버지가 살아 계실 경우 어머니를 위해 자최 삼년의 복을
하는 것으로 정할 것을 청하였다. (오)례(『대당개원례』)를 반포할 때

---

141) 소숭蕭嵩(?~749) : 자는 喬甫, 호는 體竣으로, 처음 洛州參軍에 임명되
    었다가 재상 陸象先과 姚崇의 인정을 받아 宋州刺史로 승진하고, 尙書
    左丞, 兵部侍郎이 되었다. 또 河西節度使가 되어 반간계로 吐蕃의 大將
    悉諾邏恭祿을 제거하고, 명장 張守珪 등을 등용하여 吐蕃을 대파하였
    다. 입조하여 재상이 되고 中書令에 임명되었으며, 徐國公에 봉해졌다.

에 이르러 이에 의거하여 시행하였다.

二十三年, 藉田禮畢, 下制曰:「服制之紀, 或有所未通, 宜令禮官學士詳議聞奏.」太常卿韋縚奏曰:「謹按儀禮喪服: 舅, 緦麻三月. 從母, 小功五月. 傳曰: 何以小功, 以名加也. 堂姨舅·舅母, 恩所不及. 外祖父母, 小功五月. 傳曰: 何以小功, 以尊加也. 舅, 緦麻三月, 並是情親而服屬疏者也. 外祖正尊, 同於從母之服. 姨舅一等, 服則輕重有殊. 堂姨舅親卽未疏, 恩絶不相爲服. 親舅母來承外族, 同爨之禮不加. 竊以古意猶有所未暢者也. 且爲外祖小功, 此則正尊情甚親而服屬疏者也, 請加至大功九月. 姨舅儕類[二二],[142] 親旣無別, 服宜齊等, 請爲舅加至小功五月[二三].[143] 堂姨舅疏降一等, 親舅母從服之例, 先無制服之文, 並望加至袒免. 臣聞禮以飾情, 服從義制, 或有沿革, 損益可明. 事體旣大, 理資詳審. 望付尙書省集衆官吏詳議, 務從折衷, 永爲典則.」

(현종 개원) 23년(735), 적전례藉田禮를 마친 후 제서를 내려 "복제의 규정에 혹 합당하지 못한 바가 있다면, 마땅히 예관학사로 하여금 상세하게 의론하여 아뢰도록 해야 할 것이다."라고 하였다.

태상경 위도韋縚[144]가 상주하여 말했다.

---

142) [교감기 22] "姨舅儕類"의 '類' 자는 여러 판본에는 원래 없는데, 『唐會要』 권37에 의거하여 보충하였다.
143) [교감기 23] "請爲舅加至小功五月"의 '至' 자는 여러 판본에는 원래 없는데, 『唐會要』 권37·『冊府元龜』 권589에 의거하여 보충하였다.
144) 위도韋縚: 韋叔夏의 아들이다. 唐 玄宗 開元 연간에 集賢修撰, 光祿卿

삼가 살펴보건대, 『의례』「상복」에는 "외삼촌[舅, 어머니의 친형제]을 위해 시마 3월로 복을 하고, 이모[從母, 어머니의 친자매]를 위해 소공 5월로 복을 한다."고 하였고, 「상복·전傳」에서는 "왜 소공으로 복을 하는가? (어머니라는) 명분 때문에 가융을 하여 소공으로 복을 하는 것이다."라고 하였습니다.145) 어머니의 사촌 자매[堂姨]·어머니의 사촌 형제[堂舅]·어머니의 사촌 형제의 처[堂舅母]는 은혜가 미치지 않습니다. (「상복」에서) 외할아버지·할머니를 위해 소공 5월로 복을 하는 것으로 규정하였습니다. 「상복·전傳」에서는 "왜 소공으로 복을 하는가? (어머니의) 지존이므로 가융을 하여 소공으로 복을 하는 것이다."라고 하였습니다.146) (「상복」에서) 외삼촌을 위해 시

등을 역임하고, 太常卿으로 승진했다가 太子少師가 되었다.

145) 「상복·전傳」 … 하였습니다 : 『儀禮』「喪服」 '소공 5월장'에 "이모를 위해 소공 5월로 복을 하는데, 이모도 남녀 외조카들에게 똑같은 복으로 갚아 준다.從母, 丈夫·婦人, 報."고 하였고, 정현의 주에서는 "'종모'는 어머니의 자매이다.'從母', 母之姉妹."라고 하였다. 또 『儀禮』「喪服」 '소공 5월장·전'에서 "傳에 말한다. 왜 소공으로 복을 하는가? 어머니라는 명분[名] 때문에 더해서 소공으로 복을 하는 것이다. 본래 외친에 대한 복은 모두 시마이다.傳曰, 何以小功也? 以名加也. 外親之服皆緦也."라고 하였고, 정현의 주에서는 "외친은 이성이다. 정복은 시마를 넘지 못한다. 장부(남자 외조카)와 부인(여자 외조카)은 자매의 자식으로 남녀가 동일하다.外親異姓, 正服不過緦. 丈夫·婦人, 姉妹之子, 男女同."고 하였다.

146) 외할아버지 … 하였습니다 : 외할아버지·외할머니를 위해 소공으로 복을 하는 이유. ① 외할아버지·외할머니는 어머니의 지존이기 때문에 加服을 한다는 입장. 마융은 "외할아버지·외할머니는 어머니의 부모로서, 본

마 3월로 복을 한다고 규정하였으니, 모두 정情은 친밀하지만 복服은 소원하게 하는 경우에 속합니다. 외할아버지는 (어머니의) 정존正尊이지만 이모[從母, 어머니의 친자매]를 위해 복을 하는 경우와 똑같이 하고, 이모와 외삼촌은 같은 등급이지만 상복에는 가볍게 하고 무겁게 하는 차이가 있습니다. 어머니의 사촌자매[堂姨]나 어머니의 사촌형제[堂舅]는 친親은 아직 (나와) 소원하지 않지만 은恩이 끊어져서 서로 복을 하지 않습니다. 어머니의 친형제의 처[親舅母, 외숙모]는 외족에서 와서 이은 것이므로, 한솥밥은 먹은 사람의 예로 가복을 하지는 않습니다.

복은 시마이다. 하지만 어머니가 지존으로 받드는 분이기 때문에 소공으로 가복을 한다.外祖父母者, 母之父母也. 本服緦, 以母所至尊, 加服小功."고 하였다. 저인량은 "마융과 정현은 모두 (외할아버지·외할머니는) 어머니의 지존이기 때문에 본복은 시마이지만 소공으로 가복을 한다고 하였다. 성인이 본종을 중히 여기고 외족을 가벼이 하는 뜻을 가장 잘 이해한 것이다.馬·鄭皆云'以母之至尊, 故本服緦, 而加服小功', 最得聖人重本宗輕外族之意."라고 하였다. ② 소공의 복이 본복이라는 입장. 오계공은 "아들이 어머니를 따라 어머니의 친족에게 복을 할 경우 모두 어머니보다 두 등급을 낮추어서 한다. 어머니는 친정부모를 위해 기년의 복을 하므로 마땅히 소공을 해야 한다. 존 때문에 가복하는 것이 아니다. 子從母而服母黨者, 皆降於其母二等, 母爲其父母期, 宜小功, 非以加尊."라고 하였다. 호배휘는 어머니는 아버지의 후사가 된 자신의 곤제에 대해 기년의 복을 하는데, 오계공의 설대로라면 두 등급을 낮추어 소공의 복을 해야 하는데 왜 그렇게 하지 않는가라고 비판하였다. 오계공은 傳을 잘못 이해했다는 것이다.與傳違, 大謬. 如其說, 則母爲其昆弟之爲父後者期, 何不亦降二等而小功乎? 호배휘, 『의례정의』, 1536쪽 참조.

신은 생각건대, 고례에는 여전히 명쾌하지 못한 바가 있습니다. 또 외할아버지를 위해 소공으로 복을 하는데, 외할아버지는 (어머니의) 정존正尊이고 정情이 매우 친밀한데도 상복은 소원하게 하는 경우에 속합니다. 청컨대, 가융을 하여 대공 9월로 복을 하게 하소서. 이모(어머니의 친자매)와 외삼촌(어머니의 친형제)은 같은 항렬로 혈연관계[親]에 이미 구별이 없으므로, 상복도 마땅히 동등하게 해야 합니다. 청컨대, 외삼촌을 위해 가융을 하여 소공 5월로 복을 하고, 어머니의 사촌자매[堂姨]와 어머니의 사촌형제[堂舅]는 소원하게 하여 (이모·외삼촌보다) 한 등급을 낮추어 시마 3월로 복을 하고, 어머니의 친형제의 처[親舅母, 외숙모]는 종복從服의 예로 (외삼촌보다 한 등급을 낮추어) 시마 3월로 복을 하고, 이전에 복을 제정하는 명문 규정이 없는 경우에는 모두 가융을 하여 단문袒免을 하게 하소서.147)

신은 듣건대, 예로 정을 문식하고 복은 의리에 따라 제정하는 것이니, 계승하기도 하고 바꾸기도 하여 덜거나 더할 수 있는 것이 분명합니다. 일의 사안이 중대하므로 이치상 상세한 검토를 거쳐야 할 것입니다. 바라옵건대, 상서성에 교부하여 백관들을 소집하여 상세히 의론하게 하되, 절충하는 데에 힘써

---

147) 복을 … 하소서 : '袒免'은 붕우가 다른 나라에서 죽거나 고조의 아버지를 함께 동일한 근원으로 하는 자 즉 5대친이 죽었을 때 착용하는 것으로, 정식의 상복은 아니다. '袒'은 왼쪽 어깨를 드러내는 것을 말한다. '免'은 冠을 벗고 대신 착용하는 것으로, 목 뒤쪽에서 앞으로 둘러서 이마 위에서 교차시키고, 다시 뒤쪽으로 감아 상투에서 묶는다. '絻'로도 쓴다.

영구히 법전이 되도록 하소서.

　於是太子賓客崔沔建議曰:「竊聞大道旣隱, 天下爲家. 聖人因
之, 然後制禮. 禮敎之設, 本爲正家, 家道正而天下定矣. 正家之
道, 不可以貳, 總一定議, 理歸本宗. 父以尊崇, 母以厭降, 豈忘愛
敬, 宜存倫序. 是以內有齊斬, 外服皆緦麻, 尊名所加, 不過一等,
此先王不易之道也. 前聖所志, 後賢所傳, 其來久矣. 昔辛有適伊
川, 見被髮而祭於野者, 曰:『不及百年, 此其戎乎? 其禮先亡矣!』
貞觀修禮, 時改舊章, 漸廣渭陽之恩, 不遵洙·泗之典. 及弘道之
後, 唐隆之間, 國命再移於外族矣. 禮亡徵兆, 儻或斯見, 天人之
際, 可不誡哉! 開元初, 補闕盧履冰嘗進狀論喪服輕重, 敕令僉議.
于時群議紛挐, 各安積習, 太常禮部, 奏依舊定. 陛下運稽古之思,
發獨斷之明, 至開元八年, 特降別敕, 一依古禮. 事符故實, 人知
向方, 式固宗盟, 社稷之福. 更圖異議, 竊所未詳. 願守八年明旨,
以爲萬代成法.」

　이에 태자빈객太子賓客 최면崔沔[148]이 의론을 세워 말하였다.

　　신이 듣건대, 대도大道가 사라진 후 천하를 사가私家의 소유
　　물로 여겼습니다.[149] 성인은 이러한 시대를 이은 후에 예를 제
　　정했습니다. 예교를 세웠던 것은 본래 집안을 바로잡고자 했던

---

148) 최면崔沔(673~739) : 자는 善冲, 京兆 長安 사람이다. 後周 隴州刺史
　　崔士約의 4세손으로, 原籍은 博陵이다. 『新唐書』 권129 본전에 의하면
　　『陋室銘』은 그의 저작이다.
149) 대도大道 … 여겼습니다 :『禮記』「禮運」의 문장이다.

것이니, 집안의 도리가 바르면 천하가 안정됩니다. 집안을 바로잡는 도리는 두 가지로 할 수 없으니, 하나로 총괄하여 의론을 정하는데, 이치상 본종本宗으로 귀결됩니다. 아버지는 지존이므로 높이고, 어머니는 눌리므로 낮추니, 어찌 (어머니에 대한) 사랑과 공경을 잊어서이겠습니까? 마땅히 인륜의 질서를 보존해야 하기 때문입니다. 이 때문에 내친의 복에는 자최와 참최가 있고 외친의 복은 모두 시마로 하니, 존尊과 명名을 이유로 가복을 하더라도 한 등급을 넘지 못합니다. 이는 선왕의 바꿀 수 없는 도입니다. 전대의 성인이 기록한 바이고, 후대의 현인이 전한 바이니, 그 유래가 오래되었습니다.

옛날에 신유辛有가 이천伊川에 갔다가 머리카락을 풀어헤치고 들판에서 제사지내는 것을 보고는 "백년이 되기도 전에 이곳은 오랑캐 땅이 될 것이다. 주나라의 예가 이미 없어졌구나!"라고 하였습니다.[150] 태종 정관 연간(640)에 수찬한 예제는 당시 고례의 규정을 바꾸어 점차 (외삼촌을 그리워하는) 「위양渭陽」시의 은혜를 확대하였으며, 수수洙水와 사수泗水에서 만들어진 (유가의) 예전禮典을 준수하지 않았습니다.[151] (고종) 홍도弘道(683) 연간 이후 상제 당융唐隆(710) 연간 사이에

---

150) 신유辛有가 … 하였습니다 : 내용은 『춘추좌전』僖公 22년 조에 보인다. 주나라 幽王이 견융의 공격으로 멸망한 후 平王이 낙양으로 동천할 때의 일이다. 辛有는 주나라의 대부이다. 伊川은 주나라의 땅으로 강 이름이다.

151) 태종 정관 연간에 … 않았습니다 : 정관 14년(640)의 의론에서 외삼촌은 시마 3월에서 소공 5월로 확정하였다.

국가의 운명은 다시 외족으로 옮겨갔습니다. 예가 사라지는 징조를 혹 여기에서 볼 수 있으니, 하늘과 인간의 관계를 경계하지 않을 수 있겠습니까!

개원 연간 초(717)에 보궐補闕 노이빙盧履冰이 일찍이 장狀을 올려 상복의 경중을 논하였는데, 칙서를 내려 함께 의론하도록 하셨습니다. 이때 온갖 의론이 어지러워 각자 오랜 관습에 안주하였으니, 태상예부에서는 옛 규정에 의거하도록 상주하였습니다. 폐하께서는 옛 것을 상고하는 생각을 운용하시고, 독자적으로 판단하는 영명함을 발휘하시어, 개원 8년(720)에 이르러 특별히 별도의 칙서를 내려 한결같이 고례에 따르도록 하셨습니다. 일이 고실故實(선례)에 부합하면 사람들이 향할 방향을 알게 되어 종족을 공고히 할 것이니,152) 사직의 복입니다. 다시 이의를 꾀하는 것은 신이 알 수 없는 바입니다. 원컨대, 개원 8년에 내린 폐하의 밝은 뜻을 지키시어 만대의 성법으로 삼으소서.

職方郎中韋述議曰 :

직방낭중職方郎中 위술韋述153)이 의론하여 말했다.

---

152) 종족을 공고히 할 것이니 : '宗盟'은 천자와 제후의 회맹을 말한다. 『춘추좌전』 은공 11년 조. "주나라의 종맹은 (동성을 앞에 기록하고) 이성을 뒤에 기록한다.周之宗盟, 異姓爲後."고 하였다. 양백준은 '宗盟'은 '會盟'과 같은 말이라고 하였다. 여기서 뜻이 확대되어 '宗盟'은 '同宗' 혹은 '同姓'을 지칭하는 말로 쓰인다.

153) 위술韋述(?~757) : 당나라 京兆 萬年 출신으로, 韋景俊의 아들이다. 개원

天生萬物, 惟人最靈. 所以尊尊親親, 別生分類, 存則盡
其愛敬, 沒則盡其哀戚. 緣情而制服, 考事而立言, 往聖討
論, 亦已勤矣. 上自高祖, 下至玄孫, 以及其身, 謂之九族.
由近而及遠, 稱情而立文, 差其輕重, 遂爲五服. 雖則或以
義降, 或以名加, 教有所從, 理不踰等. 百王不易, 三代可
知, 日月同懸, 咸所仰也. 自微言旣絶, 大義復乖, 雖文質有
遷, 而必遵此制.

하늘이 만물을 낳았지만, 오직 사람이 가장 신령합니다. 그
러므로 존귀한 이를 높이고 친한 이를 친애하여 성족姓族을 구
별하고 종류를 분별하니,[154] 살아 계실 때는 그 사랑과 공경을
다하고 돌아가시면 그 애통함과 슬픔을 다하는 것입니다. 인정
에 따라서 상복을 제정하고, 사리를 고찰하여 논리를 세우는
것이니, 지난 성인들의 토론 또한 이미 많았습니다. 위로 고조
로부터 아래로 현손에 이르고 그 자신에까지 미치니, 이를 '구
족九族'이라 합니다. 가까운 곳에서 먼 곳까지 미치고 인정을

5년 진사에 합격하여 櫟陽縣尉가 되었고, 右補闕, 起居舍人으로 승진했
다. 개원 18년에 吏部職方郎中이 되었다. 天寶 연간 초년에 太子庶子를
역임하고, 9년에 方城縣侯에 봉해졌다. 저서로 『唐職儀』30권, 『高宗實
錄』30권, 『西京新記』5권, 『御史臺記』10권, 『開元譜』20권이 있다.
154) 성족姓族을 구별하고 종류를 분별하니 : 『尙書』「舜典」에 보이는 문장
이다. "帝舜이 下土를 다스리고, 바야흐로 관직을 설치하여 그 자리에
앉히시고, 生을 구별하고 類를 분별하셨다.帝釐下土, 方設居方, 別生分
類."라고 하였다. 이에 대해 孔安國의 傳에는 "'生'은 '姓'의 뜻으로 그
姓族을 구별하고, 그 종류를 분별하여 서로 따르게 하는 것이다.生, 姓
也, 別其姓族, 分其類, 使相從."라고 하였다.

헤아려서 규정을 세우니, 그 경중을 차등지어 마침내 오복을 만들었습니다. 비록 의리[義]로 인해서 낮추어 복을 하기도 하고 명분[名]으로 인해서 더하여 복을 하기도 하지만, 가르침에는 따르는 바가 있으니 등급을 건너뛰어 넘을 수는 없습니다. 역대 왕들이 바꾸지 않았고 (하·은·주) 삼대에 이미 알고 있었으니, 해와 달이 함께 걸려 있으면 모든 사람이 우러러 보게 됩니다. 은미한 말이 끊어진 이후 대의가 또 괴리되었으니, 비록 문식과 질박함은 때때로 변화하지만, 반드시 이 제도를 준수해야 합니다.

謹按儀禮喪服傳曰：「外親之服皆緦麻.」鄭玄謂：「外親, 異姓. 正服不過緦麻.」外祖父母, 小功五月, 以尊加也. 從母, 小功五月, 以名加也. 舅甥外孫·中外昆弟, 依本服緦麻三月. 若以匹敵, 外祖則祖也, 舅則伯叔父之別也. 姨舅伯叔, 則父母之恩不殊, 而獨殺於外氏, 聖人之心, 良有以也. 喪服傳曰：「禽獸知母而不知父.」野人曰, 父母何算焉. 都邑之士, 則知尊禰矣. 大夫及學士, 則知尊祖也. 諸侯及其太祖, 天子及其始祖.'[155] 聖人究天道而厚於祖禰, 繫姓族而親其子孫, 近則別其賢愚, 遠則異於禽獸. 由此言之, 母黨比於本族, 不可同貫明矣.

삼가 살펴보건대, 『의례』「상복전」에 '외친의 복은 모두 시

---

155) 天子友其始祖 : 『儀禮』「喪服傳」에는 '始祖' 다음에 '之所自出' 4글자가 더 있다.

마로 한다.'고 하였는데, 정현은 '외친은 이성異姓이다. 정복은 시마를 넘지 못한다.'고 하였습니다.[156] 외할아버지를 위해 소공 5월로 복을 하는 것은 존尊을 이유로 가복을 하는 것이며, 이모(어머니의 친자매)를 위해 소공 5월로 복을 하는 것은 명名을 이유로 가복을 하는 것입니다. 외삼촌·외조카·외손과 내외의 곤제(족곤제·종모곤제)를 위해서는 본복에 의거하면 시마 3월로 복을 합니다.[157] 만약 대등한 짝으로 말한다면, 외할아버지는 친할아버지와의 구별이고, 외삼촌은 큰아버지·작은아버지와의 구별입니다. 이모·외삼촌과 큰아버지·작은아버지는 (나의) 부모와의 은혜에서는 차이가 없지만, 단지 외족外族이기 때문에 감쇄하는 것입니다. 성인의 마음은 진실로 까닭이 있는 것입니다.

『의례』「상복」'자최 부장기·전'에 "금수는 어미는 알지만 아비는 알지 못한다. 야인은 아버지와 어머니에 무슨 차이가 있는가?라고 말한다. 도읍의 선비는 아버지를 높일 줄 안다. 대부 및 학사는 할아버지를 높일 줄 안다. 제후는 태조에게까지 제사를 지내고, 천자는 그 시조에게까지 제사를 지낸다."고 하였습니다. 성인은 하늘의 도를 궁구하여 선조와 아버지에게 도타이 하고, 성족姓族을 묶어서 그 자손들을 친애하니, 가까이는 현명하고 어리석은 이를 구별하고, 멀리는 금수와 달리하게

---

156) 『儀禮』「喪服傳」에 … 하였습니다 : 『儀禮』「喪服」 '소공 5월장·전'과 정현의 주 참조.
157) 외삼촌 … 합니다 : 『儀禮』「喪服」 '시마 3월장'에 "족곤제(자기의 8촌 형제)를 위해 시마 3월로 복을 한다.族昆弟."고 하였다.

하였습니다. 이를 통해서 말한다면, 어머니의 친족[母黨]은 본
족에 비한다면 함께 뒤섞을 수 없음이 분명합니다.

且家無二尊, 喪無二斬, 人之所奉, 不可貳也. 特重於大
宗者, 降其小宗 ; 爲人後者, 減其父母之服 ; 女子出嫁, 殺
其本家之喪[二四].158) 蓋所存者遠, 所抑者私也. 今若外祖
及舅更加服一等, 堂舅及姨列於服紀之內, 則中外之制, 相
去幾何? 廢禮徇情, 所務者末. 古之制作者知人情之易搖,
恐失禮之將漸, 別其同異, 輕重相懸, 欲使後來之人, 永不
相雜. 微旨斯在, 豈徒然哉!

또 집에는 두 존귀한 분이 없고 상에는 두 번의 참최복이
없으니, 사람이 받드는 바는 둘로 할 수 없기 때문입니다. 대종
에서 중重을 갖고 있는 자(적장자)는 소종에 대해서 낮추어 복
을 하며, 다른 사람의 후사가 된 자는 친부모를 위한 복을 줄이
며,159) 여자가 출가하면 그 본종의 상을 감쇄하니,160) 대체로

---

158) [교감기 24] "殺其本家之喪"에 대해『校勘記』권12는 "(여기에서 말한)
'本家'는『唐會要』에 따라 '本宗'이라 해야 한다.『儀禮』「喪服」에 '婦
人必有歸宗'이라고 한 것이 바로 그것이다."라고 하였다.

159) 다른 사람의 … 줄이며 :『儀禮』「喪服」'자최 부장기장'에 "다른 사람의
후사가 된 사람이 자기의 친부모를 위해 자최 부장기로 복을 하는데,
친부모도 똑같은 복으로 갚아 준다.爲人後者爲其父母, 報."고 하였다.

160) 여자가 … 감쇄하니 :『儀禮』「喪服」'자최 부장기장'에 "시집간 딸이 친
부모와 아버지의 후사가 된 곤제를 위해 자최 부장기로 복을 한다.女子
子適人者爲其父母 · 昆弟之爲父後者."고 하였다. 시집간 딸은 친부모
에 대해 낮추어서 기년으로 복을 하고, 곤제에 대해 낮추어서 대공으로

보존하여 복을 해 주는 대상은 멀리까지 이르고, 억눌러서 복을 낮추는 대상은 사사로움 때문입니다.

이제 만약 외할아버지와 외삼촌을 위해 다시 한 등급을 더하여 복을 하고, 어머니의 사촌 형제[堂舅]와 어머니의 사촌 자매[堂姨]를 상복 규정 안에 넣는다면, 내족과 외족의 복제는 그 거리가 얼마나 되겠습니까? 예의 규정[禮]을 폐하고 인정[情]에 따르는 것은 힘쓰는 바가 말단적인 것입니다. 옛날에 예를 제정한 자는 인정이 쉽게 흔들린다는 것을 알았고, 점차 예를 잃게 될 것을 두려워하여, 그 동이同異를 구별하고 경중輕重을 서로 현격히 하여 후대 사람들로 하여금 영원히 서로 뒤섞이지 않게 하고자 하였습니다. 은미한 뜻이 바로 여기에 있으니, 어찌 부질없이 그렇게 했겠습니까!

且五服有上殺之義, 必循源本, 方及條流. 伯叔父母本服大功九月, 從父昆弟亦大功九月, 並以上出於祖, 其服不得過於祖也. 從祖祖父母·從祖父母·從祖昆弟, 皆小功五月, 以出於曾祖, 服不得過於曾祖也. 族祖祖父母·族祖父母·族祖昆弟, 皆緦麻三月, 以其出於高祖, 其服不得過於高祖也. 堂舅姨旣出於外曾祖, 若爲之制服, 則外曾祖父母及外伯叔祖父母, 亦宜制服矣. 外祖加至大功九月, 則外曾祖合至小

복을 하는데, 이곳에서 곤제에 대해서도 여전히 낮추지 않고 기년으로 복을 한다고 하였다. 그 곤제가 아버지의 후사가 되었기 때문이다. 따라서 적장자가 아닌 곤제들에 대해서는 대공으로 낮추어 복을 한다. 호배휘, 『의례정의』, 427쪽 참조.

功, 外高祖合至緦麻. 若擧此而捨彼, 事則不均 ; 棄親而錄
疏, 理則不順. 推而廣之, 是與本族無異矣. 服皆有報, 則堂
外甥·外曾孫·姪女之子, 皆須制服矣.

또 오복에는 위로 감쇄하는 의리가 있지만, 반드시 근원을
따라야 바야흐로 가지와 지류에까지 미칠 수 있습니다.[161] 백
부모·숙부모는 본복이 대공 9월이며,[162] 종부곤제(백부모·숙
부모의 아들, 4촌 형제)도 대공 9월이니,[163] 모두 위로 할아버

---

161) 오복에는 … 있습니다 : 『禮記』「喪服小記」에 "친한 이를 친애하는 것은
셋으로 미루어 다섯이 되고, 다섯으로 미루어 아홉이 된다. 위로 감쇄하
고, 아래로 감쇄하고, 옆으로 감쇄하여 친함이 끝난다.親親以三爲五, 以
五爲九. 上殺, 下殺, 旁殺, 而親畢矣."고 하였다. 아버지로 말미암아 위
로 감쇄하여 고조에 이르는 것이 '위로 감쇄하는 것[上殺]'이고, 아들로
말미암아 아래로 감쇄하여 현손에 이르는 것이 '아래로 감쇄하는 것[下
殺]'이고, 아버지를 함께 하는 사이에는 기년복을 하고, 할아버지를 함께
하는 사이에는 대공복을 하고, 증조를 함께 하는 사이에는 소공복을 하
고, 고조를 함께 하는 사이에는 시마복을 하는 것이 '옆으로 감쇄하는
것[旁殺]'이다. 고조를 넘어서면 복을 하지 않는다. 이곳에서 韋述은 '下
殺'와 '旁殺'를 설명하는 것이다.
162) 백부모 … 대공 9월이며 : 『儀禮』「喪服」'자최 부장기장'에는 "큰아버지
·큰어머니, 작은아버지·작은어머니를 위해 자최 부장기로 복을 한다.世
父母·叔父母."고 하여 '대공 9월'이 아니라 '자최 부장기'로 규정하고
있다. 그러나 '자최 부장기'로 복은 하는 것은 본복이 아니라 加服이다.
'자최 부장기장·傳'에 의하면, 큰아버지·작은아버지는 尊者와 한 몸[一
體]이기 때문에, 큰어머니·작은어머니는 '어머니[母]'라는 명분 때문에
각각 가용을 하여 자최 부장기로 복을 하는 것이라고 설명하였다.世父
·叔父何以期也? 與尊者一體也.… 世母·叔母何以亦期也? 以名服也.
163) 종부곤제 … 9월이니 : 『儀禮』「喪服」'대공 9월장'에 "종부곤제를 위해

지에서 나왔기 때문에 그 복은 할아버지(자최 부장기)를 넘을 수 없습니다.[164] 종조조부모(할아버지의 형제·할아버지의 형제의 처)·종조부모(아버지의 4촌 형제·아버지의 4촌 형제의 처)·종조곤제(자기의 6촌 형제)는 소공 5월로 복을 하니,[165] 증조할아버지에서 나왔기 때문에 그 복은 증조할아버지(자최

대공 9월로 복을 한다.從父昆弟."고 하였고 정현의 주에서는 "종부곤제 는 큰아버지나 작은아버지의 아들이다. 시집가지 않은 종부자매를 위해 서도 이와 마찬가지로 한다.世父·叔父之子也. 其姊妹在室亦如之."라 고 하였다.

164) 그 복은 … 없습니다 : 『儀禮』「喪服」'자최 부장기장'에 "할아버지·할머 니를 위해 자최 부장기로 복을 한다.祖父母."라고 하였다. 호배휘에 따 르면, 이 경문은 손자가 할아버지와 할머니를 위해 복을 하는 경우인데, 손녀도 시집을 가지 않고 집에 있을 경우 마찬가지로 복을 하고 출가하 더라도 낮추지 않는다. 학경은 "이는 아버지가 살아 계실 때의 正禮로 서, 아버지가 돌아가시면 適孫은 그 할아버지를 위해 삼년의 복을 하여 아버지를 대신한다."고 하였고, 서건학은 "자최 삼년장에 '계모를 위해 서도 친모와 마찬가지로 자최 3년으로 복을 한다.'는 문장이 있는데, 이 곳에 '繼祖母'를 말하지 않은 것은 고문본에서 간략히 하여 생략했기 때문으로, 이미 祖母 안에 포함되어 있는 것이다."라고 하였다. 호배휘, 『의례정의』, 1408쪽 참조.

165) 종조조부모 … 하니 : 『儀禮』「喪服」'소공 5월장'에 "(곤제의 손자와 종 부곤제의 아들이 각각) 종조할아버지·종조할머니와 종조아버지·종조 어머니를 위해 소공 5월로 복을 하는데, 이들도 똑같은 복으로 갚아 준 다.從祖祖父母·從祖父母, 報."고 하였고, 정현의 주에서는 "할아버지 와 아버지의 곤제인 친속이다.祖·父之昆弟之親."라고 하였다. 또 같은 '소공 5월장'에서 "종조곤제를 위해 소공 5월로 복을 한다.從祖昆弟."고 한 것에 대해 정현의 주에서는 "아버지의 종부곤제(4촌 형제)의 아들이 다.父之從父昆弟之子."라고 하였다.

3월)를 넘을 수 없습니다.166) 족조조부모(증조할아버지의 형제
·증조할아버지의 처)·족조부모(할아버지의 4촌 형제·할아버
지의 4촌 형제의 처)·족조곤제(자기의 8촌 형제)는 모두 시마
3월로 복을 하니,167) 고조에서 나왔기 때문에 그 복은 고조(자
최 3월)를 넘을 수 없습니다.168)

---

166) 증조할아버지를 … 없습니다 : 『儀禮』「喪服」에는 증조할아버지를 위해
자최 3월로 복을 하는 것으로 규정되어 있다. 『儀禮』「喪服」'자최 3월
장'에 "증조부모를 위해 자최 3월로 복을 한다.曾祖父母."고 하였고, '자
최 3월장·전'에서는 "傳에 말한다. 왜 자최 3월로 복을 하는가? 소공은
형제간에 하는 복이다. 형제간에 하는 복으로 감히 지존을 위해 복을
하지 못하기 때문이다.傳曰, 何以齊衰三月也? 小功者, 兄弟之服也. 不
敢以兄弟之服, 服至尊也."라고 하였다. 정현의 주에서는 "바야흐로 '소
공'을 말한 것은 복의 수가 5에서 끝나니, 고조를 위해 시마의 복을 하고,
증조를 위해 소공의 복을 해야 하기 때문이다. 조부를 위한 복이 기년복
이라는 사실에 근거하면 증조는 대공, 고조는 소공이어야 한다. 고조와
증조는 모두 소공에서 차이가 나므로 증손과 현손은 그들을 위해 같은
복을 하기 때문이다. 상복을 무겁게 한 것은 존존 때문이다. 기간을 줄인
것은 은의가 감쇄하기 때문이다.正言'小功'者, 服之數盡於五, 則高祖
宜緦麻, 曾祖宜小功也. 據祖期, 則曾祖宜大功, 高祖宜小功也. 高祖·
曾祖皆有小功之差, 則曾孫·玄孫爲之服同也. 重其衰麻, 尊尊也. 減
其日月, 恩殺也."라고 해석하였다.
167) 족조조부모 … 하니 : 『儀禮』「喪服」'시마 3월장'에 "족증조부모(증조할
아버지의 형제·증조할아버지의 형제의 처)·족조부모(할아버지의 4촌
형제·할아버지의 4촌 형제의 처)·족부모(아버지의 6촌 형제·아버지의
6촌 형제의 처)·족곤제(자기의 8촌 형제)를 위해 시마 3월로 복을 한다.
族曾祖父母·族祖父母·族父母·族昆弟."고 하였다.
168) 고조에서 … 없습니다 : 『儀禮』「喪服」편에는 '고조'에 대한 복의 규정이
없다. 이에 대해 정현은 「喪服」'시마 3월장'의 주에서 "고조의 손자인

어머니의 사촌 형제[堂舅]와 어머니의 사촌 자매[堂姨]는 외증조할아버지에서 나왔는데 만약 이들을 위해 복을 제정한다면, 외증조부모 및 외백숙부모를 위해서도 복을 제정해야 합니다. 외할아버지를 위해 가융을 하여 대공 9월로 복을 하게 된다면, 외증조할아버지를 위해 소공으로 복을 해야 하고, 외고조할아버지를 위해 시마로 복을 해야 합니다. 이쪽은 복을 해주고 저쪽은 복을 해주지 않는다면 일이 균등하지 못하며, 친한 이를 버려두고 소원한 이를 위해 복제를 기록한다면 이치가 순하지 못합니다. 이러한 식으로 미루어 넓힌다면, (외족은) 본족과 차이가 없어질 것입니다. 복에는 모두 갚아주는 것이 있으니, (그러한 식으로 하면) 사촌누이의 아들·외증손·질녀의 자식에게까지 모두 복을 해주어야 할 것입니다.

　　聖人豈薄其骨肉, 背其恩愛. 情之親者, 服制乃輕, 蓋本於公者薄於私, 存其大者略其細, 義有所斷, 不得不然. 苟可加也, 亦可減也, 往聖可得而非, 則禮經可得而隳矣. 先王之制, 謂之彝倫, 奉以周旋, 猶恐失墜, 一紊其敘, 庸可止乎? 且舊章淪胥, 爲日已久矣. 所存者無幾, 又欲棄之, 雖曰

族祖父를 위해 시마 3월로 복을 하므로, 고조를 위해서도 복을 하는 것이 분명하다.‘族祖父’者, 亦高祖之孫, 則高祖有服明矣.”고 하였고, 호배휘는 정현의 설에 근거하여 고조를 위해 증조와 같은 자최 3월의 복을 한다고 하였다.今案, 經不言高祖之服, 鄭氏謂與曾祖同服, 後儒推之, 謂曾高而上苟有及者, 皆服齊衰三月. 蓋以正統之親, 當喪不容無服. 호배휘, 『의례정의』, 1470쪽 참조.

未達, 不知其可. 請依儀禮喪服爲定.

성인이 어찌 그 골육을 야박하게 하고 그 은애를 저버리게 했겠습니까? 정이 친밀한 자에게 도리어 복제를 가볍게 한 것은 공적인 것에 근본하여 사사로움에 야박하게 하고, 큰 것을 보존하여 작은 것을 간략히 했기 때문이니, 의리로 판단하는 바가 있어 어쩔 수 없이 그렇게 했던 것입니다. 진실로 더할 수도 있으며 또한 감쇄할 수도 있는 것입니다. 옛 성인을 비난할 수 있다면, 예경도 무너뜨릴 수 있는 것입니다. 선왕의 제도를 '이륜彝倫'이라고 합니다. 이리저리 실천할 때도 오히려 실추할까 두려워하거늘, 한 번 그 질서를 어지럽힌다면 어찌 그치게 할 수 있겠습니까? 또 옛 법도는 상실한 지가 이미 오래되었습니다. 남아 있는 것도 얼마 되지 않는데, 또 그것마저 버리고자 한다면, 비록 통달하지 못했다고 말하더라도 그 가부를 알 수 없을 것입니다. 청컨대, 『의례』「상복」에 의거하여 정하도록 하소서.

禮部員外郎楊仲昌議曰:「謹按儀禮曰:『外服皆緦.』又曰:『外祖父母以尊加, 從母以名加, 並爲小功五月.』其爲舅緦, 鄭文貞公魏徵已議同從母例, 加至小功五月訖. 今之所加, 豈異前旨? 雖文貞賢也, 而周・孔聖也, 以賢改聖, 後學何從? 堂舅姨・堂舅母, 並升爲袒免, 則何以祖述禮經乎? 如以外祖父母加至大功, 則豈無加報於外孫乎? 如外孫爲報, 服大功, 則本宗庶孫, 何同等而相淺乎? 儻必如是, 深所不便. 竊恐內外乖序, 親疏奪倫, 情之所沿, 何所不至, 理必然也. 昔子路有姊之喪而不除, 孔子問之, 子路對曰

:『吾寡兄弟而不忍也.』 子曰 :『先王制禮, 行道之人皆不忍也.』
子路聞而除之. 此則聖人因言以立訓, 援事抑情之明例也. 禮不云
乎, 無輕議禮. 明其蟠於天地, 並彼日月, 賢者由之, 安敢小有損
益也! 況夫喪服之紀, 先王大猷, 奉以周旋, 以匡人道. 一辭寧措,
千載是遵, 涉於異端, 豈曰弘敎. 伏望各依正禮, 以厚儒風. 太常所
謂增加, 愚見以爲不可.」 又戶部郎中楊伯成·左監門錄事參軍劉
秩並同是議, 與沔等略同.

예부원외랑 양중창楊仲昌[169]이 의론하여 말하였다.

　　삼가 살펴보건대『의례』「상복」에 "외친의 복은 모두 시마
로 한다."고 하였고, 또 "외할아버지·할머니는 존尊을 이유로
가복을 하고, 이모는 명名을 이유로 가복을 하여 모두 소공 5
월로 복을 한다."고 하였습니다. 「상복」에서 "외삼촌을 위해
시마로 복을 한다."고 한 것에 대해서는 이미 정문정공鄭文貞
公 위징魏徵(580~643)이 '이모[從母]'의 사례와 똑같이 하여 소
공 5월로 가복을 해야 한다고 의론하였습니다. 이제 외삼촌을
위해 가복을 하는 것은 아마도 이전 폐하의 뜻과 다를 듯합니
다. 문정공이 비록 현인이지만 주공과 공자는 성인입니다. 현
인의 주장으로 성인의 규정을 바꾼다면, 후학들이 어느 쪽을

---

169) 양중창楊仲昌(639~741) : '仲宣'이라고도 한다. 字는 蔓이다. 당나라 虢
　　州 閺鄕 사람으로, 楊元琰의 아들이다. 어린나이에 五經에 정통하여 修
　　文生이 되었지만 두드러지지는 않았다. 현종 때 狀元으로 급제하여 蒲
　　州 法曹參軍이 되었다. 監察御史, 吏部郎中을 역임했다. 저서로『楊仲
　　昌集』15권,『新唐書藝文志』가 있다.

따르겠습니까?

　어머니의 4촌 형제[堂舅] · 어머니의 4촌 자매[堂姨] · 어머니의 4촌 형제의 처[堂舅母]를 위해 모두 높여서 단문袒免을 한다면 어떻게 예경禮經을 조술하겠습니까? 만일 외조부모(소공 5월)[170]를 대공으로 가융하여 복을 한다면, 어찌 외손(시마 3월)[171]에게 (대공으로) 가융하여 갚지 않을 수 있겠습니까? 만일 외손을 위해 대공으로 보복報服을 한다면, 본종의 서손(대공 9월)[172]은 어떻게 등급이 같은 사람한테 낮출 수 있겠습니까? 만일 반드시 이렇게 한다면 매우 잘못된 것입니다.

---

170) 외조부모(소공 5월) :『儀禮』「喪服」‘소공 5월장’에 "외할아버지 · 외할머니를 위해 소공 5월로 복을 한다.爲外祖父母."고 하였고, ‘소공 5월장 · 전’에서는 "傳에 말한다. 왜 소공으로 복을 하는가? 어머니의 지존이기 때문에 더해서 소공으로 복을 하는 것이다.傳曰, 何以小功也? 以尊加也."라고 하였다.

171) 외손(시마 3월) :『儀禮』「喪服」‘시마 3월장’에 "외손을 위해 시마 3월로 복을 한다.外孫."고 하였다. 오계공은 외손은 남자와 여손을 포함한다고 하였다.此服亦男女同. 호배휘,『의례정의』, 1558쪽 참조.

172) 서손(대공 9월) :『儀禮』「喪服」‘대공 9월장’에 "서손을 위해 대공 9월로 복을 한다.庶孫."고 하였다. 진전은 적손 한 사람 이외에는 모두 서손이 된다고 하였는데, 호배휘는 적자가 있으면 적손이 없으므로, 적자가 있는 경우에는 모든 손자가 서손이 된다고 하였다. 호배휘는 또 "손자는 조부모에 대해 기년의 복을 하고, 조부모는 서손에 대해 자신의 존귀함을 가하기 때문에 동일한 복으로 갚아 주지 않고 대공의 복을 한다. 만약 적자가 먼저 죽었다면 적손 한 사람을 위해 기년의 복을 한다.孫於祖父母服期, 祖父母於庶孫以尊加之, 故不爲報服, 而服大功也. 若適子先死, 則爲適孫一人期."고 하였다. 호배휘,『의례정의』, 1492쪽 참조.

신은 내외의 질서를 무너뜨리고 친소의 윤서를 탈취할까 염려됩니다. 인정에 따라 흐른다면 이르지 않을 곳이 없으니, 이 치상 반드시 그렇게 될 것입니다. 옛날에 자로子路가 손위누이의 상을 당했을 때 상복을 벗어도 되는데 벗지 않았습니다. 공자께서 그 이유를 물었더니, 자로는 "저는 형제가 적어서 차마 벗지 못하겠습니다."라고 대답했습니다. 공자께서 "선왕이 예를 제정한 것이다. 도를 실천하는 사람들은 모두 차마 어찌 하지 못하는 마음이 있다."라고 말씀하셨습니다. 자로가 이 말을 듣고 상복을 벗었습니다.173) 이는 성인이 말씀을 이용하여 가르침을 세우고, 사리에 의거하여 인정을 누른 명확한 사례입니다.

예경에 말하지 않았습니까? 가벼이 예를 의론하지 말라고.174) 예의 밝음이 하늘과 땅 사이에 가득 서려 있어 저 해·달과 함께 존재합니다. 현자는 이를 말미암아 따르니, 어찌 감히 조금이라도 덜고 더함이 있겠습니까! 하물며 저 「상복」편의 규정은 선왕의 커다란 도이니, 받들어 실천하여 인간의 도리를 넓혀야 할 것입니다. 어찌 한 마디 말이라도 덧붙여 놓을 수 있겠습니까? 천년 동안 준수해 온 것입니다. 이단에 발

---

173) 공자께서 … 벗었습니다 : 내용은 『禮記』「檀弓」上에 보인다.
174) 예경에 … 말라고 : 『禮記』「禮器」에 보이는 말이다. "공자가 말했다. '『시경』 삼백 편을 외워도 一獻의 예도 행할 수 없다. 일헌의 예를 행할 수 있어도 大饗의 예를 행할 수 없다. 대향의 예를 행할 수 있어도, 大旅의 예를 행할 수 없다. 대려의 예를 갖추어 안다고 해도, 天帝에게 大饗의 제사를 올리는 것을 행할 수 없다. 가벼이 예를 의론하지 말라.孔子曰, "誦『詩經』三百, 不足以一獻. 一獻之禮, 不足以大饗. 大饗之禮, 不足以大旅. 大旅具矣, 不足以饗帝. 毋輕議禮."

을 들여놓으면, 어찌 예교를 넓힌다고 말할 수 있겠습니까? 엎드려 바라옵건대, 각각 올바른 예에 의거하여 유풍儒風을 진작시키소서. 태상[위도韋縚]은 증가시킬 수 있다고 말했지만, 신은 불가하다고 생각합니다.

또 호부낭중 양백성楊伯成·좌감문록사참군 유질劉秩[175]이 모두 이 의론에 찬동하였으며, 최면 등과 대략 의견이 같았다.

議奏, 上又手敕侍臣等曰:「朕以爲親姨舅旣服小功, 則舅母於舅有三年之服, 服是受我而厚[二五],[176] 以服制情, 則舅母之服, 不得全降於舅也, 宜服緦麻. 堂姨舅古今未制服, 朕思敦睦九族, 引而親之, 宜服袒免. 又鄭玄注禮記云『同爨緦』, 若比堂姨舅於同爨, 親則厚矣. 又喪服傳云, 『外親之服皆緦』, 是亦不隔於堂姨舅也. 若以所服不得過本, 而須爲外曾祖父母及外伯叔祖父母制服, 亦何傷乎? 是皆親親敦本之意, 卿等更熟詳之.」

의론을 한 후에 아뢰니, 황싱은 또 직접 다음과 같이 칙령을 작성하여 시신侍臣 등에게 보내주었다.

　　짐은 생각건대, 이모[親姨, 어머니의 친자매]와 외삼촌[親舅,

---

175) 유질劉秩: 자는 祚卿, 徐州 彭城사람으로, 劉知幾의 4째 아들이다. 개원 연간 말 左監門衛 錄事參軍事를 역임했다. 憲部員外郎이 되었다가 작은 일에 연루되어 隴西司馬로 좌천되었다. 저서로『政典』35권,『止戈記』7권,『至德新議』12권,『指要』3권이 있다.

176) [교감기 25] "服是受我而厚"는『通典』권92·『唐會要』권37·『冊府元龜』권589에는 '服' 자가 없다.

어머니의 친형제]을 위해 이미 소공으로 복을 했다면, 외삼촌의 처는 외삼촌을 위해 삼년의 복을 하니, 나를 대신해서 후하게 복을 해주는 것이다.177) 복으로 인정을 제한하는 것이다. 그렇다면 외삼촌의 처를 위한 복은 외삼촌보다 완전히 낮출 수 없으니, 마땅히 시마로 복을 해야 한다. 어머니의 4촌 자매[堂姨]와 어머니의 4촌 형제를 위해서는 고금에 복을 제정하지 않았다. 짐은 생각건대, 구족을 도타이 하고 화목하게 하여 이끌어서 친애하니, 마땅히 단문을 해야 한다.

또 정현은 『예기』「단궁」상에 주를 달면서 "한솥밥을 먹었다면 시마로 복을 한다."고 하였다.178) 만약 어머니의 4촌 자매·어머니의 4촌 형제를 한솥밥을 먹은 사람(외숙모와 이모부

---

177) 나를 … 것이다 : 『禮記』「檀弓」上에 "「喪服」편에 의하면 형제의 자식은 자기의 자식처럼 복을 하니, 끌어서 나아오게 한 것이다. 형수와 시동생 사이에 복이 없으니, 밀어서 멀리하는 것이다. 시집간 고모와 자매에게 박하게 하니, 나를 대신하여 후하게 복을 해줄 사람이 있기 때문이다.喪服, 兄弟之子猶子也, 蓋引而進之也. 嫂叔之無服也, 蓋推而遠之也. 姑姊妹之薄也, 蓋有受我而厚之者也."라고 하였고, 정현의 주에서는 "그녀들이 자신을 두텁게 복을 해주는 사람들에게 전일하게 마음을 쓰도록 하기 위하여 고모와 자매가 시집을 가면 대공으로 복을 해주고, 그녀들의 남편은 처를 위해 기년으로 복을 한다.欲其一心於厚之者, 姑·姊妹嫁大功, 夫爲妻期."고 하였다.

178) 정현은 … 하였다 : '한솥밥을 먹었다면 시마로 복을 한다[同爨緦]'는 문장은 『禮記』「檀弓」上의 경문으로, 혹자의 말이다.從母之夫, 舅之妻, 二夫人相爲服, 君子未之言也. 或曰, '同爨緦.' 정현은 "동거를 하면 시마복을 해줄 정도의 친밀감이 생기기 때문에 그렇게 해도 괜찮다.以同居生緦之親可."라고 하였다.

사이)과 비교한다면 혈연의 친밀함이 두텁다. 또 「상복·전」에 "외친의 복은 모두 시마로 한다."고 하였으니, 이 또한 어머니의 4촌 자매·어머니의 4촌 형제를 위해 복을 하는 데에 방해가 되지 않는다. 만약 복을 할 때 본복을 넘을 수 없다고 하여 외증조부 및 외백숙조부모를 위해 복을 제정한다면 또한 무슨 해가 있겠는가? 이는 모두 친한 이를 친애하여 근본을 도타이 하는 뜻이니, 경들은 다시 상세히 의론하도록 하라.

侍中裴耀卿·中書令張九齡·禮部尚書李林甫等奏曰:「外族之親, 禮無厭降. 外甥旣爲舅母制服, 舅母還合報之. 夫外甥旣爲報服, 則與夫之姨舅, 以類是同, 外甥之妻, 不得無服. 所增者頗廣, 所引者漸疏. 微臣愚蒙, 猶有未達.」玄宗又手制答曰:「從服有六, 此其一也. 降殺之制, 禮無明文. 此皆自身率親, 用爲制服. 所有存抑, 盡是推恩. 朕情有未安, 故令詳議, 非欲苟求變古, 以示不同. 卿等以爲『外族之親, 禮無厭降, 報服之制, 所引甚疏』. 且姨舅者, 屬從之至近也, 以親言之, 則亦姑伯之匹敵也. 豈有所引者疏, 而降所親者服? 又婦, 從夫者也. 夫之姨舅〔二六〕,[179] 夫旣有服, 從夫而服, 由是睦親. 實欲令不肖者企及, 賢者俯就. 卿等宜熟詳之.」耀卿等奏曰:「陛下體至仁之德, 廣推恩之道, 將弘引進, 以示睦親, 再發德音, 更令詳議. 臣等按大唐新禮: 親舅加至小功, 與從母同服. 此蓋當時特命, 不以輕重遞增, 蓋不欲參於本宗, 愼於變禮者也. 今聖制親姨舅小功, 更制舅母緦麻, 堂姨舅袒免等

---

179) [교감기 26] "夫之姨舅"의 '之' 자는 여러 판본에는 원래 '以'로 되어 있는데, 『唐會要』권37·『冊府元龜』권589에 의거하여 수정하였다.

服, 取類新禮, 垂示將來, 通於物情, 自我作則. 群儒風議, 徒有稽
留. 並望準制施行.」制從之.

시중 배요경裴耀卿[180] · 중서령 장구령張九齡[181] · 예부상서 이임보
李林甫[182] 등이 상주하여 말했다.

　외족의 친족에 대해서는 압강厭降의 예가 없습니다. 외조카
가 외삼촌의 처(외숙모)를 위해 하는 복을 이미 제정했다면, 외
삼촌의 처도 외조카에게 보복報服을 해야 합니다. 무릇 외조카
가 외삼촌의 처를 위해 이미 보복을 했다면, 남편의 이모 · 외삼
촌과 동류이므로 외조카의 처는 이들에게 복을 하지 않을 수
없습니다. 복의 대상을 증가시키는 것은 자못 넓어지고, 끌어들

---

180) 배요경裴耀卿(681~743) : 자는 煥之이며, 絳州 稷山 출신으로, 寧州刺
史 裴守眞의 아들이다. 秘書正字, 國子主簿, 長安令, 戶部侍郞, 京兆
尹 등을 역임했다. 開元 21년(733) 재상에 임명되었고, 후에 侍中으로
승진했다. 趙城侯에 봉해졌다. 시호는 文獻이다.

181) 장구령張九齡(678~740) : 자는 子壽, 韶州 曲江 출신으로 '張曲江'이라
칭해진다. 현종 개원 연간의 명재상이자 시인이었다. 개원 연간에 中書
侍郞, 同中書門下平章事, 中書令을 역임했다. 저서로 『曲江集』이 있으
며, '嶺南第一人'으로 칭해진다.

182) 이임보李林甫(683~753) : 小字는 哥奴, 隴西 출신이다. 吏部侍郞, 黃門
侍郞 등을 거쳐 개원 24년(735)에 中書令(右相)에 임명되었고, 후에 晉
國公에 진봉되었으며, 尙書左僕射를 겸했다. 천보 11년(753) 사망하자
太尉 · 揚州大都督이 추증되었다. 후에 楊國忠의 무고로 削官改葬을
당했다. 19년 동안 최장수의 재상의 지위에 있었다. 권력을 장악하고 언
로를 틀어막고 어진 인재를 배척하여 당 왕조를 전성기에서 쇠퇴기로
전환시킨 인물의 하나로 평가받는다.

여 복을 하는 대상은 점차 소원한 사람일 것입니다. 미천한 신
들은 어리석고 몽매하여 오히려 이해되지 않는 점이 있습니다.

현종은 또 직접 제서를 작성하여 다음과 같이 답하였다.

종복從服에는 6가지가 있는데,[183] 이는 그 가운데 하나이다.
강쇄降殺의 제도는 예에 그에 대한 명문 규정이 없다. 이는 모
두 스스로가 친애의 감정에 따라서 상복을 제정한 것이다. 이
끌어서 복을 해주거나 억눌러서 낮추어 복을 하는 것이 모두

---

183) 종복從服에는 6가지가 있는데 : 직접적인 친족관계에 있지 않은 사람을
위해 복하거나, 친족관계에 있는 사람을 매개로 그 사람의 친족에게 복
을 하는 것을 '從服'이라고 한다. 종복은 존귀한 사람을 따라서 복을 하
는 것인데, 존귀한 사람보다 한 등급을 낮추어서 복을 한다. 『禮記』「大
傳」에는 6가지 종복을 들고 있는데, 크게 '속종'과 '도종'의 유형으로 나
뉜다. 첫째 '屬從'으로서, 친족관계에 있는 사람을 따라서 그의 친족에게
복을 하는 것이다. 아들이 어머니를 따라 그녀의 친족을 위해 복을 하는
경우와 남편이 아내를 따라 아내의 친족을 위해 복을 하는 경우, 그리고
아내가 남편을 따라서 남편의 친족을 위해 복을 하는 경우의 세 가지가
있다. 둘째 '徒從'으로서, 친족관계에 있지 않은 사람을 따라서 그의 친
족에게 복을 하는 것이다. 신하가 군주를 따라 군주의 친족을 위해 복을
하는 경우, 아내가 남편을 따라서 남편의 군주를 위해 복을 하는 경우,
서자가 君母의 부모를 위해 복을 하는 경우, 첩이 女君의 친족을 위해
복을 하는 경우, 아들이 어머니의 君母를 위해 복을 하는 경우가 있다.
이 밖에 셋째 '복을 하는 사람을 따라서 복을 하지 않는 경우[從有服而
無服]', 넷째 '복을 하지 않는 사람을 따라서 복을 하는 경우[從無服而
有服]', 다섯째 '무겁게 복을 하는 사람을 따라서 가볍게 복을 하는 경우
[從重而輕]', 여섯째 '가벼운 복을 하는 사람을 따라서 무겁게 복을 하는
경우[從輕而重]'가 있다. 호배휘, 『의례정의』, 1435쪽 참조.

추은推恩의 도를 다하는 것이다. 짐의 마음에 편안하지 못한 바가 있다. 그러므로 상세하게 의론하도록 하였으니, 구차하게 고례를 바꾸어서 다름을 보여주고자 한 것이 아니다.

경들은 "외족의 친족에 대해서는 압강의 예가 없으며, 보복의 제도는 끌어들여 복을 하는 대상이 매우 소원한 사람들이다."라고 하였다. 또 이모·외삼촌은 속종屬從으로 복을 하는 경우 가운데 지극히 가까운 친족이다. 친속관계로 말하면 또한 고모·큰아버지의 대등한 짝이다. 어찌 끌어들여 복을 하는 사람들이 소원하며, 친애하는 사람에게 낮추어서 복을 하는 것이 있겠는가? 또 부인은 남편을 따르는 자이다. 남편의 이모·외삼촌을 위해 남편이 이미 복을 하였다면, 남편을 따라서 복을 하는 것이니, 이로 말미암아서 친족을 화목하게 한다. 실로 불초한 자로 하여금 발돋움을 하여 미치게 하고, 현능한 자로 하여금 낮은 곳으로 나아가게 하는 것이다. 경들은 마땅히 상세히 의론해야 할 것이다.

배요경 등이 상주하여 말했다.

폐하께서는 지인至仁의 덕을 실천하시고 추은推恩의 도를 넓히시어 이끌어 나아가게 하는 길을 넓혀 친족을 화목하게 하는 뜻을 보여주시고, 거듭 조서를 발포하시어 다시 상세하게 의론하도록 하셨습니다. 신들이 살펴보건대, 『대당신례大唐新禮』[184]에는 "외삼촌을 위해 소공으로 가복을 하여 이모와 복을

---

184) 『대당신례大唐新禮』: 『貞觀禮』를 말한다. 『舊唐書』 권46, 「經籍志」

똑같이 한다."고 되어 있습니다. 이는 대체로 당시의 특명이지 경중에 따라 순서대로 증가시킨 것이 아니니, 대체로 본종에 포함시키고자 하지 않고, 변례에 신중히 한 것입니다. 이제 성상께서 이모와 외삼촌을 위해 소공으로 복을 하도록 정하셨고, 다시 외숙모를 시마로, 어머니의 4촌 자매·어머니의 4촌 형제를 위해 단문을 하는 등의 복을 제정하시는 것은 『신례』에서 유사한 것을 취하여 후대에 전하여 보여주시고자 한 것이니, 사람들의 마음에 통하는 것은 나 스스로 준칙을 만드는 데에서 비롯됩니다. 뭇 유자들이 제멋대로 의론하여 헛되이 계류되고 있습니다. 모두 제도에 의거하여 시행하도록 하소서.

제서를 내려 이에 따랐다.

天寶六載正月, 出嫁母宜終服三年.

(현종) 천보 6년(747) 정월, 개가한 어머니를 위해 3년의 복을 마치도록 하였다.

'禮部'에 "『大唐新禮』 100권, 房玄齡 등 撰"으로, 『新唐書』 권58, 「藝文志」 '史部 儀注類'에는 "『大唐儀禮』 100권, 長孫無忌·房玄齡·魏徵 … 于志寧等撰"으로 각각 저록되어 있다. 수 문제의 『開皇禮』와 대비할 때에는 '대당신례'라 칭하고, 『顯慶禮』를 '大唐後禮'라 칭하는 것과 대비해서는 『貞觀禮』를 '大唐前禮'라고 칭한다.

참고문헌

『周易正義』『尙書正義』『毛詩正義』『周禮注疏』『儀禮注疏』『禮記正義』
『春秋左傳正義』『春秋公羊傳注疏』『春秋穀梁傳注疏』『論語注疏』『爾雅
注疏』『孟子注疏』『孝經注疏』(十三經注疏整理委員會 整理, 北京大學出
版社, 2000년 12月 第1版)
『史記』『漢書』『後漢書』『三國志』『晉書』『宋書』『南齊書』『梁書』『陳書』
『魏書』『北齊書』『周書』『南史』『北史』『隋書』『舊唐書』『新唐書』『舊五
代史』『新五代史』『宋史』(中華書局 標點本)

岡村秀典, 『中國古代王權と祭祀』, 學生社, 2005.
金容天, 『전한후기 예제담론』, 선인, 2007.
김용천 역주, 『의례 역주6: 상복』, 세창출판사, 2013.
김택민 주편, 『역주당육전』, 신서원, 2008.
杜佑, 『通典』, 中華書局, 1996.
藤川正數, 『魏晉時代における喪服禮の硏究』, 經文社, 1960.
藤川正數, 『漢代における禮學の硏究』, 風間書房, 1985.
李林甫 등 撰, 陳仲夫 點校, 『唐六典』, 中華書局, 1992.
徐乾學, 『讀禮通考(文淵閣四庫全書 112)』, 商務印書館, 1983.
小南一郎 編, 『中國の禮制と禮學』, 朋友書店, 2001.
永瑢, 『欽定續通志(文淵閣四庫全書 392)』, 商務印書館, 1983.
吳兢 撰, 戈直 集論, 『貞觀政要』, 中國書店, 2019.
王溥, 『唐會要』, 中華書局, 1990.
王聘珍, 『大戴禮記解詁』, 中華書局, 1983.
王先謙, 『荀子集解』, 中華書局, 1988.
王欽若, 『冊府元龜』, 國學資料院, 1997.
劉俊文 箋解, 『唐律疏議箋解』, 中華書局, 1996.
陸德明, 『經典釋文』, 上海古籍出版社, 1985.
李昉, 『文苑英華』, 中華書局, 1990.
左丘明 著, 韋昭 注, 胡文波 校點, 『國語』, 上海古籍出版社, 2015.

朱熹 撰, 吾妻重二 彙校, 『朱子家禮』, 上海古籍出版社, 2020.

池田溫, 『大唐開元禮』, 汲古書院, 1993.

陳立, 『白虎通疏證』, 中華書局, 1994.

陳澔, 『禮記集說』, 鳳凰出版社, 2010.

胡培翬, 『儀禮正義』, 江蘇古籍出版社, 1993.

賈鴻源, 「太社與唐長安城中的祭祀空間——從祭門禮·合朔伐鼓角度的思考」, 『中國古都研究』26, 2013.

김선민, 「魏晉南朝의 服喪禮와 公除제도」, 『중국사연구』 84, 중국사학회, 2013.

김용천, 「『石渠禮論』의 分析과 前漢시대 禮治 理念」, 『동방학지』 137, 연세대학교 국학연구원, 2007.

金子修一, 「中國-郊祀と宗廟と明堂及び封禪」, 『東アジア世界における日本古代史講座　第9권-東アジア世界における儀禮と國家』, 學生社, 1982.

김정식, 「唐 前期 官人 喪葬制度의 운용과 그 성격」, 『사림』 55, 성대사림, 2016.

김정신, 「朱熹의 廟數論과 宗廟制 改革論」, 『東方學志』 172, 2015.

김정신, 「朱熹의 昭穆論과 宗廟制 改革論」, 『大東文化研究』 92, 2015.

劉雅萍, 「唐宋影堂與祭祖文化研究」, 『雲南社會科學』, 2010.7.

劉瑋, 『唐代律令中的祭祀制度』, 吉林大學碩士學位論文, 2007.4.

穆渭生·文嘉, 「李唐王朝的宗廟祭祀禮樂」, 『乾陵文化研究』, 2014.1.

박미라, 「宗廟에서 始祖神의 위상과 신격-祫·禘祭祀의 首位 문제를 중심으로-」, 『韓國思想과 文化』 77, 2015.

吳麗娛, 「漢唐盛世的郊祀比較」, 『中國社會科學院院報』, 2004.9.

伊藤德男, 「前漢の宗廟制-七廟制の成立お中心にして」, 『東北學院大學論文集』(歷史學·地理學)13, 1983.

池田末利, 「廟制考-制限廟數の問題」, 『中國古代宗教史研究-制度と思想』, 東海大學出版會, 1981.

鷲尾祐子, 「漢代宗族における世代尊卑の確立について-昭穆と繼承-」, 『立命館史學』 560, 1999.

黃佛君·段漢明·張常樺, 「古代國家都城祭祀體系與空間模式——以唐長安爲例」, 『人文地理』, 2012.2.

당송 예악지 역주 총서

| 연구 책임 |

김현철

연세대학교 중국연구원 원장
중국 언어와 문화 전공자. 한국연구재단 중점사업 '중국 정사 당송 예악지 역주' 사업 연구책임자. 연세대학교 우수업적 교수상, 우수강의 교수상, 공헌교수상 및 우수업적 논문분야 최우수상을 수상
200여 편의 논문과 저역서 편찬, 『중국 언어학사』가 '1998년 제31회 문화관광부 우수학술도서', 『중국어어법 연구방법론』이 '2008년 대한민국학술원 기초학문육성 우수 학술도서', 『대조분석과 중국어교육』이 '2019년 학술부문 세종도서'로 선정

| 역주자 |

김정신

연세대학교 국학연구원 연구교수
덕성여자대학교 사학과, 연세대학교 대학원 사학과 석·박사 졸업
공역서로 『주자봉사朱子封事』(혜안), 『현고기玄皐記』(서울대학교 출판부), 『정변록定辨錄』(서울대학교 출판부), 『형감衡鑑』(혜안), 『동남소사東南小史』, 『한관증답韓館贈答·화한문회和韓文會』(보고사) 등이 있고, 논문으로 「조선전기 사림·사림정치 연구의 쟁점과 전망」, 「16~17세기 조선 학계의 중국 사상사 이해와 중국 문헌」, 「16세기 조선의 주자학 향정론鄕政論 수용과 향약鄕約」, 「주희朱熹의 소목론昭穆論과 종묘제宗廟制 개혁론」, 「주희朱熹의 묘수론廟數論과 종묘제宗廟制 개혁론」 등이 있다.

방향숙

연세대학교 중국연구원 연구교수
이화여자대학교 학사·석사, 서강대학교 박사
저서로 『중국 한대 정치사 연구』(서강대학교 출판부), 『한중관계사상의 교역과 교통로』(공저, 주류성), 역서로 『중국 고대 정사 예악지 역주: 후한서, 진서, 송서, 남제서, 수서』(공역, 혜안), 『고대 동북아시아 교통사』(공역, 주류성), 논문으로 「전한의 외척보정과 왕망정권의 출현 배경」, 「백제 고토에 대한 당의 지배체제」, 「전한 말기 예제 논쟁과 왕망의 정치집단」, 「중국 정사 '예악지'와 『삼국사기』 잡지 비교 분석」, 「고대 '중국'과 '요동'의 정치적 관계」, 「당태종·고종대 한반도 정책과 백제의 위상」 등이 있다.

김용천

대진대학교 역사문화콘텐츠학과 교수

동국대학교 사학과, 동대학원 석·박사 졸업

저서로 『전한후기 예제담론』(선인), 『중국고대 상복의 제도와 이념』(동과서), 역서로 『의례 역주(1~9)』(세창출판사), 『중국 고대 정사 예악지 역주: 진서·송서·위서』(공역, 혜안), 『역주 주례주소(1)』(전통문화연구회), 『천지서상지 – 당 제국의 제사와 의례』(신서원), 『중국의 공과 사』(신서원), 『중국의 예치시스템』(청계), 『중국사상문화사전』(책과함께), 『삼국지의 정치와 사상』, 논문으로 「「석거예론」의 분석과 전한시대 예치이념」, 「『순자』·『예기』「왕제」의 예치구상」, 「양진시대 '위인후자爲人後者'의 복제服制 담론」, 「북위 효문제 '삼년상'의 실체와 그 성격」, 「전국시대 선양론의 전개와 입현공치」, 「'부祔'의 해명을 위한 경학적 접근」, 「기장旣葬 '수복受服'의 규정과 예학적 논쟁」, 「전한 원제기 위현성의 종묘제론」 등이 있다.

당송 예악지 역주 총서 03

구당서 예의지 *3*

초판 1쇄 인쇄 2023년 8월 1일
초판 1쇄 발행 2023년 8월 16일

연세대학교 중국연구원 당송 예악지 연구회 편
연구책임 | 김현철

역 주 자 | 김정신·방향숙·김용천
펴 낸 이 | 하운근
펴 낸 곳 | 學古房

주   소 | 경기도 고양시 덕양구 통일로 140 삼송테크노밸리 A동 B224
전   화 | (02)353-9908 편집부(02)356-9903
팩   스 | (02)6959-8234
홈페이지 | http://hakgobang.co.kr
전자우편 | hakgobang@naver.com, hakgobang@chol.com
등록번호 | 제311-1994-000001호

ISBN 979-11-6586-390-6 94910
        979-11-6586-091-2 (세트)

값 : 34,000원